U0958775

航海类高等职业教育项目化教材

船舶管理

王　琪　主编

上海浦江教育出版社

内 容 提 要

本书采用项目模块方式叙述船舶管理。全书分为9大项目，每个项目再分为若干项任务。旨在使学生通过指定任务的完成，了解掌握相关的理论知识与操作技能。项目一“停泊值班中安全作业”，包括“巡查全船”等5项任务；项目二“停泊值班中防止污染”，包括“防止船舶污染规定和预防措施”等4项任务；项目三“船舶检查”，包括“船舶检查清单的编制（二副）”等7项任务；项目四“安全管理体系内外审核”，包括“船舶审核准备”等2个项目；项目五“船舶应急组织”，包括“应急组织和准备”等4项任务；项目六“船舶应急行动”，包括“船体破损应急”等5项任务；项目七“人员管理”，包括“船员职业要求与保护”等5项任务；项目八“船舶作业管理”，有“编制适用的安全操作规程”等2项任务；项目九“安全与防污染管理”，包括“海上交通安全法”等2项任务。

本书是一部由一线专家撰写的以“项目”为导向、紧扣“船舶管理”要求、理论联系实际的创新性教材。

图书在版编目(CIP)数据

船舶管理/王琪主编. —上海：上海浦江教育出版社有限公司，2014.8

航海类高等职业教育项目化教材

ISBN 978-7-81121-361-4

Ⅰ.①船…　Ⅱ.①王…　Ⅲ.①船舶管理—高等职业教育—教材　Ⅳ.①U692

中国版本图书馆CIP数据核字(2014)第188145号

上海浦江教育出版社出版

社址：上海市海港大道1550号上海海事大学校内　邮政编码：201306

电话：021-638284923（总编室）　51322547（发行）　传真：021-38284916（传真）

上海图宇印刷有限公司印装　上海浦江教育出版社发行

幅面尺寸：787 mm×1092 mm　印张：19.75　字数493千字

2014年8月第1版　2014年8月第1次印刷

责任编辑：黄　健　封面设计：赵宏义

定价：63.00元

总 序

当前，我国高等职业教育已进入了快速发展时期，职业教育的教学模式也悄然发生着改变，传统学科体系的教学模式正逐步转变为行动体系的教学模式。项目化教学是“行动导向”教学法的一种，因其具有实践性、自主性、发展性、综合性、开放性等多个优点而被高等职业院校广泛采用。但由于受传统学科体系的教学模式和海事局船员适任考试评估大纲的影响，航海类高等职业教育的教材目前大多仍按知识体系架构编写，内容偏重于理论知识，而轻视实践技能的训练，与职业能力培养要求存在较大的差距。国内部分院校虽然也进行过项目化教学改革的尝试，但编写的配套教材大多采用模块(知识体系)+实训(海事局评估项目)架构，教学方法上采用“理论与实践交替互动”的模式，没有真正实现以项目为载体的理实一体化教学。

为了培养高素质航海技术技能人才，使教学模式遵循职业教育教学规律和高职学生的认知规律，我们组织编撰了《航海类高等职业教育项目化教材》(丛书)。为了高质量地完成教材的编撰工作，编委会组织了一批企业专家、知名学者和专职教师，在以华东师范大学博士徐国庆教授为核心的“职业教育项目化教改团队”的指导下，大力推进航海类专业以工作任务为导向的课程体系改革。本次课程体系改革，完全打破以往的基于知识体系的课程体系模式，而是以海船船员典型工作任务为导向，从船员岗位的工作领域和职业能力分析入手，形成了一套集知识目标和技能目标于一体、融理论学习和技能训练于一身的全新航海类项目化专业主干课程教材。

教材是课程教与学的载体，也是课程教与学模式的具体体现。在重新优化和构建以工作任务为导向的课程体系的基础上，编委会配套制定了各课程教学标准，分组开展了项目化课程设计，并以此指导项目化系列教材的编撰。

本套教材紧扣船员工作岗位的实际工作项目，通过“项目描述”“项目目标”“任务描述”“任务实施”“任务评价”等栏目逐层递进，在项目实施中完成对学生知识的积累和能力的培养。这种“做中学、学中做”教学方法，既符合高等职业教育的需求，也符合高等职业院校学生的认知规律。

航海类专业职业教育“课证融通”的特点，要求毕业生参加海事局组织的船员适任证书考试和评估，并取得相应船员适任证书。所以，本套教材在编撰过程中，还特别强调紧扣国际海事组织STCW公约2010年马尼拉修正案的新内容、新要求，在知识内容和实训项目设置上，完全涵盖中国海事局全国海船船员适任考试和适任评估两个大纲的要求，实现了理论和实践的有机融合。此外，本套教材还根据航海技术的最新发展动态，增加或修订了一些新技术或新设备内容，由此满足船员适任考试和评估的双重需要，还可作为船舶技术人员的参考用书。

本套教材的编撰，是我国航海教育项目化课程改革的有益探索和创新，由于我们的水平有限，书中或仍有某些不足，敬请专家、同行和其他读者不吝指教，以便我们适时改进，为推进我国航海高等职业院校项目化课程改革添砖加瓦。

《航海类高等职业教育项目化教材》编写委员会

2014年7月

前　　言

对于航海院校的学生而言，“船舶管理”是航海技术专业必修的一门专业核心课程，也是STCW 78/10公约对海员适任标准要求的专业课程之一，和海船驾驶员职业证书主要的考试科目之一。本课程的任务是：通过学习，使学生掌握船舶驾驶人员岗位职责、各项管理和生产规章制度，以及国内、国际关于船舶、船员与防止船舶污染海洋的法规、公约等的精神与要求；提升学生运用知识、解决实际问题的能力，并使之可持续发展；增强学生对保护人身与财产安全、保护海洋环境、提高航运界整体形象的社会责任感。

本教材编写的基本原则是：

1. 以培养高技能人才的要求为目标，采用“校企联合”的形式搭建编写班子，并在内容上注重“能力本位”的原则，力求突出“理论够用、重在实操”和“简单明了、方便实用”的特色。

2. 以提高学生整体素质的要求为追求，力求使教材具有丰富的思想内涵，以利于学生树立辩证唯物主义的世界观，提升创新精神和创新能力。

3. 以改革教学方法、提高教学效果为宗旨，注重符合学生的年龄特征和认知水平，能够激发学生的求知欲，以利于学生自主学习；引导学生通过资料的搜集、分析和交流，任务的观察、实训和合作等途径，实现学习方式的多样化。

本书由江苏海事职业技术学院组织编写，王琪主编。徐代荣参与项目一编写，马志亮（中国长航南京油运股份有限公司）参与项目五编写和审稿，王法初参与项目六编写，陶肆参与项目九编写和全书校对，王锦法参与审稿。对上述同仁以及江苏海事职业技术学院有关领导与专家的大力支持，在此表示衷心感谢！在本书编写过程中，我们参阅、引用了大量文献资料，在此特向各位原作者致以诚挚的谢意。

编　者

2013年12月于南京

目　　录

项目一
停泊值班中安全作业

核心概念

停泊值班；甲板部巡回检查路径图；船舶操作风险评估；封闭场所、海上交通事故；船舶签证；危险货物。

情景设置

指定船本航次在港停泊作业安排

1. 停泊泊位：课前设计；
2. 作业计划：课前设计；
3. 项目描述：请根据指定船舶巡查全船、监督作业现场、发现作业潜在危险，为预防和纠正、报告事故启动应急行动、申请作业许可、核查批准计划的进行、保护和获取事故的关键证据。

学习目标

1. 能巡视、监督正在进行的各项作业，能确认各项作业是否按安全规定进行；
2. 能迅速报告事故并启动应急行动；能在发生事故后，及时取得关键证据；
3. 结合情景任务会巡查全船、监督作业现场、发现作业潜在危险并预防、纠正，处理事故。

学习内容

任务1　巡查全船；
任务2　监督作业现场；
任务3　发现作业潜在危险并预防和纠正；
任务4　报告事故并启动应急行动；
任务5　船舶签证。

任务1 巡 查 全 船

任务描述

要求根据指定船舶甲板部巡回检查路径，能巡查和发现船舶作业中的危险，确认船舶安全状态，达到安全路线控制的目标。参见图1-1。

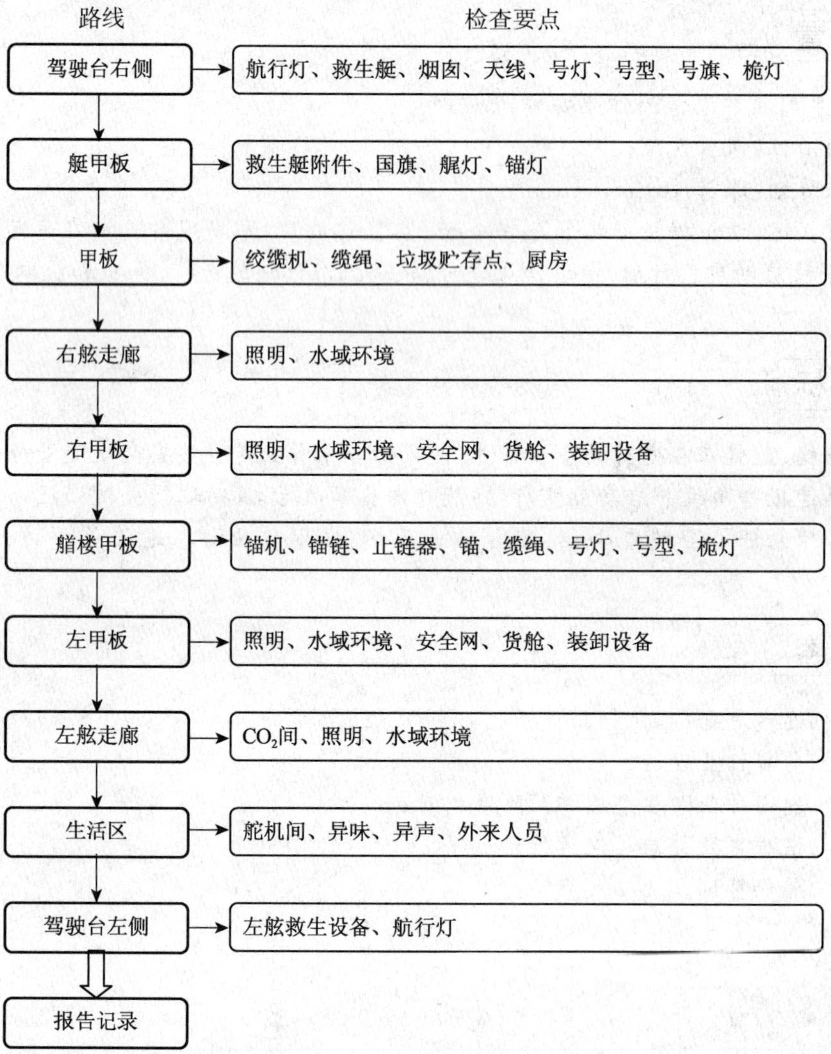

图1-1 “AA”轮甲板部巡回检查路径

注：本巡回检查路线是各检查点的最短路线，允许当值人员改变巡查路线，但不允许漏掉检查点。

任务目标

能根据甲板部巡回检查路径图，进行熟练且准确的操作，达到安全值班的目标。

任务分解

1. 船舶巡回检查；
2. 靠泊中值班驾驶员的职责；
3. 甲板值班的交接班。

知识准备

概述：值班安排原则

船舶在港内停泊期间的值班安排应始终：①确保人命、船舶、货物、港口和环境的安全，确保所有与货物作业有关的机械的安全操作。②遵守国际的、船旗国的及港口国的规定。③保持船上秩序和日常工作。

停泊值班人员的组成，应包括1名值班驾驶员和至少1名水手。

一、靠泊中值班驾驶员的职责

(1) 掌握全船人员动态，经常巡查船舶四周、装卸现场及工作场所，关心从事高空、舷外及封闭舱室内工作人员的安全，督促值班人员坚持岗位，保持部门间联系畅通。

(2) 督促值班水手按时升降国旗、开关灯，显示或悬挂有关号灯号型；经常检查舷梯、锚链、跳板及安全网，及时调整系泊缆绳，特别是在有较大潮差的泊位上应加强巡查，必要时应采取措施以确保系泊设备处于安全工作状态。

(3) 注意吃水、龙骨下的富余水深和船舶的一般状态。

(4) 根据各船舶种类特点，按大副积载计划的要求，负责船港联系和协作，监督装卸操作安全和质量，掌握装卸进度，解决装卸中发生的问题，制止违章作业，注意天气变化及海况，及时开关舱；装卸一级危险品、重大件、贵重货时到现场监督指导。

(5) 注意及时收听天气预报，当收到恶劣气象警报时，采取必要的措施以保护船舶、人员和货物的安全。

(6) 按船长或大副的指示或者情况需要，通知机舱注入、排出或调整压舱水，并注意船体平衡。注意检查污水沟、压载舱及淡水舱的测量记录。监收加装淡水和物料，加油船来时通知机舱并注意防火安全。

(7) 严格遵守有关安全及防火规定，遇火警、人落水或船进水时，应即发警报；船长、大副不在船时，要负责指挥在船人员全力抢救，以避免船舶、货物受到损失和船上人员受到伤害，必要时请求水上安全管理机关或附近船只给予援助。

(8) 掌握船舶稳性情况，以便在失火时能向港口消防部门提供可喷洒在船上的水的大致数量，并不致危及船舶。

(9) 船上进行明火作业及修理工作时，要严格按规定报批，并注意查看和采取必要的预防措施。

(10) 采取各种有效预防措施，严禁在系泊区域内排放污油水、垃圾及杂物，防止本船对周围环境的污染。

(11) 注意过往船舶，当有他船系靠本船或前后泊位时，应在现场守望，并采取相应安全措施，一旦发生事故，应立即记下该船船名、国籍、船籍港及事故经过，并向船长报告。

(12) 如遇遇难船舶应对其提供援助。

(13) 主机试车前，在确认推进器附近无障碍物，不致碍及他船，不致损坏舷梯、跳板、缆绳、装卸属具及港口设施等后方可进行，并注意查看并采取必要的预防措施。

(14) 靠泊期间船舶的工作事项须记入“航海日志”。

链接：海船船员值班规则

二、甲板值班的交接班

交班和接班的驾驶员都应在交接前巡视检查全船和周围，认真做好交接工作。

1. 交班驾驶员应告知接班驾驶员下列事项

(1) “航海日志”和“停泊值班记录簿”所记载的有关内容、公司指示和船长命令，有关人员来船联系及对外联系事项。

(2) 气象、潮汐、泊位水深、船舶吃水、系缆情况、锚位和所出锚链的情况、转流时船舶回转等安全注意事项，主机状态和应急使用的可能性，以及对船舶安全有关的其他情况。

(3) 船上应完成的所有工作，积载计划，大副的要求，装卸进度，开工舱口及工班数，货物的分隔衬垫，装卸质量，装卸属具情况，危险品和重大件及应采取的预防及应急措施，贵重货，水手监舱情况及与港方联系事项。

(4) 污水沟、压舱水、淡水的水位情况及加装燃油、淡水情况。

(5) 消防设备的情况。

(6) 港口及本船悬挂的信号、显示的号灯号型和鸣放的声号，港口特殊规定，当发生紧急情况或需要援助时船方与港方的联系方法。

(7) 全船人员的动态情况。

(8) 厂修、自修、检修工作的项目、质量、进度和采取的安全措施。

(9) 旁靠船、驳情况，周围锚泊船的动态，发生事故的经过、原因、责任和取得的签证文件。

(10) 有关船舶、船员、货物的安全和防止水域污染的其他重要情况，以及由于船舶行为造成环境污染时向水上安全管理机关报告的程序。

2. 接班驾驶员在负责甲板值班之前应核实下列事项

(1) 系泊缆绳或锚链状况是恰当的。

(2) 了解正在装卸的有害或危险货物的性质，并知道万一发生溢漏或失火时应采取的相应措施。

(3) 本船悬挂的信号、显示的号灯号型以及鸣放的声号是合适的。

(4) 各项安全措施和防火规定都在严格遵守之中。

(5) 外界的条件或环境没有危及本船，本船也不危及其他船舶。

交接中或交接后对交接事项有怀疑，应及时请示大副或船长。

三、船舶升挂国旗管理办法

链接:《船舶升挂国旗管理办法》《国旗法》

任务实施

本任务的教学关键是靠泊中值班技能的训练,通过对船舶停泊值班的整体熟悉,逐步展开任务,由学生独立完成作业。选用典型案例由教师讲解,学生进行模拟操作,让学生在执行的过程中,熟悉作业的特点。当学生看到自己的作业熟练且准确后,会提高学习的兴趣。参见表 1-1。

表 1-1　任务 1 的实施

时间	20(80)min	地点	
教学资料	实船资料、设备状况		
活动程序	在分组范围内(6 人一组)依照船舶甲板部巡回检查路线图说明靠泊中值班驾驶员的职责要点、交接班要点		
活动评价方式	组员之间评定 1∶2∶2∶1		
活动小贴士	关注角色定位		

任务评价

任务 1 有 4 项技能全部完成后对其结果进行评价,并填入表 1-2。

表 1-2　任务 1 完成情况评价表

序号	技能	评判结果	
		能	否
1	船舶甲板部巡回检查的要点		
2	靠泊中值班驾驶员的职责要点		
3	甲板值班的交接班要点		
4	船舶升挂国旗要点		

任务拓展

熟悉各类船舶靠泊中值班驾驶员的职责要点。如:

- 油船
- 化学品船
- 滚装船

任务2　监督作业现场

任务描述

要求根据监督指定船舶“AA”轮(如:装卸货,供受油,船舶烧焊或明火作业,船舶拆修锚机、舵机、电台等),能发现船舶作业中的危险、确认作业安全状态、达到安全控制的目标。

任务目标

能根据作业计划或方案,监督作业现场的操作,以实现安全作业的目标。

任务分解

1. 船舶港内安全作业监督管理办法;
2. 驾驶员装卸货值班职责;
3. 船舶在港停泊留船人员的规定。

知识准备

一、船舶港内安全作业监督管理办法

为加强对船舶港内安全作业的监管,原交通部于 2004 年 7 月 20 日,发布了《船舶港内安全作业监督管理办法》(海船舶〔2004〕362 号),并于当日起实施。

第一章　总　　则

第一条　为进一步加强船舶港内安全作业的监督管理,强化海事监管效能,提高海事执法服务水平,促进港航经济的发展,保障国家人命、财产的安全,依据《中华人民共和国海上交通安全法》《对外国籍船舶管理规则》等法律法规,遵照《中华人民共和国行政许可法》的立法精神,制定本办法。

第二条　本办法所称“船舶港内安全作业”系指船舶在港内的以下作业:

(一) 船舶拆修锅炉、主机、锚机、舵机、电台;

(二) 船舶试航、试车;

(三) 船舶放艇(筏)进行救生演习;

(四) 船舶烧焊或明火作业;

(五) 船舶悬挂彩灯;

(六) 船舶校正磁罗经;

（七）船舶在港内进行可能影响船舶和港口安全的其他作业。

第三条　船舶港内安全作业应提前24小时向海事管理机构书面报备。拆修作业或明火作业等在特殊情况下不能满足提前24小时报备要求的，船舶应不晚于作业前2小时向海事管理机构书面报备。作业完成后应及时向海事管理机构报告。

链接：《船舶港内安全作业监督管理办法》

二、驾驶员装卸货值班职责

1. 一般装卸职责

(1) 装卸中应根据大副的积载计划和要求，经常巡视装卸现场，检查装卸情况，制止违章作业，掌握装卸进度，认真记录作业时间、开工舱口数和工班数。经常与装卸负责人联系，协调解决装卸中出现的问题。根据开工舱口数的变化提前通知机舱供电。

(2) 根据天气变化及时开关舱，防止雨湿货损。严禁任何人员在货舱内或甲板上吸烟。采取措施防止货物被盗。

(3) 装卸件杂货时，督促工人做好货物的衬垫、堆装、隔票和系固工作，发现包装破损应提出调换；包装不固、标号不清或不符、或有可能引起货损或混票时，应及时向港方、货主等提出，待货物整理妥善符合要求再装，报告大副并要求对方签署现场记录。督促船员认真看舱，对贵重货物应布置重点看舱，必要时亲自监督。对装卸过程应照相备查。

(4) 装运集装箱应注意外观完好、铅封完整、箱位正确和系固得当，危险品箱贴有规定的联合国编号和危险品标志，箱号与箱位图相符；装运冷藏集装箱应通知大副、电机员、大管轮(冷藏员)现场监装；装卸散货时应注意舱序、浮态、平舱和止移，正确计量水尺；装运液货尤应警惕发生污染、火灾和爆炸事故。装运货物单元的船舶，务必在开航前做好系固工作并维持良好的系固状态，防止货物移动导致船舶横倾和倾覆。

(5) 船舶装卸危险货物，应严格执行国际危规和我国有关规定，应备妥消防和急救设备，按规定采取一切安全措施，与港方岸上人员保持通信联络，防止货物毁损或外泄导致污染，配合港口当局监装并取得相应证书。船舶装卸危险品、重大件或其他特殊货物，应通知大副或船长现场监督指导。

(6) 经常注意装卸设备及其属具、索具是否正常，发现问题及时处理，起重机故障应立即通知轮机部修理。发现工人违章操作损坏设备、属具和货物，应及时要求其主管签认以便索赔。

(7) 对滚装船、集装箱船、冷藏船、油船、液化气船、大吊船等的装卸设备，应严格按照操作规程操作，不符操作条件时，应立即停止装卸。

(8) 装卸期间应注意保持良好的稳性、纵倾和横倾。每天早晨装卸完毕，加完油水以及离港前均应看准水尺并记入“航海日志”。

(9) 装卸货结束之前，应下舱全面查看货物堆装和系固情况，查看有无火警苗子和偷渡迹象等。装妥甲板货后做好系固工作。

2. 装卸重大件的职责

装卸重大货物时，值班驾驶员应督促做好准备事宜，通知大副或船长到现场监督指导。

如果使用船吊，应及早通知有关人员做好检查、保养。

(1) 甲板上装卸重大件，不得超过装货处所甲板的安全负荷，货物下面需加垫材分散负荷。在单侧甲板装卸重大的物件时，需先预算船体倾斜度数，设法先调整一适当的反向倾斜度数，以保持大件装卸后，船体相对平衡。甲板上的重大件都应独立系固，防止在风浪中移动或被打入海中。航行中在确保人员安全的前提下，应每班检查系固情况，及时收紧松动的系固钢丝绳。装货时注意给甲板上的测量孔、桅屋门、消防栓、装卸属具等留出可操作的余地和通道。

(2) 货舱内装载重大件应选择便于装卸机械操作和系固的货舱装载重大件，采取措施不使超出装货处所的舱底板的安全负荷。尽可能纵向放置，设置牢固衬垫，保证船体均匀受力。做好舱内系固，钢丝绳应生根于船体舱壁，并用非开口的花兰螺丝绞紧，航行中应定时检查，发现松动及时绞紧。

三、船舶在港停泊留船人员的规定

根据我国海船船员值班规则的要求，应注意以下问题。

1. 正常情况下在港内系泊或锚泊的所有船上必须安排适当而有效的值班。对于具有特种形式推进系统，以及装载有危害的、危险的、有毒的、易燃物品的船舶还应按有关规定的特殊要求值班。

2. 停泊值班人员应包括 1 名值班驾驶员和至少 1 名水手，驾驶员由大副、二副、三副轮值昼夜班；经船长同意，可由驾驶助理代替大副值班，但大副仍应在船上负责；未配备驾驶助理的船舶，大副值白天班，二、三副轮值夜班，每班不超过 12 h，水手每班不超过 6 h。

3. 无论何时，船长和大副，轮机长和大管轮不能同时离船。

4. 锚泊或装卸重大件、加添淡水、排注压载水时，机匠和水手长不能同时离船。

5. 在港内停泊时，护船人员一般情况下不少于全船人数的 1/3，在封闭式锚地和开敞式锚地锚泊时，留船人数应分别不少于全船总人数的 1/2 和 2/3。

6. 对于载运散装危险货物的船舶，即使当船舶安全地系泊或锚泊，甲板部和轮机部也各应由至少 1 名高级船员和若干名普通船员组成安全值班。

7. 特种船和定员少的船舶，船长有权视具体情况临时规定护船人数。

8. 因故不能参加值班时，一般船员经部门负责人的同意，三副、三管轮以上船员必须经船长同意。

9. 开航前，全体船员必须按船长规定的时间返船，通常应提前 2 h 回船作开航准备。

任务实施

本任务的教学关键是技能的训练，通过对船舶停泊值班的整体熟悉，逐步展开任务，由学生独立完成作业。选用典型案例由教师讲解，学生进行模拟操作，让学生在执行的过程中，熟悉作业的特点。当学生看到自己的作业熟练且准确时，会提高学习兴趣。见表 1-3。

表 1-3　任务 2 的实施

时间	20 (80)min	地点	
教学资料	实船资料		
活动程序	在分组范围内(6 人一组)抽查受油作业、船舶烧焊或明火作业、船舶拆修锚机、舵机、电台;驾驶员装卸货值班职责		
活动评价方式	组员之间评定 1∶2∶2∶1		
活动小贴士	链接:供受油作业、船舶烧焊或明火作业、船舶拆修锚机、舵机、电台作业监督指导		

任务评价

任务 2 的 3 项技能完成后对结果进行评价,并填入表 1-4。

表 1-4　任务 2 完成情况评价表

序号	技能	评判结果	
		能	否
1	船舶港内安全作业监督管理办法		
2	驾驶员装卸货值班职责		
3	船舶在港停泊留船人员的规定		

任务拓展

熟悉各类船舶靠泊中监督作业现场的要点。如:

- 油船
- 化学品船
- 滚装船

任务3　发现作业潜在危险并预防和纠正

任务描述

要求根据指定"油船"进行供受油作业潜在危险的风险评估，采取预防和纠正措施，达到安全控制的目标。参见图1-2。

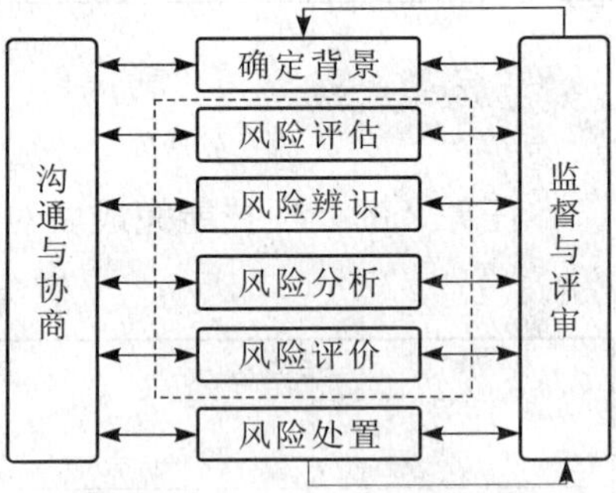

图1-2　风险评估与处置的流程

任务目标

能根据"油船"的特点，进行供受油作业潜在危险的风险评估，制定预防和纠正措施，达到安全目标。

任务分解

1. 船舶操作风险评估；
2. 作业危险源识别；
3. 风险评估表及进入封闭场所作业风险评估。

知识准备

一、船舶操作风险评估

2008年12月4日经85届海安会批准的ISM规则修正案于2010年7月1日生效。本次修正案有三个重要变化：明确安全管理目标要进行风险评估，预防措施的概念被明确地包括在规则中，每艘船舶和公司的内部审核周期不得大于12个月。

经修订的ISM规则1.2.2.2条要求"公司应评估对其船舶、人员和环境的所有已认定的风险，并规定相应的防范措施"。

1. 风险的概念

(1) 风险——是指发生特定事件的可能性与后果严重程度的结合。参见图1-3。

风险(R)＝可能性(P) And 严重程度(L)

(2) 风险管理(Risk Management)——研究风险发生规律和风险控制技术的一门新兴管理学科，各项目实施单位通过风险分析、风险评价、风险控制，并在此基础上优化组合各种风险管理技术，对风险实施有效的控制和妥善处理风险所致损失的后果，期望达到以最少的成本获得最大安全保障的目标。

安全风险管理:通过识别生产经营活动中存在的危险、有害因素,并运用定性或定量的统计分析方法确定其风险严重程度,进而确定风险控制的优先顺序和风险控制措施,以达到改善安全生产环境、减少和杜绝安全生产事故的目标。参见图 1-4。

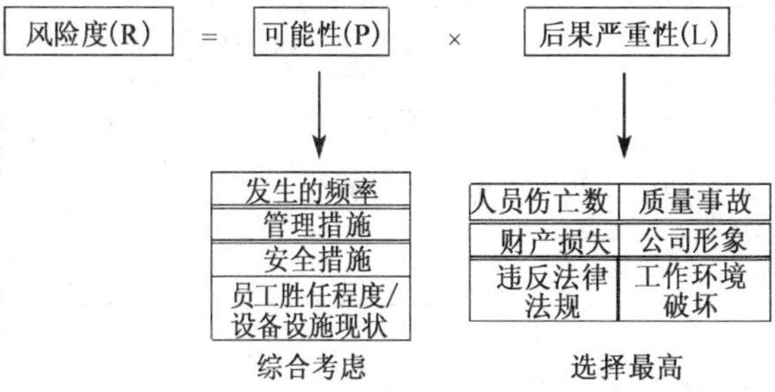

图 1-3　风险度的确定

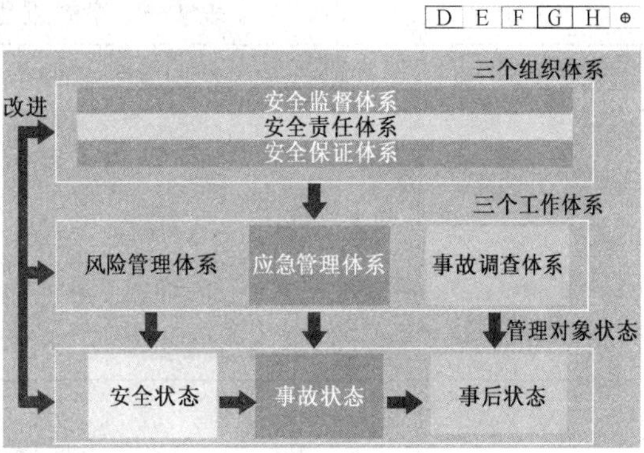

图 1-4　安全管理体系结构

2. 风险评价的内容

见图 1-5。

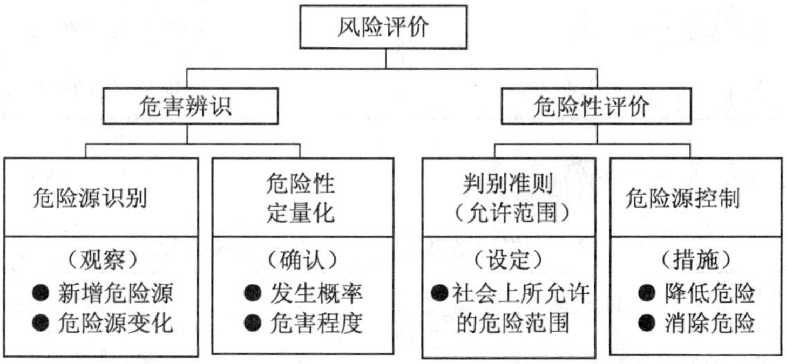

图 1-5　风险评价的内容

3. 风险评价方法

企业可根据需要,选择有效、可行的风险评价方法进行风险评价。常用的评价方法有:①工作危害分析(JHA);②安全检查表分析(SCL);③预危险性分析(PHA);④危险与可操作性分析(HAZOP);⑤失效模式与影响分析(FMEA);⑥故障树分析(FTA);⑦事件树分析(ETA);⑧作业条件危险性分析(LEC)等方法。

4. 作业条件危险性评价法(LEC)

(1) 评价方法:简单易行地评价人们在具有潜在危险性环境中作业时的危险性半定量评价方法是:

$$D = LEC$$

L——发生事故的可能性大小;

E——人体暴露在这种危险环境中的频繁程度;

C——一旦发生事故会造成的损失后果；

D——危险性分值。

L(发生事故的可能性大小)取值见表1-5。

表1-5　事故或危险事件发生可能性分值

分值	事故或危险情况发生可能性	分值	事故或危险情况发生可能性
10	完全可以预料	0.5	很不可能，可以设想
6	相当可能	0.2	极不可能
3	可能，但不经常	0.1	实际不可能
1	可能性小，完全意外		

E(人体暴露在这种危险环境中的频繁程度)取值见表1-6。

表1-6　暴露于潜在危险环境的分值

分值	出现于危险环境的情况	分值	出现于危险环境的情况
10	连续暴露	2	每月1次暴露
6	每天工作时间内暴露	1	每年几次暴露
3	每周1次，或偶然暴露	0.5	非常罕见地暴露

C(发生事故产生的后果)取值见表1-7。

表1-7　发生事故或危险事件可能结果的分值

分值	可能结果	分值	可能结果
100	大灾难，许多人死亡	7	严重，严重伤害
40	灾难，数人死亡	3	重大，致残
15	非常严重，一人死亡	1	引人注目，需要救护

D(危险性分值)取值见表1-8。

表1-8　危险性分值

分值	危险程度	分值	危险程度
＞320	极其危险，不能继续作业	20～70	一般危险，需要注意
160～320	高度危险，要立即整改	＜20	稍有危险，可以接受
70～160	显著危险，需要整改		

(2) 评价步骤：①组成评价小组；②熟悉评价对象；③明确评价赋分标准；④赋分；⑤评价计算。

（3）优缺点及适用范围：作业条件危险评价法评价人们在某种具有潜在危险的作业环境中进行作业的危险程度，该法简单易行，危险程度的级别划分比较清楚、醒目。但是，由于它主要是根据经验来确定3个因素的分数值及划定危险程度等级，因此具有一定的局限性。而且它是一种作业的局部评价，故不能普遍适用。

二、进入船舶封闭场所

1. 基本概念

封闭场所指未经连续通风并且其中的气体由于存在着烃气、毒气、惰性气体或缺氧而可能有危险因而限制进入的某些处所。此定义所界定的范围包括：压载舱、燃润油舱、水舱、污油水舱、污水/粪便处理舱、干隔舱、箱形龙骨通道、非载货空舱、各种围闭通道/隧道、管道，以及某些不常通风和进入的场所。

大副、轮机长分别为船舶甲板部和轮机部进入封闭场所作业的负责人，船长为总监控人。进行封闭场所作业应履行审批手续，由大副、轮机长或船长批准。

作业人员应熟知有关封闭场所作业安全处置事项，如急救、抢救措施，防护用品（具）、通讯设备等使用方法，有害有毒的现场，作业人员应预先了解并掌握有害有毒物质的性质及其处理方法。所有操作必须符合主管机关规定。

2. 通风换气

在进入封闭场所作业前必须对封闭场所及相关的处所进行有效地通风换气，为作业人员提供安全作业环境。

3. 现场检测

进入作业现场前必须对场所空间内的气体进行全面检测，无论是入舱检查、冷工作业或热工作业必须达到含氧量21%体积比，烃气浓度不超过爆炸下限（LFL）的1%，并且不存在毒性污染和其他污染。船上无检测条件时，委托船厂或其他施工方进行。

进行测试时，封闭场所停止通风。对作业过程中易产生空气质量变化的空间，应保持必要的检测次数或连续检测；停顿后重新工作前，要再测试一次。

检测点的选择必须根据实际情况合理布点，从空间不同浓度有代表性的剖面取得样品，以在隐蔽处取得为好。

4. 审批权限

进入封闭场所作业的审批：

（1）由船长或作业负责人对照“封闭场所进入许可证”第一部分项目检查确认，做好记录。

（2）由被指定的作业组长对照“封闭场所进入许可证”第二部分项目检查确认，做好记录。

上述项目确认后由船长或作业负责人在“封闭场所进入许可证”签署。需要在封闭场所内动火作业时，还必须同时遵守“船舶防火、防爆须知”的规定。

5. 防护措施

（1）对一切防护用品（具）及检测仪器、通信设备应进行鉴定、校准，以保证应急时能正常使用。

（2）作业人员身体避免裸露，要穿戴安全帽、工作服和工作鞋，必要时配备安全带（索）

等安全防护用品。

(3) 作业场所应有充分照明，所用的一切电气设备符合安全要求，照明电压必须使用36 V或12 V。

(4) 进入封闭场所作业时，必须安排监护人员，作业人员与监护人员应事先规定明确的联络方法，并以此联系。

(5) 在任何情况下，在未取得协助前不应进入封闭场所；作业中不得以任何理由离开工作区域，擅自进入封闭场所深处。

(6) 作业人员进入作业点前和离开作业点时，必须清点人数。

(7) 备妥救生绳、救生头盔、呼吸器等，并放在易于取得的地方。

6. 救护措施

(1) 当发现作业点有异常情况或缺氧危险可能性时或发生事故时，必须立即停止作业，组织作业人员迅速撤离现场。

(2) 发生事故时，必须积极营救遇险人员，对已患缺氧窒息症的人员应立即进行现场抢救，施以人工心肺复苏术等措施并尽快与医疗单位联系。

(3) 抢救人员必须佩戴自给式空气呼吸器，严禁佩戴防毒面具进入救人。

(4) 发生事故时，应封锁事故现场的通道，在危险解除前，禁止非抢救人员进入事故现场。

7. 紧急处置

在紧急情况下，人员需要进入含有毒气、烟雾、缺氧的舱室或入舱期间有存在、产生以上这些任何有害气体的可能性，下舱人员必须备有性能可靠的呼吸器，使用人员须经良好训练，船长或大副、轮机长应做好持续监督工作，并保证：①保持作业场所通风；②进入人员须携带空气呼吸器与救生绳；③有关人员理解并同意的通信方法；④监护人员处有备用的空气呼吸器；⑤进行任何重要工作，均应保证不会发生点火危险。

8. 证书保存

船上的“封闭场所进入许可证”由船长负责保存。

三、风险评估表及进入封闭场所作业风险评估

风险评估表见表1-9。

表1-9 风险评估表

Risk Assessment Form

风险作业类别 Operation Category	进入封闭场所	风险评估项目编号 Risk Assessment No.	
作业描述 Working Description	压载舱检查		
是否有针对该操作项目的指导文件 Is there any instructions in SQMS	1. SQM-03 SQI-412 货舱通风除气作业须知；2. SQM-03 SQI-413 货物安全特性表使用须知；3. SQM-03 SQI-202 使用空气呼吸器安全须知；4. SQM-03 SQI-301 进入封闭舱室须知		

续表

	编号 No.	危害点 Hazards	现有的控制措施 Current Contrl Measures	严重性 Severity	可能性 likelihood	风险因素 Risk Factor
Hazard Identification 作业风险点识别	1	舱气缺氧、有毒或易爆	有效通风、测氧、测爆、测毒	4	2	8
	2	未经许可进入	严格执行许可证制度	4	2	8
	3	恶劣天气易造成人员滑倒	避免恶劣天气进行作业	2	2	4
	4	失去通信联络	作业前进行检查通信设备，定期通讯	2	2	4
	5	失去照明	作业前进行检查照明设备	2	2	4
	6	进入人员不熟悉、缺少意识	积极进行安全操作培训，进入人员必须明白一旦出现与进入封闭舱室条件违背的情况应立即撤出	2	2	4

风险评估矩阵 Risk Assessment Matrix

风险类别 Risk Category				严重性 Severity	可能性 Likelihood			
					行业内未发生过 Never Occurred within The Industry	行业内曾发生过 Once Occurred within The Industry	公司内曾发生过 Once Occurred within The Company	公司内多次发生 Occurred Repeatedly within The Company
人员 Personnel	财产 Property	环境污染 Pollution	声誉 Reputation		1	2	3	4
轻伤 Slight Injury	较小损失 Slight Loss	较小影响 Slight Affect	稍有影响 Slight Affect	1	1	2	3	4
重伤 Extreme Injury	局部损失 Partial Loss	局部影响 Partial Affect	局部影响 Partial Affect	2	2	4	6	8
死亡一人 One Man Dead	严重损失 Serious Loss	严重影响 Serious Affect	国内影响 Domestic Affect	3	3	6	9	12
多人死亡 Men Dead	重大损失 Large Loss	重大影响 Grave Affect	国际影响 Intl Affect	4	4	8	12	16

风险因素＝严重性×可能性 Risk Factor ＝ Likelihood of Occurrence × Level of Harm Severity
1～2 非常低(Very Low)，3～4 低(Low)，6～8 中(Medium)，
9～12 高(High)，16 非常高(Very High)

注：如果在现有的控制措施下，风险等级高或非常高，为不可接受。It's unacceptable if the risk level is high or very high under currnet control measures.

续表

高风险点 High Risk Point	进一步降低风险的具体措施 Further Measures to Reduce Risk	严重性 Severity	可能性 Likelihood	风险因素 Risk Factor	风险等级 Risk Level
注意：如不能降低风险可接受水平，必须停止作业，或采取替代措施！Caution: The operation should be prohibited while it can not reduce risk to accaptable level or take substitute measures.					

Assessed by 评估人：________ Approved by 审批人：________

Reviewed by 复查人：________ Review Date 复查日期：________

备注：根据 SQP-23 的要求，在必要时填存，本部门和船舶保存 2 年。According to SQP-23, to be filled if necessary, kept by this DEPT/SHIP for 2 years

任务实施

本任务的教学关键是风险评价技能的训练，通过对进入封闭场所作业整体熟悉，逐步展开作业潜在危险的风险评估，由学生独立完成作业。选用典型案例由教师讲解，学生进行模拟操作，让学生在操作过程中，熟悉作业的特点。当学生看到自己的作业熟练且准确时，会大大提高学习的兴趣。参见表 1-10、图 1-6。

表 1-10　任务 3 的实施

时间	20 (80)min	地点	
教学资料	实船资料		
活动程序	分组(6 人一组)进行危险货物作业、船舶烧焊或明火作业、靠泊操作风险评估		
活动评价方式	组员之间评定 1：2：2：1		
活动小贴士	链接：危险货物作业、船舶烧焊或明火作业、靠泊操作		

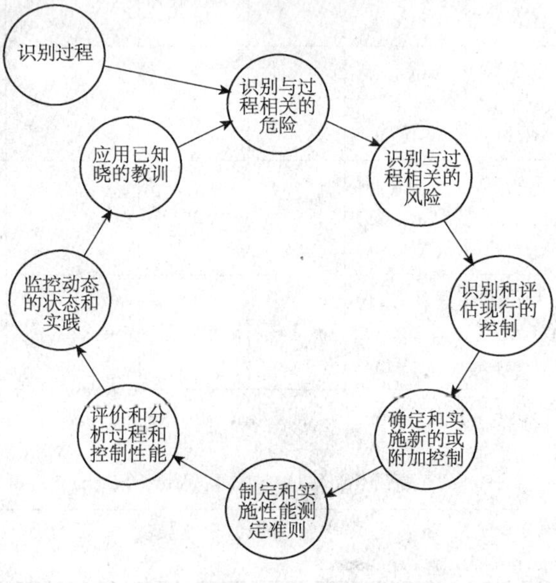

图 1-6　任务 3 的实施过程与要点

任务评价

任务 3 的 3 项技能完成后，对结果进行评价，并填入表 1-11。

表 1-11　任务 3 完成情况评价表

序号	技能	评判结果	
		是	否
1	船舶操作风险评估		
2	作业危险源识别		
3	风险评估表及※※作业风险评估		

注：表中※※表示具体的作业项目。

任务拓展

熟悉各类船舶操作风险评估。如：

- 油船
- 化学品船
- 滚装船

任务 4　报告事故

任务描述

要求根据指定船舶"AA"轮火灾事故，予现场处置，同时报告港口主管机关并启动应急行动，以有效地控制事故损失。

任务目标

能根据"AA"轮火灾事故，予正确的现场处置，同时报告港口主管机关并启动应急行动，达到事故控制的目标。

任务分解

1. 熟悉事故、事故等级；
2. 事故报告内容；
3. 事故报告范围、时限、方式；
4. 海上交通事故调查报告。

知识准备

一、海上交通事故

海上交通事故(Marine Accident)，又称船舶交通事故。船舶在海上发生的与船舶航行、停泊有关的事故。各海运国家对海上交通事故的定义不尽相同，其定义的内涵应根据本国具体的海事法规来确定。

依据我国《海上交通事故调查处理条例》，海上交通事故是指船舶、设施发生的下列事故：①碰撞、触碰或浪损；②触礁或搁浅；③火灾或爆炸；④沉没；⑤在航行中发生的影响适航性能的机件或重要属具的损坏或灭失；⑥其他引起财产损失和人员伤亡的交通事故。

《水上交通事故调查处理程序指南》中所称"水上交通事故"是指船舶、排筏、设施在航行、停泊、作业过程中发生的碰撞、触损、浪损、触礁、搁浅、火灾/爆炸、风灾、自沉及其他造成财产损失或人员伤亡的交通事故。但不包括船舶污染(非交通事故引起)、船员工伤、船员或旅客失足落水等事故以及船员或旅客自杀或他杀等。上述术语的基本涵义是：

(1) 碰撞：指船舶之间或船舶与排筏、移动式平台之间发生接触造成损害的事故。

(2) 触损：指船舶触碰岸壁、码头、航标、桥墩、钻井平台等固定物或沉船、沉物、木桩、鱼栅等障碍物造成损害的事故。

（3）浪损：指船舶兴波冲击其他船舶、排筏、设施等造成损害的事故。

（4）触礁：指船舶触碰礁石或搁置在礁石上。

（5）搁浅：指船舶搁置在浅滩上，造成停航或损坏的事故。

（6）火灾/爆炸：指船舶因自然的或人为的因素致使船舶失火，造成损害的事故。但不包括船舶在厂修时发生的火灾事故。

（7）风灾：指船舶遭受强风袭击造成损害的事故。

（8）自沉：指船舶因超载、积载或装载不当、操作不当或船体漏水等原因及不明原因造成船舶沉没、倾覆或全损的事故。

（9）其他：指不能归入前八类的水上交通事故。

《水上交通事故统计办法》（交通部令 2002 年第 5 号）第五条明确界定："船舶发生下列事故，都属于水上交通事故统计范围：（一）碰撞事故；（二）搁浅事故；（三）触礁事故；（四）触损事故；（五）浪损事故；（六）火灾、爆炸事故；（七）风灾事故；（八）自沉事故；（九）其他引起人员伤亡、直接经济损失的水上交通事故。"

二、事故报告的要素

1. 扼要报告

船舶、设施发生海上交通事故，必须立即用甚高频电话、无线电报或其他有效手段向就近港口的海事机构报告。

报告的内容应当包括：船舶或设施的名称、呼号、国籍、起讫港，船舶或设施的所有人或经营人名称，事故发生的时间、地点、海况以及船舶、设施的损害程度、救助要求等。

事故报告的目的是：

（1）以便及时组织海难救助工作，避免与减少因海事而可能造成的人命财产损失和对水域环境的危害或污染。

（2）以便确定是否进行海事调查，以及在有必要进行调查时作好调查准备，从而查明原因并判明责任。

（3）以便进行海事统计分析，研究和探讨事故发生的原因和规律，总结经验教训，采取避免或减少事故发生的有效措施。

船舶、设施向海事管理机构递交的关于海上交通事故情况的书面材料。该报告书必须真实，不得捏造或隐瞒。

2. "海上交通事故报告书"如实报告

应当如实写明下列情况：①船舶、设施概况和主要性能数据；②船舶、设施所有人或经营人的名称、地址；③事故发生的时间和地点；④事故发生时的气象和海况；⑤事故发生的详细经过（碰撞事故应附相对运动示意图）；⑥损害情况（附船舶、设施受损部位简图，难以在规定时间内查清的，应于检验后补报）；⑦船舶、设施沉没的，其沉没概位；⑧与事故有关的其他情况。

三、事故报告的规定

船舶、设施发生海上交通事故，除应按第五条规定立即提出扼要报告外，还必须按下列规定向海事管理机构提交"海上交通事故报告书"和必要的文书资料：

（1）船舶、设施在港区水域内发生海上交通事故，必须在事故发生后 24 h 内向当地海事管理机构提交。

（2）船舶、设施在港区水域以外的沿海水域发生海上交通事故，船舶必须在到达中华人民共和国的第一个港口后 48 h 内向海事管理机构提交；设施必须在事故发生后 48 h 内用电报向就近港口的海事管理机构报告《海上交通事故报告书》要求的内容。

（3）引航员在引领船舶的过程中发生海上交通事故，应当在返港后 24 h 内向当地海事管理机构提交《海上交通事故报告书》。

前款(1)(2)项因特殊情况不能按规定时间提交“海上交通事故报告书”的，在征得海事管理机构同意后可予以适当延迟。

海上交通事故报告必须真实，不得隐瞒或捏造。

因海上交通事故致使船舶、设施发生损害，船长、设施负责人应申请中国当地或船舶第一到达港地的检验部门进行检验或鉴定，并应将检验报告副本送交海事管理机构备案。

前款检验、鉴定事项，海事管理机构可委托有关单位或部门进行，其费用由船舶、设施所有人或经营人承担。

船舶、设施发生火灾、爆炸等事故，船长、设施负责人必须申请公安消防监督机关鉴定，并将鉴定书副本送交海事管理机构备案。

四、事故调查报告

1. 概述

1993 年 12 月 16 日 14 时 10 分，HH 石油运销有限公司所属 2.6 万吨级大型油船“HH 一号”在青岛港 23 号油船锚地突然爆炸起火。据不完全统计，从 16 日 04 时 20 分到 17 日 19 时，该船共发生爆炸 57 次。事故发生后，党中央、国务院和交通部、公安部的领导极为关注，国务院领导作出迅速扑灭大火的重要指示。青岛市市长在青岛港务局召开紧急会议，成立由港务局、海事管理机构、经委、口岸办、公安局、环保局组成的现场指挥部。经过 29 h 的连续奋战，17 日 19 时油船大火被扑灭。除爆炸现场三名船员失踪外，其他船员及家属全部获救，没有造成沉船和污染，救助、灭火取得了最理想的结果。图 1-7 为“HH 一号”爆炸现场。

图 1-7　1993 年“HH 一号”轮在青岛港发生爆炸事故

青岛市海事管理机构通过现场勘查、询问船员得出结论：静电导致起火爆炸。产生静电的原因有以下可能：①二右舱压水管线随泵压增加，受阻条件瞬间消除产生高速水流；②二右舱内加温管系泄露水蒸汽；③船体锈蚀，二右舱内锈块坠落；④现场人员未着防静电工作服。事后，交通部责成该公司认真总结该次事故教训，提出改进措施。

《现代汉语词典》中“事故”的词义解释是：“意外的损失或者灾祸（多指在生产、工作上发生的）。”人类的生产发展总会伴随有一些意外事故的发生。对于事故原因的调查和分析，人们可以从中总结经验、吸取教训，并逐渐形成相应的防范规则，以避免类似事故的发生，或者在这些事故发生时能够得到及时的应对，以求把损失减少到最小限度。历史上由一个事故，在查明事故原因后，相应导致某些规则产生和实施的例子很多。1912 年 4 月泰坦尼克轮在北大西洋冰海沉船事故后，人们在总结了事故的教训后，通过了《国际海上人命安全公约》。公约规定了救生艇和其他应急设备的数量以及安全规程，包括持续的无线电守听等。该公约现在已经发展成为保证海上船舶安全的最为重要的公约。

因此，事故调查的根本目的应该是查明事故原因，以便从事故原因中总结经验，并相应制定或者修改规程，防止类似原因导致的事故再次发生。

人类经过长时间的积累，已经形成了很多为避免事故发生的法律和安全操作规程、规范，并赋予了强制施行的法律效力。对于这些法律是否得到遵守，除平时的监督检查之外，发生事故后，对事故的调查也是检验这些规范是否有效或者是否得到遵守的重要手段。如果事故是由于已有规范而没有得到遵守，则需要采取相应的制裁措施，以起到一定的警戒作用，并由事故责任者承担依法应承担的行政责任、民事责任，甚至刑事责任。因此，事故调查的另一个目的和作用就是判明责任。

2. “海上交通事故调查报告”的法律地位

海洋为人类提供了天然运输渠道，海洋运输是国际间商品交换中最重要的运输方式之一，其货物运输量占全部国际货物运输量的比例大约在 80%。海上交通运输一直以来都被认为是高风险事业，各类事故时有发生。及时的海上交通事故调查，对事故情况和原因的及时准确报告能够加强对海员、乘客生命安全的保护及对海洋环境的保护，这已为人们所共识。

1983 年 9 月 2 日第六届全国人民代表大会常务委员会第二次会议通过，1983 年 9 月 2 日中华人民共和国主席令第七号公布，1984 年 1 月 1 日施行的《中华人民共和国海上交通安全法》(下称《海上交通安全法》，是我国最早制定和施行的以保障安全为目的的法律之一。《海上交通安全法》专设第九章“交通事故的调查处理”，明确规定“船舶、设施发生的交通事故，由主管机关查明原因，判明责任。”

在《海上交通安全法》实施了 6 年之后，为了加强海上交通安全管理，及时调查处理海上交通事故，经国务院批准，《海事调查条例》公布施行，使海上交通事故调查更具有可操作性。可见，国家对保障海上交通安全非常重视。

《海上交通安全法》和《海事调查条例》都属于行政法范畴，海上交通事故由海事管理机构负责调查，应属于行政调查。《海上交通事故调查报告》是海上交通事故调查后形成的结论性文件，是整个事故调查最为重要的一份法律文件。《海上交通事故调查报告》的结论是代表政府的海事管理机构对事故原因和责任的认定和判断，是一份具有极高公信力的结论。实践证明，“海上交通事故调查报告”不仅告知大家吸取教训避免类似原因事故再次发生，同时应该是追究有关责任人行政责任、刑事责任，以及有关责任人承担民事责任的重要证据。

3. “海上交通事故调查报告”是否应该公开

《海上交通安全法》和《海事调查条例》没有明确规定《海上交通事故调查报告书》是否向社会公开，没有规定将调查报告送达相关的当事人，只有《海事调查条例》第十四条规定：“海事管理机构的海上交通事故调查材料，公安机关、国家安全机关、监察机关、检察机关、审判机关和海事仲裁委员会及法律规定的其他机关和人员因办案需要可以查阅、摘录或复制，审判机关确因开庭需要可以借用。”因而，规定只有公安等司法机关和国家有关的机构、部门等因办案需要可以查阅、摘录或复制，审判机关确因开庭需要可以借用海上交通事故调查材料。过去的立法意图可能基于考虑到事故调查属于行政调查，形成的《海上交通事故调查报告》属行政性报告。且长期以来，事故调查处理工作似乎一直给人一种神秘感，因为所有的案卷材料、统计以及其他有关方面的资料等均作为保密范围，特别是涉及责任等敏感方面的有关文件资料，不便向社会公开。而当前的法制观念、法制环境和法制水平与1983年和1990已发生了很大的变化，从立法发展看出，从事故调查的目的和作用来看，这种不公开报告的做法与立法发展不相称。

《海上交通安全法》和《海事调查条例》颁布施行后，有关交通事故调查的法律法规，国家先后颁布了《中华人民共和国道路交通安全法》《道路交通事故处理程序规定》《铁路交通事故应急救援和调查处理条例》《铁路交通事故调查处理规则》《民用航空器飞行事故调查规定》和《中华人民共和国内河交通事故调查处理规定》。

道路交通事故是最为大量的，《道路交通事故处理程序规定》第六章“认定与复核”，规定《道路交通事故认定书》需要送达当事人，并给予当事人申请复核的权利。道路交通事故的调查报告是向当事人公开的。

《铁路交通事故调查处理规则》第四十三条规定：“事故调查组形成《铁路交通事故调查报告》，报组织事故调查的机关同意后，事故调查组的工作即告结束。铁道部、安全监管办的安全监察部门应在事故调查组工作结束后15日之内，根据事故报告，制作《铁路交通事故认定书》，经批准后，送达相关单位。”铁路交通事故的结论向相关单位公开。

《民用航空器飞行事故调查规定》第三十四条规定：“事故调查报告草案完成后，组织事故调查的部门可以向下列有关单位和个人征询意见：(一)参与事故调查的有关单位和个人；(二)与发生事故有关的当事单位和当事人；(三)事故调查组组长认为必要的其他单位和个人。”航路及飞行事故调查向有关方公开。

《中华人民共和国内河交通事故调查处理规定》第三十条规定：“为使有关各方吸取事故教训，避免类似事故的再次发生，海事管理机构应当依照规定的程序将查明的事故情况和原因向社会公开。”

从上述相关交通事故调查规定看，事故调查后，事故的原因和责任至少是要向事故的当事人公开的。内河交通事故更是清楚明确地规定海事管理机构查明的事故情况和原因向社会公开。据了解，一些海事管理机构已在“海上交通事故调查报告”社会公开这方面进行了一些积极的探索和尝试，并取得了较好的效果和反应。但在实践中往往因有关规定不同的理解而导致不同的处理方式，社会公开的程度、范围和途径不尽统一和规范。且大多海事管理机构不公开“海上交通事故调查报告”，只将事故相关的《“安全管理建议书”》公开和送达相关当事人。

基于从汲取事故教训，避免类似事故的再次发生，以及调查报告作为法律上的认定事实的重要证据的角度，公开“海上交通事故调查报告”是社会发展和法制建设的需要。公开“海上交通事故调查报告”的法律依据应尽快得到修改和完善，公开的程序、范围和途径得以规范，除了涉及国家秘密之外，应向社会公开。这既是当前立法本意，也是客观的需要，有利于航运更安全，海洋更清洁，更有利于社会的稳定和谐发展。

任务实施

本任务的教学关键是火灾事故报告程序的训练，通过对船舶火灾事故的处置，逐步展开任务，由学生独立完成作业。选用典型案例由教师讲解，学生进行模拟操作，让学生在执行的过程中，熟悉作业的特点。当学生看到自己的作业熟练且准确后，会大大提高学习的兴趣。参见表1-12。

表1-12　任务4的实施

时间	20(40)min	地点	
教学资料	实船资料		
活动程序	分组(6人一组)讨论海上交通事故报告与海上交通事故调查报告		
活动评价方式	组员之间评定1∶2∶2∶1		
活动小贴士	链接:水上交通事故调查处理简易程序规定、水上交通事故调查处理程序指南、《海上交通事故调查报告》是否应该公开		

任务评价

任务4的4项技能完成后，对结果进行评价，并填入表1-13。

表1-13　任务4完成情况评价表

序号	技能	评判结果	
		是	否
1	熟悉事故、事故等级		
2	事故报告内容		
3	事故报告范围、时限、方式		
4	海上交通事故调查报告		

任务拓展

熟悉各类船舶事故报告。如：

- 油船
- 化学品船
- 滚装船

任务5　申请作业许可、核查批准计划的进行

任务描述

要求根据《中华人民共和国海事行政许可条件规定》，能确认船岸相关作业许可规定和要求，达到安全操作的目标。

任务目标

能根据作业许可规定和要求，并能熟练且准确的操作“某某”轮进港、出港签证，熟悉危险货物安全监督管理规则，达到安全意识教育的目标。

任务分解

1. 船舶签证规则；
2. 进港、出港签证具备条件；
3. 危险货物安全监督管理规则。

知识准备

一、《中华人民共和国海事行政许可条件规定》

为规划海事活动，2005年12月15日经第29次部务会议通过发布了《中华人民共和国海事行政许可条件规定》，于2006年1月9号以交通部令2006年第1号公布，自2006年4月1日起施行。

第一章　总　　则

第一条　为依法实施海事行政许可，维护海事行政许可各方当事人的合法权益，根据《中华人民共和国行政许可法》和有关海事管理的法律、行政法规以及中华人民共和国缔结或者加入的有关国际海事公约，制定本规定。

第二条　申请及审查、决定海事行政许可所依照的海事行政许可条件，应当遵守本规定。本规定所称海事行政许可，是指依据有关水上交通安全、防污染等海事管理的法律、行政法规、国务院决定的设定，由海事管理机构实施或者由交通部实施、海事管理机构具体办理的行政许可。

第三条　海事管理机构在审查、决定海事行政许可时，不得擅自增加、减少或者变更海事行政许可条件。不符合本规定相应条件的，不得做出准予的海事行政许可决定。

第四条　海事行政许可条件应当按照《交通行政许可实施程序规定》予以公示。申请人要求对海事行政许可条件予以说明的，海事管理机构应当予以说明。

第五条　国家海事管理机构应当根据海事行政许可条件，统一明确申请人应当提交的材料。有关海事管理机构应当将材料目录予以公示。

申请人申请海事行政许可时，应当按照规定提交申请书和相关的材料，并对所提交材料的真实性和有效性负责。

申请变更海事行政许可、延续海事行政许可期限的，申请人可以仅就发生变更的事项或者情况提交相关的材料；已提交过的材料情况未发生变化的可以不再提交。

链接：《中华人民共和国海事行政许可条件规定》

《中华人民共和国海事行政许可条件规定》（下称规定）是根据《中华人民共和国行政许可法》和有关海事管理的法律、行政法规以及中华人民共和国缔结或者加入的有关国际海事公约制定，是一部完整的为依法实施海事行政许可，维护海事行政许可各方当事人的合法权益的规章。该规定自 2006 年 4 月 1 日起实施，它具有如下几方面特点：

（1）海事行政许可首先必须行政相对人（即自然人、法人或其他组织）提出申请，无申请即无许可。

（2）海事行政许可是准予相对人从事与水上水下作业有关的特定活动的行为。取得行政许可表明申请人符合法定条件，可以依法从事有关活动。

（3）海事行政许可是有关海事管理机构的外部管理行为。

（4）海事行政许可是海事机关管理性的行为，是海事机关确认民事财产权利和确认民事关系及有关活动的行为。

（5）本规定遵循合法与合理、效能与便民、监督与责任原则的总体思路，它统一和明确了申请人应当提交的材料必须真实、完整、有效，否则若因申请人提供不真实材料而引起的一切法律责任自负。

（6）海事管理机构在审查、决定海事行政许可时，不得擅自增加、减少或者变更海事行政许可条件，但不符合本规定相应条件的，不得做出准予的海事行政许可决定。

（7）申请人依法取得的行政许可受法律保护，海事机关不得擅自改变已经生效的行政许可，除非《规定》许可所依据的法律、法规、规章修改或废止，或者准予行政许可所依据的客观情况发生重大变化，为了公共利益的需要确需依法变更或者撤回已经生效的行政许可。

（8）规定强化了对海事执法部门实施行政许可的监督制度，并对海事执法部门及其工作人员实施行政许可、监督检查及其责任作了明确规定。

规定共分总则、海事行政许可条件、附则三章，其中：第一章明确了规定设立的依据，申请及审查、决定应遵守规定，许可实施机构对申请人应提供的材料目录予以公示，申请人对所提供材料负责，以及申请变更或延续许可应提交的材料等。第二章的“条件”部分将海事行政许可科学地划分为“通航管理”“船舶管理”“防治船舶污染和船载危险货物管理”“船员管理”“其他海事行政管理”五节 22 条，分门别类地将各项海事行政许可条件进行了规范、明确。第三章确定了规定实施的时间，海事机构及其工作人员违反规定的法律责任等内容。

二、船舶签证规则

《中华人民共和国船舶签证管理规则》(2007 年 5 月 9 日交通部令 2007 年第 7 号,以下简称为《07 规则》)包括五章内容:总则、船舶签证、船舶签证簿、监督检查与法律责任、附则。

第一章 总 则

第一条 为规范船舶签证行为,保障水上交通安全,依据《中华人民共和国海上交通安全法》和《中华人民共和国内河交通安全管理条例》,制定本规则。

第二条 国内航行船舶在中华人民共和国管辖水域内办理船舶签证,适用本规则。本规则不适用于军事船舶、渔船、体育运动船舶。但是前述船舶从事营业性运输时,应当按照本规则办理船舶签证。本规则所称船舶签证,是指海事管理机构根据船舶或者其经营人的申请,经依法审查,对符合船舶签证条件的,准予其航行的行政许可行为。

第三条 中华人民共和国海事局主管全国的船舶签证管理工作。各级海事管理机构具体负责本辖区内的船舶签证管理工作。

第四条 船舶签证管理工作应当符合高效、便民的原则。

第二章 船舶签证

第一节 一般规定

第五条 除本规则另有规定外,船舶有下列情形之一的,应当向海事管理机构申请航次船舶签证:

(一)由港内驶出港外;

(二)由港外驶入港内;

(三)因作业需要在港内航行驶出港内泊位;

(四)因作业需要在港内航行驶入港内泊位;

(五)驶出船舶修造(厂)点、港外作业点、海上作业平台;

(六)驶入船舶修造(厂)点、港外作业点、海上作业平台。

本条第一款第(一)、(三)、(五)项船舶签证统称出港签证,申请人应当在船舶开航前 24 小时内办理。本条第一款第(二)、(四)、(六)项船舶签证统称进港签证,申请人应当在船舶抵达后 24 小时内办理。船舶抵达前 24 小时内已经向拟抵达地海事管理机构报告船舶情况的,进港签证可以与出港签证合并办理。

第六条 船舶签证应当由船舶或者其经营人申请办理。被拖船可由被拖船或者其经营人申请,也可由拖船或者其经营人代为申请。申请人可以委托代理人办理船舶签证。

第七条 申请办理出港签证的船舶,应当处于适航或者适拖状态。

船舶或者其经营人申请办理航次船舶签证,应当向海事管理机构提交以下材料:

(一)船舶签证簿;

(二)船舶电子信息卡(适用的船舶);

(三)船舶国籍证书;

(四)船舶检验证书;

(五)船舶最低安全配员证书;

（六）船员适任证书；

（七）防止油污证书(适用的船舶)；

（八）船舶安全管理证书和公司安全管理体系符合证明副本(适用的船舶)；

（九）船舶安全检查记录簿；

（十）船舶港务费缴纳或者免于缴纳证明；

（十一）经批准的船舶载运危险货物申报单(适用的船舶)；

（十二）船长开航前声明和车辆安全装载记录(适用的船舶)；

（十三）护航申请书(适用的船舶)；

（十四）船舶营运证。

第二款第(三)项至第(八)项所列证书信息已经由海事管理机构在船舶签证簿内记载或者存储在船舶电子信息卡的，可以免于提交。

第二款第(十四)项所指船舶营运证仅要求从事国内运输的老旧运输船舶在办理船舶签证时提供。船舶营运证的发证机关应当向海事管理机构提供船舶营运证的相关信息。

第八条　船舶或者其经营人向海事管理机构提交申请材料应当如实反映情况，并对申报内容的真实性负责。

船舶或者其经营人可以通过传真、电子邮件、电子数据交换(EDI)等方式办理船舶签证，可以采用电报、电传、传真、手机信息、电子邮件、电子数据交换(EDI)等方式报告船舶进港情况，并在船舶航海(行)日志内作相应的记载。

报告的内容应当包括船舶名称、种类、尺度、总吨、吃水、客货载运情况、拟靠泊地点。

第九条　海事管理机构负责审查船舶签证的申请材料是否齐全、是否符合申报要求，是否有明显涂改或者伪造现象、是否在有效期内等形式要件。

海事管理机构对船舶签证申请材料内容的真实性有怀疑或者接到相关举报的，应当派执法人员进行现场核查。

第十条　海事管理机构收到船舶签证申请后，应当按照《交通行政许可实施程序规定》的有关规定办理。

海事管理机构对航次船舶签证应当当场办理。签证人员应当在船舶签证簿内签注是否准予签证的意见、海事行政执法证编号、日期并加盖船舶签证专用章。不予签证的，还应当在船舶签证簿内签注不予签证的理由。

第十一条　船舶有下列情形之一的，应当重新申请出港签证：

（一）船长或者履行相应职责的船员发生变动；

（二）船舶结构、有关航行安全的重要设备发生重大变化；

（三）改变船舶航行区域、航线；

（四）出港签证办妥后48小时内未能出港。

第十二条　船舶由于抢险、救生等紧急事由，不能按照规定程序办理船舶签证的，应当在开航前向海事管理机构报告，并在任务完成后24小时内补办船舶签证。

第十三条　船舶因避风、候潮、补给等原因临时进港或者航经港区水域的，免于办理船舶签证。但有下列情形之一的除外：

（一）船长或者履行相应职责的船员发生变动；

（二）上下旅客；

（三）装卸货物。

第十四条 拖驳船队在中途要加解驳船时，加、解的船舶应当申请船舶签证，拖驳船队其他船舶不再办理船舶签证。

第二节 特别规定

第十五条 符合下列情形之一的船舶可以申请短期定期船舶签证取代航次船舶签证：

（一）在固定水域范围内航行的船舶；

（二）定线航行的船舶。

在固定水域范围内航行的船舶，应当向对该固定水域有管辖权的任一海事管理机构提出申请；定线航行的船舶应当向航线始发港和终点港所在地海事管理机构分别提出申请。

第十六条 符合下列情形的船舶可以向船籍港所在地的交通部直属的海事管理机构或者省级交通主管部门所属的海事管理机构申请年度定期船舶签证取代航次船舶签证：

（一）安全诚信船舶；

（二）安装并按规定使用船舶自动识别系统；

（三）在前一个年度签证期内按照规定递交进出港报告；

（四）已经与有关金融机构签订船舶港务费交纳协议。

第十七条 办理定期船舶签证，除需要提交本规则第七条规定的材料外，还应当提交证明其符合第十五条或者第十六条规定情形的证明材料。

第十八条 海事管理机构应当在受理申请之日起 7 个工作日内办结短期定期船舶签证，在 20 个工作日内办结年度定期船舶签证。准予定期船舶签证的，还应当在船舶签证簿内注明签证的有效期限、航行区域或者航线。

短期定期船舶签证的有效期限最长不超过 3 个月。年度定期船舶签证在全国范围内有效，有效期限为 12 个月。

客船、载运危险货物的船舶只能办理有效期限不超过 1 个月的短期定期船舶签证。

第十九条 船舶超出定期船舶签证的有效期限、核定航区或者航线航行的，或者签证核定的其他内容发生变化的，应当按照本章第一节的规定申请航次船舶签证。

第二十条 获得定期船舶签证的船舶，在从事本规则第五条规定的活动时，应当按照本规则第八条第二款、第三款规定的方式和内容，向海事管理机构报告船舶情况。

第三章 船舶签证簿

第二十一条 船舶签证簿是办理船舶签证的专用文书，是记载船舶办理签证情况的证明文件，必须随船妥善保管。除海事管理机构外，任何单位、人员不得扣留、收缴船舶签证簿，也不得在船舶签证簿上签注。

船舶签证簿的格式、内容和船舶签证印章的样式由中华人民共和国海事局统一规定。

第二十二条 船舶签证簿由船舶或者其经营人向海事管理机构书面申请核发、换发、补发。

船舶首次申领船舶签证簿以及船舶所有人、船舶经营人、船舶名称变更后申领新船舶签证簿的，应当向船籍港海事管理机构申请核发。

船舶签证簿遗失、灭失的，应当向船籍港海事管理机构申请补发。申请补发时，应当提交最近一次经海事管理机构签证的船舶签证申请单复印件。

船舶签证簿使用完毕或者污损不能使用的，可向船籍港或者签证地海事管理机构申请换发。申请换发时，应当交验前一本船舶签证簿。

第二十三条 符合本规则要求的，海事管理机构应当当场核发、换发、补发船舶签证簿。

海事管理机构核发、换发、补发船舶签证簿，应当将船舶概况填写在船舶签证簿内，并加盖海事管理机构的印章。非船籍港海事管理机构换发的，应当将换发情况书面通报船籍港海事管理机构。

第二十四条 船舶可以向船籍港或者签证地海事管理机构申请在船舶签证簿内记载船舶证书和船员证书的信息，并应当在申请时交验相应证书。

对符合要求的申请，海事管理机构应当在船舶签证簿内记载船舶证书和船员证书的信息，并签署记载人的海事执法证编号、日期并加盖海事管理机构的印章。

第二十五条 船舶签证簿应当连续使用，保持完整，不得缺页或者擅自涂改。使用完毕后，应当在船保存两年。

船舶报废、灭失或者船舶所有人、船舶经营人、船舶名称变更时，船舶应当将船舶签证簿交回船籍港海事管理机构注销。

第二十六条 船舶不得伪造、变造、租借、冒用、骗取船舶签证簿。

第四章 监督检查与法律责任

第二十七条 海事管理机构应当加强对船舶签证的监督检查。海事管理机构实施监督检查时，有关单位和个人应当予以协助和配合，不得拒绝、妨碍或者阻挠。

第二十八条 发现船舶未按照规定办理船舶签证的，海事管理机构应当责令船舶办理签证，并可以责令船舶到指定地点接受查处；拒不改正的，可以采取禁止进港、离港或者停止航行等措施。

第二十九条 发现船舶不再满足办理定期船舶签证条件的，应当要求船舶按照第二章第一节的规定办理航次船舶签证，并通知准予定期船舶签证的海事管理机构撤销有关船舶的定期船舶签证。

第三十条 发现船舶以不正当手段取得船舶签证，尚未出港的，海事管理机构应当撤销船舶签证，并在船舶签证簿内签注撤销的原因、日期并加盖印章；已经出港的，海事管理机构应当进行调查处理或者通知下一抵达地的海事管理机构进行调查处理。

第三十一条 海事管理机构在监督检查过程中对下列事项应当在船舶签证簿中予以记载，并通报船籍港海事管理机构：

（一）船舶受到海事行政处罚的；

（二）船舶发生水上交通事故和船舶污染事故的；

（三）船舶被禁止离港的。

船籍港海事管理机构对收到的上述信息应当予以记录，并协助调查处理。

第三十二条 船舶违反船舶签证管理规定应当给予行政处罚的，按照交通部颁布的海事行政处罚规定执行。

第三十三条 海事管理机构的工作人员有滥用职权、徇私舞弊、玩忽职守等行为的，由其所在单位或者上级机关依法给予行政处分；构成犯罪的，由司法机关依法追究刑事责任。

链接：《中华人民共和国船舶签证管理规定》

三、进港、出港签证条件

船舶(航次)签证程序

为加强船舶签证管理，规范船舶签证行为，特制定本程序。

1. 受理和审核

1) 船舶签证申请人持下列材料到海事管理机构设立的签证点办理航次签证手续：

(1) 船舶签证簿；

(2) 船舶电子信息卡(适用的船舶)；

(3) 船舶国籍证书；

(4) 船舶检验证书；

(5) 船舶最低安全配员证书；

(6) 船员适任证书；

(7) 防止油污证书(适用的船舶)；

(8) 船舶安全管理证书和公司安全管理体系符合证明副本(适用的船舶)；

(9) 船舶安全检查记录簿；

(10) 船舶港务费缴纳或者免于缴纳证明；

(11) 经批准的船舶载运危险货物申报单(适用的船舶)；

(12) 船长开航前声明和车辆安全装载记录(适用的船舶)；

(13) 护航申请书(适用的船舶)；

(14) 船舶营运证。

第(3)项至第(8)项所列证书信息已经由海事管理机构在船舶签证簿内记载或者存储在电子信息卡的，可以免于提交。

第(14)项所指船舶营运证仅要求从事国内运输的老旧运输船舶在办理船舶签证时提供。

2) 船舶签证人员收到船舶进出港签证申请后，审查船舶是否属于《07规则》第五条规定的情况、是否属于本机构管辖，申请材料是否齐全，是否符合申报要求，是否有明显涂改或者伪造现象、是否在有效期内等形式要件。

3) 按照《07规则》不需要申请或不属于本机构管辖的，应当及时作出不予受理的决定，在船舶签证簿内签注不予受理的意见、理由以及签证人员的签证执法证编号、日期、加盖船舶签证专用章，连同申请材料退还申请人，告知申请人不需要申请或向其他相关海事管理机构申请。

4) 申请材料不齐全或者不符合法定形式的，应当当场一次性告知申请人需要补正的全部内容。申请材料存在可以当场更正的错误的，应当告知并允许申请人当场更正。

5) 对船舶签证申请材料内容的真实性有怀疑(含申请材料有明显涂改或伪造、不在有效期)或者接到相关举报的，应当进行现场核查。

2. 办理结果

1）审查未发现船舶不符合船舶签证条件的，在船舶签证簿内签注准予签证的意见、签证人员执法证编号、日期、加盖船舶签证专用章。还应当将船舶签证数据录入船舶动态管理系统，并读写船舶电子信息卡。

2）审查发现船舶不符合签证条件的，不予签证，在船舶签证簿内签注不予签证的意见和理由、签证人员执法证编号、日期、加盖船舶签证专用章。

3）签证人员检查船舶证书和船员证书，发现申请材料中有关证书未经校核并记载在船舶签证簿内的，应当予以校核并按照《07 规则》第二十四条的规定记载在船舶签证簿内。

3. 归档

签证人员收存签证簿中船舶签证申请单海事留存页。档案保存时间 2 年。

4. 执法文书和台账

1）船舶签证簿。

2）船舶签证管理系统或船舶签证工作台。

链接:《中华人民共和国船舶签证管理规则》

四、危险货物安全监督管理规则

《中华人民共和国船舶载运危险货物安全监督管理规定》（交通部 2003 年第 10 号令）于 2004 年 1 月 1 日生效，由 7 章 37 条组成。该规定主要明确了船舶载运危险货物的通航安全和防污染管理、船舶安全管理、申报管理、相关人员管理以及相关法律责任等事项。2012 年 3 月 14 日公布交通运输部决定将《船舶载运危险货物安全监督管理规定》进行部分修改，并以交通部令 2012 年第 4 号公布。修改要点如下：

第九条第二款修改为："对报告进入船舶交通管理（VTS）中心控制水域的载运危险货物的船舶，海事管理机构应当进行标注和跟踪，发现违规航行、停泊、作业的，或者认为可能影响其他船舶安全的，海事管理机构应当及时发出警告，必要时依法采取相应的措施。"

第三十三条第一款修改为："海事管理机构依法对载运危险货物的船舶实施监督检查，对违法的船舶、船员依法采取相应的措施。"

链接:《船舶载运危险货物安全监督管理规定》交通运输部令 2012 年第 4 号。

1. 政府部门的职责

海事管理机构依法对载运危险货物的船舶实施监督管理，负责船舶载运危险货物的申报审批；对过驳作业水域的通航问题进行核准或依法对相关作业进行审批，公布船舶水上危险货物过驳作业的水域；采取规定专用航道或航路、疏导交通、实行交通管制等必要或强制措施；负责对船舶是否符合危险货物载运船舶安全条件的状况、船员适任情况进行监督检查，对拟装船的集装箱危险货物进行开箱监督抽查；组织实施船载危险货物事故的应急救助；对违法的船舶、船员实施相应的行政强制措施。

2. 对载运危险货物船舶的要求

载运危险货物船舶必须具备安全航行、停泊、作业的通航环境条件，落实应急预防措施。必要时可以向海事管理机构请求导航或者护航。

载运危险货物船舶应向海事管理机构办理申报，经批准才能进、出港口，国际航行船舶还应当提前预报告。

船舶进行危险货物水上过驳作业，应当符合安全和防污染管理规定和技术规范，从事散装液体危险货物海上过驳作业，应依法向海事管理机构申请批准。

船舶进行与危险货物有关的洗(清)舱、驱气或者置换作业，应得到海事管理机构的批准。

船舶应当对承载的危险货物进行正确分类和积载，保障危险货物的积载和隔离符合安全规定。

载运危险货物的船舶应制定相应的应急预案和溢油应急计划，配备应急设备。发生应急事故时，应当按照规定向海事管理机构报告。

从事危险货物运输的船公司应建立和实施安全营运体系和防污染管理体系。确保船舶保持良好状态，符合安全、防污染要求。

载运剧毒化学品以及交通部规定禁止运输的其他危险化学品的船舶，禁止进入内河以及其他封闭水域。

未取得危险货物适装证书的船舶以及超过交通部规定船龄的船舶禁止载运危险货物。

禁止在普通货物中夹带危险货物，不得将危险货物匿报或者报为普通货物。

3. 对相关从业人员的要求

从事船载危险货物运输作业的人员相应掌握安全载运的相关知识，熟悉所在船舶载运危险货物的安全知识和操作规程。

在载运危险货物船舶上工作的船员，要符合载运危险货物船舶的适任资格，持有海事管理机构颁发的适任证书和相应的培训合格证，掌握安全载运的相关知识，熟悉所在船舶载运危险货物的安全知识、操作规程及应急措施。

任务实施

本任务的教学关键是作业许可的训练，通过对船舶作业许可的整体熟悉，逐步展开任务，由学生独立完成作业。选用典型案例由教师讲解，学生进行模拟操作，让学生在执行的过程中熟悉作业的特点。当学生看到自己的作业熟练且准确时，会大大提高学习的兴趣。参见表 1-14。

表 1-14　任务 5 的实施

时间	10 (40)min	地点	
教学资料	实船资料		
活动程序	分组(6 人一组)办理载运危险货物船舶的航次签证		
活动评价方式	组员之间评定 1∶2∶2∶1		
活动小贴士	链接:国际航行船舶进出中华人民共和国口岸检查办法		

任务评价

任务 5 中 3 项技能完成后，对其结果进行评价，并填入表 1-15。

表 1-15　任务 5 的完成情况评价表

序号	技能	评判结果	
		是	否
1	船舶签证规则章节、条款		
2	进港、出港签证具备条件		
3	危险货物安全监督管理规则		

任务拓展

熟悉各类船舶作业许可、进港、出港签证条件。如：

- 油船
- 化学品船
- 滚装船

项目二
停泊值班中的防止污染

核心概念

操作污染;事故污染;特殊区域;船舶油污应急计划;溢油分散剂;船舶油污染事故的分类标准;双壳船体

情景设置

1. 指定船舶描述,"MM"液货船(见图 2-1)及其防污染预案;

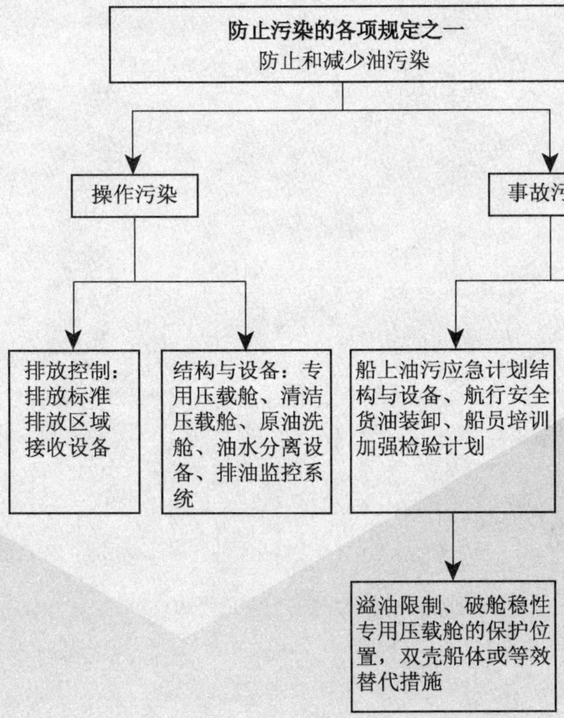

图 2-1 "MM"液货船防污染规定

2. 本航次在港停泊作业安排;

3. 作业许可和批准的作业计划的情况;

4. 项目具体内容有:防止船舶污染规定和预防措施、船舶作业或活动污染隐患、巡视发现和处置污染事件、报告污染事件并启动应急行动。

学习目标

1. 能巡视、监督正在进行的各项作业，能确认各项作业是否按防污染规定进行；

2. 掌握停泊值班中防止污染内容与要求；

3. 结合情景描述，完成以下任务：熟悉防止船舶污染规定和预防措施；发现船舶作业或活动污染隐患；巡视发现和处置污染事件；报告污染事件并启动应急行动。

学习内容

任务 1　防止船舶污染规定和预防措施；

任务 2　船舶作业或活动污染隐患；

任务 3　巡视发现和处置污染事件；

任务 4　报告污染事件并启动应急行动。

任务1　防止船舶污染规定和预防措施

任务描述

要求根据船舶污染海洋的特点，能熟知防止污染的各项规定，达到保护海洋环境的目标。

任务目标

能及时获知防止污染的最新规定，能熟知防止污染的各项规定，防治船舶污染事故，保护海洋环境。

任务分解

1. 理解"特殊区域"；
2. 理解"排放标准"；
3. 及时获得港口防治污染规定；
4. 港口接收设备的种类。

知识准备

一、理解"特殊区域"

1. "特殊区域"的概念

特殊区域(Special Area)的定义是：在防止船舶造成污染公约(MARPOL 73/78 公约)附则中具有特定含义的专用名词，它特指这样的海域——在此海域中，由于与其海洋学和生态学情况以及交通运输的特殊性质有关的公认的技术原因，需要采取防止海洋油污的特殊强制办法。

根据 MARPOL 公约附则Ⅰ～Ⅴ第 1 条的规定，特殊区域是指由于其海洋学和生态学的情况以及其运输的特殊性质等公认的技术原因，要求采取特殊的强制办法以防止垃圾污染海洋的海域。可见，"特殊区域"正是考虑到脆弱的生态环境基于某些特定的原因，而需要采取特别的保护措施。见表 2-1。

《中华人民共和国防治船舶污染内河水域环境管理规定》和《内河船舶法定检验技术规则》(2004)仅提出了特殊区域的概念，没有明确具体的规定，且至今我国尚未向 IMO 提出过特殊区域的申请，国内也没有哪个水域被划分为特殊区域。

表 2-1 MARPOL 公约附则中的“特殊区域”

MARPOL 公约附则	Ⅰ	Ⅱ	Ⅴ	Ⅵ
特殊区域	➢ 地中海区域 ➢ 波罗的海区域 ➢ 黑海区域 ➢ 红海区域 ➢ 海湾区域 ➢ 亚丁湾区域 ➢ 南极区域 ➢ 西北欧水域 ➢ 阿拉伯海的阿曼区域 ➢ 南非洲海的南部海域	➢ 波罗的海区域 ➢ 黑海区域 ➢ 南极区域	➢ 地中海区域 ➢ 波罗的海区域 ➢ 黑海区域 ➢ 红海区域 ➢ 海湾区域 ➢ 北海区域 ➢ 南极区域 ➢ 扩大加勒比海区域	➢ 波罗的海区域 ➢ 北海区域

2. 特殊敏感区域的概念

特别敏感海域(PSSA)是指需要通过 IMO 的行动特别保护的海洋区域,这些区域经过确认在生态、社会经济、科学特征等方面具有特殊意义,而这些特征又特别容易受到国际航运活动的破坏。在确认特别敏感海域时,相关的满足法律条款要求的保护措施必须得到 IMO 的批准或采纳,从而防止、减少或消除对环境的威胁及保护环境的脆弱性。

PSSA 的提出是有其法律依据的。虽然联合国海洋法公约赋予了外国船舶的无害通过权,即无需事先获得沿海国的同意或许可,在不影响沿海国的安全、良好秩序和善良风俗的前提下,外国船舶有尽快、迅速、不停顿地通过或穿越一国领海的权力。但是公约同时规定了一些需要采取较高环境保护措施的区域。公约的第 194 款第 5 条指出:缔约国有义务采取必要的措施保护和保存稀有的或脆弱的生态系统。公约第九部分也规定了一些介于几个国家之间的海湾作为全封闭或半封闭区域,这些区域需要相关国家进行协调管理和采取环境保护措施。针对特别敏感海域而言,更重要的是公约第 211 款第 6 条规定,为了保护专属经济区内需要额外防护来自船舶污染的区域,允许缔约国向相应的国际组织(毫无疑问,对航运来说是 IMO) 递交采取特别的强制性措施的建议。

3. 特别敏感海域和特殊区域的比较研究

根据 MARPOL 公约的规定,特殊区域是主要针对油污、垃圾的操作性排放,为保护封闭和半封闭海域专门设计的。而 PSSA 可以确定在任何海域,IMO 指南没有特别指出可以申请确定为 PSSA 的海域,即任何海区都可以申请 PSSA,譬如涉及国际航行的领海、专属经济区甚至海峡都可以被确定为 PSSA 。

1) 特殊区域的确定标准

IMO 辨别和确定 MARPOL 公约下的特别区域指南的规定,为了被认定为特殊区域,在指南提出的每个类别中至少要满足一个要求,标准的类别有:

(1) 海洋地理条件:该区域的海洋特征会引起海水里或海底沉淀物里的有害物质聚集或持久不能扩散。

(2) 生态条件:海洋生物物种受到有害物质的威胁濒于灭绝;海洋生物的高自然繁殖区;重要海洋生物物种的产卵、哺育区以及海鸟和海洋哺乳动物的迁徙必经之地;稀有或脆弱的生态系统如珊瑚礁、红树林、湿地等；鱼群等的关键生活区域。

(3) 航行船舶的特征：该区域航行船舶对有害物质的排放程度超越了 MARPOL 公约中规定的要求，已经不能满足该区域海洋的生态条件。

2) 确认 PSSA 的标准

"IMO 辨别和确定特别敏感海域指南"规定，申请特别敏感海域时，该海域的特征必须至少满足下列标准中的一个，并且该海域已受到国际航运活动的威胁。

(1) 生态标准：生态的独特性或稀少性，某些鱼类的关键栖息地，具有生态代表性，具有生态多样性，具有很强的生态繁殖能力，生物的关键产卵地，生态结构的依赖性，生态的脆弱性，具有未受人类侵袭的自然性，具有生物地理的重要性；

(2) 社会文化和经济标准：具有特别的经济益处，具有娱乐旅游的重要性，对本地居民的生存具有重要意义；

(3) 科学和教育标准：具有科学重要性，具有生态和环境的研究意义，能展示特别的生态现象。

特殊区域所能采取的保护性措施被限定在 IMO 专门为特殊区域设定的，MARPOL 73/78 公约的附则Ⅰ(油污)，附则Ⅱ(有毒液体)，附则Ⅳ(生活污水)和附则Ⅴ(垃圾)所制定的排放标准中。为保护特殊区域所能采取的措施已被指定在法律条文中。而针对特别敏感海域 PSSA，IMO 为环境保护的控制措施提供了更多的选择方案。

特别敏感海域不仅可以限制船舶含油污水、垃圾、生活污水等污染物的排放，还可以采取绕航、避航、强制引航等更有利于海域环境保护的措施。一个国家所能采取的措施包括现有的法律条文中有的任何措施，或者虽然现在的法律中没有，但只要 IMO 的权限范围内可行的措施都可以。因此，如果一个国家准备实施比现有法律文书中规定的更高标准的环境保护措施，则可以考虑申请被确认为 PSSA。参见表 2-2。

表 2-2　现有的 PSSA 及相关的保护性措施

地区	采取的相关措施	MEPC 批准日期
澳洲：Great Barrier and Torres Strait	引水，强制报告，定线制	1990 年 9 月 26～30 日，MEPC 30 次会议；2005 年 7 月 18～22 日，MEPC 53 次会议
古巴：Archipelago of Sabana-Camaguey	分道通航制，禁止排污	1997 年 9 月 18～25 日，MEPC 40 次会议
哥伦比亚：the Malpelo Island	禁止通航	2000 年 3 月 4～8 日，MEPC 47 次会议
美国：the Florida Keys	4 个区域禁止通航，3 个区域禁止抛锚	2000 年 3 月 4～8 日，MEPC 47 次会议
丹麦、德国和荷兰：the Wadden Sea	强制报告和航行监督，分道通航，强制或推荐引水，MARPOL 特殊海域	2002 年 10 月 7～11 日，MEPC 48 次会议
秘鲁：Paracas National Reserve	禁止 200 总吨以上装有碳氢化合物和危险液体的船舶通行	2003 年 7 月 14～18 日，MEPC 49 次会议

续表

地区	采取的相关措施	MEPC 批准日期
西欧水域	单壳油船强制报告	2004 年 10 月 11～15 日，MEPC 52 次会议
西班牙：Canary Island	5 个区域禁止通航，2 个区域推荐航线，强制船位报告	2005 年 7 月 18～22 日，MEPC 53 次会议
丹麦和芬兰：Baltic Sea Area	分道通航，深水航线，报告和引水系统，及 MARPOL 特殊海域	2005 年 7 月 18～22 日，MEPC 53 次会议
厄瓜多尔：Galapagos Archipelago	禁止通航	2005 年 7 月 18～22 日，MEPC 53 次会议

二、理解“排放标准”

“排放标准”的中文全名是：污染物排放标准，其英文名称是：Standard for Discharge of Pollutants。它的定义是：国家为实现环境质量标准或环境目标，对人为污染源排入水环境的污染物浓度或数量所作出的限量规定。其目的是通过控制污染源排污量的途径来实现环境质量标准或环境目标，污染物排放标准按污染物形态分为气态、液态、固态以及物理性污染物（如噪声）排放标准。

1. 基本原则

制定污染物排放标准的基本原则是：①尽量满足环境质量标准的要求；②必须考虑所规定的容许排放量在控制技术上的可行性和经济上的合理性；③必须考虑污染源所在地区的环境条件（如环境的自净能力）和区域范围内污染源的分布和特点等。

2. 主要方法

制定污染物排放标准的主要方法：①按照污染物扩散规律来制定，应用污染物稀释和扩散模式来推算污染源排放口的容许排放量；②按照最佳可行技术来制定，即按照本国生产的水平和技术、经济上可能达到的污染物控制能力来制定；③按总量控制来制定，这是按照环境质量标准的要求计算区域范围内污染物容许排放总量，确定各个污染源分摊率，从而确定它们的容许排放量。

3. 国内船舶污染物排放标准

主要依据中华人民共和国国家标准《船舶污物排放标准》。

船舶污染物排放标准

GB 3552—83

Efflant Standard for Pollutants from Ship

本标准为贯彻《中华人民共和国环境保护法（试行）》，防治船舶排放的污染物对水域污染而制订。

本标准适用于中国籍船舶和进入中华人民共和国水域的外国籍船舶。

1　排放规定

1.1　船舶排放的含油污水（油船压舱水，洗舱水及船舶舱底污水）的含油量，最高容许排放浓度应符合表 1 规定。

表 1　船舶含油污水最高容许排放浓度

排 放 区 域	排放浓度(毫克/升)
内河	不大于 15
距最近陆地 12 n mile 以内海域	不大于 15
距最近陆地 12 n mile 以外海域	不大于 100

1.2　船舶排放的生活污水，最高容许排放浓度应符合表 2 规定。

表 2　船舶生活污水最高容许排放浓度(毫克/升)

排放区域 项　目	内　　河	沿　　海	
		距最近陆地 4 n mile 以内	距最近陆地 4～12 n mile
生化需氧量	不大于 50	不大于 50	
悬浮物	不大于 150	不大于 150	无明显悬浮物固体
大肠菌群	不大于 250 个/100 毫升	不大于 250 个/100 毫升	不大于 1 000 个/100 毫升

1.3　船舶垃圾排放应符合表 3 规定。

表 3　船舶垃圾排放规定

排　放　物	内　　河	沿　　海
塑料制品	禁止投入水域	禁止投入水域
漂浮物	禁止投入水域	距最近陆地 25 n mile 以内，禁止投入水域
食品废弃物及其他垃圾	禁止投入水域	未经粉碎的禁止在距最近陆地 12 n mile 以内投弃入海。经过粉碎颗粒直径小于 25 毫米时，可允许在距最近陆地 3 n mile 之外投弃入海

GB 3552—83

2　其他规定

2.1　名词解释

2.1.1　船舶：系指海上、内河各类船舶，包括水翼船、气垫船、潜水器、固定的或浮动的工作平台。

2.1.2　距最近陆地：系指按照领海基线作为起点计算的距离。

2.1.3　含油污水：系指含有原油和各种石油产品的污水。

2.1.4　生活污水：系指含有粪、尿及船舶医务室排出的污水。

2.1.5　漂浮物质：系指漂浮的垫舱物料、衬料及包装材料等。

2.1.6　其他垃圾：系指纸制品、破布、玻璃、金属、瓶子、陶磁品及其类似废弃物。

2.2　当地方执行本标准不适于当地环境特点(如集中生活水源，经济渔业区等)时，可以按照国家有关规定制订地方污染物排放标准。

3　标准的监测

制订本标准依据的监测分析方法是：《船舶污染物监测分析方法》。

附加说明：

本标准由中华人民共和国交通部提出。

本标准由交通部水运科学研究所,交通部标准计量研究所负责起草。

本标准委托交通部负责解释。

中华人民共和国城乡建设环境保护部 1983-04-09 发布　　1983-10-01 实施

4　国际公约船舶污染物排放标准

链接:国际公约 MARPOL 73/78

三、及时获得港口防治污染规定

1. 港口污染防治(Port Pollution Control)

船舶在港口停留和港口各种作业可能污染港口环境,因此要采取各种预防和治理措施。港口污染可分为水污染、大气污染和噪声污染。

1) 水污染:

港口水污染主要有如下表现和危害:①石油是港口水域的主要污染物。港口石油污染主要是由于油船在装卸过程中的溢漏,船舶碰撞、搁浅等造成的。石油漂浮水面,使溶解于水的氧减少,另一方面要分解水中的石油又要消耗大量的溶解氧(每分解 1 L 油约要消耗 40 万 L 水中溶解氧),因而影响水生生物的生长。水中含石油 0.1 mg/L 时可使鱼、虾、紫菜等有石油味。许多水生生物能在机体中富集石油,富集到一定量就不能食用。海鸟的羽毛或海兽的皮毛如粘附上石油,会失去活动能力,甚至死亡。石油污染对兼作饮水源的内河港口危害尤大,石油中所含的苯并(A)芘是强烈的致癌物质。②装运有毒化学品船舶的洗舱水,能直接杀死水生生物和使人中毒。③船舶排出的生活污水,如厕所冲水等排入港口,能传染许多疾病。④船舶排出的生活垃圾含有有机质和病菌;清仓垃圾有的含有毒物质,如杀虫剂等。⑤装卸过程中漏撒的粉尘能降低水的透明度,有毒粉尘还能直接杀死水生生物。

2) 大气污染

港口的大气污染主要是粉尘、废气造成的。粉尘是在货物装卸和堆放时产生的,危害操作人员和附近居民。黄砂、煤、矿砂等粉尘可使人患矽肺病;农药、化肥等粉尘可使人中毒;空气中粮、棉粉尘达到一定浓度,遇火能爆炸。港内船舶和港区炉窑排放的废气,含有一氧化碳(CO)、二氧化硫(SO_2)、氮氧化物(NO)和碳氢化合物。尤其是装卸石油时大量碳氢化合物挥发进入大气,会损害人类健康。如引起疲乏无力、头晕头痛、恶心呕吐、心慌气喘、血象变化等。在阳光下,碳氢化合物能与氮氧化物结合产生光化学烟雾,刺激眼睛和上呼吸道黏膜。CO 能置换血液中的氧造成低氧血症;SO_2 能形成硫酸雾,损害人的呼吸系统;氮氧化物能侵入人体肺部,引起支气管炎或肺气肿。

3) 噪声污染

船舶、港口机械、运输车辆,特别是吸粮机装卸作业时产生很大噪声,损害听觉,使人难以忍受。

4) 污染防治

根本方法是在港口规划和设计时对港口的选址、布局,设备的选用等和环境保护作统一的考虑。

5）制定港口防治污染法规

法规要规定出船舶污水、污物的排放标准，工作场所的粉尘含量标准，噪声标准，还应规定防止污染的措施和超过标准排放的处理办法。

6）对船舶污水的排放规定

在离海岸 12 n mile 以内含油量不超过 15 mg/L，大肠杆菌每 100 mL 不超过 250 个，悬浮固体不超过 50 mg/L。国际放射性防护委员会对放射性物质规定的量大容许浓度为 10 μci/mL。

对大气污染浓度限值，工业发达国家均规定有标准。1982 年中国公布了国家标准，港口属于三类地区，其大气污染浓度限值如表 2-3。

表 2-3　港口大气污染浓度限值

污染物*	总悬浮颗粒	飘尘**	SO_2	NO_X	CO
日平均	0.50	0.25	0.25	0.15	6.00
任何一次	1.50	0.70	0.70	0.30	20.00

注：* 标准状态下每立方米的毫克数；** 粒径小于 10 μm。

对噪声的容许强度，因场所而异。中国规定，机械工作场所限制在 85 分贝以内；干线道路两侧，昼间为 70 dB，夜间为 55 dB。

7）港口污染监测

为了及时发现港口污染，港口通常设有环境监测站。其任务是：①监督船舶排放污水、污物情况，取样分析。②港口水域定点监测，了解水质变化。监测项目有油、氢离子浓度指数(pH)、电导率、悬浮物、化学需氧量(COD)、生物化学需氧量(BOD)、水温，根据情况也可分析酚、氰、重金属含量。③利用大气污染监测仪器经常测试空气中的 SO_2、NO_x、粉尘等的含量。

8）港口污染物的治理

(1) 对含油污水的处理：对船舶排放的含油污水通常采用船用油水分离器进行分离。目前使用的油水分离器都是利用油水比重差的原理进行油水分离。为了使小油珠结合成大油珠以加速上浮，常利用机械或化学材料制成粗粒化器；为了提高水质处理效果，有的还使用活性炭或聚丙烯纤维吸附装置。有的港口设有含油污水处理船或处理场。中国设置的含油污水处理船或处理场，按船用油水分离器工作原理，在分离前静置一段时间，分离大块浮油，以减轻以后工序的负担。港口含油污水处理场的处理程序一般是：静置沉淀，使含油量由 8 000～10 000 mg/L 降至 500 mg/L；用油水分离器分离，使含油量降至 20 mg/L；用活性污泥法将油分解成水和 CO_2，再沉淀分离活性污泥，含油量降至 2～5 mg/L；最后加凝聚剂如硫酸铝或熟石灰，使含油量降至 1 mg/L。对水面浮油的处理，首先用围油栅围油，避免扩散，再用浮油回收器、吸油设备回收和吸附浮油，也用人工捞取，不得已时使用化学剂处理，但须经有关部门批准。

(2) 含毒洗舱水的处理：岸上设污水处理厂，一般采用化学沉淀、离子交换、离子浮选、过滤、吸附、深井注入、密封弃入深海(放射性废渣)等方法处理。

(3) 生活污水的处理：在船上设污水处理装置，常用的处理方法有生物化学法和物理化学法两种。前者是用需氧生物分解污水中有机物;后者是用固体分离、固体消毒后排放。

(4) 船舶垃圾的处理:不论固体垃圾或液体垃圾均可在船上设焚烧炉烧掉,一般船用焚烧炉的排气灰尘不超过 4 g/m²。对卸货后的大量垃圾,由港口接受站分类处理。

(5) 粉尘的治理:对于可以洒水控制粉尘的货物,如煤、矿砂等,装卸过程中可在卸船机、带式输送机的皮带交叉处、抓斗等处加设洒水装置,有时辅以密封罩和集尘器。码头面上可用水冲洗,对冲洗后的污水进行处理。在堆场每隔一定时间洒水一次。在工作场所和居民区之间设置林带吸滞粉尘,效果较好。

2. 国外绿色港口发展

在全球能源危机和环境恶化的形势下,绿色港口已成为国内外各港口的重要发展战略。美欧等西方发达国家在绿色港口建设方面已取得了很大的进展,例如,美国洛杉矶—长滩两港联合实施的"圣佩罗湾洁净空气行动计划"(San Pedro Bay Clean Air Action Plan)、纽约—新泽西两港联合实施的"洁净空气措施和港口空气管理计划"(Clean Air Initiatives and Harbor Air Management Plan)、荷兰鹿特丹港实施的"里吉蒙地区空气质量行动项目"(Rijnmond Regional Air Quality Action Program)、澳大利亚悉尼港实施的"绿色港口指南"(Green Port Guidelines)等,这些行动都很大地改进了港口环境质量,提高了港口的绿色度。以悉尼港为例系统介绍其近年来绿色港口建设实践及经验。

1) 悉尼港概况

悉尼港位于澳大利亚新南威尔士州(New South Wales)东部,是澳大利亚第二大集装箱港口,每年吞吐量约占全澳总量的 1/3,对澳大利亚的经济起着巨大的推动作用;每年吞吐价值约 500 亿美元的货物;每年为 NSW 创收 25 亿美元,创造 17 000 个就业岗位;对临港产业的贡献是 100 万美元/艘次。

2) 悉尼港建设绿色港口的实践

近年来,悉尼港将绿色港口理念融入其发展过程中,取得了巨大的成就,受到行业的瞩目。以下从 7 个方面介绍悉尼港建设绿色港口的实践。

(1) 水体质量:多种港口活动都可能造成港口水体污染,例如船舶生产/生活废水的排放、陆地雨水/废水的排放、船/岸溢油事故等,悉尼港充分认识到这些活动对港口水体环境带来的威胁,为此采取了应对措施。

针对船舶生产/生活废水,悉尼港积极采取多种措施来加强船舶管理。例如:在船舶加油过程中采用防漏技术;派专业人员对危险品(油、气和化学品等)作业进行现场监督。

针对陆地雨水/废水,悉尼港安装雨水收集处理装置,雨水经处理后能够达到澳大利亚饮用水标准然后再用于花园浇灌和卫浴冲洗,节水可达 45%。2003 年悉尼港在其波特尼港区安装了 3 套此种装置,后来又在全港范围内推广。

针对船/岸溢油等突发事故,悉尼港划定了 4 n mile 应急海域(见图 2-2 和图 2-3),并组建了一支装备先进(拥有全澳最长的 10 km"海上柔性浮式拦油栅栏",每小时可回收 100 t 浮油)的应急队伍 24 h 待命,为使应急队伍时刻保持临战状态,悉尼港每年至少要举行 3 次应急演练。2003 年悉尼港共发生 212 起突发性污染事故,均得到了应急队伍的快速反应和妥善处理。

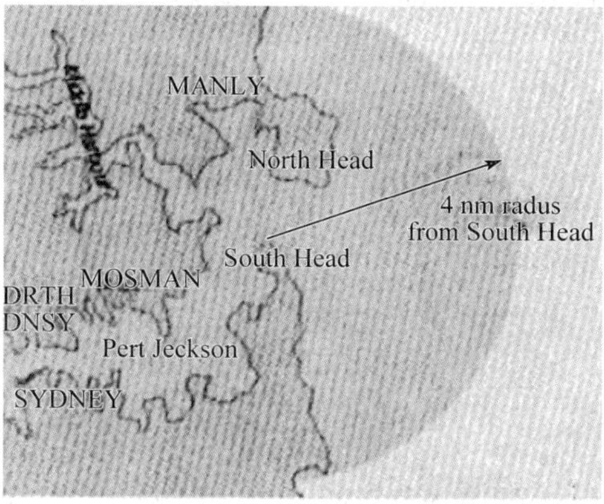

图 2-2　悉尼港区应急反应海域

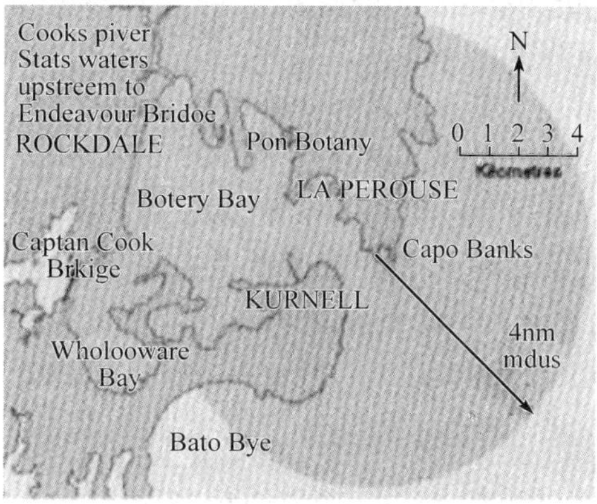

图 2-3　波特尼港区应急反应海域

(2) 空气质量：为减少港口废气排放，提高空气质量，悉尼港积极配合 NSW 州政府实施相关法规，如配合州环保局实施“空气政策的政府行动”(Government's Action for Air Policy)；配合州交通局实施“交通运输的政府行动 2010”(Government's Action for Transport 2010)。

(3) 噪声控制：悉尼港降噪声的措施主要有：开设噪声投诉热线、成立噪声管理委员会、制定噪声管理计划。

悉尼港开设了 24 h 噪声投诉热线，对每一起投诉电话都认真对待，先弄清楚噪声源，再和噪声责任方一起来减少噪声。2003 年悉尼港共接到噪声投诉电话 111 起、2006 年 27 起、2007 年 34 起，虽然 2007 年比 2006 年稍有上升，但较之 2003 年已有很大的下降。此外，悉尼港每百艘次船舶噪声投诉也有较大幅度下降。

(4) 生物多样性：悉尼港积极参与生物多样性保护和研究行动，2003 年悉尼港资助悉尼大学生态研究中心进行“海洋生物栖息地研究”；资助 NSW 国家公园和野生动物保护局进行“波特尼湾双纹鸟生存状况研究”，然后根据这些课题的研究成果来制定生物保护方案。

(5) 垃圾管理：悉尼港垃圾主要有 3 类，即建拆垃圾、港口生产垃圾、办公室垃圾。为减少垃圾生成，悉尼港实施 WRAPP (Waste Reduction and Purchasing Plan)计划。

针对建拆垃圾，悉尼港在工程招标阶段要求所有投标者在标书中说明如何降低垃圾生成量，如何充分回收利用垃圾；在施工阶段要求中标者最大限度的降低垃圾的生成量，并充分回收利用垃圾。

2003 年共有 77 671 t 建拆垃圾被回收再利用，2007 年共产生了 6 235 t 建拆垃圾，其中有 3 525 t 被回收再利用(其中包括 2 915 t 混凝土，610 t 木材)，再利用率达 58%。

针对到港船舶产生的大量的垃圾，悉尼港方要求到港船舶必须使用油水分离器对油污水进行处理，并将船舶垃圾输送到岸上进行处理。在输送的过程中采取保护措施防止泄露。针对办公室垃圾，悉尼港依据 WRAPP，努力降低办公耗材的使用，并优先采购环保办公用品。

(6) 危险货物管理：针对危险货物，悉尼港按照国际和国内的相关法律法规对危险货物进行管理。目前，悉尼港所实施的关于危险货物管理的法律法规主要有：“国际海运危险货物规则”(International Maritime Dangerous Goods Code)；“危险货物规范 1999”(Dangerous

Goods Regulation 1999)和“危险货物法案1975”(Dangerous Goods Act 1975)等。悉尼港依照这些法规积极开展稽查,并对违规者提起诉讼。2003年针对液体散货开展稽查2 781次;2004年3 331次;2007年对违规者共开出了559张罚单。

同时,悉尼港还建立了SHIPS(Sydney's Integrated Port System)系统,该系统详细记录了各种危险货物的来源、发往地以及危险等级等信息。此外,悉尼港还对从事危险货物运输的船舶进行信誉管理,鼓励它们提高危险货物的管理水平,降低危险货物污染风险。

(7)环保教育及培训:没有员工的支持与理解,一切措施及法规都难以有效实施,悉尼港充分认识到这一点,长期致力于员工环保教育,并通过培训等手段提高员工的环保意识。环保培训教育涉及到各个层次的员工。

四、港口接收设备的种类

港口提供充分接收设备,对于保障船舶执行MARPOL 73/78防污公约规定至关重要。随着公约各附则的实施,各缔约国政府对港口提供充分接收设备的必要性已引起普遍重视。为船舶提供码头、过驳锚地、浮筒等设施的,应当有相应的船舶污染物、废弃物接收能力和相应污染应急处理能力,包括必要的设施、设备和器材。

接收船舶残油、油污水的船舶应是钢质或等效材料的油船(油污水接收处理船),每艘船舶配备至少200 kg消油剂和200 kg吸油毡(200 m吸油拖缆)并能在发生事故时立即可用。

《上海海事局防治船舶污染物接收作业污染海洋环境管理暂行规定》:从事残油、含油污水接收的,应当配备适合海上使用的船舶污染应急器材和设备,其中消油剂至少达到能连续喷洒2 h以上,充气式橡胶围油栏至少200 m以上,并配备侧挂式收油机。

接收有毒液体物质洗舱水的船舶应是钢质或等效材料的散装化学品船舶,应至少应配备一套抗化学侵蚀的防护服,一套自给式呼吸器,以及合理数量的与洗舱水所含的有毒液体物质性质相适应的应急器材。

接收船舶垃圾的船舶应是钢制干货船,配备垃圾储存舱室或容器。接收船舶生活污水、压载水的船舶应是钢制液货船,生活污水储存舱室应配备消毒设备及器材。

船舶污染物接收作业过程中,作业双方应严格执行国家相关行业标准,按照《船舶污染物接收及清舱作业单位接收处理能力要求》(JT/T 673—2006)规定的作业程序进行污染物接收作业,落实防污染措施,防止污染物泄漏,认真填写《船舶污染物接收作业防污染确认书》,并由双方签字予以确认。

从事船舶残油、含油污水和有毒液体物质洗舱水接收作业的船舶,其AIS设备应保持全天候正常工作状态。若AIS设备故障,不予作业审批。应当配备适合海上使用的设备、器材,包括风向风力测定装置、系泊器材和设备。

任务实施

各任务的教学关键是防治污染技能的训练,通过对船舶防治污染的整体熟悉,逐步展开任务,由学生独立完成作业。选用典型案例由教师讲解,学生进行模拟操作,让学生在执行的过程中,熟悉作业的特点,当学生看到自己的作业熟练且准确,会大大提高学习的兴趣。见表2-4。

表 2-4　任务 1 的实施

时间	15（45）min	地点	
教学资料	实船资料		
活动程序	分组(6 人一组)讨论船舶污染物排放、接受为主线展开活动		
活动评价方式	组员之间评定 1∶2∶2∶1		
活动小贴士	链接:悉尼港“绿色港口指南”		

任务评价

任务 1 中 4 项技能完成后，对完成情况进行评价，并填入表 2-5。

表 2-5　任务 1 完成情况的评价表

序号	技能	评判结果	
		是	否
1	理解“特殊区域”		
2	理解“排放标准”		
3	及时获得港口防治污染规定		
4	港口接收设备的种类		

任务拓展

国外港口防治污染规定。如：

- 悉尼港
- 长滩港
- 东京港

任务 2　船舶作业或活动污染隐患

任务描述

要求根据监督指定船舶“MM”液货船(如:液货船装卸货作业、供受油作业等)作业现场,能发现船舶作业中的污染危险,确认作业安全状态,达到污染控制的目标。

任务目标

能根据作业计划或方案,监督作业现场的操作,达到防污染目标。

任务分解

1. 船舶及其有关作业活动污染海洋环境防治管理规定;
2. 常见污染隐患作业或活动;
3. 水上溢油清除方法。

知识准备

一、中华人民共和国船舶及其有关作业活动污染海洋环境防治管理规定

2010 年 10 月 8 日,经交通运输部第 9 次部务会议通过了《中华人民共和国船舶及其有关作业活动海洋环境防治管理规定》,2010 年 11 月 16 日以交通运输部令 2010 年第 7 号公布,自 2011 年 2 月 1 日起施行。

第一章　总　　则

第一条　为了防治船舶及其有关作业活动污染海洋环境,根据《中华人民共和国海洋环境保护法》《中华人民共和国防治船舶污染海洋环境管理条例》和中华人民共和国缔结或者加入的国际条约,制定本规定。

第二条　防治船舶及其有关作业活动污染中华人民共和国管辖海域适用本规定。

本规定所称有关作业活动,是指船舶装卸、过驳、清舱、洗舱、油料供受、修造、打捞、拆解、污染危害性货物装箱、充罐、污染清除以及其他水上水下船舶施工作业等活动。

第三条　国务院交通运输主管部门主管全国船舶及其有关作业活动污染海洋环境的防治工作。

国家海事管理机构负责监督管理全国船舶及其有关作业活动污染海洋环境的防治工作。

各级海事管理机构根据职责权限，具体负责监督管理本辖区船舶及其有关作业活动污染海洋环境的防治工作。

链接：《中华人民共和国船舶及其有关作业活动污染海洋环境防治管理规定》

二、常见污染隐患作业或活动

政府间海洋委员会(IOC)把海洋污染定义为："人类直接或间接地把一些物质或能量引入海洋环境，以至于产生损害生物资源，危及人类健康，妨碍包括渔业活动在内的各种海洋活动，破坏海水的使用素质和舒适程度的有害影响。"彻底消除船舶污染源是不现实的，但我们可以通过限制和控制污染物的产生和排放，将船舶对海洋环境的污染损害降到最低程度，保护海洋环境和海洋资源。

1. 船舶对海洋环境造成的污染

船舶对海洋环境造成的污染有以下几种：①运输石油和使用燃油造成的油污染；②运输散装液体化学品造成的散装有毒液体物质污染；③运输包装危险货物造成的包装有害物质污染；④船舶生活污水以及船舶机械设备用水和压载水中的有害病原体污染；⑤船舶垃圾污染；⑥船舶废气造成的污染。

2. 船舶对海洋环境污染的途径

船舶对海洋环境污染的途径可分为操作性污染和事故性污染。

1）船舶的操作性污染

船舶操作性污染是指船员在操作过程中，因操作不当或由于设备系统的损坏导致的意外排放。这种污染主要有以下几种。

(1) 生活用水的污染：船上需要满足船员、旅客日常生活用水，甚至有时也要满足运输动物用水的需要。在这种情况下，船舶对海洋环境的影响主要是污水中所含的有机废物和携带的各种致病微生物和寄生虫。如果排放过多，就会破坏水中氧的平衡，对海洋环境造成有害的影响。

(2) 船舶压载水的污染：船舶在空载航行时，需要压载以保持稳定，压载水装入货舱后，与舱内残留的货油或其他有害物质混合，以及从某个带有某种病原体的港口装入压载水，这些压载水不加处理，直接排放入海会造成装载货物港口的污染。

(3) 冷却水和洗舱水的污染：航行的船舶为保障动力设备的正常运转，需要用水进行冷却，部分冷却水会漏泄到机舱，与舱底的污染物质结合形成舱底污染水。油船、散装液体化学品船的洗舱水含有石油、化学品、有毒物质和去污剂，这些都是主要的污染源。

(4) 垃圾物的污染：船舶营运中产生的垃圾：垫舱物、包装材料、油污、铁锈、油棉纱等；船员、旅客生活中形成的垃圾：食品残渣、日常消费品的废弃物等。如果直接排放入海，将严重影响鱼、贝等海洋生物的生长和繁殖，破坏海洋资源。

2）船舶的事故性排放

船舶的事故性排放是为了人员、船舶和货物的安全的应急和事故排放。它对海洋环境的污染及沿岸国家经济的破坏是不可估量的，主要有以下几种。

(1) 由于船舶触礁、搁浅、火灾、爆炸、碰撞等造成船体或设备破坏而引起石油泄漏入海的事故性排放。

(2) 为了营救人员生命、船舶、货物而进行的应急排放。

从船舶污染事故历史统计数据看，船舶污染事故仍将保持在较高水平。交通运输部海事局统计数据显示，在2006—2010年，我国沿海共发生船舶溢油事故500起左右，平均每年100起。从事故的分类来看，操作性事故占到50%以上，碰撞、搁浅、沉没等海损事故溢油占将近40%，故意排放占10%。从污染来源看，由于监管手段的提高，不明来源污染的数量有所下降，沉船导致的污染所占比例较大。随着海上污染危害性货物运输量的持续增长，船舶数量增加及装卸、过驳、清舱、洗舱、油料供应等。

有关作业活动日益频繁，对海洋环境造成污染的风险也越来越大。结合当前航运形势，从近几年船舶污染事故的规律看，我国船舶溢油事故已进入高发期，2011年事故状况基本保持在近5年的平均水平，为100起左右。

后金融危机时代给海事安全和防污染管理带来的新情况将成为船舶污染事故隐患。目前，全球经济正处于复苏阶段，航运市场在探底回升之后，依然充满坎坷，运力过剩是航运业界近几年普遍面对的情况。一些航运公司因效益下滑，会减少安全和防污染投入，给船舶运营留下更大的污染隐患；有些航运企业甚至采取船舶停航的方式来减少企业成本支出，致使锚地锚泊船舶数量增加，其中船舶不按规定配备值守船员、乱抛锚情况时有发生，成为当前水上安全工作的重大隐患。此外，还有大量的老旧船舶顺势退出航运市场进入安全和污染风险较高的拆解环节。这些新情况将使近期船舶污染事故风险进一步加大。

3. 船舶污染对海洋环境的损害

海洋环境是人类赖以生存和发展的，包括海洋水体、海底和海水表层上的大气空间，以及同海洋密切相关，并受到海洋影响的沿岸、港口和河口在内的自然环境。船舶对海洋环境的污染造成的损害主要有：

1）破坏海洋大气环境

一方面，海洋表层被油污或垃圾覆盖，就会妨碍海水与阳光、温度等的相互作用，阻碍海水的蒸发，使大气中的水分减少导致年降雨量减少，进而影响农作物生长；同时，海水为了分解污油和垃圾就要大量消耗水中的氧气，导致鱼类死亡，影响渔业生产；而分解油污、垃圾产生的有害气体随大气环流播撒，使海面腐臭，危害人体健康。另一方面，船舶超标排放的废气氮氧化物（NO_X）和硫氧化物（SO_X）会在大气中形成酸雨，危及海面或地面生物及农作物。

2）危害海洋生物

船舶排放的有害物质被鱼、贝类、食用藻吸收，轻则影响其食用价值，重则使海洋生物大量死亡，使海洋食物链中断。而大量有机营养盐的排放，使海洋出现"富营养化"而降低了水中的溶解氧，海洋中的高级海生物（鱼贝类）因缺氧而死亡，低级海生物类（淤泥软体虫）大量繁殖而形成"赤潮"。在过去的几年，由于水污染，"赤潮"在广东汕头海面多次发生，造成了大批鱼虾的死亡，给海上养殖业带来了沉重的打击。

3）破坏海岸环境

船舶的油污和垃圾将严重污染海岸，使滩涂荒废，海岸边树木枯死，海鸟死亡，使海岸失去了生活、旅游的价值。

三、水上溢油清除方法

海上发生溢油事故后，应采取措施减少对海上资源和环境的污染损害，而溢油在风、流、涌、浪等的作用下，会迅速自遗漏处向外漂移扩散，形成大面积分散的海上油膜和油带。一般来说，在开放海域或近岸海域清除油污是比较容易的，而在岸上进行油污清除比较困难。因此，在其到达敏感区之前，首先要考虑在海上进行处理。水上溢油清除方法主要包括：自然处理法、围控与回收、海上燃烧法、溢油分散剂、沉淀法与生物复原法。

1. 自然处理法

日照充足、气温高有助于油污蒸发；海浪不断拍打，使水面溢油粉碎成极细小油滴，有助于溢油自然分散；溢油溶解、生物降解等方式也都是海洋的自净能力。根据IMO/IPIECA的环境效益衡量法（NEBA），进行油污清理时，不仅要衡量各种清污措施的优劣势，还要将各种应变策略利弊与自然清理的利弊加以比较，选用对环境冲击最小的办法。自然处理虽然慢但影响较低，其他清除方法或多或少都对环境有损害。

2. 围控与回收

无论在开放水域还是近岸水域，较好的溢油应急处理方式是用专门的设备进行围控和回收。处理海上油污，通常是先使用拖船拖带围油栏对浮油进行围控、拦截，防止溢油继续扩散；集中溢油使其变厚以利于回收；或将浮油导向水况相对平静且对环境敏感区影响较小的水域，保护环境敏感区免受或减少污染。防止污染扩散应是优先考虑的方案。之后，用溢油回收船、收油机、撇油器等设备回收海上溢油，并将回收的溢油转驳到储油囊等海上临时储存装置。围控的油需要尽快加以清除，否则一旦发生乳化或沉淀，就会造成围堵区域高度污染，严重伤害该区域浮游生物、底栖生物。

围控回收过程用到的各种设备都有不同类型，需要根据不同的溢油类型、水域、天气海况等因素加以选择，并对该设备选用合适的使用方式，进行合理操作。

1）围油栏

不同的围油栏适合不同的环境和需要，根据构造不同，围油栏通常分为屏障式围油栏（固体浮子式、充气式、自充气式等）、栅栏式围油栏、岸线围栏以及防火围油栏四种。在溢油反应中，可以组合起来采用不同方式使用。根据环境和作业目的不同，布放方式有包围法、等待法、交错排列法、诱导法、拖曳法、自由漂流布栏法、多层布栏法及网状布栏法等。各种围油栏性能、优缺点、选择、布放方式及注意事项另外讨论。

2）撇油器

撇油器主要用来回收溢油，目前有四大类型，适用于不同的操作环境和操作方式：堰式撇油器（真空抽吸式、自成水平堰式等）、表面亲油性撇油器（盘式、绳式、刷式或鼓式）、感应型撇油器（动态斜面式、向上转动亲油带式、向下转动亲油带式、水力旋流型、涡流堰式）及其他类型如桶式、水车式、网型撇油器等。各种撇油器性能、优缺点、选择及注意事项另外讨论。

3）临时储油装置

临时储油装置对于围控回收作业非常关键。若回收速度快，临时储油装置就很快，甚至几小时被装满。海上作业临时储运装置包括船舶的液货仓、驳船、可拖带油罐、储油囊（槽）等。

4）溢油回收船

溢油回收船配备了必要的设备和设施而无需围油栏，有的用于开阔海域清油作业，更多的船舶较小用于港口和遮蔽水域的清油作业。回收装置主要构造有堰式、亲油型和感应型等。

3. 吸附材料

吸油材料主要用于溢油吸附和吸收,吸附是将油吸附在材料表面,吸收是将油吸入材料内部,一般作为替代方式用于撇油器使用困难或受限区域,如浅水域或无法进入区域等。

吸油材料应是亲油疏水性的,具有良好的吸收性能。其吸油能力通常是用每克吸油材料的最大吸油能力(克)来衡量的,即可以吸收的油的重量与其自身重量的比,数值越高说明该材料轻,吸油性能好。材料对高黏度油的吸附能力一般高于低黏度油。无机材料(蛭石、松脂石)吸油能力在自身重量5倍左右;天然有机材料(花生壳、麦秆、玉米谷穗、木纤维等)吸油能力在自身重量5～10倍左右,吸油后沉向水底;人造合成材料(聚氨酯、聚乙烯、聚丙烯、聚苯乙烯等)吸油能力在自身重量20～70倍左右,吸油后漂浮在水面。

吸附材料吸附油污后应捞取至岸上进行处理,若吸附材料伴随油污沉至水底,该油污及废弃物会严重影响底栖生物。

4. 海上燃烧法

海上燃烧处理溢油的技术是一种在较短时间内处理掉大量溢油的有效方法,因此,虽然在实际溢油事故中很少被应用,但仍具有相当大的开发价值。海上燃烧法比传统的围控和回收技术更具优越性,操作简单,且不必考虑储存、运输及对回收的油和油水混合物进行处理。

此法需要了解油的特性,这决定了达到着火点所需的热量。如果油块足够厚,持续加热,油块就会燃烧。新鲜的原油较易点燃,风化的油需较长时间被点燃,乳化油很难被点燃且油水中含水超25%时通常不会被点燃,因此点燃乳化油前需先喷洒破乳剂。油膜太薄,油下面的水不断进行冷却作用,燃烧会受阻碍作用。为了维持油块燃烧,油块厚度要达到2～3 mm,风化油要达到3～5 mm,渣油要达到5～10 mm。另外,海况也会影响海上燃烧法。风速在20 kn以下且浪高在1 m以下时才能持续燃烧。

为了达到燃烧所需要的厚度,防止溢油点燃后四处飘散,需要用防火围油栏将其围控起来。但目前大多数防火围油栏使用耐火材料如耐高温织物或不锈钢等物质制成,因此较普通围油栏显得过于笨重,实际操作困难,致使海上燃烧法很少在实际中使用。

围油也可利用岸线、大冰块等实现。IMO研究表明,海上燃烧法适宜在冰区使用。在冰区中,通过收油机、撇油器等对油进行回收是非常困难甚至不可行的,而冰作为天然屏障,可将大量且足够厚度的油围住,以利于有效燃烧。

海上燃烧法需要特别注意安全问题如溢油源(船)、燃烧区域周围作业船舶、空中飞机、岸边居住区等的安全,要时刻监测天气情况、油燃烧的边界、溢油源和相关区域内其他油类物质等,一般将火焰燃烧直径的3～5倍距离定为安全作业距离。另外要特别注意海上燃烧引起的污染问题如燃烧时产生大量黑色浓烟,燃烧停止后大量遗留物,燃烧后引起的风雨变化等。残留物毒性与燃烧前相差不大甚至要小一些,一般能自然漂浮但某些情况会沉入海底,使深海生物窒息,引起鱼群死亡。

5. 溢油分散剂

目前世界各国在处理水面溢油事故时,广泛应用溢油分散剂。在许多不能采用机械回收或有火灾危险的紧急情况下,及时喷洒溢油分散剂,是消除水面石油污染和防止火灾的主要措施。

分散剂俗称“消油剂”,是一种由表面活性剂和有助于渗透作用的溶剂构成的混合物,能改变海面溢油物理形态，加速油溶于水的过程。消油剂分子有两个不同基团，一个亲油疏水，一个亲水疏油，通过分子间作用力，将溢油分子分解成微小油水乳化物，在水里微生物、光、热的作用下降解、消散。经过 40 多年的研究，溢油分散剂配方不断改进，已经由早先毒性很大的发展到毒性等同于甚至小于分散后的油了。

分散剂对溢油的分散效率受许多因素影响，这些因素包括油的黏度和倾点、油的风化程度、海水盐度和温度、油膜厚度以及分散剂本身的特性等。也正是由于影响分散剂的分散效率的因素很多，所以各种类型的油在不同情况下使用分散剂的分散效率也不同。

油的黏度对分散剂的分散效率影响很大，油的黏度越低，分散效率越高，如果油的黏度很大，分散剂就会失效。一般情况下，油的动力黏度低于 2 000 cSt 时，分散剂的分散效率较高。一旦油的黏度超过了 2 000 cSt，分散剂的分散效率降低。当油的黏度达到 5 000～10 000 cSt 时，分散剂基本失去作用。也就是说，分散剂不适用高黏度的油。

分散剂可通过船舶喷洒、空中喷洒和人工喷洒。选用何种喷洒方法，主要取决于分散剂的类型、溢油的位置、面积的大小以及喷洒分散剂的船舶或飞机的有效利用率。喷洒作业时注意如下几点：①通常，喷洒次序要从油膜的较厚部分以及油膜的外部边缘开始，不要从中间或油膜较薄的地方开始。②船舶顺着风向作业以避免分散剂被吹到甲板上。③时间是考虑使用分散剂时最棘手的问题。时间过长，油的风化会造成“乳化”，黏度增大可能会降低分散效果。分散剂使用的最佳时间是溢油后的 24～28 h。

6. 沉淀法

在沙子中加入适量的胺，使之变成亲油性泥状沙，洒在浮油上，短时间内结成硬块或油块沉下海底。制造磷酸时生产的石膏，经过蜡化处理的天然沙子，电子粉煤灰经过处理使其亲油疏水，都可以作为沉降材料，粒径一般 2～3 mm 最佳。需要注意沉降到海底的石油，对海底植物及动物的污染严重，因微生物引起的油料变质产生的长期影响，而且沉入海底的油还可能再次浮到水面上。在目前，一般很少使用此法。

7. 生物复原法

生物复原法是一种实际可行且具有巨大发展潜力的前瞻技术。在 1989 年美国阿拉斯加州威廉王子湾的“Exxon-Valdez”油船因触礁导致严重海洋油污染事件中，生物复原即是整治方式之一。自然界中本来就有能够分解油污的微生物，生物复原法是利用自然界中筛选出来的噬油菌，以油污作为营养源，添加氮磷等营养元素加速微生物的生长将油污进行分解利用。

当油污多时，其生长速度大幅增加而提高油的天然降解速度；当养分供应较少时，微生物迅速死去，因而自然降解速度会下降，该法正是提高养分，使微生物能保持较高的降解效果；当油污分解完毕后，微生物会因失去营养来源而死亡或回到自然界中。

一般来说，油污在开放海域或近岸海域的清除是比较容易的，应采取以上方法及时进行油污清除。但由于风、流等因素影响未能在黄金时间内阻拦，油污就有可能上岸，问题就会变得复杂。

如果在离岸很远的水域发生大型溢油事故，而且不能确定溢油的漂移方向，就应该在实施清理行动之前进行大范围的预先评估；要考虑到油膜可能漂移的所有方向上的最重要资源。如果监测结果表明，油膜可能向某个敏感区漂移，就必须在油膜未达敏感区时，决定是否处理及如何处理油膜，同时采取行动保护敏感海岸线。如果油膜正向海岸漂移，并已预测到其漂移轨迹，就应该对特定地区进行重点保护。

如果溢油事故发生在近岸水域,在溢油漂上海岸之前,能用于海上应急行动的时间可能仅有几小时,在这种情况下,尤为重要的是迅速做出应急决策。首先考虑能否将油污从敏感区清除并妥善弃置,其次是考虑是否将溢油引到敏感度较低的环境区,如将溢油向沙滩搁浅或将溢油溶散于水里。

在海况不允许采用围堵及回收的情况下,唯一可行的海上应急策略可能就是喷洒消油剂。最新的低毒消油剂,在某些情况下有助于把溢油的损害程度降到最低。例如,当海鸟或敏感的海岸线正受到漂浮油膜的紧急威胁、而且喷洒消油剂对渔业资源的威胁很低的时候,就可使用消油剂。

任务实施

本任务的教学关键是防污染技能的训练,通过对船舶防污染的整体熟悉,逐步展开任务,由学生独立完成作业。选用典型案例由教师讲解,学生进行模拟操作,让学生在执行的过程中,熟悉作业的特点,当学生看到自己的作业熟练且准确,会大大提高学习的兴趣。参见表 2-6。

表 2-6　任务 2 的实施

时间	15 (45)min	地点	
教学资料	实船资料		
活动程序	分组(6 人一组)以控制船舶作业或活动污染隐患为活动主线		
活动评价方式	组员之间评定 1∶2∶2∶1		
活动小贴士			

任务评价

任务 2 的 3 项技能完成后,对完成情况进行评价,并填入表 2-7。

表 2-7　任务 2 完成情况的评价表

序号	技能	评判结果	
		是	否
1	船舶及其有关作业活动污染海洋环境防治管理规定		
2	常见污染隐患作业或活动		
3	水上溢油清除方法		

任务拓展

国外海洋环境防治规定。如:

- 澳大利亚
- 美国
- 日本

任务3　巡视发现和处置污染事件

任务描述

要求根据指定船舶“MM”液货轮进行装卸作业时巡视发现和处置污染事件，采取预防和纠正措施，达到污染控制的目的。

任务目标

能根据“MM”液货轮进行装卸作业时巡视发现和处置污染事件，制定处置污染事件措施，达到控制污染的目标。

任务分解

1. 船舶油污应急计划。
2. 防治船舶污染条例。

知识准备

一、船舶油污应急计划

1. 船舶油污应急计划(Shipboard Oil Pollution Emergency Plan, SOPEP)

该计划是根据《经1978年议定书修订的1973年国际防止船舶造成污染公约》附则1第4章26条规定的要求编写，并于1993年4月4日生效。第26条“船舶油污应急计划”是这样规定的：

(1) 凡150总吨及以上的油船和400总吨以上的其他船舶，应备有经主管机关批准的船舶油污染应变计划。对于在1993年4月4日以前建造的船舶，在该日期的24个月以后，适用本规定。

(2) 这种计划应符合国际海事组织制定的总则，并使用船长和驾驶员的工作语言，该计划至少应包括：

a. 根据国际海事组织制定的导则，作为本公约第8条和议定书1的要求，由船长或负责管理该船的其他人员报告油污事故的程序；

b. 在油污染事故中，应联系的有关当局或各人的名单；

c. 为减少或控制事故溢油，船上人员立即采取行动的详细说明；和

d. 抗污染过程中，为船上行动与国家和当地政府进行协调的程序和船上联系点。

该计划意在当船舶发生或可能发生污染事故采取措施时，为船长或船上负责人员提供指导。

该计划应包括“船上油污应急计划编制导则”中所要求的所有数据和操作程序。其附录应包括所有与计划有关联的联系人的姓名、电话、电传号码等，以及其他有关数据。

该计划适用于帮助船员处理意外的排油，其主要目的是采取必要措施，以控制或减少排放或减轻其危害。该计划不仅适用于操作性溢油，还包括帮助船长应付船舶发生的事故性排放时所需的指导。计划还要向船长提供有关：①优先措施；② 稳性和应力影响；③减载等方面的指导。

为了使船员面临应急情况时避免因混乱而造成延误时机或措施失当，编制船上油污应急计划必须做到：①确切、可行、易于操作；②能被船上人员和岸上的船舶管理人员理解；③定期进行评估，检查和修改。

计划是一个简要的文件，能指导船长在事故中应用简明的流程图和检查表，实施必需的措施和决定，以增强反应能力。计划应一目了然和逻辑有序，有关的船舶和货物资料应置于附件中，以减少失误和分散精力。

2.《船上油污染应急计划》审批

(1) 具备条件：①150 总吨及以上油船、400 总吨及以上非油船；②本船籍港船舶；③文书齐全并符合要求。

(2) 需交文书：①书面申请；②《船舶油污应急计划》(一式三份)；③“船舶检验证书簿”“最低安全配员证书”“船舶国籍证书”复印件；④货船：“总布置图”“机舱污油水系统图”“基本结构图”复印件(一式三份)；⑤油船：“总布置图”“液舱容积曲线图”“货油管系及货油舱透气图”“机舱动力管系图”复印件(一式三份)。

(3) 办理依据：“经一九七八年议定书修订的一九七三年国际防止船舶造成污染公约”附则 1 第 26 条。

(4) 办理结果：符合条件的，在《船上油污应急计划》主管机关核准栏盖中华人民共和国云浮海事局章，注明审批日期。

3. MEPC 第 55 届会议提案

2006 年 10 月 9 日～13 日召开的 MEPC 第 55 届会议上讨论了 IACS 提交的关于第 37.4条的解释的提案，MEPC 总体上同意了 IACS 的提案，并结合相关规定、有关责任及 37.4条所期望达到的预期目的形成了 37.4 的执行标准，如下：

(1) 确认签署连接协议。该协议规定船舶与岸基服务提供者(shore based serviee Provider)建立一种连接方式，由岸基服务提供者向船舶提供船舶破损稳性及剩余结构强度计算程序，且此计算程序应是级新的。船上持有协议的副本即可。

(2) 岸基服务提供者出具有能力提供服务的声明，以确认具备公约 37.4 条所要求的提供“船舶破损稳性及剩余结构强度计算程序”服务所需的硬件、软件设备及胜任操作人员。

(3) 确认船长能够在任何时间与岸基服务提供者建立连接。

(4) 生效时间的规定：由于国际海事组织没有对此现定的生效时间另作解释，因此所有 5 000及以上载重吨的油船应在 2007 年 1 月 1 日前按修正案的规定修正船上油污应急计划。

4. 美国 OPA'90 要求的船舶油污应急计划

强制内容包括下列 6 部分：①总信息：船舶名称、呼号、IMO 号码、主要特征等。②序言：解释本计划的目的，指明船上怎样与岸上联系。③报告要求：当船舶发生或潜在油污威胁时，必须报告美国海岸警卫队，报告内容有相应的表格。由于 OPA'90 强制要求船舶指定一家QI为船舶提供防油污染服务，涉及防止油污染事物，美国海岸警卫队通常是通过QI而不直接与当事船舶联系。④船上减轻排放的程序：根据不同的事件，分别推荐不同的应急措施。⑤岸上应急活动：包括沿岸各州、当地政府及有关方信息，此信息必须包含指导船长如何组织人员响应事件，附录部分也许还包含指定区域的详细信息。⑥附录：必须包括每天24 h都能联系到的联系人、代理、负责接收及处理事件的沿岸州主管机关官员名单以及它们的电话、电传及传真号码。因为随时可能变化，这些信息要保持日常更新。

此外，OPA'90要求船舶每5年更新油污应急计划。

二、防治船舶污染条例

2009年9月2日国务院第79次常务会议通过了《防治船舶污染海洋环境管理条件》，2009年9月9日温家宝总理签署第561号国务院令予以公布，自2010年3月1日起施行。

第一章　总　　则

第一条　为了防治船舶及其有关作业活动污染海洋环境，根据《中华人民共和国海洋环境保护法》，制定本条例。

第二条　防治船舶及其有关作业活动污染中华人民共和国管辖海域适用本条例。

第三条　防治船舶及其有关作业活动污染海洋环境，实行预防为主、防治结合的原则。

第四条　国务院交通运输主管部门主管所辖港区水域内非军事船舶和港区水域外非渔业、非军事船舶污染海洋环境的防治工作。

海事管理机构依照本条例规定具体负责防治船舶及其有关作业活动污染海洋环境的监督管理。

第五条　国务院交通运输主管部门应当根据防治船舶及其有关作业活动污染海洋环境的需要，组织编制防治船舶及其有关作业活动污染海洋环境应急能力建设规划，报国务院批准后公布实施。

沿海设区的市级以上地方人民政府应当按照国务院批准的防治船舶及其有关作业活动污染海洋环境应急能力建设规划，并根据本地区的实际情况，组织编制相应的防治船舶及其有关作业活动污染海洋环境应急能力建设规划。

第六条　国务院交通运输主管部门、沿海设区的市级以上地方人民政府应当建立健全防治船舶及其有关作业活动污染海洋环境应急反应机制，并制定防治船舶及其有关作业活动污染海洋环境应急预案。

第七条　海事管理机构应当根据防治船舶及其有关作业活动污染海洋环境的需要，会同海洋主管部门建立健全船舶及其有关作业活动污染海洋环境的监测、监视机制，加强对船舶及其有关作业活动污染海洋环境的监测、监视。

第八条　国务院交通运输主管部门、沿海设区的市级以上地方人民政府应当按照防治船舶及其有关作业活动污染海洋环境应急能力建设规划，建立专业应急队伍和应急设备库，配备专用的设施、设备和器材。

第九条　任何单位和个人发现船舶及其有关作业活动造成或者可能造成海洋环境污染的，应当立即就近向海事管理机构报告。

链接：《防治船舶污染海洋环境管理条例》

任务实施

本任务的教学关键是处置污染事件技能的训练，通过对船舶停泊值班中“MM”液货轮的装卸作业整体熟悉，逐步展开作业潜在危险的风险评估，由学生独立完成作业。选用典型案例由教师讲解，学生进行模拟操作，让学生在执行的过程中，熟悉作业的特点。当学生可以看到自己的作业熟练且准确时，会大大提高学习的兴趣。参见表2-8。

表2-8 任务3的实施

时间	15 (45)min	地点	
教学资料	实船资料		
活动程序	分组(6人一组)发现和处置污染事件，实施船上油污染应急计划的为活动主线		
活动评价方式	组员之间评定1∶2∶2∶1		
活动小贴士	《船上油污染应急计划》审批，“埃森首相”轮案例，美国OPA’90要求的船舶油污应急计划		

任务评价

任务3的2项技能完成后，对其结果进行评价，并填入表2-9。

表2-9 任务3完成情况评价表

序号	技能	评判结果	
		是	否
1	船舶油污应急计划		
2	防治污染条例		

任务 4　报告污染事件并启动应急行动

任务描述

要求根据指定船舶“MM”轮污染事故，能现场处置，同时报告港口主管机关和启动应急行动，有效控制污染事故损失。

任务目标

能根据“MM”轮污染事故，予以现场处置，同时报告港口主管机关和启动应急行动，达到污染事故控制的目标。

任务分解

1. 熟悉污染事故、事故等级；
2. 污染事故报告内容；
3. 污染事故报告范围、时限、方式；
4. 启动应急行动。

知识准备

一、船舶污染事故、事故等级

1. 污染事故

目前海洋环境不容乐观，某些海域污染状况十分严重，如波罗的海、地中海、北海、亚速海等。我国沿海水域污染也很严重，东海、黄海、南海都受到不同程度的污染，其中以渤海最为严重。在海洋污染的众多因素中，船舶事故是直接造成海洋污染的一个重要方面。国际油船船舶所有人防污联合会对 1974 年至 2001 年间发生的超过 700 t 的溢油事故原因进行了统计分析，其中：搁浅占 34%，碰撞占 28%，船体结构占 14%，火灾和爆炸占 6%，加载燃料占 2%，其他或不明情况占 12%。从这个统计分析可以看出，操作性溢油造成重大污染的比例是很低的，重大污染事故主要是由船舶发生碰撞、搁浅、触礁、火灾或爆炸等海难事故造成的，其中船舶碰撞和搁浅所导致的海洋污染占半数以上。因此分析船舶事故对预防海洋污染具有重要的现实意义。

2. 事故等级

船舶油污染事故的分类标准见表 2-10。

表 2-10 船舶油污染事故的分类标准

等级标准	项目	油船	油船和非油船	
污染物		货油	船用油	油性混合物
重大事故	入水量/t	≥10	≥2	
	直接经济损失/万元	≥15	≥4	
大事故	入水量/t	5～10(不含 10)	0.5～2(不含 2)	
	直接经济损失/万元	5～15 (不含 15)	1～4(不含 4)	≥2
一般事故	入水量/t	0.5～5(不含 5)	0.1～0.5(不含 0.5)	
	直接经济损失/万元	0.5～5(不含 5)	0.2～1(不含 4)	0.2～2(不含 2)
小事故	入水量/t	<0.5	<0.1	
	直接经济损失/万元	<0.5	<0.2	<0.2

注:凡符合表内标准之一的即达到相应的事故等级。

二、污染事故报告的要素

1. 报告油污事故

(1) 实际排油的情况　每当船舶涉及下述情况时,船长应立即向最近的沿海国报告:①船舶或其设备受损,或为保障船舶安全、人命救助所致的排油;②船舶营运中,油类排放的总量或瞬时排放率超过规定的允许值。

(2) 可能发生的排油情况　当因船舶或其设备损坏而有引起排放的可能时,亦应向最近的沿海国作出报告。在判断是否存在这种可能和是否需要作出报告时,应考虑下列因素:①船舶、机器或设备故障、失灵或损坏的性质;②船位和就近的陆地或其他航行危险物;③天气、潮汐、海流和海况;④交通密度。

(3) 通常需报告的情况:①影响船舶安全的故障、失灵和受损;例如:碰撞、搁浅、火灾、爆炸、结构受损、进水、货物移动。②造成航行安全性下降的机器或设备的故障和/或受损;例如:舵机、推进器、发电系统、关键的船载导航设备的故障和失灵事故。

2. 报告具体内容

具体的报告内容包括:①船上货物/燃油的数量和种类/损坏概况;②污染概况,包括溢油量;③天气、海况;④船舶资料等。

3. 需联系的单位和人员

发生污染事故的船舶,必须与:①沿海国或(如船长认为与主管机关直接联系会导致不必要的迟延时,应以尽可能快的方法与最近的海岸电台,指定的船舶报告点或海上搜救协作中心联系)。②港口联系人以及船舶重要联系人(船公司、保险公司和救助机构)进行通信联系。

三、污染事故报告的规定、启动应急行动

1. 污染事故报告的规定

发现船舶及其有关水上交通事故、作业活动造成或者可能造成海洋环境污染的单位和个人,应当立即将有关情况向就近的海事管理机构报告。海事管理机构接到报告后,应当按

照应急预案的要求进行报告和通报。

(1) 发生污染事故的船舶、有关作业单位，应当在采取应急措施的同时及时、妥善地保存相关事故信息，立即向就近的海事管理机构报告以下事项：①船舶的名称、国籍、呼号、识别号或者编号；② 船舶所有人、经营人或者管理人、污染损害赔偿责任保险人的名称、地址和联系方式；③相关水文和气象情况；④污染物的种类、基本特性、数量、装载位置等情况；⑤事故原因或者事故原因的初步判断；⑥事故污染情况；⑦已经采取或者准备采取的污染控制、清除措施以及救助要求；⑧签订了船舶污染清除协议的，还应当报告船舶污染清除单位的名称和联系方式；⑨船舶、有关作业单位认为需要报告的其他事项。

船舶、有关作业单位向海事管理机构报告后，经核实发现报告内容与事实情况不符的，应当立即对报告内容予以更正。

发生污染事故的船舶、有关作业单位，应当在事故发生后 24 h 内向就近的海事管理机构提交《船舶污染事故报告书》。因特殊情况不能在规定时间内提交《船舶污染事故报告书》的，经海事管理机构同意后可予适当延迟，但最长不得超过 48 h。

(2)《船舶污染事故报告书》至少应当包括以下内容：①船舶及船舶所有人、经营人或者管理人的有关情况；②污染事故概况；③应急处置情况；④污染损害赔偿责任保险情况；⑤其他与事故有关的事项。

中国籍船舶在中华人民共和国管辖海域外发生的船舶污染事故，其所有人或经营人应当立即向船籍港所在地直属海事管理机构报告，并在 48 h 内提交《船舶污染事故报告书》；船舶应当在到达国内第一港口之前提前 24 h 向船籍港直属海事管理机构报告，并接受调查处理。

船舶污染事故报告后出现的新情况及污染事故的处置进展情况，船舶、有关单位应当及时补充报告。

2. 减少和控制排油应采取的措施

不同类型的船舶采取的应急措施可能有所不同，但 SOPEP 至少应向船长提供包括操作性溢油和海损溢油两方面的应急措施的指导。

(1) 操作性溢油应急措施：包括防止管系泄漏、舱柜满溢和船体泄漏等 3 种泄漏油的措施和应急反应程序。

(2) 海损事故性溢油应急措施：海损事故指船舶发生搁浅、火灾或爆炸、碰撞、船壳破损及严重横倾等情况。

四、污染事故调查

为规范船舶污染事故调查处理工作，依据《中华人民共和国海洋环境保护法》《中华人民共和国防治船舶污染海洋环境管理条例》等规定，制定《中华人民共和国海上船舶污染事故调查处理规定》。该规定经 2011 年 9 月 22 日交通运输部第 10 次部务会议通过，2011 年 11 月 14 日中华人民共和国交通运输部令 2011 年第 10 号公布。规定分总则、事故报告、事故调查、鉴定机构的认定、事故处理、法律责任、附则 7 章 42 条，自 2012 年 2 月 1 日起施行。

该规定共六章：第一章总则，第二章事故报告，第三章事故调查，第四章鉴定机构的认定，第五章事故处理，第六章法律责任。

链接：《中华人民共和国海上船舶污染事故调查处理规定》

任务实施

本任务的教学关键是污染事故报告程序的训练，通过对船舶污染事故的处置，逐步展开任务，由学生独立完成作业。选用典型案例由教师讲解，学生进行模拟操作，让学生在执行的过程中，熟悉作业的特点，当学生看到自己的作业熟练且准确时，会大大提高学习的兴趣。见表 2-11。

表 2-11　任务 4 的实施

时间	15 (45)min	地点	
教学资料	实船资料		
活动程序	分组(6 人一组)以报告污染事件并启动应急行动为活动主线		
活动评价方式	组员之间评定 1∶2∶2∶1		
活动小贴士	链接:航运公司 SMS		

任务评价

任务 4 的 4 项技能完成后，对完成情况进行评价，并填入表 2-12。

表 2-12　任务 4 完成情况的评价表

序号	技能	评判结果	
		是	否
1	熟悉污染事故、事故等级		
2	污染事故报告内容		
3	污染事故报告范围、时限、方式		
4	启动应急行动		

任务拓展

熟悉各类船舶污染事故报告内容。如：

- 普通货船
- 化学品船
- 滚装船

项目三 船舶检查

核心概念

SOLAS 74 公约；LL1966 公约；ISM 规则；PSC 检查；FSC 检查；STCW 公约；MARPOL 73/78 公约

情景设置

一、指定船舶描述

“DD”轮及其“情况”介绍。

船舶检查常见缺陷：

1. 台电及守听问题

应记录 VHF CH16，CH70 值守，在美国水域尚应守听 CH13。组合电台、C 站、GPS、至少一部 VHF 能使用直流电，知道如何转换。C 站终端显示器亮度不够。DSC 日常值守和 C 站 PVT：能提供测试和接收记录，MF/HF 应急电源不可用，驾驶台 MF/HF 等处没有隔光布帘，通信设备无 ID 码铭牌，驾驶台双向电话备用电池应放于电话旁。报务员没有对驾驶员进行 GMDSS 设备的培训和记录，组合电台状态不佳。电台日志没有新的 GMDSS LOG 及 DSC 没有每周测试一次。GMDSS LOG BOOK 记录不全。EPIRB 外盒顶部相关标识未注。EPIRB 不能放在报房。NO1VHF/DSC 没有从 GMDSS 应急电源供应直流电。岸基协议证书未换新；未收到澳洲海岸区域性航警。手提无线电设备 VHF 备用电池无封条（即使用过）。船上无线电 MF/HF 不能接收。（北海在英国滞留项目）电台电池低电压。高频数字选择呼叫试验操作人员不能成功完成。无线电信号灯标表没有更正。电瓶间蓄电池液面低。防海盗联系电话在报房张贴。天文钟没有校对。

2. ITU 出版物不是最新

航海出版物和公约等没有及时更新，缺少出版物 *SHIP'S ROUTING*，*INTERNATIONAL CODE OF SIGNALS*（包括一页补篇）INTERNATIONAL MEDICAL GUIDE FOR SHIPS (WORLD HEALTH ORGANIZATION)。(LIFE-SAVING SIGNALS AND RESCUE METHODS(1997 EDITION) 灯标表不是最新版；PILOTS BOOKS 部分无新版本；巴拿马 OFFICIAL LOGBOOK 中记录无分隔。无美国灯标表，潮汐表。缺 1875 海图 (hamburg)。航海通告不是最新。

3. 磁罗经自差大

磁罗经误差无记录；磁罗经照明灯亮度不够。磁罗经自差表不正确，标准罗经在操舵处看不清度数。驾驶台的扫雨器不工作。舵角指示器与舵机实际舵角相差1°以上。舵机房罗经显示器与主罗经不一致。驾驶台、电台、救生筏旁的应急照明不正常，不知如何开关，弃船演习时，没有试验应急照明。驾驶台信号有效期无记录。左右航行灯除锈保养。摩斯灯反光玻璃破碎；气压表1996年修订。主桅信号灯底座锈蚀。磁罗经与电罗经的指示相差15°。舵机房无电罗经。无线电发报天线松弛，天线缺少保养。雷达示位标不能工作。船上缺少旋回圈测试图表。海图目录没有及时更新。抛绳器过期。雷达需修理。航线设计（并标出航向）没有画到泊位。（包括：运河、河道、狭水道）。

4. 救生艇问题

艇架上应标记：CHANGED NEW WIRE ON MAY 1999。艇内缺少磁罗经或不好用或罩玻璃破碎。艇磁罗经内液体混有锈色。艇内应涂刷船名呼号以供识别；艇名、呼号及数字必须字迹清楚。艇内标识齐全。艇释放把手和自动脱钩处无标识；艇罩无船名呼号；艇无IMO编号。艇外壳无艇身尺寸。一个救生筏无船名，艇外壳无艇号；艇顶部无船名和呼号；艇操作说明书要张贴，要有放艇示意图。艇筏施放装置说明字体不清，没在应急灯下。艇机需要检查修理；艇没有防雨罩；艇龙骨附近两侧无反光带，艇一处反光带张贴不正规，救生艇反光带换新。艇底部反光带材料不合格；艇梯子应有扶手。弃船放艇时，软梯一定要放。艇救生绳梯一块踏板坏；艇梯腐烂。艇内释放时，导向滑轮损坏。查：那个救生艇为救助艇，是否有一长度不小于50 m的可浮索一根，用于拖带。（SOLAS 1983年修正案）。副艇长也应持有该艇艇员名单，艇内下列物品必须放于水密容器内：食品，药品，机器备件箱等。艇外档扶手绳少一个手握胶木；两救生艇内干粉灭火器气瓶压力不足，艇玻璃老化，艇少水平滑车组止荡索；二种救生筏要有二种释放说明。艇首缆应始终连接在船舷栏杆上，艇首缆没有系固在释放装置上；艇舷外照明灯不亮，救生设备布置图标明4个救生筏实际3个；吊艇钩不活络。救生艇松艇齿轮不牢靠。艇电瓶电不足启动失败。艇手动抽水泵固定板破损或泵端盖漏气或不能正常使用，艇前后挂钩挡板脱落。艇口粮不气密须换新。艇释放索导向滑轮损坏。艇探照灯不工作。艇盘根松动。机舱门上要求贴有逃生指示标。艇吊钩龙骨固定螺栓锈，艇内无工具箱，艇不能正常启动或不工作，去救生艇甲板指示图标缺少。缺少IMO救生图标。救生艇除本身的稳索外，还要配备人力稳索；救生艇机油箱不得留有空当；艇登艇装置需固定安装。艇栏杆扶手损坏。艇地板部分腐烂，艇吊艇控制开关不活络。艇机器罩未固定；艇一桨腐蚀。艇部分装置不能油漆；艇收放不好。艇固定帆底座及卡箍缺损、无止晃索、无正式的施放示意图、操作帆的指导手册等。（某船在爱尔兰被滞留）。救生艇尾轴封故障。救生艇艇钩不能正常工作。艇内12支红光火号没有SOLAS认证文字。艇海锚破损。

5. 救生筏及其释放问题

释放器需正确连接。艇甲板筏站处照明灯架不活络。救生筏从一侧移至另一侧应无阻碍，救生筏没有绑扎带；救生筏端部连接绳需专用钢丝连接。救生筏静压释放器易断绳不合格；救生筏在施放位置要配备正确的说明；救生筏登梯应放附近。救生筏缺少施放说明。前甲板的救生筏要配有救命索或软梯；前救生筏缺少登船方法（释放说明）。救生筏易断索未与船体连接。救生筏自动开启绳位置不对。右舷救生筏易断绳拴错。

船用救生衣与船舶所配示意图不符，救生衣电池用尽。艏楼未设置救生衣。救生圈配置标志不全；1个自亮灯浮不太亮。救生圈绳和灯无标识，驾驶台两侧救生灯浮位置不对，绳索立即换新。救生圈不在位置，救生圈绳与灯同线。救生圈海水电池失效。需正确安装驾驶台处的救生圈和烟雾信号。驾驶台两侧的救生圈烟雾及自亮灯支架安装错误（应改为面向舷外），灯浮架锈蚀严重。救生圈贴各标志吹落，救生圈灯光信号坏；红光降落伞火箭信号体上未注失效期只有生产日期；驾驶台两侧救生圈上落水烟雾信号标记不清，救生信号不在位置。防水救生服灯光信号坏；EPIRB图贴标志吹落。

6. 防火控制图桶外应印有标记

FCP（内存的船员名单应有船长签名，盖章和日期，并有所有灭火设备使用说明）。应急消防图被水损坏。防火布置图箱（室外）无标贴。应急电瓶间门上无禁火，禁烟安全标志。舵机房多余的消防员备品箱要移走，消防布置图固定胶带开裂。生活区上下通道防火门关闭不严。1个防火门自闭装置未连接；走廊舱室防火门自闭器门钩挂住常开。氧气瓶间灯活动；油漆间消防系统需清洁。油漆间门外灭火器箱盖上没有标记：PAINT CABIN USE ONLY 。缺少1桶备用救火泡沫浓缩液。EEBD未在防火控制图上标明。

7. 主消防管（特别是膨胀接头处）漏水

消防栓滴漏。消防皮龙不在位置。机舱内消防栓需配备扳手。消防栓密封令（接头处的胶垫）老化、无弹性、掉渣等，必须更新。机舱1个消防栓不活络。皮龙喉箍锈蚀（应换新，并油红漆，防锈蚀）。消防皮龙箱内缺少扳手。7条消防皮龙要求换新。修理或换新所有焊补过的消防总管。消防皮龙及喷嘴漏泄。

8. 泡沫灭火系统问题

大型泡沫灭火系统液体检测阀不活络；二氧化碳钢瓶间隔热材料掀开一块；大型灭火器过期；CO_2称重试验过期；大型CO_2瓶的固定卡子与瓶之间少垫；CO_2操作指南不符SOLAS 74 2-2/8要求。两个CO_2控制站的钥匙应分别放在两个盒子内。CO_2瓶头软管连接有个别松动。CO_2间吹通管及外接口无标志。探火员装备证书过期；消防员呼吸器低压报警声音小。探火员呼吸器低压不报警。无呼吸器证书和检查报告，防火员呼吸器无检验站的检验日期标签。消防员装备间不应上锁应有应急灯。探火用呼吸器：3年检验，灯用：3 h，1瓶气（1 200 L）：30 min，报警后：尚剩5 min，穿服装：2 min之内，呼吸器钢瓶要有静压试验钢印。便携式灭火器要有年检合格证书；便携式灭火器钢瓶要有静压试验钢印；呼吸器要有年检合格证书；灭火器没检查人签名；应急发电机间手提灭火器应分开放。船舶消防设备老化（灭火器的橡胶部分老化及橡胶管等）。备用灭火器数量不足（ACCORDING FIRE CONTROL PLAN）。主甲板机舱进口应有手提灭火器，厨房内手提式CO_2灭火机出厂时无铅封。手提CO_2灭火器需有检验证书在船；手提式灭火器没有陆地检验站的标签。

9. 训练手册需有本船的图解资料

驾驶台没有张贴SOLAS救生表，训练手册中无保温救生服说明书。公共场所无训练手册操作指南。应急呼吸器操作说明未附在训练手册上。卫星示位标、雷达及无线电对讲机在SOLAS训练手册中未介绍。消防救生知识培训未每月进行。三副工作记录本无船长、大副签字。MUSTER LIST必须有消防救生设施管理人员签字。应变部署表有1名船员离船未更正，应变部署表缺损。应急消防演习不合格（某轮在美国莫比尔滞留）。居住区内安全警示标志不全。救生设备符号张贴不够。机舱内未提供应变部署表；救生演习缺乏熟练，对设备和程序不熟悉；弃船演习不符合要求。

二、船舶设备(二副、三副分管为主)配备情况

1. 驾驶台设备

电子海图、GPS、组合导航设备、自动跟踪导航系统、雷达、ARPA、电罗经(分罗经)、磁罗经、操舵装置及自动/手动/应急转换、子母钟、测深仪、航向记录器、自动车钟记录、气压计、记程仪、风速仪、舵角指示器、车钟/主机转速指示器、转率指示器、对讲器、手提扩音器、测深锤/绳、六分仪、方位仪、白昼信号灯/手提摩斯灯、烟雾(火)探测报警系统、大型灭火系统、雷达应答器、应急无线电示位标、驾驶台/主甲板/运河灯/信号灯电源控制操纵面板、自动雾笛等，以及其他助航仪器/设备。

2. 消防设备

应变部署表、防火控制图、主消防泵、应急消防泵、消防管系、大型灭火系统、消防员装备、生活区火灾报警装置、货舱火警探测器、灭火器、其他消防器材、训练手册。

3. 救生设备

救生艇、救生筏、救生衣、救生圈、其他救生设备。

4. 海图资料、书籍

略。

三、项目描述

检查清单(表 3-1)的编制(二副)、检查清单的编制(三副)、迎接和配合检查、关键性设备操作、船舶检验及船级社检查、行业标准检查、码头检查、处理检查缺陷。

List of Ship Safety Inspection

表 3-1　船舶安全检查清单

Items 项目	PSC Code No. PSC 编号	Requirements 要求	Conditions 状态	Remarks 备注

学习目标

1. 能开展船舶检查，熟悉检查的内容与要求；

2. 结合情景任务会编制船舶检查清单，迎接和配合检查，配合船舶检验及船级社检查、行业标准检查，码头检查，处理检查缺陷。

学习内容

任务 1　船舶检查清单的编制(二副)；

任务 2　船舶检查清单的编制(三副)；

任务 3　迎接和配合检查；

任务 4　船舶检验及船级社检查；

任务 5　行业标准检查；

任务 6　码头检查；

任务 7　处理检查缺陷。

任务1　船舶检查清单的编制(二副)

任务描述

要求根据指定船舶二副主管范畴船舶检查清单，能理解《1974年国际海上人命安全公约》(SOLAS 74公约)、《1966年国际载重线公约》(LL 66公约)、《经1978年议定书修正的1973年国际防止船舶造成污染公约》(MARPOL 73/78公约)的相关要求，确认二副对以上国际公约、规则的理解，达到安全管理的目的。

任务目标

能根据二副主管范畴船舶检查清单，并能准确理解相关国际公约、规则，以实现安全管理的目标。

任务分解

1. 熟悉SOLAS 74公约(规则1，5，9，11)；
2. 熟悉LL 66公约；
3. 理解MARPOL 73/78公约(附则Ⅰ—附则Ⅲ)；
4. 编制船舶检查清单(二副)。

知识准备

一、1974年国际海上人命安全公约(SOLAS 74公约)(1)

SOLAS 74公约是对船舶及设备、船员操作、公司和船旗国等实施有效管理和控制，从而保障海上人命安全的国际公约，也是海上人命安全方面最古老、最重要的公约。SOLAS 74公约于1980年5月25日生效。我国政府于1980年1月7日核准了该公约。现行的公约由SOLAS 74公约及其附则及附属于公约附则的单项规则和1988年议定书(2000年2月3日起生效)，以及若干不同年份中不断对其附则加以修改、补充和更新的SOLAS 74公约修正案组成。近期的修正案大都按"默认程序"生效。

迄今为止(截至2011年5月)：SOLAS公约有159个缔约国，占世界船舶总吨位的99.04%；SOLAS 74公约1978年议定书于1981年5月1日起生效，有114个缔约国，占世界船队总吨位的96.16%；SOLAS 74公约1988年议定书于2000年2月3日生效，有96个缔约国，占世界船队总吨位的94.4%。

1. 公约的功用、基本构架与适用范围

SOLAS 74 公约规定了与船舶海上安全管理相关的船舶构造、设备及操作方面的最低标准，要求船舶须持有公约规定的证书以作为该船舶已达到公约标准的证明，并由船旗国负责确保悬挂其国旗的船舶达到这一要求。

SOLAS 74 公约的结构为：公约正文，1978 年议定书，1988 年议定书；公约附则（安全规则）；附属于公约附则的单项规则。这三个层次的规定不可分割。鉴于 SOLAS 74 的附则内容迅速扩充，现多采用简单明了的附则，而将其技术细则集成为单项规则置于公约文本之外的做法。海员应注重于公约附则及其单项规则。

各缔约国承担义务实施该公约及其附则的各项规定，附则是公约的组成部分。凡引用该公约时，同时也就是引用其附则。附则是公约的重要组成部分，附则共 12 个章节，简述如下：

第Ⅰ章——总则：主要内容包括公约的适用范围、有关名词的定义、适用公约的例外、免除以及规则的生效；不同用途船舶法定检验的种类和检验的内容；各主管机关对船舶事故进行调查和向国际海事组织报告的义务。

第Ⅱ章——构造：本章分两个部分。第一部分为结构、分舱与稳性、机电设备，主要要求包括：客船的水密分隔必须保证船舶在假定的破损后，仍将保持在一个稳定的位置、分舱等级，由两个相邻横舱壁的最大允许距离测得，规定了其随船长和船舶用途不同而不同。对于客船来说，船长越长，分舱等级越高。对机电设备的要求，目的在于在各种紧急情况下具有保证船舶、旅客和船员安全必不可少的功能。第二部分为防火、探火和灭火，主要内容包括船舶的防火、探火和灭火的基本原则、固定式灭火系统的要求、消防设备的要求、机器处所的消防配备和特殊布置等通用要求，并根据各种不同种类船舶的特点，规定了船舶防火结构的布置，具体规定了船舶防火、探火和灭火设备布置及配置方法。第二部分于 1981 年和 2000 年进行了两次全部重写，将有关消防设备、布置技术标准从公约中分离出来，成为一个独立的强制性规则，即《国际消防安全系统规则》（FSS 规则）。新的第Ⅱ章第二部分与《FSS 规则》一起构成了 SOLAS 公约中全新形式的防火、探火、灭火和逃生的消防安全模式。在保留了基本的规定要求的同时，还允许采用认可的替代消防安全设计和布置的方法。

第Ⅲ章——救生设备与装置：主要内容分 A 和 B 两部分，共 37 条。其中 A 部分是通则；B 部分是船舶和救生设备的要求，包括客船与货船、客船附加要求、货船附加要求三节，规定了适用于所有船舶的一般要求，并根据船型、设备、构造特征规定了应配备的救生设备，确定其容量的方法，以及维修和随时可用性的要求，并有应急和例行演习的程序，同时分别对客船和货船规定了附加要求。

第Ⅳ章——无线电通信设备：分 A、B 和 C 三部分，共 17 条。A 部分为通则；B 部分强调了缔约国政府的承诺；C 部分规定了船舶分海区应配备的无线电设备的类型以及无线电值班的操作、电源、性能标准、维修、无线电人员、无线电记录等要求。本章部分条款的要求还必须考虑到国际电信联盟（ITU）无线电规则的相关规定。

第Ⅴ章——航行安全：共 35 条及一个附录。除另有明文规定外，本章适用于所有航线上的所有船舶，而公约附则的其他章节只适用于从事国际航行的某类船舶。本章的主要内容为操作性条款，涉及保持对船舶的气象服务、水文服务、冰区巡逻服务、船舶航线、提供搜救服务、船舶运输服务、船舶报告系统等。本章规定了缔约国政府应从安全的角度保证所有的船舶得以充分和有效配员的一般义务，同时还规定了安装雷达和其他助航设备的要求以及驾驶台可视范围。

第Ⅵ章——货物装运：主要内容为有关货物装运安全的要求，包括货物装运的一般规定、谷物以外的散装货物装运的特别规定、谷物装运的特别规定等。本章还对货物堆装、系固及装卸重点作了规定。

第Ⅶ章——危险货物的载运：规定了危险货物的分类、包装、标志和积载。

第Ⅷ章——核能船舶（略）。

第Ⅸ章——船舶安全营运：国际安全管理规则（ISM 规则）作为该章的附则成为强制性的规则。ISM 规则的基本要求是：由负责船舶营运的公司建立并在岸上和船上实施经船旗国主管机关认可的安全管理体系（SMS），从而使公司能够具有船舶营运的安全做法和安全工作环境，针对已认定的所有风险制定防范措施并不断提高岸上及船上人员的安全管理技能，做到安全管理符合强制性规定及规则，并对国际海事组织、主管机关、船级社和海运行业组织所建议的规则、指南和标准予以考虑，最终实现保证海上安全、防止人员伤亡、避免对环境特别是海洋环境造成危害以及财产损失的目标。

第Ⅹ章——高速船安全措施：对新型高速船（HSC），需要规定一个强制性的国际标准。

第Ⅺ章——加强海上安全、保安的特别措施：本章分为两个部分。

第一部分：加强海上安全的特别措施。涉及对认可组织的授权、对油船、散货船强化检验及船舶识别号等内容。

第二部分：加强海上保安的特别措施。对缔约国政府应承担的海上保安的责任和义务作了相应的规定。由此产生一个附则，即国际船舶和港口设施保安规则（ISPS 规则）。

第Ⅻ章——散货船安全附加措施：为了加强散货船的结构安全、稳性安全，特别制定本章要求。

SOLAS 公约附录：向各缔约国提供有关船舶安全证书的标准格式。主要有下列证书格式：客船安全证书、货船构造安全证书、货船设备安全证书、货船无线电安全证书、货船安全证书、免除证书、核动力客船证书、核动力货船安全证书等。

公约适用范围：本公约仅适用于从事国际航行的船舶，但不适用于 500 总吨以下的货船、军用舰艇和运兵船、非机动船、制造简陋的木船、非营业性的游艇和渔船。

2. 构造

1）驾驶室对推进机器的控制

（1）对船舶推进、控制和安全所必需的主机和辅机应设有有效的操作和控制装置。船舶推进、控制和安全所必需的所有控制系统应是独立的，或设计成在某一系统失效时不会降低其他系统的功能。

（2）如推进机械由驾驶室遥控，则应适用下列要求：① 航速、推进方向以及（如适用）螺旋桨螺距应在所有航行（包括操纵）工况下，均可从驾驶室完全控制。② 每一独立的螺旋桨应使用单一控制装置进行控制，所有有关的设备具有自动性能，如必要，具有防止推进机械超负荷运转的装置。如果多螺旋桨设计为同时运行，则可由一个控制装置进行控制。③ 主推进机械应在驾驶室设有一个独立于驾驶室控制系统的紧急停机装置。④ 驾驶室发出的推进机械指令应在主机控制室和操纵台上显示。⑤ 推进机械在同一时间内应只能从一处进行遥控；在这种处所允许有互相连接的控制位置。每一处所均应有指示器显示何处在控制推进机械的。驾驶室和机器处所之间的控制转换应只能在主机处所或主机控制室内进行。此系统应包括将控制由一处转换到另一处时防止推力发生较大变化的装置。⑥ 对船舶推进和安全所必需的辅机也能就地或在其附近进行控制；和即使在遥控系统的任一部分发生故障时，推进机械应仍能就地控制。⑦ 遥控系统应设计成在其发生故障时给出报警。除主管机关认为不可行外，应在实行就地控制动前保持预设的螺旋桨转速和推力方向。⑧ 在驾驶室、主机控制室和操纵台应设置指示器，显示：固定螺距螺旋桨的转速和转动方向，可调螺距螺旋桨的转速和螺距位置。⑨ 应在驾驶室和机器处所各设一个报警器，用以指示仍能多次起动主机的起动空气的规定低压。如果推进机械的遥控系统设计成自动起动，对于起动失败的自动连续起动次数应予限制，以保证有足够的起动空气压力进行就地起动。⑩ 自动控制系统的设计应确保向负责航行值班的驾驶员及时发出推进系统即将或快要减速或停车的临界报警，以评估紧急情况下的航行条件。尤其是该系统在为负责航行值班的驾驶员提供手动干预机会的同时，应控制、监视、报告、发出报警并采取减速或停车的安全措施，但短时间内由于手动干预而导致发动机和/或推进设备完全失效（例如过速）的情况除外。

(3) 如果主推进机械和相关机械（包括主电源）设有不同程度的自动控制或遥控，并在控制室有值班人员连续监管，则其布置和控制装置的设计、配备和安装应使机器的运转与处于直接监管下同样安全和有效。为此，应视具体情况适用第 46 条至第 50 条的要求。对于这类处所的防火和防止进水应予特别考虑。

(4) 一般情况下，自动起动、操作和控制系统应包括人工越控自动控制的装置。这些系统的任何部分发生故障应不致妨碍使用人工越控功能。

2) 驾驶室与机器处所之间的通信

从驾驶室到机器处所或控制室中通常控制推进器速度和方向的位置上至少应设置两套独立的通信设施，其中一套应为在机器处所和驾驶室均能直接显示指令和回令的车钟。其他任何可以控制推进器速度和方向的位置也应配备适当的通信设施，以便接收来自驾驶室和机舱的指令。

3) 应急电源

(1) 电气装置应能：① 在不借助应急电源的情况下，确保对所有为船舶正常操作和居住条件所必需的电气辅助设备供电；② 在各种应急情况下，确保对安全所必需的电气设备供电；和③ 确保乘客、船员和船舶的安全，免受各种电气灾害。

(2) 客船应急电源

1 基本要求

1.1 应设有一独立的应急电源。

1.2 应急电源、相关的变换设备（如设有）、临时应急电源、应急配电板和应急照明配电板应位于最高连续甲板之上，并应从露天甲板易于到达。它们不应位于防撞舱壁的前方。

1.3 应急电源、相关的变换设备（如设有）、临时应急电源、应急配电板和应急照明配电板与主电源、相关变换设备（如设有）与主配电板的相对位置应确保使主管机关确信，主电源、相关的变换设备（如设有）和主配电板所在处所或任何 A 类机器处所发生火灾或其他事故时，不会妨碍应急电源的供电、控制和配电。应急电源、相关的变换设备（如设有）、临时应急电源和应急配电板所在处所应尽可能不与A类机器处所或主电源、相关的变换设备(如设有)或主配电板所在处所的限界面相邻接。

1.4 如采取适当措施以在各种情况下确保独立的应急操作,则应急发电机可例外用于短时间内向非应急电路供电。

2 可用的电源功率应足够向应急情况下安全所必需的所有设备供电,并充分考虑到这些设备可能要同时使用。应急电源应能在下述时间内足以同时至少对下列设备供电(如果这些设备由电力驱动),同时应考虑到某些负载的起动电流和瞬变特性:

2.1 对下列处所供电36 h,应急照明:

2.1.1 第Ⅲ/11.4条和第Ⅱ-1/16.7条所要求的每一集合地点、登乘地点和舷侧;

2.1.2 第Ⅲ/11.5条所要求的通达集合地点与登乘地点的走廊、梯道和出口;

2.1.3 所有服务和居住处所的走廊、梯道、出口和载人电梯;

2.1.4 机器处所和主发电站,包括其控制位置;

2.1.5 所有控制站、机器控制室和每一主配电板和应急配电板处;

2.1.6 消防员装备的所有存放处所;

2.1.7 操舵装置处;和

2.1.8 消防泵、喷水泵和本条2.4所指的应急舱底泵以及其电动机起动位置。

2.2 对下列设备供电36 h:

2.2.1 现行《国际海上避碰规则》所要求的航行灯和其他信号灯;和

2.2.2 对1995年2月1日或以后建造的船舶,第Ⅳ/7.1.1条和第Ⅳ/7.1.2条所要求的甚高频无线电装置;及如适用时:

2.2.2.1 第Ⅳ/9.1.1,Ⅳ/9.1.2,Ⅳ/10.1.2和Ⅳ/10.1.3条所要求的中频无线电装置;

2.2.2.2 第Ⅳ/10.1.1条所要求的船舶地面站;和

2.2.2.3 第Ⅳ/10.2.1,Ⅳ/10.2.2和Ⅳ/11.1条所要求的中频/高频无线电装置。

2.3 对下列设备供电36 h,除非这些设备能由一个设置于适当处所供紧急情况下使用的蓄电池组独立供电36 h:

2.3.1 紧急情况下所需要的所有内部通信设备;

2.3.2 第Ⅴ/12条所要求的船上航行设备①;当此项规定为不合理或不可行时,主管机关可对小于5 000总吨的船舶免除此项要求;

2.3.3 探火和失火报警系统,以及防火门的吸持和释放系统;和

2.3.4 白昼信号灯、船舶号笛、手动报警按钮和紧急情况下需要的所有内部信号的断续操作。

2.4 对下列设备供电36 h:

2.4.1 第Ⅱ-2/4.3.1和4.3.3条②要求的消防泵之一;

2.4.2 自动喷水泵(如设有);和

2.4.3 应急舱底泵和操作电动遥控舱底阀所必需的所有设备。

2.5 按第29.14条要求的时间对操舵装置供电,如该条要求如此供电时。

2.6 对下列设备供电0.5 h:

2.6.1 第15条要求的动力操作水密门,以及其指示器和报警信号;

2.6.2　将电梯提升至甲板高度以便人员脱逃的应急装置，在紧急情况下乘客电梯可按序提升至甲板高度。

2.7　定期从事短途航行的船舶，主管机关如确信能达到适当的安全标准，则可接受比本条2.1至2.5所规定的36 h为短的时间，但应不少于12 h。

3　应急电源可以是一台发电机或一蓄电池组，其应满足下列要求：

3.1　应急电源如为一台发电机，其应：

3.1.1　由一台独立供给燃油的适当原动机驱动，燃油闪点(闭杯试验)不低于43 ℃；

3.1.2　在主电源供电发生故障时自动起动，并应自动与应急配电板接通，本条4所指的设备也应自动转由应急发电机组供电。原动机的自动起动系统及其特性，应能尽快地在最多45 s内使应急发电机安全和实际可行地承载其额定负载；除设有应急发电机组的第二套独立起动装置外，应对单一的储存能源应加以保护，以防止其被自动起动系统全部耗尽；和

3.1.3　设有本条4规定的临时应急电源。

3.2　如应急电源为蓄电池组，其应能：

3.2.1　承载应急负载而不必再充电。在整个供电时间保持其电压变化在额定电压的±12%以内；

3.2.2　在主电源供电发生故障时，自动与应急配电板接通；和

3.2.3　立即至少对本条4所指的那些设备供电。

3.3　本条3.1.2中的下列规定不适用于1994年10月1日或以后建造的船舶：除非设有应急发电机组的第二套独立起动装置，否则单一储备的能源应加以保护，以免被自动起动系统全部耗尽。

3.4　1998年7月1日或以后建造的船舶，如果必须使用电源恢复推进，其功率应足以在全船失电后30 min内，使之连同其他机器(视具体情况而定)从瘫船状态恢复至推进状态。

4　本条3.1.3要求的临时应急电源，应由一个设置于适当处所供紧急情况下使用的蓄电池组组成。该蓄电池组应在整个供电期间将蓄电池的电压保持在其额定电压的±12%以内而不需重新充电，并具有足够的容量，且布置成能在主电源或应急电源发生故障时自动至少对下列设备供电(如这些设备由电力驱动)：

4.1　对下列设备供电0.5 h：

4.1.1　本条2.1和2.2要求的照明；

4.1.2　本条2.3.1，2.3.3和2.3.4要求的所有设备，除非这些设备是由设置于应急时便于使用处所的蓄电池组在指定时间独立供电。

4.2　第15.7.3.3条要求动力操作的水密门，但不要求同时操作所有的水密门，除非设有一独立的过渡性储备能源。并应对第15.7.2条要求的动力控制、指示和报警电路供电0.5 h。

5.1　应急配电板应尽实际可能设置在靠近应急电源处。

5.2　如应急电源是一台发电机，则除会妨碍应急配电板的操作外，应急配电板应与应急电源位于同一处所。

5.3　按本条规定装设的蓄电池组不得与应急配电板安装在同一处所。应在主配电板

上或机器控制室内的适当位置安装一个指示器,用以显示作为本条 3.1.3 或 4 所述的应急电源或临时应急电源的蓄电池组正在放电。

5.4 应急配电板在正常工作时应用互连馈线由主配电板供电,此互连馈线在主配电板上应设有适当的过载和短路保护,并应在主电源发生故障时在应急配电板处自动断开。如该系统布置成反向供电,则该互连馈线还应在应急配电板上至少设有短路保护。

5.5 为确保应急电源随时可用,其布置应在必要时可将非应急电路从应急配电板自动断开,以确保向应急电路有效供电。

6 应急发电机及其原动机和任何应急蓄电池组应设计和布置成在船舶处于正浮状态和横倾达 22.5°,或艏、艉纵倾达 10°,或在这些范围内出现的任何组合的倾斜角度时,确保其仍能以全额定功率发挥效用。

7 应作出规定对整个应急系统进行定期测试,并应包括自动起动装置的测试。

(3) 货船应急电源

1 基本要求

1.1 应设有一独立的应急电源。

1.2 应急电源、相关的变换设备(如设有)、临时应急电源、应急配电板和应急照明配电板应位于最高连续甲板之上,并应从露天甲板易于到达。除在例外情况下经主管机关允许外,它们不应位于防撞舱壁的前方。

1.3 应急电源、相关的变换设备(如设有)、临时应急电源、应急配电板和应急照明配电板与主电源、相关的变换设备(如设有)和主配电板的相对位置应使主管机关满意,以确保在主电源、相关的变换设备(如设有)和主配电板所在处所或任何 A 类机器处所发生火灾或其他事故时,不会妨碍应急电源的供电、控制和配电。应急电源、相关的变换设备(如设有)、临时应急电源和应急配电板所在处所应尽可能不与 A 类机器处所或主电源、相关的变换设备(如设有)和主配电板所在处所的限界面相连接。

1.4 如采取适当措施以在各种情况下确保独立的应急操作,则应急发电机可例外用于短时间内向非应急电路供电。

2 可用的电源功率应足够向应急情况下安全所必需的所有设备供电,并充分考虑到这些设备可能要同时使用。应急电源应能在下述时间内足以同时至少对下列设备供电(如这些设备由电力驱动),同时应考虑到某些负载的起动电流和瞬变特性:

2.1 对第Ⅲ/11.4 条和第Ⅲ/16.7 条所要求的每一集合和登乘地点和舷侧供电 3 h,应急照明。

2.2 对下列处所供电 18 h,应急照明:

2.2.1 所有服务和居住处所的走廊、梯道和出口、载人电梯及其围阱;

2.2.2 机器处所和主发电站,包括其控制位置;

2.2.3 所有控制站、机器控制室和每一主配电板及应急配电板处;

2.2.4 消防员装备的所有存放位置;

2.2.5 操舵装置处;

2.2.6 本条 2.5 所指的消防泵,喷水泵(如设有)和应急舱底泵(如设有)和其电动机起动位置;和

2.2.7 在 2002 年 7 月 1 日或以后建造的液货船的所有货泵舱内。

2.3 对下列设备供电 18 h：

2.3.1 现行《国际海上避碰规则》所要求的航行灯和其他信号灯；

2.3.2 对 1995 年 2 月 1 日或以后建造的船舶，第Ⅳ/7.1.1 和第Ⅳ/7.1.2 条所要求的甚高频无线电装置；及如适用时：

2.3.2.1 第Ⅳ/9.1.1，Ⅳ/9.1.2，Ⅳ/10.1.2 和Ⅳ/10.1.3 条所要求的中频无线电装置；

2.3.2.2 第Ⅳ/10.1.1 条所要求的船舶地面站；和

2.3.2.3 第Ⅳ/10.2.1，Ⅳ/10.2.2 和Ⅳ/11.1 条所要求的中频/高频无线电装置。

2.4 对下列设备供电 18 h，除非这些设备能由一个设置于适当处所供紧急情况下使用的蓄电池组独立供电 18 h：

2.4.1 紧急情况下所需要的所有内部通信设备；

2.4.2 第Ⅴ/12 条①所要求的船上航行设备，如此项规定为不合理或不可行，主管机关可对小于 5 000 总吨的船舶免除此项要求；

2.4.3 探火和失火报警系统；和

2.4.4 用于断续操作的白昼信号灯、船舶号笛、手动报警按钮和紧急时需要使用的所有船内信号。

2.5 如以应急发电机作为动力源，则应对第Ⅱ-2/4.3.1 和 4.3.3 条①所要求的消防泵之一供电 18 h。

2.6.1 按第 29.14 条要求的时间对操舵装置供电，如该条要求如此供电时。

2.6.2 定期从事短途航行的船舶，主管机关如确信能达到适当的安全标准，则可接受比本条 2.2 至 2.5 规定的 18 h 为短的时间，但应不少于 12 h。

3 应急电源可以是 1 台发电机，或者是 1 组蓄电池，其应符合下列要求：

3.1 应急电源如为一台发电机，其应：

3.1.1 由一台独立供给燃油的适当原动机驱动，燃油闪点(闭杯试验)不低于 43 ℃；

3.1.2 在主电源发生故障时自动起动，除非按本条 3.1.3 设有临时应急电源；应急发电机如系自动起动，则应自动与应急配电板接通；本条 4 所述各项设备应随后自动接通应急发电机；除设有应急发电机的第二套独立起动装置外，单一的储存能源加以保护，以防止其被自动起动系统全部耗尽；和

3.1.3 按本条 4 的规定设有一个临时应急电源，除非设有应急发电机，能对本条 4 所述各项设备供电且能在安全和实际可行限度内尽快(但不超过 45 s)自动起动并对规定的负载供电。

3.2 应急电源如为蓄电池组，其应能：

3.2.1 承载应急电力负载而不需重新充电，并在整个供电期间将蓄电池的电压保持在其额定电压的±12%以内；

3.2.2 在主电源发生故障时，自动与应急配电板接通；和

3.2.3 立即至少对本条 4 规定的各项设备供电。

3.3 本条 3.1.2 中的下列规定不适用于 1994 年 10 月 1 日或以后建造的船舶：除非设有应急发电机组的第二套独立起动装置，否则单一储备的能源应加以保护，以免被自动起动系统全部耗尽。

3.4 1998年7月1日或以后建造的船舶,如果电源对恢复推进是必需的,其功率应能在全船失电后30 min内,使之连同其他机器(如适合)一起从瘫船状态恢复至船舶的推进。

4 本条3.1.3要求的临时应急电源,应由一个位于适合应急使用处所的蓄电池组组成。

该蓄电池组应在整个供电期间将蓄电池的电压保持在其额定电压的±12%以内而不需重新充电,并具有足够的容量,且布置成能在主电源或应急电源发生故障时自动对下列设备(如这些设备由电力驱动)至少供电0.5 h:

4.1 本条2.1,2.2和2.3.1要求的照明。在此过渡阶段,机器处所和居住及服务区域所要求的应急照明可由固定安装、自动充电并用继电器控制的专用蓄电池灯提供;和

4.2 本条2.4.1,2.4.3和2.4.4要求的所有设备,除非这些设备是由位于适合应急使用处所的蓄电池组按规定的时间独立供电。

5.1 应急配电板应尽实际可能设置在靠近应急电源处。

5.2 如应急电源是一台发电机,则除会妨碍应急配电板的操作外,应急配电板应与应急电源位于同一处所。

5.3 按本条规定装设的蓄电池组不得与应急配电板安装在同一处所。应在主配电板上或机器控制室内的适当位置安装一个指示器,用以显示作为本条3.2或4所述的应急电源或临时应急电源的蓄电池组正在放电。

5.4 应急配电板在正常工作时应用互连馈线由主配电板供电,此互连馈线在主配电板上应设有适当的过载和短路保护,并应在主电源发生故障时在应急配电板处自动断开。如该系统布置成反向供电,则该互连馈线还应在应急配电板上至少设有短路保护。

5.5 为确保应急电源随时可用,其布置应在必要时可将非应急电路从应急配电板自动断开,以确保向应急电路有效供电。

6 应急发电机及其原动机和任何应急蓄电池组应设计和布置成在船舶处于正浮状态和横倾达22.5°,或艏、艉纵倾达10°,或在这些范围内出现的任何组合的倾斜角度时,确保其仍能以全额定功率发挥效用。

7 应作出规定对整个应急系统进行定期测试,并应包括自动起动装置的测试。

4) 水密装置的关闭操作

(1) 客船水密门等的定期操作及检查

1 水密门、舷窗、泄水孔的阀及关闭装置、出灰管与垃圾管的操作演习,应每周举1次。对航期超过1周的船舶,在离港前应举行1次全面演习,此后在航行中至少每周举行1次。

2 水密舱壁上的所有铰链操作和动力操作的水密门,凡需在航行中使用的,应每天进行操作。

3 水密门及与其连接的所有装置和指示器,所有为使舱室水密而需关闭的阀及所有为破损控制横贯连通而需操作的阀,均应在航行中进行定期检查,每周至少1次。

4 本条要求的所有演习和检查记录均应记入"航海日志"中,并明确记载可能发现的任何缺陷。

(2) 进水的预防和控制

1 除本条3和4规定的航行中可以开启的门外,所有水密门在航行中应保持关闭。第13.10条准许的机器处所内宽度大于1.2 m的水密门仅在该条所述的环境下可以开启。任

何按本规定开启的门均应处于可随时立即关闭的状态。

2 当船舶在海上时，舱壁甲板以下最大净开口宽度大于1.2 m水密门应保持关闭状态，但当主管机关确认绝对有必要时，该门可以开启一段限定的时间。

3 在航行途中，为便于乘客或船员通行，或因在紧靠水密门的附近作业而必须开启时，可以开启该门。当经过该门的通行已结束或必需开启的门的作业已结束时，必须立即关闭该门。

4 只有在认为绝对必要时，即确认开启某些水密门对船舶机械的安全和有效操作是必需的，或对准许乘客正常而不受限制地出入乘客区域是必需的，方可允许这些水密门在航行途中保持开启。此类决定应由主管机关在仔细地考虑了对船舶的操作和残存能力的影响后才能作出。准许保持如此开启的水密门应明确标示在船舶的稳性资料内，并应处于可随时立即关闭的状态。

5 舱壁上的活动门板在船舶离港前应始终在位，并在航行中除遇紧急情况船长认为必需外不得将其取下。装复此类门板时应采取必要的预防措施，以确保其接缝水密。按第13.10条准许在机器处所内装设的动力滑动水密门在船舶离港前应予关闭，并在航行中除遇紧急情况船长认为必需外应保持关闭。

6 按第13.9.1条在甲板处所之间分隔货物的水密舱壁上装设的水密门应在开航前关妥，并应在航行中保持关闭；此类门在港内开启的时间和船舶离港前关闭的时间应记入“航海日志”。

7 设于舱壁甲板以下的舷门、装货门及装燃料门在船舶离港前应切实关闭和紧固成水密，并应能在航行中保持关闭状态。

8 下列位于舱壁甲板以上的门，船舶在每次航行开航前应予关闭并锁住，并在船舶到达下一个停泊地前一直保持闭锁状态：

8.1 在船壳或封闭上层建筑围壁上的装货门；

8.2 在本条8.1中所指位置设置的罩壳式船首门；

8.3 在防撞舱壁上的装货门；和

8.4 构成替代本条8.1至8.3所述的关闭设备的坡道门。

9 如果船舶在泊位停泊时，门不能开启或关闭，则在船舶靠、离泊位时此门可开启或保持开启状态，但仅就必要时能对此门进行即时操作而言。在任何情况下，内首门必须保持关闭。

10 尽管本条8.1和8.4有要求，当船舶停泊在安全锚地且不损害船舶的安全时，如为船舶操作或乘客上、下船所需要，主管机关仍可授权船长自行决定打开某些特定的门。

11 船长应确保对本条8所述的那些门的关闭和开启进行有效监督和报告制度的执行。

12 船舶在每次航行开航前，船长应确保将本条8和9规定的门的最后关闭时间，和按本条10所述的特定门的每次开启时间记入“航海日志”。

13 本规则要求在航行中保持关闭的铰链门、活动门板、舷窗、舷门、装货门和装燃料门及其他开口，均应在船舶离港前关闭。关闭的时间及开启(如本规则所准许者)的时间，应按主管机关的规定记入“航海日志”。

14 对于甲板间的舷窗，平行于舱壁甲板边线绘一条线，其最低点在船舶离开任何港口时的水面以上1.4 m加船宽的2.5%，当第15.3.2条所指舷窗槛低于此线时，则此甲板间的所有舷窗在船舶离港前应关闭成水密并锁紧，这类舷窗在船舶到达下一个港口前不应开启。在应用此项要求时，如适用，可计入适当的淡水宽限。

14.1 此类舷窗在港内开启的时间及船舶离港前将其关闭和加锁的时间，均应按主管机关的规定记入“航海日志”中。

14.2 当船舶浮于其最深分舱吃水，而有一个或几个舷窗的位置适用本条14的要求时，主管机关可指明其平均限制吃水，在此吃水时这些舷窗窗槛将高出平行于舱壁甲板边线所绘的线，其最低点在此平均限制吃水的相应水线以上1.4 m加船宽2.5%，则可准许该船离港时不必事先关闭和锁住这些舷窗，而在开往下一港口的航程中，由船长负责可准许在海上开启这些舷窗。在现行《国际载重线公约》定义的热带地区内，这个限制吃水可增加0.3 m。

15 航行时不能到达的舷窗及其舷窗盖，应在离港前关闭并紧固。

16 如在第15.5.2条所述的处所装货时，舷窗及其舷窗盖应在装货前关闭成水密并锁住，此项闭锁应按主管机关规定的记入“航海日志”。

17 垃圾管等不再使用时，第15.10.2条要求的管盖和管阀应保持关闭和紧固。

(3) 货船进水的预防和控制

1 位于限制垂向破损范围的甲板以下的船壳外板上的开口，在海上应保持永久关闭。

2 尽管有本条1的要求，如为了船舶的操纵需要并且不损害船舶的安全，主管机关仍可授权船长根据需要打开某些特殊的门。

3 用作大型货物处所内部分隔的水密门或坡道应在开航前关妥，并应在航行中保持关闭；此类门在港内开启的时间和船舶离港前关闭的时间应记入“航海日志”中。

4 用以确保内部开口水密完整性的出入门和舱盖的使用应经值班驾驶员批准。

(4) 货船水密舱壁和内部甲板上的开口

1 水密分隔上的开口应在适合船舶设计和船舶正常作业的情况下保持最少数量。如因出入、管路、通风、电缆等而必须贯穿水密舱壁和内部甲板，则应设有保持水密完整性的装置。如果证实任何累进进水能易于控制并且不损害船舶安全，则主管机关可允许放宽对干舷甲板以上的开口的水密性要求。

2 为确保在海上使用的内部开口的水密完整性而设置的门应是滑动水密门，能从驾驶室遥控关闭，也可从舱壁每侧就地操纵。在控制位置应装设显示门是开启或关闭的指示器，并且在门关闭时发出听觉报警。在主动力失灵时，动力、控制和指示器应能工作。特别应注意减少控制系统失灵的影响。每一个动力操纵的滑动水密门应有一个独立的手动机械操纵装置。该装置应能从门的两侧用手开启和关闭该门。

3 用以保证内部开口的水密完整性且通常在航行时关闭的出入门和舱盖，应在该处和驾驶室装设显示这些门或舱盖是开启还是关闭的设施。每一个此类门或舱盖应附贴一个通告牌，其大意是不应让其处于开启状态。

4 可以装设结构良好的水密门或坡道用作大型货物处所的内部分隔，条件是主管机关确信此种门或坡道是必要的。这些门或坡道可以是绞链的，滚动的或滑动的门或坡道，但不应是遥控操纵的。如果在航程中需要通过任何此类门或坡道，则应设有适当装置以防未经授权的开启。

5　为保证内部开口的水密完整性，在海上保持永久关闭的其他关闭装置，应有一个通告牌贴于其上，其大意是应保持关闭状态。用螺栓紧固盖子的入孔不必设此通告牌。

3. 航行安全

1）船载航行系统和设备的配备要求

1　适用范围和要求

在符合第1.4条规定的条件下：

1.1　在2002年7月1日或以后建造的船舶，应配备满足本条2.1至2.9规定要求的航行系统和设备。

1.2　在2002年7月1日以前建造的船舶应：

1.2.1　在符合本条1.2.2和1.2.3规定的条件下，除非这些船舶全部满足本条的要求，继续设有满足2002年7月1日以前实施的《1974年国际海上人命安全公约》第Ⅴ/11，Ⅴ/12和Ⅴ/20条规定要求的设备；

1.2.2　不迟于2002年7月1日以后的第一次检验，配备本条2.1.6要求的设备或系统，此时应不再要求设有2002年7月1日以前实施的《1974年国际海上人命安全公约》第Ⅴ/12(p)条所述的无线电测向设备；和

1.2.3　不迟于本条2.4.2和2.4.3规定的日期，配备本条2.4要求的系统。

2　船载航行设备和系统

2.1　所有船舶，不论其尺度大小，均应设有：

2.1.1　1台经过适当校正的标准磁罗经或其他装置，独立于任何电源，用于确定船舶艏向并在主操舵位置显示其读数；

2.1.2　1台哑罗经或罗经方位装置或其他装置，独立于任何电源，用于在水平360°弧度范围内量取方位；

2.1.3　用于随时按真实值校正首向和方位的装置；

2.1.4　海图和航海出版物，用于计划和显示船舶预定航程的航线以及标绘和监视整个航程的船位；电子海图显示与信息系统(ECDIS)可视为满足本节的海图配备要求；

2.1.5　满足上述2.1.4功能要求的后备装置，若该功能全部或部分由电子装置完成；

2.1.6　1台全球导航卫星系统或陆地无线电导航系统的接收机，或其他装置，适合于由自动设备在船舶整个预定航程内随时确定和更新船位；

2.1.7　如果船舶小于150总吨且如果实际可行，1台雷达反射器，或其他装置，使船舶能被其他航行船舶通过9 GHz和3 GHz雷达探测到；

2.1.8　若船舶驾驶室是完全封闭的和除非主管机关另有规定，1套声响接收系统，或其他装置，使值班驾驶员能够听到声响信号并确定其方向；

2.1.9　1部电话，或其他装置，用与向应急操舵位置(如设有)传递首向信息。

2.2　所有150总吨及以上的船舶和不论尺度大小的客船，除满足本条2.1的要求外，还应设有：

2.2.1　1台可与本条2.1.1中所述的磁罗经进行互换的备用磁罗经，或其他装置，用于通过替换或双套设备执行本条2.1.1所述的功能；

2.2.2　1套白昼信号灯，或其他装置，用于在白天和夜晚通过灯光进行联络，使用电源，但非唯一依靠船上电源供电。

2.3 所有300总吨及以上的船舶和不论尺度大小的客船，除满足本条2.2的要求外，还应设有：

2.3.1 1台回声测深仪，或其他电子装置，用于测量和显示可用水深；

2.3.2 1台9 GHz雷达，或其他装置，用于确定和显示雷达应答器、其他水上船艇、障碍物、浮标、海岸线和航标的距离和方位，借以助航和避碰；

2.3.3 1套电子标绘装置，或其他装置，用电子方式标绘目标的距离和方位，以便确定碰撞危险；

2.3.4 航速和航程测量装置，或其他装置，用于指示船舶相对于水的航速和航程；

2.3.5 1台经过适当校正的首向传送装置，或其他装置，用于传送首向信息以输入到本条2.3.2,2.3.3和2.4所述的设备中。

2.4 所有300总吨及以上的国际航行船舶、500总吨及以上的非国际航行货船以及不论尺度大小的客船，应按下列要求配备1台自动识别系统(AIS)：

2.4.1 在2002年7月1日或以后建造的船舶；

2.4.2 在2002年7月1日以前建造的国际航行船舶：

2.4.2.1 客船不迟于2003年7月1日；

2.4.2.2 液货船不迟于2003年7月1日或以后的第一次安全设备检验；

2.4.2.3 除客船和液货船外，50 000总吨及以上的船舶不迟于2004年7月1日；

2.4.2.4 除客船和液货船外，300总吨及以上但小于50 000总吨的船舶不迟于2004年7月1日以后的第一次安全设备检验或在2004年12月31日以前，以较早者为准；和

2.4.3 在2002年7月1日以前建造的非国际航行船舶，不迟于2008年7月1日；

2.4.4 若船舶在上述2.4.2和2.4.3所规定的实施日期以后两年内永久退役，则主管机关可对这些船舶免除适用本节的要求；

2.4.5 AIS应：

2.4.5.1 自动向配有相应设备的岸台、其他船舶和飞机提供信息，包括船舶识别码、船型、船位、航向、航速、航行状况以及其他与安全有关的信息；

2.4.5.2 自动从其他装有类似设备的船舶接收这种信息；

2.4.5.3 监视和跟踪其他船舶；和

2.4.5.4 与岸基设施交换数据；

2.4.6 在有国际协议、规则或标准规定要保护航行信息的情况下，本条2.4.5的要求应不适用；和

2.4.7 AIS的操作应考虑到本组织通过的指南。配备AIS的船舶应使AIS始终保持运行状态，但国际协定、规则或标准规定要保护航行信息的情况除外。

2.5 所有500总吨及以上的船舶，除满足本条2.3(不包括2.3.3和2.3.5)和2.4的要求外，还应设有：

2.5.1 1台电罗经，或其他装置，用于通过船载非磁性装置确定和显示船舶首向，操舵员能在主操舵位置清晰地读取。这些装置也应传送首向信息以输入到本条2.3.2,2.4和2.5.5所述的设备中；

2.5.2 1台电罗经首向复示器，或其他装置，用于将可视首向信息传送到应急操舵位置(如设有)；

2.5.3　1台电罗经方位复视器，或其他装置，通过使用上述2.5.1所述的电罗经或其他装置，在水平360°弧度范围内量取方位。但是，小于1 600总吨的船舶应尽可能配备该装置；

2.5.4　舵、螺旋桨、推力、螺距和工作模式指示器，或其他装置，用于确定和显示舵角、螺旋桨转速、推力和推力方向以及（如适用）侧推的推力和方向、螺距和工作模式，所有这些指示器都应在指挥驾驶位置清晰可读；和

2.5.5　1台自动跟踪仪，或其他装置，用于自动标绘其他目标的距离和方位，以确定碰撞危险。

2.6　在所有500总吨及以上的船舶上，1台设备的故障不应降低船舶满足本条2.1.1，2.1.2和2.1.4要求的能力。

2.7　所有3 000总吨及以上的船舶，除满足本条2.5的要求外，还应设有：

2.7.1　1台3 GHz雷达，或（如果主管机关认为合适）第2台9 GHz雷达，或其他装置，用于确定和显示其他水上船艇、碍航物、浮标、海岸线和航标的距离和方位，借以助航和避碰，并在功能上独立于本条2.3.2所述的装置；和

2.7.2　第2台自动跟踪仪，或其他装置，用于自动标绘其他目标的距离和方位，以确定碰撞危险，并在功能上独立于本条2.5.5所述的装置。

2.8　所有10 000总吨及以上的船舶，除满足本条2.7（不包括2.7.2）的要求外，还应设有：

2.8.1　1台自动雷达标绘仪，或其他装置，与1台指示船舶相对于水的航速和航程的装置相连，用于自动标绘至少20个其他目标的距离和方位，以确定碰撞危险和模拟试验性操纵；和

2.8.2　1套首向或航迹控制系统，或其他装置，用于自动控制和保持首向和/或直航迹。

2.9　所有50 000总吨及以上的船舶，除满足本条2.8的要求外，还应设有：

2.9.1　1台回转速率指示仪，或其他装置，用于确定和显示回转速率；和

2.9.2　1台航速和航程测量装置，或其他装置，用于指示船舶前进方向和横向的相对于地的航速和航程。

3　如果根据本条允许使用“其他装置”，则这些装置必须由主管机关按第18条进行认可。

4　本条所述的航行设备和系统的安装、试验和维护，应最大限度减少故障。

5　可选择操作模式的航行设备和系统，应指明其实际使用的模式。

6　综合驾驶室系统的布置，应使一个分系统发生的故障通过听觉和视觉报警立即引起值班驾驶员的注意，并不会导致任何其他分系统的故障。如果一个综合航行系统②的一部分发生故障，该系统的每项其他设备或每一其他部分应可以分别操作。

2）船舶远程识别与跟踪系统（LRIT）

1　本条或本组织通过的有关船舶远程识别和跟踪的性能标准和功能要求的规定之任何内容均不得损害各国根据国际法，特别是公海、专属经济区、毗邻区、领海或用于国际航行海峡和群岛海路的法律制度所具有的权利、管辖权或义务。

2.1　在符合本条4.1和4.2规定的条件下，本条应适用于从事国际航行的下列类型

船舶：

2.1.1 客船，包括高速客船；

2.1.2 300总吨及以上的货船，包括高速船；和

2.1.3 海上移动式钻井平台。

2.2 在本条3至11.2中，“船舶”一词包括受本条规定约束的客船和货船、高速船和海上移动式钻井平台。

3 本条作出使各缔约国政府能进行船舶远程识别和跟踪的规定。

4.1 下列船舶④应配备一个自动传送本条5规定的信息的系统：

4.1.1 2008年12月31日或以后建造的船舶；

4.1.2 2008年12月31日以前建造并核准在下列海区营运的船舶：

4.1.2.1 第Ⅳ/2.1.12和Ⅳ/2.1.13条定义的A1和A2海区；或

4.1.2.2 第Ⅳ/2.1.12，Ⅳ/2.1.13和Ⅳ/2.1.14条定义的A1、A2和A3海区；不迟于2008年12月31日以后的第一次无线电装置检验；

4.1.2.3 2008年12月31日以前建造并核准在第Ⅳ/2.1.12，Ⅳ/2.1.13，Ⅳ/2.1.14和Ⅳ/2.1.15条定义的A1、A2、A3和A4海区营运的船舶，不迟于2009年7月1日以后的第一次无线电装置检验。但是，这些船舶在A1、A2和A3海区内营运时应符合上述4.1.2的规定。

4.2 无论何时建造，配备第19.2.4条定义的自动识别系统（AIS）并专门在第Ⅳ/2.1.12条定义的A1海区内营运的船舶，不要求符合本条的规定。

5 在符合本条4.1规定的条件下，船舶应自动传送下列远程识别和跟踪信息：

5.1 船舶识别码；

5.2 船舶位置（经度和纬度）；和

5.3 提供船位的日期和时间。

6 用以满足本条要求的系统和设备，其所达到的性能标准和功能要求应不低于本组织通过的性能标准和功能要求。任何船载设备应为主管机关认可的类型。

7 用以满足本条要求的系统和设备应能在下列情况下在船上关闭或能停止分发远程识别和跟踪信息：

7.1 国际协定、规则或标准规定要保护航行信息的情况；或

7.2 在船长认为作业有损船舶安全或保安的特殊情况下并在尽可能短的时间内。在这种情况下，船长应毫不迟延地通知主管机关，并载入按第28条保持的航行活动和事件记录，说明所作决定的理由并指明系统或设备关闭的期限。

8.1 在符合本条8.2至11.2规定的条件下，各缔约国政府应能为保安和其他目的按下列要求接收经本组织同意的船舶远程识别和跟踪信息：

8.1.1 主管机关应有权接收悬挂其国旗的船舶的此类信息，而无论此类船舶可能位于何处；

8.1.2 一缔约国政府应有权接收已表示有意进入第Ⅺ-2/1.1.9条定义的港口设施或该缔约国政府管辖的某地的船舶的此类信息，而无论此类船舶可能位于何处，只要这些船舶不是位于按国际法规定的基线以内（向陆地一侧）另一缔约国政府的水域；和

8.1.3 一缔约国政府应有权接收悬挂其他缔约国政府国旗、不准备进入其管辖的港口

设施或某地、且在距离其海岸不超过1 000 n miles处航行的船舶的此类信息，只要这些船舶不是位于按国际法规定的基线以内(向陆地一侧)另一缔约国政府的水域;和

8.1.4 一缔约国政府无权按8.1.3接收位于船旗国政府领海内的某一船舶的此类信息。

8.2 缔约国政府应向本组织详细说明和通报相关细节，并考虑到本组织通过的性能标准和功能要求，以便能按8.1的规定提供远程识别和跟踪信息。相关的缔约国政府可以在此后的任何时间修正或撤消此类通报。本组织在收到此类通报及其资料后应通知所有缔约国政府。

9.1 尽管有本条8.1.3的规定，主管机关有权为应付保安或其他问题，随时决定不按本条8.1.3的规定向缔约国政府提供悬挂其国旗的船舶的远程识别和跟踪信息。相关主管机关可在此后任何时候修正、中止或取消此类决定。

9.2 相关主管机关应按本条9.1向本组织通报此类决定。本组织在收到此类通报及其资料后应通知所有缔约国政府。

9.3 主管机关如援用本条9.1的规定，其船舶根据国际法所具有的权利、职责和义务不得因此类决定而受到损害。

10 缔约国政府始终应:

10.1 认识到远程识别和跟踪信息的重要性;

10.2 认识到并尊重其可能收到的任何远程识别和跟踪信息的商业机密性和敏感性;

10.3 防止擅自获取或泄漏其可能收到的信息;和

10.4 以符合国际法的方式使用其可能收到的信息。

11.1 缔约国政府应承担与其要求和接收的远程识别和跟踪信息相关的所有费用。尽管有本条11.2的规定，缔约国政府不得向船舶征收与其试图接收的远程识别和跟踪信息相关的任何费用。

11.2 除非主管机关的本国法律另有规定，悬挂其国旗的船舶不应为传送符合本条规定的远程识别和跟踪信息而发生任何收费。

12 尽管有本条8.1的规定，缔约国政府的搜救机构应有权免费接收与搜救海上遇险人员有关的远程识别和跟踪信息。

13 缔约国政府可向本组织报告其认为本条规定或本组织制定的任何其他相关要求的规定在过去或现在没有得到遵守或奉行的任何情况。

14 海上安全委员会应为规定、评审和审核按照本条规定向缔约国政府提供远程识别和跟踪信息而确定衡准、程序及安排。

3) 船载航行数据记录仪(VDR)

1 为有助于海难调查，从事国际航行的船舶，在符合第1.4条规定的条件下，应按下列要求装设航行数据记录仪(VDR):

1.1 在2002年7月1日或以后建造的客船;

1.2 在2002年7月1日以前建造的客滚船，不迟于2002年7月1日或以后的第一次检验;

1.3 在2002年7月1日以前建造的除客滚船以外的客船，不迟于2004年1月1日;和

1.4 在2002年7月1日或以后建造的除客船以外的3 000总吨及以上的船舶。

2 为有助于海难调查，从事国际航行的货船应按以下期限装设一台 VDR，该仪器可以是简化航行数据记录仪(S-VDR)：

2.1 对 2002 年 7 月 1 日以前建造的 20 000 总吨及以上货船，在 2006 年 7 月 1 日以后第 1 次计划坞修日，但不迟于 2009 年 7 月 1 日；

2.2 对 2002 年 7 月 1 日以前建造的 3 000 总吨及以上，但小于 20 000 总吨的货船，在 2007 年 7 月 1 日以后第 1 次计划坞修日，但不迟于 2010 年 7 月 1 日；和

2.3 如果货船在上述 2.1 和 2.2 规定的实施日期之后两年以内将永久退役，主管机关可对这类船舶免除 2.1 和 2.2 的要求。

3 除客滚船以外，对于 2002 年 7 月 1 日以前建造的船舶，如果能证明 VDR 与船上的现有设备连接为不合理和不可行，则主管机关可对其免除配备 VDR 的要求。

4) 引航员登离船装置

1 适用范围

1.1 航行中可能雇用引航员的船舶应设有引航员登离船装置。

1.2 在 1994 年 1 月 1 日或以后安装的供引航员登离船使用的设备和装置，应符合本条要求并充分考虑本组织通过的标准。

1.3 在 1994 年 1 月 1 日以前安装的供引航员登离船使用的设备和装置，应至少符合在该日期以前实施的第 17 条的要求，并充分考虑该日期之前本组织通过的标准。

1.4 在 1994 年 1 月 1 日以后予以替换的设备和装置，应在合理和可行的范围内尽量符合本条的要求。

2 通则

2.1 供引航员登离船使用的所有装置均应有效地达到使引航员安全登船和离船的目的。

装置应保持干净，适当维护保养和存放并应定期检查，以确保其安全使用。这些装置应专门用于人员的登船和离船。

2.2 引航员登离船装置的安装和引航员的登船，应由一名负责驾驶员进行监督，该驾驶员应有与驾驶室进行联系的通信设备，还应安排护送引航员经由安全通道前往和离开驾驶室。应对安装和操作任何机械设备的人员就所采用的安全程序进行指导，且设备在使用前应进行试验。

3 登离船装置

3.1 应设有能使引航员从船舶的任一舷安全登船和离船的装置。

3.2 在所有船舶上，当从海平面至登船处或离船处的距离超过 9 m，并欲将舷梯或引航员机械升降器或其他同样安全方便的装置与引航员软梯一起供引航员登船或离船使用时，则应在每舷均装有这种设备，除非该设备能够转移以供任一舷使用。

3.3 船舶应设置下列任一装置，以供安全方便地登船或离船：

3.3.1 引航员软梯，所需爬高不小于 1.5 m，离水面高度不超过 9 m，其位置和系固应做到：

3.3.1.1 避开任何可能的船舶排水孔；

3.3.1.2 在平行船体长度范围内，并尽实际可能在船中一半船长范围内；

3.3.1.3 每级踏板稳固地紧靠在船舷；如结构特性，例如护舷材妨碍本规定的实施，应

作出使主管机关满意的特别布置，以确保人员能安全登船和离船；

3.3.1.4　引航员软梯的单一长度能从登船处或离船处抵达水面，并充分考虑所有装载工况和船舶纵倾及15°的不利横倾；安全加固点、卸扣和系索的强度应至少与扶手索相同；

3.3.2　当从水面至登船处的距离超过9 m时，与引航员软梯相连的舷梯，或其他同样安全方便的装置。舷梯应导向船尾设置。在使用时，舷梯的下端应稳固地紧靠在平行船体长度范围内的船舷，并应尽可能在船中一半船长范围内，且避开所有的排水孔；或

3.3.3　引航员机械升降器，其位置应在平行船体长度范围内，并应尽可能在船中一半船长范围内，且避开所有排水孔。

4　到甲板的通道

应设有装置确保在引航员软梯的上端或任何舷梯或其他设施的上端与船舶甲板之间有安全、方便和无障碍的通道，供任何人员登船和离船。如果这种通道是：

4.1　在栏杆或舷墙中开门，则应设有适当的扶手；

4.2　舷墙梯，则应设有两根扶手支柱，其根部或接近根部处以及较高的几处应以刚性方式系固在船舶结构上。舷墙梯应牢固地固定在船舶上，以防翻转。

5　舷门

供引航员登离船用的舷门不应向外开启。

6　引航员机械升降器

6.1　引航员机械升降器及其辅助设备应是主管机关认可的型式。引航员升降器应设计成如活动梯一样工作，供1人在船舷升降，或像平台一样工作，供1人或多人在船舷升降。其设计和构造应确保引航员能安全地登船和离船，包括从升降器到甲板和从甲板到升降器的安全通道，这种通道应由有栏杆可靠保护的平台直接构成。

6.2　应设有有效的手动装置，以降下或送回所载人员，且在万一动力失效时随时可用。

6.3　升降器应牢固地固定在船舶结构上。其固定不应仅依靠船舷栏杆，而应在船舶的每舷为可携式升降器提供适当和牢固的系固点。

6.4　如果在升降器位置处装有外护舷材，则这种外护舷材应予充分截短，以使升降器可以靠在船舷上工作。

6.5　引航员软梯应装在升降器附近，并可供立即使用，以便从升降器行程的任何位置上均可接近并使用。引航员软梯应能从其自身的登船处直达海面。

6.6　在升降器下降的船舷位置上应有标志。

6.7　可携式升降器应有适当保护的贮存位置。天气很冷时，为避免结冰危险，应在临近使用之前才将可携式升降器安装就位。

7　相关设备

7.1　应在近处配备下列相关设备，以备在人员登离船时即可使用：

7.1.1　两根安全绳，直径不小于28 mm，牢固地系在船上(如引航员有要求)；

7.1.2　带有自亮灯的救生圈；

7.1.3　抛缆绳。

7.2　在本条4要求时，应配备支柱和舷墙梯。

8　照明

应配备足够的照明，以照亮舷外的登离船装置、甲板上人员登船和离船位置以及引航员

机械升降器的控制装置。

5）遇险通信义务及程序

1 处于能提供援助位置的船舶船长在收到来自任何方面的关于海上人员遇险的信息后，有义务立即全速前往提供援助，如有可能并通知遇险人员或搜救机构，本船正在全速前往援助中。不论遇险人员的国籍或身份或其被发现时的状况，均适用此提供援助的义务。如果收到遇险报警的船舶不能前往援助，或因情况特殊认为前往援助不合理或不必要，该船长必须将未能前往援助遇险人员的理由载入"航海日志"，并考虑到本组织的建议，通知相应的搜救机构。

1.1 缔约国政府应协调合作，确保对提供援助让海上遇险人员上船的船舶的船长免除其义务，让其在此后以最低程度偏离船舶原定航线，但对船长免除本条规定的义务不得进一步危及海上人命安全。对该援助活动所在的搜救区域负有责任的缔约国政府应对确保进行这种协调合作履行首要责任，使被救援的幸存者从救援船上岸并送至安全地点，并考虑到特定情况和本组织制定的指南。为此，有关缔约国政府应在合理可行的范围内尽快安排上岸。

2 遇险船舶的船长或有关的搜救机构在尽可能与应答过遇险信号的各船船长协商后，有权召请其中被遇险船舶的船长或搜救机构认为最有能力给予援助的1艘或数艘船舶，被召请的1艘或数艘船舶的船长有义务履行应召，继续全速前往援助遇险人员。

3 当船长获知1艘或数艘其他船舶已被召请并正在履行应召，而其船舶未被召请时，应予解除本条1所责成的义务。如有可能，应将这个决定通知其他被召请的船舶和搜救机构。

4 当一艘船舶的船长从遇险人员或搜救机构或已抵达遇险人员处的另一船舶的船长处获知不再需要提供援助时，应予解除本条1所责成的义务，如果其船舶已被召请，则予解除本条2所责成的义务。

5 本条规定与1910年9月23日在布鲁塞尔签订的《关于统一海上救助若干法规的公约》并无抵触，特别是该公约第11条所责成的援助义务。

6 让海上遇险人员上船的船舶的船长应在船舶能力和条件范围内，给予他们人道待遇。

6）操舵装置的试验和演习

1 船舶开航前12 h内，应由船员对操舵装置进行校核和试验。试验程序（如适用）应包括下述操作：

1.1 主操舵装置；

1.2 辅助操舵装置；

1.3 操舵装置遥控系统；

1.4 驾驶室内的操舵位置；

1.5 应急动力供应；

1.6 相对于舵实际位置的舵角指示器；

1.7 操舵装置遥控系统动力故障报警器；

1.8 操舵装置动力设备故障报警器；和

1.9 自动隔断装置及其他自动设备。

2　校核和试验应包括：

2.1　按所要求的操舵装置能力进行满舵运动；

2.2　操舵装置及其联动部件的外观检查；和

2.3　驾驶室与舵机室之间通信设备的操作。

3.1　在驾驶室及舵机室内，应永久展示操舵装置遥控系统和操舵装置动力设备转换程序的简单操作说明，并附有方框图。

3.2　所有与操舵装置的操作和/或维护保养有关的船舶驾驶员，应熟悉船上所装的操舵系统的操作以及从一个系统转换到另一系统的程序。

4　除本条1和2所述的常规校核和试验外，应至少每3个月进行一次应急操舵演习，以练习应急操舵程序。演习应包括在舵机室内的直接控制、与驾驶室的通信程序以及（如适用）转换动力供应的操作。

5　对于定期从事短程航行的船舶，主管机关可免除本条1和2所规定的核查和试验要求，但这些船舶应每周至少进行一次这样的校核和试验。

6　进行本条1和2规定的校核和试验的日期，以及进行本条4所述应急操舵演习的日期和详细内容应作记录。

7）船长决定权

船舶所有人，租船人，第Ⅸ/1条所定义的船舶经营公司，或任何他人均不得阻止或限制船长根据其专业判断作出或执行为海上人命安全和保护海洋环境所必需的任何决定。

4. 加强海上安全的特别措施

1）船舶识别号

（本条4和5适用于本条适用的所有船舶。2004年7月1日以前建造的船舶，应在不迟于2004年7月1日以后的第一次计划进干坞之日符合本条4和5的要求。）

1　本条适用于100总吨及以上的所有客船和300总吨及以上的所有货船。

2　每艘船舶应有一个符合本组织通过的IMO船舶编号体系的识别号。

3　该船舶识别号应载入④按第Ⅰ/12条或第Ⅰ/13条规定签发的证书及其核准无误的副本。

4　船舶识别号应永久性标记在以下位置：

4.1　在船尾或船体中部左舷和右舷的最深核定载重线以上，或上层建筑左舷或右舷或上层建筑正面的可见位置，或者就客船而言，在可从空中看见的水平表面；和

4.2　在第Ⅱ-2/3.30条所定义的机器处所的一个端部横舱壁上，或在一个舱口上，或者就油船而言，在泵舱内，或者对于设有第Ⅱ-2/3.41条所定义的滚装处所的船舶，在滚装处所的一个端部横舱壁上容易接近的位置。

5.1　该永久性标记应清晰可见，与船体上的任何其他标记分开，并应涂成有反差的颜色。

5.2　上述4.1所述的永久性标记的高度应不小于200 mm。上述4.2所述的永久性标记的高度应不小于100 mm。标记的宽度应与其高度成比例。

5.3　该永久性标记可制成凸出的字符，或刻入或用中心冲头冲制，或使用可确保该标记不易被擦除的任何其他标识船舶识别号的等效方法制成。

5.4　对于用钢材或金属以外的材料建造的船舶，船舶标识号的标识方法应经主管机关

批准。

2) 连续概要记录

1 第Ⅰ章所适用的每艘船舶应予签发《连续概要记录》。

2.1 《连续概要记录》旨在就其中所记录的信息在船上提供一份船舶历史记录。

2.2 对于2004年7月1日以前建造的船舶,《连续概要记录》应至少提供该船自2004年7月1日起的历史。

3 主管机关应为悬挂其国旗的每艘船舶签发《连续概要记录》,其应至少包括以下信息(连续概要记录在2009年1月1日或以后签发或更新时,应包含本条3.7和3.10所述的信息):

3.1 该船的船旗国国名;

3.2 该船在该国注册的日期;

3.3 第3条所述的船舶识别号;

3.4 该船船名;

3.5 该船的船籍港;

3.6 注册船舶所有人姓名及其注册地址;

3.7 注册船舶所有人识别号;

3.8 注册光船租赁人姓名及其注册地址(如适用);

3.9 第Ⅸ/1条所定义的公司的名称,其注册地址及其开展安全管理活动的地址;

3.10 公司识别号;

3.11 该船所入级的所有船级社的名称;

3.12 向经营该船的公司签发第Ⅸ/1条所定义的ISM规则规定的《符合证明》或《临时符合证明》的主管机关或缔约国政府或认可组织名称,如果进行审核并据此发证的机构不是同一机构,还要有审核机构的名称;

3.13 向该船签发第Ⅸ/1条所定义的ISM规则规定的《安全管理证书》或《临时安全管理证书》的主管机关或缔约国政府或认可组织名称,如果进行审核并据此发证的机构不是同一机构,还要有审核机构的名称;

3.14 向该船签发第Ⅺ-2/1条所定义的ISPS规则A部分规定的《国际船舶保安证书》(或《临时国际船舶保安证书》)的主管机关或缔约国政府或认可组织名称,如果进行审核并据此发证的机构不是同一机构,还要有审核机构的名称;和

3.15 该船终止在该国注册的日期。

4.1 与3.4至3.12所述记载有关的任何变化均应记录在《连续概要记录》中,以便提供最新的和当前的信息以及变化的历史。

4.2 如果4.1所述记载发生任何变化,主管机关应按实际可能尽快,但不迟于自发生变化之日起的三个月,向悬挂其国旗的船舶签发一份经修订和更新的《连续概要记录》或该记录相应的修正文件。

4.3 如果4.1所述记载发生任何变化,主管机关应在签发经修订和更新的《连续概要记录》之前,授权并要求第Ⅸ/1条所定义的公司或船舶的船长对《连续概要记录》进行修改,以反映有关变化。此种情况下,公司在修改《连续概要记录》后,应随即通知主管机关。

5.1 《连续概要记录》应使用英文、法文或西班牙文。此外,《连续概要记录》还可提供

主管机关的官方语言的译本。

5.2 《连续概要记录》应使用本组织制定的格式，并应按本组织制定的指南①保持。对《连续概要记录》的任何已有记载均不得修改、删除或以任何方式擦除或涂改。

6 船舶无论何时变更船旗或被售予另一船舶所有人(或由另一光船租赁人接管)，或由另一公司承担营运责任，《连续概要记录》均应留在船上。

7 如果船舶将要变更船旗，公司应将新船旗国的国名告知原主管机关，以便原主管机关将该船在受其管辖期间的《连续概要记录》的副本送交该国。

8 在船舶变更船旗时，如新的船旗国为缔约国政府，该船的原缔约船旗国政府应在换旗后尽快将该船受其管辖期间的有关《连续概要记录》副本以及先前由其他国家向该船签发的任何《连续概要记录》送交新的主管机关。

9 在船舶变更船旗时，主管机关应将以前的《连续概要记录》附在该主管机关将要签发给该船的《连续概要记录》之后，以提供本条所指的连续历史记录。

10 《连续概要记录》应保存在船上，并应随时可供检查。

3) 关于操作要求的港口国控制

1 船舶在另一缔约国政府的港口时，如有明显理由确信该船船长或船员不熟悉船上与船舶安全有关的主要操作程序，应接受该国政府正式授权的官员对有关船舶安全方面的操作要求的控制。

2 在本条1定义的情况下，执行控制的缔约国政府应采取措施，确保该船在按本公约的要求调整至正常状态前，不得开航。

3 第Ⅰ/19条规定的港口国控制程序应适用于本条。

4 本条的任何内容均不得解释为限制缔约国政府对本规则明确规定的操作要求执行控制的权利和义务。

5. 加强海上保安的特别措施

1) 适用范围

1 本章适用于：

1.1 以下各类从事国际航行的船舶：

1.1.1 客船，包括高速客船；

1.1.2 500总吨及以上的货船，包括高速货船；和

1.1.3 海上移动式钻井平台；和

1.2 为此类国际航行船舶服务的港口设施。

2 尽管有1.2的规定，但对于其境内主要用于非国际航行船舶，仅偶尔需要为到港或离港的国际航行船舶服务的港口设施，缔约国政府仍应决定本章和ISPS规则A部分的相关章节在何种程度上适用于这些港口设施。

2.1 缔约国政府应在按照ISPS规则A部分开展的港口设施保安评估的基础上，根据上述2作出决定。

2.2 缔约国政府根据上述2所作的任何决定不应降低本章或ISPS规则A部分所要达到的保安水平。

3 本章不适用于军船、海军辅助船、或由缔约国政府拥有或经营的仅用于政府非商业性服务的其他船舶。

4 本章的任何内容均不得损害各国根据国际法所具有的权利或义务。

2）船舶保安警报系统

1 所有船舶应按以下规定装设船舶保安警报系统：

1.1 在2004年7月1日或以后建造的船舶；

1.2 在2004年7月1日以前建造的客船，包括高速客船，不迟于2004年7月1日以后的第一次无线电装置检验；

1.3 在2004年7月1日以前建造的500总吨及以上的油船、化学品液货船、气体运输船、散货船和高速货船，不迟于2004年7月1日以后的第一次无线电装置检验；和

1.4 在2004年7月1日以前建造的500总吨及以上的其他货船和海上移动式钻井平台，不迟于2006年7月1日以后的第一次无线电装置检验。

2 船舶保安警报系统启动后，应：

2.1 开始向主管机关指定的主管当局（在此情况下可包括公司）发送船对岸保安警报，确定船舶身份、船位并指出该船的保安状况受到威胁或已受到危害；

2.2 不向任何其他船舶发送船舶保安警报；

2.3 不在船上发出任何报警；和

2.4 在关闭和/或复位前持续发送船舶保安警报。

3 船舶保安警报系统应：

3.1 能从驾驶室和至少一个其他位置起动；和

3.2 其性能标准不低于本组织通过的性能标准。

4 船舶保安警报系统启动点的设计应能防止误发船舶保安警报。

5 在符合本条所有要求的条件下，可通过使用根据第Ⅳ章要求而安装的无线电装置符合船舶保安警报系统的要求。

6 当主管机关收到船舶保安警报通知时，该主管机关应立即通知船舶当时所在位置附近的国家。

7 当缔约国政府从非悬挂其国旗的船舶收到船舶保安警报通知时，该缔约国政府应立即通知有关主管机关，并在适当时通知船舶当时所在位置附近的国家。

3）船长对船舶安全和保安的决定权

1 船长依照其专业判断而作出或执行为维护船舶安全或保安所必需的决定，应不受公司、承租人或任何他人的约束。这包括拒绝人员（经确认的缔约国政府正式授权的人员除外）或其物品上船和拒绝装货，包括集装箱或其他封闭的货运单元。

2 如果依照船长的专业判断，在船舶操作中出现适用于该船的安全和保安要求之间发生冲突的情况，船长应执行为维护船舶安全所必须的要求。在这种情况下，船长可以实施临时性保安措施并应随即通知主管机关，如情况适宜，还应随即通知该船所在或拟进入的港口所属缔约国政府。根据本条采取的任何此类临时性保安措施应尽最大可能相当于主要的保安等级。在识别这种情况后，主管机关应确保此类冲突得以解决并使其再次发生的可能性减至最低。

4）监督和符合措施

1 对在港船舶的控制

1.1 就本章而言，本章所适用的每一艘船在另一缔约国政府的港口内时，均应受到该

国政府正式授权官员的控制，该官员可以是行使第Ⅰ/19条所规定职责的同一官员。除非有明显理由确信船舶不符合本章或ISPS规则A部分的要求，此种控制应限于验证船上携有根据ISPS规则A部分规定签发的有效《国际船舶保安证书》或有效《临时国际船舶保安证书》(以下简称"证书")。该证书如系有效，则应予承认。

1.2 如有此类明显理由，或未能按要求出示有效证书时，缔约国政府正式授权的官员应对船舶采取1.3规定的任何一项或几项控制措施。所采取的任何此类措施必须是适度的，并考虑到ISPS规则B部分提供的指导。

1.3 此类控制措施如下：检查船舶，推迟船期，扣留船舶，限制操作(包括限制在港内移动)，或将船舶驱逐出港。此类控制措施还可辅以其他较轻的行政或纠正措施，或由其他较轻的行政或纠正措施代替。

2 拟进入另一缔约国港口的船舶

2.1 就本章而言，为了避免对船舶采取控制措施或步骤的必要性，缔约国政府可要求拟进入其港口的船舶在进港之前向该缔约国政府正式授权的官员提供以下信息，以确保符合本章的要求：

2.1.1 船舶具有有效证书，及证书签发机关名称；

2.1.2 船舶当前营运所处的保安等级；

2.1.3 在2.3规定的时间段内，船舶在其曾进行船/港界面活动的任何港口内时，其营运所处的保安等级；

2.1.4 在2.3规定的时间段内，船舶在其曾进行船/港界面活动的任何港口内时，所采取的任何特别或附加保安措施；

2.1.5 在2.3规定的时间段内，船舶在任何船对船活动中维持了适当的船舶保安程序；或

2.1.6 与保安有关的其他实际信息(但非船舶保安计划的细节)，并考虑到ISPS规则B部分提供的指导。

如果缔约国政府提出要求，船舶或公司应就上文所要求的信息向缔约国政府作出其可接受的确认。

2.2 适用本章的每一艘船拟进入另一缔约国政府的港口，在该政府正式授权官员提出要求后，应提供2.1所述信息。船长可以拒绝提供该信息，但须明白不提供该信息可能导致拒绝该船进港。

2.3 该船保存2.1所述信息的范围为其所停靠的前10个港口设施。

2.4 该船所拟进入港口的缔约国政府正式授权的官员在收到2.1所述信息后，如有明显理由确信该船不符合本章或ISPS规则A部分的要求，应试图与该船及其主管机关或在该船与其主管机关之间建立通信联系，以纠正不符合的情况。如果上述通信未能解决问题，或该官员有其他明显理由确信该船不符合本章或ISPS规则A部分的要求，该官员可对该船采取2.5规定的步骤。所采取的任何此类步骤必须是适度的，并考虑到ISPS规则B部分提供的指导。

2.5 此类步骤如下：

2.5.1 要求纠正不符合的情况；

2.5.2 要求该船驶往该缔约国政府领海或内陆水域中的一个指定位置；

2.5.3 如果该船在所拟进入港口的缔约国政府的领海内，对该船进行检查；或

2.5.4 拒绝该船进港。

缔约国政府在开始采取任何此类步骤之前，应将其意图通知该船。收到此信息后，船长可以撤消其进入该港的意图。在这种情况下，本条不再适用。

3 附加规定

3.1 如果：

3.1.1 采取了1.3所述的一项除较轻的行政或纠正措施以外的控制措施；或

3.1.2 采取了2.5所述的任何步骤，缔约国政府正式授权的官员应随即通知主管机关，说明已采取的控制措施或步骤及其原因。如已采取任何此类控制措施或步骤，采取控制措施的缔约国政府还应通知向有关船舶签发证书的认可保安组织和本组织。

3.2 如果拒绝船舶进入港口或船舶被驱逐出港，港口国当局应将有关事实通报该船已知的随后各停靠港口的国家当局以及任何其他有关沿岸国，并应考虑到本组织制定的指南。应确保此类通知的保密性和安全性。

3.3 只有在缔约国政府正式授权的官员有明显理由确信船舶对人员，船舶或其他财产的保安或安全构成紧迫威胁，并且没有其他适当方式来消除该威胁的情况下，才可按照2.4和2.5拒绝船舶进入港口或依照1.1至1.3将船舶驱逐出港。

3.4 依照本条所采取的1.3所述控制措施和2.5所述步骤，应以导致采取控制措施或步骤的不符合情况得到纠正并使缔约国政府满意为限，并应考虑到船舶或主管机关所建议的行动(如有)。

3.5 缔约国政府在根据上述1行使控制或根据上述2采取步骤时：

3.5.1 应尽一切可能避免船舶被不当扣留或船期被不当延误。如果船舶被不当扣留或船期被不当延误，船舶有权就其所受任何损失或损害取得赔偿；和

3.5.2 不得阻止出于紧急或人道主义原因和出于保安目的而在必要时登船。

3.5.3 国际海上人命安全公约最新修正案中需掌握的知识(由主讲教师适时增加、更新)

二、1966年国际载重线公约

1966年国际载重线公约(The International Convention on Load Lines，1966；LL 1966公约)是社会为保障海上人命和财产安全而制定的关于国际航行船舶载重限额的统一原则和规则。该公约又译作《1966年国际船舶载重线公约》。《1966年国际载重线公约》于1968年7月21日起正式生效。到2007年11月30日为止，LL 1966公约有158个缔约国，占世界船队总吨位的98.77%。最新的修正案为2003年修正案。

1. 公约简介

凡适用本公约的船舶，只有已按照本公约的规定进行检验和勘画标志，保证具有公约规定的最小干舷，并备有国际载重线证书，或者合乎本公约规定的条件，备有国际载重线免除证书，方被允许从事国际航行。公约强调，各缔约国应保证对悬挂非本公约和1988年议定书缔约国国旗的船舶不予优惠对待；即使经1988年议定书修订的1966年国际载重线公约已经生效，任何船舶原以持有的《国际载重线证书》(1966)在其失效前仍继续

有效。

2. 公约构成

本公约由正文和三个附则组成。正文共34条，主要有定义、适用范围、检验、证书的颁发机关和有效期限，以及对公约实施情况的监督等。附则Ⅰ为“载重线核定规则”，按航区、季节和船舶类型规定了堪划载重线的技术规则，并根据船舶结构、强度、水密性和稳定性等规定了相应的标准。附则Ⅱ为“地带、区域和季节期”，规定了各种载重线的使用航区和季节。附则Ⅲ为“证书”，规定了“国际载重线证书”和“国际载重线免除证书”的格式。

3. 适用范围

(1) 本公约适用于从事国际航行的下列船舶：① 在各缔约国政府国家登记的船舶；② 再根据本公约第32条扩大适用的领土内登记的船舶；③ 悬挂缔约国政府的国旗但未登记的船舶。

除另有明文规定外，附则Ⅰ的规定适用于新船。

(2) 本公约不适用于下列船舶：①军舰；②长度小于24 m的新船；③小于150总吨的现有船舶；④非营业性游艇；⑤渔船。

另外，本公约不适用于专门在本公约特别指定的，如：里海、北美洲诸五大湖等某些水域航行的船舶。

4. 检验

凡适用本公约的船舶，应接受下列检验：

(1) 初次检验：在船舶投入营运前进行的对船舶和设备的全面检查。

(2) 换证检验：保证船体结由主管机关构、设备、布置、材料和构件尺寸完全符合本公约的要求。换证检验(原称定期检验)的间隔期由主管机关决定，除另有规定外，不得超过5年。

(3) 年度检验：在证书周年日期前或后3个月内进行，可以保证：①船体和上层建筑没有发生影响计算和确定载重线位置的变化；②开口防护装置和设施、栏杆、排水舷口和船员舱室出入口的设施等保持在有效状态；③干舷标志正确和永久标示着；④备有船舶重大的修理、改造或建造以及与之有关的舾装材料。

年度检验应在“国际载重线证书”免除证书上签署。

对船舶进行的上述任何检验完成以后，凡经检验的船体结构、设备、材料或构件尺寸非经主管机关许可不得变动。

5. 证书

(1) 证书的签发与格式：对按照本公约进行检验和勘划标志的船舶，应签发“国际载重线证书”；对依照本公约有关规定进行免除的船舶，应签发“国际载重线免除证书”。上述证书应由主管机关或由主管机关正式授权的任何人员或组织签发，还可请求另一缔约国政府依照本公约规定对船舶进行检验，并签发或授权签发“国际载重线证书”，或在该船已有的证书上签署或授权签署，即有他国政府代发或签署证书。此类证书必须载明该证书是船旗国政府或即将悬挂的国旗所属国政府的请求颁发的，并应受到同样承认。无论属于何种情况，主管机关应对证书完全负责。各缔约国按照本公约颁发的证书，其他缔约国应承认。

（2）证书的有效期：① “国际载重线证书”应由主管机关规定有效期限，但不得超过5年。② 如果所发证书的有效期限少于5年，主管机关可延长证书的有效期限至5年。③ 船舶换证检验后，如果新证书在现有证书失效前不能发给船舶，则进行这次检验的人员或机构可延长现有证书的有效期限，但不得超过5个月。该项延期应该在证书上签署，并只有在影响船舶干舷尺度的船体结构、设备、布置、材料或构件尺寸无变动的情况下才能准许。④ 如果证书失效时船舶不在预定检验的港口，主管机关可延长证书的有效期，以允许船舶完成到达预定检验港口的航次，而且仅在正当和合理的情况下才可办理。延期不得大于3个月，被同意延期的船舶到达预定检验的港口后，必须取得新证书后方可离港。换证检验完成后，新证书的有效期从同意现有证书延期前的失效期起不超过5年。⑤ 发给短途船舶的证书未曾按上述各项规定延期，主管机关可对证书上写明的失效期延期宽限一个月。换证检验完成后，新证书的有效期从同意现有证书延期宽限前的失效期起算不得超过5年。

（3）证书的中止有效：如果存在下列任一情况，“国际载重线证书”中止有效：①船舶的船体或上层建筑已发生实质性的变动，以致有必要增大干舷时；②上述检验、证书所述的装置和设备未能保持有效状态时；③证书上没有签署表明船舶已进行了规定的年度检验时；④船体结构强度下降到不安全的程度时。

（4）证书的失效：主管机关颁发的证书在该船舶改悬另一国国旗时失效。

（5）免除证书：① 由主管机关根据本公约规定颁发的“国际载重线免除证书”，应遵守与“国际载重线证书”的换证、签署、延期和吊销相同的程序，该证书有效期最长5年。② 对仅在特殊情况下需要进行一次国际航行的船舶，只要主管机关认为该船舶满足所承担航次安全的要求，即可免除本公约对该船要求的任何约束，颁发“国际载重线免除证书”，其有效期仅限于该航次。

6. 载重线的浸没

（1）除下述两种情况外，船舶两舷相对于该船所在季节及其所在地带或区域的载重线不论船舶在出海时、在航行中或在到达时都不应被水浸没。

（2）船舶在相对密度为1.000的淡水中时，其相应载重线可以被浸没到“国际载重线证书”上指出的淡水宽限。若该相对密度不是1.000时，此宽限应以1.025和实际相对密度的差数按比例决定。

（3）船舶从江河或内陆水域的港口驶出时，准许超载量至多相当于从出发港至港口间所需消耗的燃料和其他一切物料的重量。

7. 我国政府对接受本公约的保留

适用本公约的船舶应符合附则Ⅱ所列适用于该船所在地带和区域的要求。位于两个地带或区域上的港口应被当作处于船舶驶来的或驶往的地带或区域。

1973年我国政府宣布接受本公约时做了如下保留：“关于中国沿海区域的划分，不受公约附则Ⅱ第49条和第50条有关规定的约束。”

公约附则Ⅱ将香港至吕宋岛苏阿尔港的恒向线的以西和以南海域划分为季节热带区域，而将该恒向线的以东和以北海域划分为夏季地带。我国则用该恒向线划分中国沿海（包括台湾海峡、东海、黄海和渤海）和中国南海为两个季节热带区域，季节其划分如下：① 中国沿海自4月16日至9月30日为热带区域，其余时间为夏季区域；② 中国南海自

1月21日至9月30日为热带区域，其余时间为夏季区域。

三、MARPOL 73/78公约(附则Ⅰ—附则Ⅲ)

国际海事组织(IMO)于1973年10月在伦敦召开国际海洋污染会议，签订了1973年国际防止船舶造成污染公约，1978年2月，国际油船安全和防污染会议又签订了上述公约的议定书，公约和议定书要一起执行，称为《经1978年议定书修订的1973年国际防止船舶造成污染公约》。

我国于1983年7月1日加入MARPOL 73/78公约，成为该公约的缔约国。MARPOL 73/78公约于1983年10月2日生效。该公约涉及了船舶造成海洋污染的许多方面，是一个综合性的防止船舶造成海洋污染的国际公约。

该公约共有20条，另附有2个议定书和6个附则。

议定书Ⅰ 是关于涉及有害物质事故报告的规定，共5条，该议定书经1985年修正后于1987年4月6日生效。

议定书Ⅱ 是关于争端的仲裁，共10条，规定了缔约国之间发生争议案件时仲裁的各项程序，仲裁庭的组成，仲裁员的速选，裁决书的时间，费用的支付等。

6个附则

附则Ⅰ 防止油污规则(必选附则)，1983年10月2日生效；

附则Ⅱ 控制散装有毒液体物质污染规则(必选附则)，1987年4月6日生效；

附则Ⅲ 防止海运包装有害物质污染规则(任选附则)，1992年7月1日生效；

附则Ⅳ 防止船舶生活污水污染规则(任选附则)，2003年9月27日生效；

附则Ⅴ 防止船舶垃圾污染规则(任选附则)，1988年12月31日生效；

附则Ⅵ 防止船舶造成空气污染规则(任选附则)，1997年9月26日制定，2005年5月19日生效。

附则Ⅰ:防止油污规则

1. 定义

(1) 油类:系指包括原油、燃料油、油泥、油渣和石油炼制品在内的任何形式的石油。

(2) 油性混合物:系指含有任何油类的混合物。

(3) 燃油:系指船舶所载并用作推进和辅助机器的燃料的任何油类。

(4) 油船:系指建造为或改建为主要在其装货处所装运散装油类的船舶，并包括油类/散货两用船以及全部或部分装运散装货油的化学品液货船。

(5) 特殊区域(Special Areas):由于其海洋学和生态学的情况以及其运输的特殊性质等方面公认的技术原因，需要采取防止海洋油污染的特殊强制办法的海域。

本附则的特殊区域有:地中海区域、波罗的海区域、黑海区域、红海区域、“海湾”区域、亚丁湾区域、南极区域、西北欧区域(含北海，1999年8月1日生效)、阿曼海域(新增，2004年10月11日生效)。

(6) 最近陆地:系指按国际法划定的领海基线。

(7) 油量瞬间排放率:系指任一瞬间每小时排油的升数除以同一瞬间船速节数之值，其单位为“L/n mile”。

(8) 清洁压载:系指装入已清洗过的货油舱内的压载水，从静态的船舶排入清洁而平静的水中，不会在水面或邻近的岸线上产生明显痕迹，或形成油泥或乳化物沉积于水面以下或邻近的岸线上。

(9) 专舱压载：系指装入与货油或燃油系统完全隔绝并固定用于装载水的舱内的水。

(10) 长度：系指量自龙骨上面最小型深 85%处水线总长的 96%，或指该水线处自船首柱前边至舵杆中心的长度，两者中取大者。

2. 防油污设备

1) 排油监控系统和滤油设备配置要求

(1) 400 总吨及以上但小于 10 000 总吨的船舶应装有经主管机关认可的，保证排出物含油量不超过 15 ppm 的滤油设备。凡载有大量燃油的这种船舶，应符合下列(2)的规定。

(2) 10 000 总吨及以上的船舶应装有滤油设备和当排出物的含油量超过 15 ppm 时能发出报警并自动停止含油混合物排放的装置。

(3) 对专门从事在特殊区域内航行的船舶，当船舶设有能够容纳留存在船上的全部含油舱底水的储存柜，而且港口有接收设备，应保证含油舱底水留存在船上，到港后排入接收设备，这样的船舶可不设排油监控系统和滤油设备。

2) 船用油水分离器(参见图 3-1)

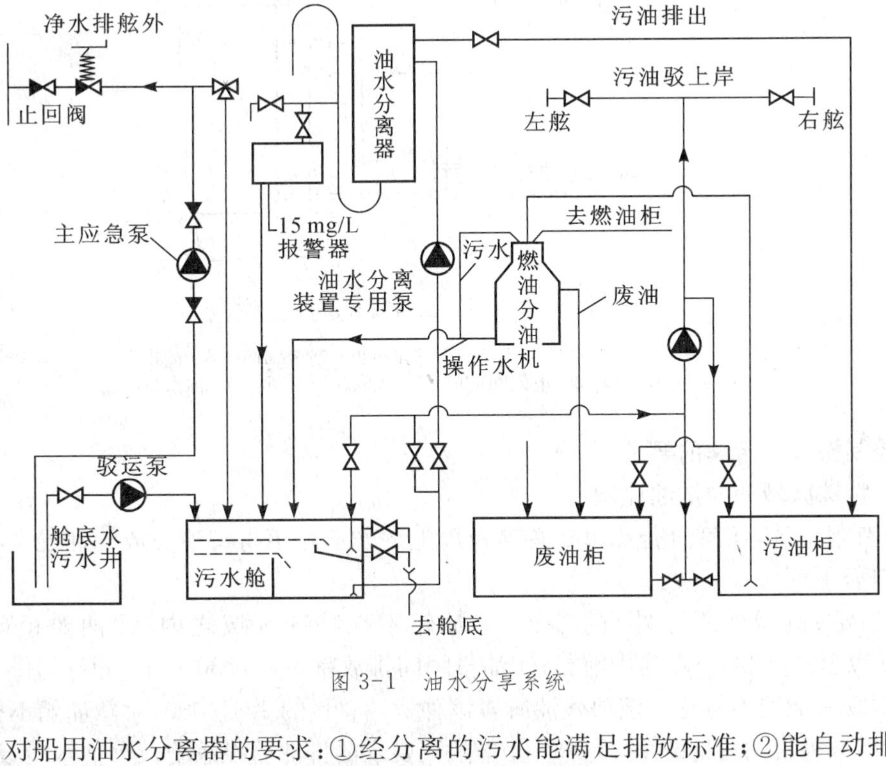

图 3-1 油水分享系统

(1) 对船用油水分离器的要求：①经分离的污水能满足排放标准；②能自动排油；③在船舶横倾 22.5°时仍能正常工作；④构造简单、体积小、重量轻，易于拆洗和检修。

(2) 油水分离方法：①有物理分离法(重力、聚结、过滤和吸附分离)；②化学分离法(凝聚、电凝聚)；③生物分离法(活性污泥法和生物滤池法)等。

目前船用油水分离器主要采用物理分离法。

3）自动排油装置和油分浓度监测装置

自动排油装置：油水分离器分离出的污油集聚在顶部达一定数量时，便自动打开排油阀将污油排往污油柜，这种装置称为自动排油装置。

自动排油装置主要由电阻式或电容式油位检测器和排油阀组成，油位检测器装在分离器的集油室中，利用感受元件在油、水中与分离器壳体之间导电率（或电容）的变化，测出油层厚度的变化，并输出控制信号，通过电气控制箱控制排油阀的启闭。排油阀有电磁阀和气动阀两种。

图 3-2 所示是一种气电联合自动排油装置。由一个电磁阀同时控制气开排油和气闭排水气动隔膜阀。当上下油位电极 3，2 感应油位而产生的电信号经放大后打开电磁阀时，减压的控制空气经气水分离器 6 和压力调节阀 7 进入气动排油阀 9 下腔和气动排水阀 1 的上腔，使其分别打开排油阀和关闭排水阀。相反，排油后水往上升，电极感应的信号又使排水阀打开、排油阀关闭。

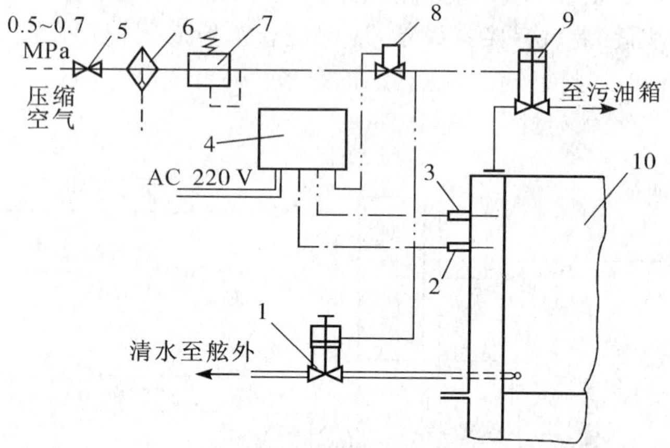

图 3-2 CYF 型油水分离器污油自动排放装置系统

1—气闭式隔膜排水阀；2—下油位电极；3—上油位电极；4—控制箱；5—截止阀；6—分水虑器；7—压力调节阀；8—电磁阀；9—气开式隔膜排油阀；10—油水分离器

3. 控制操作性污染的要求

1）在特殊区域外的排油控制

除另有规定外，任何油船及 400 总吨及以上的非油船不得将油类或油性混合物排放入海，除非符合下列所有条件：

（1）油船（机器处所除外）的排放：①油船不在特殊区域之内；②油船距最近陆地 50 n mile 以上；③油船正在途中航行；④油量瞬间排放率不超过30 L/n mile；⑤排入海中的总油量，对现有油船不得超过该项残油所属该种货油总量的 1/15 000，对新油船不得超过该项残油所属该种货油总量的 1/30 000；⑥本附则要求的排油监控系统及污油水舱设施，正在运转。

（2）对于从 400 总吨及以上的非油船舱底和从油船机器处所（不包括货油泵舱）舱底（不得混有货油残余物）的排放：①船舶不在特殊区域之内；②船舶正在途中航行；③未经稀释的排出物的含油量不超过 15 ppm；④本附则要求的排油监控系统，油水分离设备，滤油设备或其他装置,正在运转。

上述①和②的规定不适用于清洁压载水或专用压载水的排放;或不适用于未经稀释其含油量不超过 15 ppm 的未经处理的油性混合物的排放,并且该混合物不是来自货油泵舱的舱底,也未混有货油残余物。

(3) 小于 400 总吨的非油船,在特殊区域外时,应将残油留存船上并排至接收装置,或按上述(2)的要求排放入海。

清洁压载或专舱压载可以直接排放入海。

(4) 任何含有在数量或浓度上会危害海洋环境的化学品或其他物质,或是借以规避以上这些所列排放条件的化学品或其他物质,均不得排放入海。

2) 特殊区域内的排油控制

任何油船和 400 总吨及以上的非油船,在特殊区域内时,禁止将油类及油性混合物排放入海。但是:

(1) 清洁压载水或专舱压载水,可以直接排放入海。

(2) 经处理的机器处所舱底污水(机舱含油污水)的排放,只要满足下列所有规定,可以排放入海:①舱底污水不是来自货油泵舱的舱底;②舱底污水未混有货油残余物;③船舶正在途中航行;④未经稀释的排出物的含油量不超过 15 ppm ;⑤本附则要求的船上滤油设备,正在运转;⑥当排出物的含油量超过 15 ppm 时,该滤油设备的停止装置能确保自动停止排放。

(3) 小于 400 总吨的非油船,当其在特殊区域内时,应禁止将任何油类或含油混合物排放入海,除非本经稀释的这种排除物含油量不超过 15 ppm。

(4) 任何含有在数量或浓度上会危害海洋环境的化学品或其他物质,或是借以规避以上这些所列排放条件的化学品或其他物质,均不得排放入海。

3) 例外

上述的排放规定不适用于下述情况:

(1) 将油类或油性混合物排放入海,系为保障船舶安全或救护海上人命所必需。

(2) 将油类或油性混合物排放入海,系由于船舶或其设备遭到损坏的缘故:①但须在发生损坏或发现排放后,为防止排放或使排放减至最低限度,已采取了一切合理的预防措施;②如果船舶所有人或船长故意造成损坏,或轻率行事而又知道可能会招致损坏,则不在此列。

(3) 为与特殊的污染事故作斗争以使污染损害减至最低限度,而需排放含油混合物,必须经拟进行排放地区的管辖政府批准。

附则Ⅱ:控制散装有毒液体物质污染规则

1. 定义

(1) 特殊区域:由于其海洋学和生态学的情况以及其运输的特殊性质等方面公认的技术原因,需要采取特殊强制办法以防止有毒液体物质污染的海域。本附则的特殊区域有:波罗的海区域、黑海区域、南极区域。

(2) 化学品液货船:是指建造为或改建为主要用于装运散装有毒液体物质的船舶,并包括全部或部分散装有毒液体物质货物的油船。

(3) 液体物质:在温度为 37.8 ℃ 时,蒸发压力不超过 2.8 kPa/cm² 的物质。

2. 分类

MARPOL 73/78 公约 2004 年修正案环保会决议 MEPC. 118(52)。

全面修正了附则Ⅱ-控制散装有毒液体物质污染的规则。新的附则Ⅱ采用了对有毒液体物质的新的四类分类系统。新的分类系统如下:

X 类:此类有毒液体物质,如果从洗舱和排放压载水作业中排入海中,将会对海洋资源或人类健康造成重大危害,因此,有必要严禁将此类物质排入海洋环境。

Y 类:此类有毒液体物质,如果从洗舱和排放压载水作业中排入海中,将会对海洋资源或人类健康造成重大危害,或对舒适性或其他合法利用海洋造成损害,因此,有必要对排入海洋环境的此类物质的质量加以限制。

Z 类:此类有毒液体物质,如果从洗舱和排放压载水作业中排入海中,似乎对海洋资源或人类健康造成较小的危害,因此,有必要对排入海洋环境的此类物质的质量加以限制。

其他的物质:应评估作为《国际散装化学品规则》第 18 章污染类栏中所示的物质 OS 并含发现这些物质并不属于 X 类,Y 类或 Z 类(其他物质),如果从洗舱和排放压载水作业中排入海中,似乎不会对海洋资源或人类健康造成危害,或不会对舒适性或其他合法利用海洋造成损害,因此,排放含有其他物质的舱底污水、压载水其他残余物或混合物不受本附则要求的约束。

全面修正后的附则Ⅱ还包含大量其他的重大变化。对 2007 年 1 月 1 日或以后建造的船舶,经排放压载以后的舱内或有关管系内的残留物的最大允许残留量,对 X,Y 和 Z 类物质均为 75 L,而原来最大值分别为 100 L 或 300 L。

附则Ⅲ:防止海运包装有害物质污染规则

1. 包装

根据其所装的特定物质,包装件应能使其对海洋环境的危害减至最低限度。

2. 标志和标签

(1) 装有有害物质的包装件应永久地标以正确的技术名称(不得仅使用商业名称),并且还应永久地加上标志和标签,以表明该物质是海洋污染物。此种识别标记,在可能时还可应用其他方法予以补充,例如,使用有关的联合国编号。

(2) 装有有害物质的包装件上,所采用正确的技术名称和辅助标签的方法,应能使该记号在海水中至少浸泡 3 个月后仍然可以从包件上辨认出来。在考虑适当的标志和标签时,应注意包装件所用材料及其表面的耐用性。

(3) 装有少量有害物质的包装件可免除标志要求。

四、编制船舶检查清单(二副)(课外)

任务实施

本任务的教学关键是二副土管范畴船舶检查清单的训练,通过对相关国际公约、规则的整体熟悉,逐步展开任务,由学生独立完成作业。选用典型案例由教师讲解,学生进行模拟操作,让学生在执行的过程中熟悉作业的特点。当学生看到自己的作业熟练且准确时,会大大提高了学习的兴趣。参见表 3-2。

表 3-2 任务 1 的实施

时间	30(110)min	地点	
教学资料	实船资料、SOLAS 74 公约、MARPOL 73/78 公约、LL 66 公约、船舶检查清单		
活动程序	1. 依据指定船舶清理出二副主管项目。 2. 教师讲解、学员理解知识准备内容。 3. 学员编制检查清单,分 SOLAS 74、MARPOL 73/78、LL 66 公约涉及二副职务的检查清单。 4. 检查清单分组讲评。		
活动评价方式	分组(6 人一组),组员之间评定 1∶2∶2∶1		
活动小贴士	链接:IMO 网站、大连海事大学国际海事公约研究中心		

任务评价

任务 1 中 4 项技能全部完成后,对其质量进行评价,并填入表 3-3。

表 3-3 任务 1 的完成情况评价表

序号	技　能	评判结果	
		是	否
1	熟悉 SOLAS 74 公约(规则 1,5,9,11)		
2	熟悉 LL 66 公约		
3	理解 MARPOL 73/78 公约(附则Ⅰ—附则Ⅲ)		
4	编制船舶检查清单(二副)		

任务拓展

编制国际航线、国内航线船舶检查清单(二副)。

任务2　船舶检查清单的编制(三副)

任务描述

要求根据指定船舶三副主管范畴船舶检查清单，理解《1974年国际海上人命安全公约》(SOLAS 74公约)，《1966年国际载重线公约》(LL 66公约)，《经1978年议定书修正的1973年国际防止船舶造成污染公约》(MARPOL 73/78公约)，ISM规则及STCW公约、PSC检查，FSC检查的相关要求，确认三副对以上国际公约、规则的理解，达到安全管理的目的。

任务目标

能根据三副主管范畴船舶检查清单，并能准确理解相关国际公约、规则，以实现安全管理的目标。

任务分解

1. 熟悉SOLAS 74公约(规则2，3)；
2. 熟悉ISM规则；
3. 理解MARPOL 73/78公约(附则Ⅴ)；
4. 熟悉STCW公约；
5. 理解PSC、FSC检查；
6. 编制船舶检查清单(三副)。

知识准备

一、1974年国际海上人命安全公约(SOLAS 74公约)(2)

Ⅰ. 消防

(一) 消防员装备

1　消防员装备的类型：消防员装备应符合《消防安全系统规则》。

2　消防员装备的数量：船舶应携带至少2套消防员装备。

此外，对于客船：

2.1　对设有乘客处所和服务处所的甲板，按其乘客处所和服务处所的合计长度，或如这种甲板多于一层，按其一层甲板乘客处所和服务处所的最大长度，每80 m(不足80 m以80 m计)应备有2套消防员装备以及2套个人配备，每套配备包括《消防安全系统规则》中所规定的项目。对载客超过36人的客船,每一主竖区内应增配2套消防员装备。但对于构成独立主竖区的梯道环围和分布在船舶首端或尾端且未设有第9.2.2.3条所定义的(6)(7)(8)或(12)类处所的主竖区,则无需增配消防员装备;和

2.2 对载客超过36人的船舶,应为每副呼吸器配备1具水雾枪,水雾枪应邻近于该呼吸器存放。

此外,液货船上应配备2套消防员装备。

主管机关在充分考虑到船舶大小和类型的情况下,可以要求增加个人配备和呼吸器的数量。

每副所要求的呼吸器均应配备2个备用充气瓶。对载客不超过36人的客船以及货船,其在适当的位置配有无污染重新充装全部气瓶的设备时,只需为每副所要求的呼吸器配备1个备用充气瓶。对载客超过36人的客船,则应为每副呼吸器至少配备2个备用充气瓶。

3 消防员装备的存放

消防员装备和个人配备应存放在有永久性清晰标记且易于到达的位置,以备随时取用。如所配备的消防员装备或个人配备不止1套,其存放位置应彼此远离。

在客船上,应在任一位置可获得至少2套消防员装备外加1套个人配备。在每一主竖区内应至少存放2套消防员装备。

(二)防火控制图

应有永久展示的总布置图向高级船员提供指导,该图应清晰标明每层甲板的控制站、"A"级分隔围蔽的各防火区域、"B"级分隔围蔽的各防火区域,连同探火和失火报警系统、喷水器装置、灭火设备和各舱室、甲板等的出入通道以及通风系统的细节,包括风机控制位置、挡火闸位置和服务于每一区域的通风机识别号码的细节。作为替代,经主管机关同意,上述细节可合并成册,每位高级船员人手一份,而在船上易于到达的位置应有一份副本可供随时取用。控制图和小册子应保持更新;任何改动应尽快予以记录。该防火控制图和小册子的说明文字应以主管机关要求的一种或几种语言写成。如果该语言既不是英文也不是法文,则应包括其中一种语言的译文。

一套防火控制图或含有防火控制图小册子的副本应永久存放于甲板室外标有明显标志的风雨密盒中,供岸上消防人员使用。

在载客超过36人的客船上,本条所要求的防火控制图和小册子应按本组织制定的指南提供有关防火、探火和灭火的资料。

(三)指导、船上培训和消防演习

1 目的

本条的目的是通过对船上人员的培训和演习的实际指导,使其能在紧急情况下执行正确的程序减轻火灾的影响。为此,船员应具备处理火灾紧急情况,包括照顾乘客的必要知识和技能。

2 一般要求

2.1 指导、职责和组织

2.1.1 船员应得到船上消防安全的有关指导。

2.1.2 船员应得到其所承担职责的有关指导。

2.1.3 应组织负责灭火的小组。在船舶营运期间时,这些小组应具备在任何时候都能

完成其职责的能力。

2.2　船上培训和演习

2.2.1　应培训船员熟悉船舶的布置和可能需要其使用的任何灭火系统和设备的位置及操作。

2.2.2　紧急逃生呼吸装置的使用训练应视为船上培训的一部分。

2.2.3　对承担灭火职责的船员，应通过开展船上培训和演习对其履行职责的能力进行定期评估，以发现需要提高的方面，从而确保其灭火技能方面的适任性得以保持，并确保灭火组织处于操作就绪状态。

2.2.4　船上使用船舶灭火系统和设备的训练应按第Ⅲ/19.4.1条的规定予以规划和实施。

2.2.5　应按第Ⅲ/19.3和Ⅲ/19.5条的规定进行消防演习并作记录。

2.3　培训手册

2.3.1　应在每一船员餐厅和娱乐室或在每一船员居住舱室内配备1本培训手册。

2.3.2　培训手册应用船舶的工作语言写成。

2.3.3　培训手册可分成若干分册，应包含本条2.3.4所要求的须知和资料并应用易懂的措词写成，如有可能应配以图解说明。这些资料的任何部分都可以用视听辅助教材形式提供，用以替代手册。

2.3.4　培训手册应详细解释以下内容：

2.3.4.1　有关烟气危害、电气危险、易燃液体和船上类似常见危险的一般消防安全操作和预防措施；

2.3.4.2　关于灭火行动和灭火程序的一般须知，包括报告火灾及使用手动报警按钮的程序；

2.3.4.3　船舶各种报警的含义；

2.3.4.4　灭火系统和设备的操作和使用；

2.3.4.5　防火门的操作和使用；

2.3.4.6　挡火闸和挡烟闸的操作和使用；和

2.3.4.7　脱险通道系统和设备。

（四）消防设备的配备

1　目的

本条的目的是抑制并将火灾迅速扑灭在火源处。为此，应满足下列功能要求：

1.1　应安装固定式灭火系统，并充分考虑到受保护处所的潜在火势增大；和

1.2　灭火器材应随时可用。

2　供水系统

船舶应设有符合本条适用要求的消防泵、消防总管、消火栓和消防水带。

2.1　消防总管和消火栓

2.1.1　通则

遇热易于失效的材料，除非其有充分的保护，不得用于消防总管和消火栓。管子和消火栓的位置应便于连接消防水带。管子和消火栓的布置应防止冻结的可能性。消防总管应设有适当的排水设施。用于消防以外目的的所有开敞甲板上消防总管的支管应装有隔离阀。

在可载运甲板货物的船上，消火栓应位于随时易于到达的位置，消防管的布置应尽实际可能避免被甲板货物损坏的危险。

2.1.2　随时可以供水

随时可以供水的布置应：

2.1.2.1　对于客船：

2.1.2.1.1　1 000 总吨及以上的客船，至少从内部位置的任何消火栓上可立即喷出一股有效的水柱，并确保由1台所要求的自动起动的消防泵持续出水；

2.1.2.1.2　1 000 总吨以下的客船，有至少1台自动起动的消防泵或至少1台由驾驶室遥控起动的消防泵。如果消防泵为自动起动，或如果消防泵的底阀不能在遥控启动的位置打开，则底阀应始终保持开启状态；和

2.1.2.1.3　如果根据第Ⅱ-1/54条设有周期无人值班机器处所，主管机关应对这种处所的固定式喷水灭火装置作出规定，这些规定应与通常有人值班机器处所的要求相当。

2.1.2.2　对于货船：

2.1.2.2.1　使主管机关满意；和

2.1.2.2.2　在设有周期无人值班机器处所或仅有1人值班的货船上，应通过遥控起动能由驾驶室或消防控制站(如设有)遥控起动的主消防泵中的1台，或通过由主消防泵中的1台使消防总管系统保持恒定的压力的方法，以适当的压力从消防总管系统立即供水，但对1 600总吨以下的货船，如果布置在机器处所的消防泵启动装置的位置易于到达，主管机关可免除此要求。

2.1.3　消防总管的直径

消防总管和消防水管的直径应足以有效分配2台消防泵同时工作所需的最大排水量，但对其直径仅需足以排送140 m^3/h 水量的货船除外。

2.1.4　隔离阀和释放阀

2.1.4.1　用于将布置在设有主消防泵或泵组的机器处所内的消防总管部分与消防总管其他部分分开的隔离阀，应设在机器处所之外易于到达并站得住的位置。消防总管应布置成当隔离阀关闭时，船上除上述机器处所内的消火栓外，其他所有消火栓能由另1台消防泵或1台应急消防泵供水。应急消防泵及其海水入口、吸水以及送水管和隔离阀应位于机器处所的外部。无法做到这种布置时，如对该阀门进行遥控的位置与应急消防泵在同一舱室，可在机器处所安装通海阀箱，吸水管要尽可能短。吸水管和排水管的一小部分可以贯穿机器处所，但应由坚固的钢质外套包裹，或隔热至“A-60”级标准。管子应有足实的壁厚，无论如何不得小于11 mm，并且除与海水进口阀门的连接采用法兰外，所有接头均应采用焊接连接。

2.1.4.2　应为每一消火栓装设一个阀门，以在消防泵工作时可以卸下任何消防水带。

2.1.4.3　如果消防泵能够产生超出消防水管、消火栓和水带设计压力的压力，应在消防泵上附设释放阀。这些阀的布置和调整应能避免在消防总管系统的任何部分出现超压。

2.1.4.4　在液货船上，隔离阀应装设在艉楼前端消防总管受保护的位置，其在液货舱甲板上的间距不得超过40 m，以在发生火灾或爆炸时维持消防总管系统的完整性。

2.1.5　消火栓的数量和位置

2.1.5.1 消火栓的数量和位置，应至少能使两股不是由同一消火栓喷出的水柱(其中一股水柱应仅用1节消防水带)可射至船舶在航行时乘客或船员通常可以到达的任何部分、任何货物处所空舱时的任何部分、任何滚装处所或任何车辆处所，在任一后者情况下，两股水柱中每股均应仅用1节消防水带射至该处所的任何部分。此外，上述消火栓应位于靠近被保护处所的出入口处。

2.1.5.2 除应符合本条2.1.5.1的要求外，客船还应符合下列要求：

2.1.5.2.1 在起居处所、服务处所和机器处所，当所有水密门和所有主竖区舱壁上的门均关闭时，消火栓的数量和位置应使本条2.1.5.1的要求可以满足；和

2.1.5.2.2 如从与A类机器处所相邻的轴隧至A类机器处所在下层位置设有通道，则应在该机器处所入口之外，但在其附近设置2个消火栓。如从其他处所至A类机器处所设有此类通道，则应在那些处所中的一个处所靠近A类机器处所入口之处设置2个消火栓。如轴隧或相邻处所不属于脱险通道部分，则不必采取上述措施。

2.1.6 消火栓的压力

在2台泵同时通过本条2.3.3所规定的水枪从任何相邻的消火栓输送本条2.1.3所规定的水量时，所有消火栓应维持下述最低压力：

2.1.6.1 对于客船：4 000总吨及以上0.40 N/mm^2；4 000总吨以下0.30 N/mm^2。

2.1.6.2 对于货船：6 000总吨及以上0.27 N/mm^2；6 000总吨以下0.25 N/mm^2。

2.1.6.3 任何消火栓的最大压力不得超过经证实可有效控制消防水带的压力。

2.1.7 国际通岸接头

2.1.7.1 500总吨及以上的船舶应设有至少一个符合《消防安全系统规则》的国际通岸接头。

2.1.7.2 应有使这种接头在船舶任何一舷都能使用的设施。

2.2 消防泵

2.2.1 接受作为消防泵的泵

卫生泵、压载泵、舱底泵或通用泵均可接受作为消防泵，但其通常不得用于抽送油类，且如其偶尔用于驳运或泵送燃油，应装设合适的转换装置。

2.2.2 消防泵的数量

船舶应按下述要求配备独立驱动的消防泵：

2.2.2.1 对于客船：4 000总吨及以上至少3台；4 000总吨以下至少2台。

2.2.2.2 对于货船：1 000总吨及以上至少2台；1 000总吨以下至少2台动力泵，其中之一应为独立驱动。

2.2.3 消防泵和消防总管的布置

2.2.3.1 消防泵

通海连接件、消防泵及其动力源的布置应确保：

2.2.3.1.1 1 000总吨及以上的客船，在任何一个舱室失火时，不会使所有消防泵失去作用；和

2.2.3.1.2 1 000总吨以下的客船和货船，如果任何一个舱室失火时可能使所有消防泵失去作用，应配备1台符合《消防安全系统规则》的应急消防泵作为替代设备，该泵的动力源和通海连接件位于主消防泵或其电源所在处所之外。

2.2.3.2 对应急消防泵所在处所的要求

2.2.3.2.1 处所的位置

应急消防泵所在处所不得与A类机器处所或内设主消防泵处所的限界面相邻接。如果此种布置不可行,两个处所间共用的舱壁应隔热至相当于对控制站所要求的结构防火标准。

2.2.3.2.2 通往应急消防泵的通道

机器处所与应急消防泵及其动力源所在处所之间,不允许有直接通道。当此种布置不可行时,主管机关可以接受这样一种布置,即通道有一个气锁设施,其内机器处所的门达到“A-60”级标准,另一门至少为钢质,2个门均适度气密、自闭且不设门背钩。作为替代,可利用能从远离机器处所和应急消防泵所在处所的位置操作并在这些处所失火时不会被阻断的水密门作为通道。在此种情况下,应急消防泵及其动力源所在处所应设有第2个通道。

2.2.3.2.3 应急消防泵处所的通风

应急消防泵独立动力源所在处所通风的布置,应尽可能杜绝机器处所失火时产生的烟气进入或被吸入该处所的可能。

2.2.3.3 货船的附加泵

此外,在货船机器处所设置的其他泵,如通用泵、舱底泵和压载泵等,其布置应确保这些泵中至少有1台具有本条2.1.6.2和2.2.4.2所要求的排量和压力,能向消防总管供水。

2.2.4 消防泵的排量

2.2.4.1 所要求的消防泵总排量

所要求的消防泵应能按本条2.1.6所规定的压力输送以下排量的消防用水:

2.2.4.1.1 客船上的消防泵:该排量不少于各舱底泵用于舱底水泵送时所要求排量的三分之二;和

2.2.4.1.2 货船上除任何应急泵以外的消防泵:该排量不少于第Ⅱ-1/35-1条对同样尺度客船的每一独立舱底泵用于舱底水泵送时所要求排量的三分之四,但货船的消防泵的要求总排量不必超过180 m^3/h。

2.2.4.2 每台消防泵的排量

所要求的每台消防泵(本条2.2.3.1.2对货船要求的应急消防泵除外),其排量应不少于所要求总排量的80%除以所要求的最少消防泵数,但在任何情况下不得少于25 m^3/h,并且每台这样的消防泵应至少能在任何情况下提供所要求的两股水柱。这些消防泵应能按所要求的条件向消防总管系统供水。如所设泵数多于所要求的最低泵数,则这些额外泵的排量应至少为25 m^3/h,并且应至少能够提供本条2.1.5.1所要求的两股水柱。

2.3 消防水带和水枪

2.3.1 一般规格

2.3.1.1 消防水带应由经主管机关认可的不腐蚀材料制成,其长度应足以将水柱喷射到可能需要使用消防水带的任一处所。每条消防水带应配有一支水枪和必要的接头。在本章中规定为“消防水带”的水带,连同必要的配件和工具,应存放在供水消火栓或接头附近的明显位置,以备随时取用。此外,在载客超过36人的客船的各内部处所,消防水带

应一直保持与消火栓相连接。消防水带的长度应至少为10 m,但不应超过下列规定的最大长度:

2.3.1.1.1 在机器处所内为15 m;

2.3.1.1.2 在其他处所内和开敞甲板上为20 m;和

2.3.1.1.3 在最大型宽大于30 m船舶的开敞甲板上为25 m。

2.3.1.2 除非船上每一消火栓均配备1条消防水带和1支水枪,否则各消防水带接头与各水枪应能完全互换使用。

2.3.2 消防水带的数量和直径

2.3.2.1 船舶配备的消防水带的数量和直径应使主管机关满意。

2.3.2.2 对于客船,本条2.1.5所要求的每个消火栓应至少配有1条消防水带,并且这些水带应仅用于灭火或在消防演习和检验时试验灭火设备。

2.3.2.3 对于货船:

2.3.2.3.1 1 000总吨及以上的货船,应配备的消防水带数量为每30 m船长配备1条并有1条备用,但无论如何总数不得少于5条。这一数字不包括机舱或锅炉舱所要求的水带。考虑到船舶类型和船舶所从事贸易的性质,主管机关可增加所要求消防水带的数量,以确保随时有数量足够的消防水带可供使用。符合第19条要求载运危险货物的船舶除应满足上述要求外,还应备有3组水带和水枪;和

2.3.2.3.2 1 000总吨以下的货船,应配备的消防水带的数量应根据本条2.3.2.3.1的规定进行计算。但在任何情况下,水带的数量不得少于3根。

2.3.3 水枪的尺寸和类型

2.3.3.1 就本章而言,标准水枪的尺寸应为12 mm、16 mm和19 mm,或尽可能与之相近。经主管机关同意,可允许使用直径更大的水枪。

2.3.3.2 在起居处所和服务处所,不必使用尺寸大于12 mm的水枪。

2.3.3.3 在机器处所和外部场所,水枪尺寸应能从最小的泵在本条2.1.6所述压力下,从两股水柱获得最大限度水量,但不必使用尺寸大于19 mm的水枪。

2.3.3.4 水枪应为经认可的设有关闭装置的两用型(水雾/水柱型)。

3 手提式灭火器

3.1 形式和设计

手提式灭火器应符合《消防安全系统规则》的要求。

3.2 灭火器的布置

3.2.1 起居处所、服务处所和控制站内应配备使主管机关满意的形式适用和数量足够的手提式灭火器。1 000总吨及以上的船舶应至少备有5具手提式灭火器。

3.2.2 用于任何处所的手提式灭火器,其中应有1具存放在该处所的入口附近。

3.2.3 在起居处所内不得布置二氧化碳灭火器。在控制站和其他设有船舶安全所必需的电气或电子设备或装置的其他处所,所配备灭火器的灭火剂应既不导电也不会对设备和装置产生危害。

3.2.4 灭火器应位于易于看到的位置并随时可用。该位置应在失火时能迅速和便于到达,且灭火器所处位置应不会使其可用性受到天气、振动或其他外部因素的影响。手提式灭火器应配有表明其是否已被用过的标志。

3.3 备用灭火剂

3.3.1 能在船上重新充装的灭火器，其备用灭火剂的数量应按前10个灭火器的100%和其余灭火器的50%进行配备。备用灭火剂的总数不必超过60份。船上应备有充装说明。

3.3.2 对于不能在船上重新充装的灭火器，应额外配备本条3.3.1所确定的相同灭火剂量、形式、容量和数量的手提式灭火器以代替备用灭火剂。

4 固定式灭火系统

4.1 固定式灭火系统的类型

4.1.1 本条5所要求的固定式灭火系统可以为以下任何系统：

4.1.1.1 符合《消防安全系统规则》规定的固定式气体灭火系统；

4.1.1.2 符合《消防安全系统规则》规定的固定式高倍泡沫灭火系统；和

4.1.1.3 符合《消防安全系统规则》规定的固定式压力水雾灭火系统。

4.1.2 如果安装了非本章要求的固定式灭火系统，则该灭火系统应满足本章有关规则和《消防安全系统规则》的要求。

4.1.3 禁止使用以卤代烷1211，1301和2402以及全氟化碳作为灭火剂的灭火系统。

4.1.4 一般而言，主管机关应不允许在固定式灭火系统中使用蒸汽作为灭火剂。如果主管机关允许使用蒸汽，应仅用于限定区域内作为所要求灭火系统的附加灭火措施，并应符合《消防安全系统规则》的要求。

4.2 固定式气体灭火系统的关闭装置

如使用固定式气体灭火系统，可以让空气进入或允许气体排出的被保护处所的开口应能从该处所外部予以关闭。

4.3 灭火剂储存室

当灭火剂储存在被保护处所的外面时，应储存在前防撞舱壁之后的舱室内，且该舱室不作他用。这种储存室的任何入口应最好从开敞甲板进入，并应独立于被保护处所。如果储存处所位于甲板以下，则该处所的位置不得低于开敞甲板下一层，并应能由梯道或梯子从开敞甲板直接进出。位于甲板下或未设从开敞甲板进出布置的处所，应设有机械通风装置，用于排出处所底部的废气。通风装置应具有至少每小时换气6次的能力。入口的门应向外开启，并且在这种储存室和毗连围蔽处所之间构成限界面的舱壁和甲板，包括门和关闭其任何开口的其他装置，均应气密。就表9.1至9.8的适用范围而言，上述储存室应视作消防控制站。

4.4 其他灭火系统的水泵

除用于消防总管的泵以外，需为本章所要求的各灭火系统供水的泵及其电源和控制装置应安装在该系统所保护的处所外部，且其布置应在被保护处所失火时，不会造成任何此种系统停止工作。

5 机器处所的灭火设备

5.1 设有燃油锅炉或燃油装置的机器处所

5.1.1 固定式灭火系统

内设燃油锅炉或燃油装置的A类机器处所，应设有本条4.1中规定的任何一种固定式灭火系统。在各种情况下，如机舱和锅炉舱未完全隔开，或如燃油能从锅炉舱流入机舱，则机舱和锅炉舱两者应视为一个舱室。

5.1.2 附加灭火设备

5.1.2.1 每一锅炉舱内或锅炉舱入口外侧应至少设有1套符合《消防安全系统规则》规定的手提式泡沫枪装置。

5.1.2.2 每一锅炉舱内的每一生火处所和部分燃油装置所在的每一处所，至少应设置2具手提式泡沫灭火器或等效灭火器。在每一锅炉舱内应至少设有容量至少135 L的认可的泡沫型灭火器或与之等效的灭火器1具。这些灭火器应备有绕在卷筒上足以达到锅炉舱任何部位的软管。对小于175 kW的生活用锅炉，可不要求设有容量至少135 L的认可的泡沫型灭火器。

5.1.2.3 每一生火处所应设有容器1具，内装至少0.1 m^3 的沙、浸透苏打的锯屑或其他认可的干燥物，并配有1把合适的铲子用于扬撒这些干燥物。也可用1具认可的手提式灭火器作为替代。

5.2 设有内燃机的机器处所

5.2.1 固定式灭火系统

设有内燃机的A类机器处所应设有本条4.1中规定的一种固定式灭火系统。

5.2.2 附加灭火设备

5.2.2.1 应至少设有1套符合《消防安全系统规则》规定的手提式泡沫枪装置。

5.2.2.2 在该每一处所内，应设有每具容量至少45 L的经认可的泡沫灭火器或等效灭火器，其数量足以使泡沫或等效物能射到燃油和润滑油压力系统、传动装置和其他有失火危险的任何部分。此外，还应设有足够数量的手提式泡沫灭火器或等效灭火器，其布置应使该处所内任何一点到达1具灭火器的步行距离不大于10 m，且该每处所至少设有2具这样的灭火器。对于货船上设有内燃机的较小处所，主管机关可以考虑放宽此项要求。

6 控制站、起居处所和服务处所的灭火设备

6.1 客船上的喷水器和水雾系统

6.1.1 载客超过36人的客船，应在所有控制站、起居处所和服务处所，包括走廊和梯道装设符合《消防安全系统规则》要求的认可形式的自动喷水器、探火和失火报警系统。作为替代，在水可能造成关键设备损坏的控制站，可以安装其他类型的认可形式的灭火系统。在极少有失火危险或无失火危险的处所，如空舱、公共卫生间、二氧化碳间和类似处所，不必安装自动喷水器系统。

6.1.2 载客不超过36人的客船，如果仅在起居处所的走廊、梯道和脱险通道设有符合《消防安全系统规则》规定的固定式探火和失火报警系统，应根据第7.5.3.2条安装自动喷水器系统。

6.1.3 在第5.3.4条适用的船舶的客舱阳台上，如果其家具与陈设不是第3.40.1，3.40.2，3.40.3，3.40.6和3.40.7条所定义的，应安装符合《消防安全系统规则》规定的固定式压力水雾灭火系统。

6.2 货船的喷水器系统

对于采用第9.2.3.1.1.2条规定的ⅡC法的货船，应根据第7.5.5.2条的要求安装自动喷水器、探火和失火报警系统。

6.3 存有易燃液体的处所

6.3.1 油漆间应由下列系统保护：

6.3.1.1 二氧化碳系统，设计成能至少放出相当于所保护处所总容积40%的自由气体；

6.3.1.2 干粉系统，设计能力至少为干粉0.5 kg/m^3；

6.3.1.3 水雾或喷水器系统，设计供水能力为5 L/(m^2·min)。水雾系统可连接在船舶消防总管上；或

6.3.1.4 主管机关认为能提供等效保护的系统。

在任何情况下，该系统均应能从所保护处所的外部进行操作。

6.3.2 易燃液体储藏室应由经主管机关认可的相应的灭火设备予以保护。

6.3.3 对于不通往起居处所甲板的面积小于4 m^2的易燃液体储藏室，可以接受用手提式二氧化碳灭火器代替固定式灭火系统，该灭火器应能至少放出相当于所保护处所总容积40%的自由气体。在储藏室上应设有喷放孔，无需进入该受保护处所就可以用灭火器向内喷放。

所要求的手提式灭火器应存放在喷放孔附近。作为替代，可以布置注水口或水带接头以便于使用消防总管的水。

6.4 深油烹饪设备

深油烹饪设备应装有下列装置：

6.4.1 按本组织所接受的国际标准试验过的自动或手动灭火系统；

6.4.2 1个主恒温器和1个后备恒温器，以及1个在任一恒温器出现故障时引起操作人员警觉的报警装置；

6.4.3 在灭火系统起动后自动关闭电源的装置；

6.4.4 1个表明厨房内安装的灭火系统操作的报警装置；和

6.4.5 灭火系统的手动操作控制器，为便于船员使用，其上应有清晰的标示。

Ⅱ、救生设备和装置

(一) 个人救生设备

1 救生圈

1.1 符合规则2.1.1要求的救生圈：

表3-4 救生圈配备

序号	客船		货船	
	船长/m	救生圈最少数量/只	船长/m	救生圈最少数量/只
1	60以下	8	100以下	8
2	60至120以下	12	100至150以下	10
3	120至180以下	18	150至200以下	12
4	180至240以下	24	200及以上	14
5	240及以上	30		

注：长度为60 m以下的客船仍应配备不少于6只带有自亮灯的救生圈。配在液货船上的救生圈用自亮灯，应为电池型。

1.1.1 应分布在船舶两舷易于拿到之处，并在可行范围内，分放在所有延伸到船舷的露天甲板上；至少有1个应放在船尾附近；和

1.1.2 其存放应能随时迅速取下，且不应以任何方式永久系牢。

1.2 船舶每舷至少有1个救生圈应设有符合规则2.1.4要求的可浮救生索，其长度不少于其存放处在最轻载航行水线以上高度的2倍或30 m，取大者。

1.3 不少于总数一半的救生圈应设有符合规则2.1.2要求的自亮灯；这些救生圈中不少于2个还应设有符合规则2.1.3要求的自发烟雾信号，并能从驾驶室迅速抛投；设有自亮灯的救生圈和设有自亮灯及自发烟雾信号的救生圈，应均等分布在船舶两舷，这类救生圈不应是按本条1.2要求装有救生索的救生圈。

1.4 每个救生圈应以粗体罗马大写字母标明其所属船舶的船名和船籍港。

2 救生衣

2.1 应为船上每个人配备1件符合规则2.2.1或2.2.2要求的救生衣，此外还应：

2.1.1 配备若干适合儿童穿着的救生衣，其数量至少相等于船上乘客总数的10%，或为每个儿童配备1件救生衣而可能需要的更多数量；和

2.1.2 配备足够数量的救生衣，以供值班人员使用，并供设置在远处的救生艇筏站使用。供值班人员使用的救生衣应存放在驾驶室、机舱控制室和任何其他有人值班的地方。

2.2 救生衣应置放于易于到达之处，且其位置应予明显标示。如由于船舶的特殊布置而使按本条2.1要求配备的救生衣可能无法拿到时，可制定使主管机关满意的变通措施，其中可包括增加救生衣的配备数量。

2.3 除自由降落救生艇外，用于全封闭救生艇上的救生衣应不妨碍人员进入救生艇或在艇内就座，包括系好安全带。

2.4 为自由降落救生艇选用的救生衣及其存放和穿着方式应不妨碍人员进入救生艇、乘员安全或该艇的操作。

3 救生服和抗暴露服

应为每位被指派为救助艇员或海上撤离系统工作人员的人配备1件尺寸适宜且符合规则第2.3节要求的救生服或符合规则第2.4节要求的抗暴露服。如果船舶一直在主管机关认为不需热防护的温暖气候区域航行，则不必配备该防护服。

（二）无线电救生设备

1 本条2适用于所有客船和300总吨及以上的所有货船。

2 无线电救生设备

2.1 双向甚高频(VHF)无线电话设备

2.1.1 每艘客船和每艘500总吨及以上的货船，应至少配备3台双向甚高频(VHF)无线电话设备。每艘300总吨及以上，但小于500总吨的货船，应至少配备2台双向VHF无线电话设备。该设备所符合的性能标准应不低于本组织通过的性能标准。如果在救生艇筏上装有固定式双向VHF无线电话设备，其所符合的性能标准也应不低于本组织通过的性能标准。

2.1.2 1992年2月1日以前在船上配备的，且不完全符合本组织通过的性能标准的双向VHF无线电话设备，只要主管机关确信它们同经认可的双向VHF无线电话设备相容，在1999年2月1日前仍可被主管机关接受。

2.2 雷达应答器

每艘客船和每艘500总吨及以上的货船，每舷应至少配有1台雷达应答器。每艘300总吨及以上，但小于500总吨的货船应至少配有1台雷达应答器。该雷达应答器所符合的性能标准应不低于本组织通过的性能标准。雷达应答器应存放在能迅速放入任何救生艇筏的位置处(第31.1.4条要求的救生筏除外)。或者，应在每一救生艇筏上存放1台雷达应答器(第31.1.4条要求的救生艇筏除外)。在至少配有2台雷达应答器以及配备自由降落救生艇的船上，其中的1台雷达应答器应存放在1艘自由降落救生艇内，另一台存放在紧邻驾驶室之处，以便能在船上使用，并能便于转移至任一其他救生艇筏上。

3 遇险火焰信号

应配备不少于12支符合规则3.1要求的火箭降落伞火焰信号，并应存放在驾驶室或其附近。

4 船上通信与报警系统

4.1 应配备1套固定式或手提式设备构成的或由这两种形式构成的应急设施，供船上应急控制站、集合站和登乘站及要害位置之间的双向通信联系使用。

4.2 应配备符合规则7.2.1要求的通用应急报警系统，以供召集乘客与船员至集合站和采取应变部署表所列行动之用。该系统应以符合规则7.2.2要求的公共广播系统或其他适宜的通信设施作为补充。当通用应急报警系统启动时，娱乐声响系统应自动关闭。

4.3 通用应急报警系统应在所有起居处所和船员通常工作处所都能听到其报警。在客船上，该系统也应在所有开敞甲板上都能听到其报警。

4.4 配备海上撤离系统的船舶应确保登乘站和平台或救生艇筏之间的通信联络。

5 客船公共广播系统

5.1 除第Ⅱ-2/40.5或Ⅱ-2/41-2条(视何者适用)及本条4.2的要求外，所有客船还应设置一套公共广播系统。对于1997年7月1日以前建造的客船，除5.5的规定外，5.2和5.4的要求应不迟于1997年7月1日以后第一次定期检验的日期适用。

5.2 公共广播系统应按规则7.2.2.1所述，在所有处所内其播音都高于环境噪声，并能清晰地听到。该系统还应配备一个可从驾驶室的某一位置以及主管机关认为必需的船上的其他位置进行控制的越控功能，以便当有关处所内的任一扩音器已被关闭，其音量已被关小或公共广播系统供作他用时，也能广播所有的紧急信息。

5.3 对1997年7月1日或以后建造的客船：

5.3.1 公共广播系统至少应有两个在整个线路上完全独立的回路，并应有两个分开和独立的扩音器；和

5.3.2 公共广播系统及其性能标准应经主管机关考虑本组织所通过的建议案后予以认可。

5.4 公共广播系统应与第Ⅱ-1/4.2条要求的应急电源相连接。

5.5 对1997年7月1日以前建造的船舶，如已设有经主管机关认可且实质上与5.2，5.4和规则7.2.2.1所要求者相符的公共广播系统，则不要求改变该系统。

(三) 救生艇筏的配员与监督

1 本条适用于所有船舶。

2 船上应有足够数量受过培训的人员进行召集和协助未受培训的人员。

3 船上应有足够数量的船员(他们可以是驾驶员或持证人员)对船上全体人员弃船所需要的救生艇筏及其降落装置进行操作。

4 每艘要使用的救生艇筏，均应设置1名驾驶员或持证人员负责指挥。但主管机关经适当考虑到航程的性质、船上人数和船舶的特点后，可以准许精通救生筏操纵和操作的人员代替具有上述资格的人员负责指挥救生筏。如为救生艇，还应指派1名副指挥。

5 救生艇筏负责人应有一份该救生艇筏船员名单，并应确保在其指挥下的船员是熟悉其任务的。救生艇的副指挥亦应有一份该救生艇船员名单。

6 应为每艘机动救生艇筏指派1名能操作发动机并能进行略微调整的人员。

7 船长应确保在船舶的救生艇筏之间合理分配本条2，3和4中所述的人员。

(四) 救生艇筏的集合与登乘布置

1 须有认可的降落设备的救生艇和救生筏，应存放在尽可能靠近起居处所和服务处所的地方。

2 集合站应设在紧靠登乘站的地方。每个集合站应在甲板上有足够的无障碍场地，以容纳指定在该站集合的所有人员，但人均面积至少为0.35 m^2。

3 集合站与登乘站均应设在容易从起居和工作区域到达的地方。

4 集合站与登乘站应根据情况，由第Ⅱ-1/42或Ⅱ-1/43条所要求的应急电源照明系统提供足够的照明。

5 通往集合站与登乘站的通道、梯道和出口应予照明。该照明系统应能根据情况由第Ⅱ-1/42或Ⅱ-1/43条所要求的应急电源供电。此外，并且作为第Ⅱ-2/28.1.10条要求的标志的一部分，通往集合站的路线应按本组织为此用途而提出的建议案用集合站的符号标明。

6 吊艇架降落和自由降落的救生艇筏集合站与登乘站的布置，应能使担架病人抬进救生艇筏。

7 在船舷降落的救生艇筏的每处登乘站或每二处相邻的登乘站均应设置一个符合规则6.1.6要求的登乘梯，其单根长度在船舶纵倾至10°和任何一舷横倾至20°的所有情况下可从甲板延伸至最轻载航行水线。然而，主管机关可准许用进入在水面上的救生艇筏的认可装置代替这些梯子，但船舶的两舷均应设有至少一个登乘梯。

8 如有必要，应设有将吊艇架降落的救生艇筏贴靠并系留在船舷的装置，以使人员能安全登乘。

(五) 降落站

降落站的位置应确保救生艇筏安全降落，并特别注意避开螺旋桨及船体陡斜悬空部分，除专门设计为自由降落的救生艇筏外，应尽可能使救生艇筏能从船舷平直部分降落下水。如降落站设置在船的前部，则应位于防撞舱壁后方有遮蔽的位置，对此，主管机关应对降落设备的强度予以特别考虑。

(六) 救生艇筏的存放

1 每艘救生艇筏的存放应：

1.1 使该救生艇筏或其存放装置不会妨碍存放在任何其他降落站的任何其他救生艇筏或救助艇的操作；

1.2 在安全和可行的情况下尽可能靠近水面，并且对除需抛出船外降落的救生筏外的救生艇筏，在船舶满载时纵倾至10°和任何一舷横倾至20°或横倾至船舶露天甲板的边缘浸入水中的角度(取较小者)的不利情况下，其存放处应使其登乘位置在水线以上不少于2 m；

1.3　持续处于准备就绪状态，使2名船员能在不到5 min内完成登乘和降落准备工作；

1.4　配齐本章和规则所要求的属具；和

1.5　在可行范围内，位于安全并有遮蔽的地方，并加以保护以免火灾和爆炸造成损坏。特别是，油船上的救生艇筏，除第31.1.4条要求的救生筏外，不应存放在货油舱、污油舱或其他含有爆炸性或危险性货物的液舱上或其上方。

2　顺船舷降落的救生艇应存放在推进器前方尽量远的地方。在船长为80 m及以上但小于120 m的货船上，每艘救生艇应存放在使该救生艇尾端在推进器前方不少于该救生艇长度的地方。在船长为120 m及以上的货船与船长为80 m及以上的客船上，每艘救生艇应存放在使该救生艇尾端在推进器前方不小于该救生艇一倍半长度的地方。如适合，船舶的布置应对在存放位置的救生艇加以保护，以免大浪造成损坏。

3　存放的救生艇应附连于其降落设备。

4　救生筏的存放

4.1　每只救生筏的存放应将其首缆牢固地系在船上。

4.2　每只救生筏或救生筏组的存放应设有一个符合规则4.1.6要求的自由漂浮装置，以使每只救生筏能自由漂浮，如为气胀式，在船舶下沉时能自动充气。

4.3　救生筏的存放应能用手动方式，一次将1只筏或容器从其系固装置上释放。

4.4　上述4.1和4.2不适用于第31.1.4条要求的救生筏。

5　吊艇架降落的救生筏应存放在吊筏钩可到达的范围内，除非设有某种转移设施，该设施在本条1.2所规定的纵倾和横倾范围内不致无法操作，也不致因船舶运动或动力故障而无法操作。

6　用于抛出舷外降落的救生筏的存放，应可易于转移到船舶的任一舷降落，除非救生筏已按第31.1条要求的总容量存放于船舶两舷，并能在任一舷降落。

(七) 救生艇筏的降落与回收装置

1　除另有明文规定外，所有救生艇筏应配备符合规则第6.1节要求的降落和登乘设备，但下列艇筏除外：

1.1　从最轻载航行水线以上少于4.5 m高度的甲板上登乘的救生艇筏，且其质量不大于185 kg；或

1.2　从最轻载航行水线以上少于4.5 m高度的甲板上登乘的救生艇筏，且存放方式为可在纵倾至10°和任何一舷横倾至20°的不利情况下直接从存放地点降落下水；或

1.3　超过按船上总人数200%所配备的救生艇筏范围的救生艇筏，且其质量不大于185 kg；或

1.4　超过按船上总人数200%所配备的救生艇筏范围的救生艇筏，且存放方式为可在纵倾至10°和任何一舷横倾至20°的不利情况下直接从存放地点降落下水；或

1.5　供连同海上撤离系统一起使用并符合规则第6.2节要求的救生艇筏，且存放方式为可在纵倾至10°和任何一舷横倾至20°的不利情况下直接从存放地点降落下水。

2 每艘救生艇应设有1台能降落和回收该救生艇的设备。此外，还应配备放开救生艇的装置，以便释放机构在不受载的情况下进行维护保养。

3 降落与回收装置应使该设备的操作人员在救生艇筏降落期间以及救生艇回收期间，能随时在船上观察到救生艇筏。

4 船上所配备的类似救生艇筏应仅使用同一种形式的释放机械装置。

5 在任一降落站，救生艇筏的准备和操作不应妨碍任何其他降落站的任何其他救生艇筏或救助艇的迅速准备和操作。

6 吊艇索(如使用)应有足够的长度，在船舶最轻载航行时纵倾至10°和任何一舷横倾至20°的不利情况下，可使救生艇筏到达水面。

7 在准备和降落过程中，救生艇筏和其降落设备以及降落的水域，应根据情况使用第Ⅱ-1/42或Ⅱ-1/43条所要求的应急电源供电的照明系统提供足够的照明。

8 在弃船过程中，应有能防止船舶的任何排水排放到救生艇筏内的设施。

9 如救生艇筏有被船舶减摇翼造成损坏的危险，则应有由应急电源驱动的、能将减摇翼收回船内的设施；驾驶室应设有应急电源操纵的指示减摇翼位置的指示器。

10 如配备符合规则第4.5节要求的部分封闭救生艇，应装设吊艇架横张索，在其上设置不少于2根足够长度的救生索，以便船舶在最轻载航行时在纵倾至10°和任何一舷横倾至20°的不利情况下，可使救生艇到达水面。

(八)应急培训与演习

1 本条适用于所有船舶。

2 熟悉安全装置与集合演习：

2.1 每位被指派为具有应急职责的船员，应在开航前熟悉这些职责。

2.2 对于航行时乘客在船上的时间预定超过24 h的船舶，应在乘客登船后24 h内召集乘客，并向乘客介绍救生衣的使用方法以及在紧急情况下应采取的行动。

2.3 当有新的乘客登船时，应在开航前，或在开航后立即召开一次乘客安全简要介绍会。介绍会应包括第8.2条和第8.4条所要求的应变须知并应以一种或几种易被乘客听懂的语言进行宣讲。宣讲应使用船上的公共广播或用其他等效的方式，至少使得在航行中尚未听到的乘客易于听到。如果上述2.2要求的集合是在开航后立即举行的，则简要介绍会也可包括在该集合演习之内。也可以使用资料卡或标贴，或船上录像机播放的录像节目作为简要介绍会的补充，但其不可以替代宣讲。

3 演习

3.1 演习应尽实际可能做到像真实发生了紧急情况。

3.2 每名船员每月应至少参加一次弃船演习和一次消防演习。如有25%以上的船员未参加船上的上个月弃船和消防演习，应在该船离港后24 h内举行该两项船员演习。当船舶在经重大改装后首次投入营运时，或有新船员时，应在开航前举行这些演习。主管机关对无法这样做的各类船舶，可以接受至少是等效的其他安排。

3.3 弃船演习

3.3.1 每次弃船演习应包括：

3.3.1.1 先使用第6.4.2条所要求的报警系统，然后通过公共广播或其他通信系统宣布进行演习，将乘客和船员召集至集合站，并确保他们知道弃船命令；

3.3.1.2 向集合站报到，并准备执行应变部署表所述的任务；

3.3.1.3 查看乘客和船员穿着是否合适；

3.3.1.4 查看是否正确地穿好救生衣；

3.3.1.5 在完成任何必要的降落准备工作后，至少降下一艘救生艇；

3.3.1.6 起动并操作救生艇发动机；

3.3.1.7 操作降落救生筏所用的吊筏架；

3.3.1.8 模拟搜救几位被困于客舱中的乘客；和

3.3.1.9 介绍无线电救生设备的使用。

3.3.2 不同的救生艇应尽实际可能按本条 3.3.1.5 要求，在相继演习中轮流降放。

3.3.3 除本条 3.3.4 和 3.3.5 规定外，每艘救生艇应在弃船演习中每 3 个月至少有一次乘载被指派的操艇船员降落下水，并在水上进行操纵。

3.3.4 如果救生艇作自由降落下水，在弃船演习中每 3 个月至少有一次船员应登上救生艇，在其座位中正确系固并开始降落下水程序直至但不包括实际释放救生艇(即释放钩不应松开)。随后，救生艇应仅搭载所要求的操艇船员自由降落下水，或用辅助降落下水装置搭载或不搭载操艇船员降放至水面。在这两种情况下，救生艇均应由操艇船员在水中操纵。救生艇应按不超过六个月的间隔期，仅搭载操艇船员自由降落下水，或按本组织制定的指南进行模拟降落下水。

3.3.5 对于从事短程国际航行的船舶，如果由于港口泊位的安排及其运输方式不允许救生艇在某一舷降落下水，主管机关可准许救生艇不在该舷降落下水。但是，所有这些救生艇应至少每 3 个月下降一次并每年至少降落下水一次。

3.3.6 除兼作救生艇的救助艇外，其他救助艇均应在合理和可行的范围内，每个月搭载指定的船员降落下水并在水上进行操纵。在任何情况下，应至少每 3 个月按此要求进行一次。

3.3.7 如救生艇与救助艇的降落下水演习是在船舶前进航行中进行，由于涉及危险，该项演习应仅在有遮蔽的水域，并在有此项演习经验的驾驶员监督下进行。

3.3.8 如船上配备海上撤离系统，演习应包括按对该系统布放所要求的程序，演练至即将实际布放这一系统的程度。这方面的演习应使用第 35.4 条要求的船上培训教具按正规规程予以强化。此外，该系统的每一成员还应尽实际可能，通过在船上或岸上参加类似系统在水中的全面布放而进行进一步的培训，参加的间隔期应不超过 2 年，但无论如何不得超过 3 年。

此种培训可同第 20.8.2 条要求的布放结合起来进行。

3.3.9 在每次弃船演习时，应测试用于集合与弃船的应急照明系统。

3.4 消防演习

3.4.1 在制定消防演习计划时，对在根据船型和货物类型而可能发生的各种紧急情况下的常规做法，应给予充分考虑。

3.4.2 每次消防演习应包括：

3.4.2.1 向集合站报到，并准备执行第 8 条要求的应变部署表所述的任务；

3.4.2.2 起动一个消防泵，要求至少射出两股水柱，以表明该系统是处于正常的工作状态；

3.4.2.3　检查消防员装备和其他个人救助设备；

3.4.2.4　检查有关的通信设备；

3.4.2.5　检查演习区域内的水密门、防火门和挡火闸以及通风系统主要进出口的工作情况；和

3.4.2.6　检查供随后弃船用的必要装置。

3.4.3　演习中使用过的设备应立即恢复到完好的操作状况；演习中发现的任何故障和缺陷，应尽快予以消除。

4　船上培训与授课

4.1　船员上船后，应尽快在不迟于2个星期内，对其进行有关使用包括救生艇筏属具在内的船上救生设备和使用船上灭火设备的船上培训。但是，如果船员是定期安排轮派上船，则这种培训应在不迟于船员第一次上船后2个星期内进行。应讲授船舶灭火设备和救生设备的用法以及海上救生的课程，授课间隔期与演习间隔期相同。每次授课可以包括船舶救生设备和灭火设备的各个不同部分，但在任何2个月的授课期内应包括该船的全部救生和灭火设备。

4.2　每位船员均应听课，课程应包括但不必局限于：

4.2.1　船舶气胀式救生筏的操作与使用；

4.2.2　低温保护问题，体温过低的急救护理和其他合适的急救程序；

4.2.3　在恶劣气候和恶劣海况中使用船舶救生设备所必需的专门课程；和

4.2.4　灭火设备的操作与使用。

4.3　在每艘装有吊架降落式救生筏的船上，应按不超过4个月的间隔期举行一次此项设备用法的船上培训。凡可行时，此项培训应包括一个救生筏的充气与下降。这个救生筏可以是培训专用救生筏，而不是船舶救生设备的组成部分，并应明显地标出专用救生筏标志。

5　记录

举行集合的日期、弃船演习和消防演习的详细情况、其他救生设备演习以及船上培训均应该记载于由主管机关规定的“航海日志”内。如果在指定时间内未举行全部集合、演习或培训项目，则应在“航海日志”内记述其原因和已举行的集合、演习或培训项目的范围。

（九）应急部署表与应急须知

1　应变部署表应详细说明规则第7.2节规定的通用紧急报警信号和公共广播系统，以及该警报发出时船员和乘客应采取的行动。应变部署表还应写明弃船命令将如何发出。

2　每艘客船应具有寻找并救出困在客舱内乘客的适当的程序。

3　应变部署表应写明分派给不同船员的任务，包括：

3.1　船上水密门、防火门、阀、泄水孔、舷窗、天窗、装货舷门和其他类似开口的关闭；

3.2　救生艇筏和其他救生设备的属具配备；

3.3　救生艇筏的准备工作和降落；

3.4　其他救生设备的一般准备工作；

3.5　集合乘客；

3.6 通信设备的使用；

3.7 指派处理火灾的消防队的人员配备；和

3.8 关于使用灭火设备及装置的专门任务。

4 应变部署表应规定指定的驾驶员负责确保维护保养救生和消防设备，使其处于完好状态，并立即可用。

5 应变部署表应规定关键人员失去能力后的替代人员，要考虑到不同的紧急情况可能要求采取不同的行动。

6 应变部署表应说明在紧急情况下，指派给船员的与乘客有关的各项任务。这些任务应包括：

6.1 向乘客告警；

6.2 查看乘客是否穿妥衣服，以及是否正确地穿好救生衣；

6.3 召集乘客于各集合站；

6.4 维持通道及梯道上的秩序，并大体上控制乘客的动向；和

6.5 确保把毛毯送到救生艇筏上。

7 应变部署表应在船舶出航前制定。在应变部署表制定后，如果船员有所变动而必需更改应变部署表，船长应修订该表，或制定新表。

8 客船上使用的应变部署表的格式应经认可。

二、ISM规则

一、适用

1 本章按下述日期适用于各类船舶(不论其建造日期)：

1.1 客船(包括高速客船)：不迟于1998年7月1日；

1.2 500总吨及以上的油船、化学品液货船、气体运输船、散货船和高速货船：不迟于1998年7月1日；和

1.3 500总吨及以上其他货船和海上移动式钻井平台：不迟于2002年7月1日。

2 本章不适用于政府经营的用于非商业目的的船舶。

二、安全管理要求

1 公司和船舶应符合《国际安全管理规则》的要求。就本条而言，该规则的要求应视作强制性要求。

2 船舶应由持有第4条所述的符合证明的公司营运。

三、发证

1 应为每一符合《国际安全管理规则》要求的公司签发符合证明。该证明文件应由主管机关、主管机关认可的组织或应主管机关的请求由另一缔约国政府签发。

2 船上应存有一份符合证明的副本，以使船长在被要求验证时出示。

3 主管机关或主管机关认可的组织应为每艘船舶签发《安全管理证书》。在签发《安全管理证书》前，主管机关或其认可的组织应验证该公司及其船上管理系按经认可的安全管理体系进行营运。

四、体系的保持

应按《国际安全管理规则》的规定保持安全管理体系。

五、审核

1 主管机关、应主管机关请求另一缔约国政府或主管机关认可的组织，应定期验证船舶安全管理体系是否正常运行。

2 要求持有按第4.3条的规定签发证书的船舶，均应受到第Ⅺ/4条所规定的控制。为此，该证书应视作按第Ⅰ/12或Ⅰ/13条的要求所签发的证书。

链接：《国际安全管理规则》全文(请参考《船舶管理课程法律法规汇编》)

三、MARPOL 73/78公约(附则Ⅴ)

一、定义

垃圾系指在正常营运过程中，除了本公约其他附则中定义或列名的物质外产生的而且需要连续或定期地处理的所有种类的食物、日常用品废弃物和船舶营运废弃物，所有的塑料、货物残余物、食用油、渔具和动物尸体，但本公约其他附则中所规定或列出的物质除外。垃圾不包括在航行期间进行捕鱼活动或水产养殖活动获得的鲜鱼及其各部分，该水产养殖活动涉及将鱼包括贝类运至养殖设施内放置，以及从该类设施内将收获的鱼包括贝类运至岸上供加工。

1 动物尸体系指任何作为货物被船舶载运并在航行中死亡或被实施安乐死的动物尸体。

Animal carcasses means the bodies of any animals that are carried on board as cargo and that die or are euthanized during the voyage.

2 货物残留物系指本公约其他附则未规定的、货物装卸后在甲板上或舱内留下的任何货物残余，包括装卸过量或溢出物，不管其是在潮湿还是干燥的状态下，或是夹杂在洗涤水中，但不包括清洗后甲板上残留的货物粉尘或船舶外表面的灰尘。

Cargo residues means the remnants of any cargo which are not covered by other Annexes to the present Convention and which remain on the deck or in holds following loading or unloading, including loading and unloading excess or spillage, whether in wet or dry condition or entrained in wash water but does not include cargo dust remaining on the deck after sweeping or dust on the external surfaces of the ship.

3 食用油系指任何用于或准备用于食物烹制或烹调的可食用油品或动物油脂，但不包括使用这些油进行烹制的食物本身。

Cooking oil means any type of edible oil or animal fat used or intended to be used for the preparation or cooking of food, but does not include the food itself that is prepared using these oils.

4 生活废弃物系指其他附则未规定的、在船上起居处所产生的所有类型的废弃物。生活废弃物不包括灰水。

Domestic wastes means all types of wastes not covered by other Annexes that are generated in the accommodation spaces on board the ship. Domestic wastes does not include grey water.

Grey water means drainage from dishwater, shower, laundry, bath and washbasin drains. It does not include drainage from toilets, urinals, hospitals, and animal spaces, as defined in regulation 1.3 of MARPOL Annex IV (sewage), and it does not include drainage from cargo spaces.

Dishwater means the residue from the manual or automatic washing of dishes and cooking utensils which have been pre-cleaned to the extent that any food particles adhering to them would not normally interfere with the operation of automatic dishwashers.

5 渔具系指可放置于水上或水中或海底拟用来捕捞或为后续的捕捞而控制或采收海洋或淡水有机物的任何物理装置或其组件或各种工具的组合。

Fishing gear means any physical device or part thereof or combination of items that may be placed on or in the water or on the sea-bed with the intended purpose of capturing, or controlling for subsequent capture or harvesting, marine or fresh water organisms.

6 食品废弃物系指船上产生的任何变质或未变质的食料，包括水果、蔬菜、奶制品、家禽、肉类产品和食物残渣。

Food wastes means any spoiled or unspoiled food substances and includes fruits, vegetables, dairy products, poultry, meat products and food scraps generated aboard ship.

7 塑料系指以一个或多个高分子质量聚合物为基本成分的固体材质，这种材质通过聚合物制造成型或加热和(或)加压制作成成品。塑料的材质特性从脆硬易碎到柔软有弹性。就本附则而言，“所有塑料”系指所有含有或包括任何形式塑料的垃圾，其中包括合成缆绳、合成纤维渔网、塑料垃圾袋和塑料制品的焚烧炉灰。

Plastic means a solid material which contains as an essential ingredient one or more high molecular mass polymers and which is formed (shaped) during either manufacture of the polymer or the fabrication into a finished product by heat and/or pressure. Plastics have material properties ranging from hard and brittle to soft and elastic. For the purposes of this annex, “all plastics” means all garbage that consists of or includes plastic in any form, including synthetic ropes, synthetic fishing nets, plastic garbage bags and incinerator ashes from plastic products.

8 操作废弃物系指其他附则未规定的、船舶正常保养或操作期间在船上收集的或是用以储存和装卸货物的所有固体废弃物(包括泥浆)。操作废弃物也包括货舱洗舱水和外部清洗水中所含的清洗剂和添加剂。考虑到本组织制定的导则，操作废弃物不包括灰水、舱底水或船舶操作所必需的其他类似排放物。

Operational wastes means all solid wastes (including slurries) not covered by other Annexes that are collected on board during normal maintenance or operations of a ship, or used for cargo stowage and handling. Operational wastes also includes cleaning agents and additives contained in cargo hold and external wash water. Operational wastes does not include grey water, bilge water, or other similar discharges essential to the operation of a ship, taking into account the guidelines developed by the Organization.

9 在航途中系指船舶在海上包括偏离最短直线航道的航行。就实际航行目的而言，会造成海上大范围实际又合乎情理的排放。

10 焚烧炉灰渣系指用于焚烧垃圾的船上焚烧炉产生的灰和熔渣。

11 最近陆地。“距最近陆地”一词，系指距按照国际法划定领土所属领海的基线。

12　特殊区域系指这样的一个海域，在该海域中，由于其海洋学和生态学的情况以及其运输的特殊性质等公认的技术原因，要求采取特殊的强制办法以防止垃圾污染海洋。

二、适用范围

除另有明文规定外，本附则规定应适用于所有船舶。

三、禁止排放垃圾入海的一般规定

1　除本附则第4、5、6和7条规定外，禁止将一切垃圾排放入海。

2　除本附则第7条规定外，一切塑料制品，包括但不限于合成缆绳、合成渔网、塑料垃圾袋和塑料制品的焚烧炉灰渣，均禁止排放入海。

3　除本附则第7条规定外，禁止将食用油排放入海。

四、垃圾处理规定

第4条　在特殊区域外排放垃圾

1　除本附则第5、6和7条规定外，船舶仅在航途中时才应允许在尽可能远离最近陆地的特殊区域外将下述垃圾排放入海，但在任何情况下不得：

1.1　在距最近陆地不到3 n mile处将通过粉碎机或磨碎机的食品废弃物排放入海。这种业经粉碎或磨碎的食品废弃物，应能通过筛眼不大于25 mm的粗筛；

1.2　在距最近陆地不到12 n mile处将未按上述1.1规定处理的食品废弃物排放入海；

1.3　在距最近陆地不到12 n mile处将不能用通用的卸载方法回收的货物残余排放入海。根据本组织制定的指南，这些货物残余不应包含任何被分类为对海洋环境有害的物质；

1.4　根据本组织制定的指南，对于动物尸体应尽可能远离最近陆地排放入海。

2　可将货舱、甲板和外表面洗涤水中包含的清洁剂或添加剂排放入海，但根据本组织制定的指南，这些物质必须对海洋环境无害。

3　如果垃圾与其他被禁止排放或具有不同排放要求的物质混在一起或被其污染，则应适用其中更为严格的要求。

第5条　对从固定或浮动平台排放垃圾的特殊要求

1　除本条2规定外，禁止从固定或浮动平台和停靠这种平台或与其相距在500 m以内的一切其他船舶排放任何垃圾入海。

2　位于距最近陆地超过12 n mile的固定或浮动平台和停靠这种平台或与其相距在500 m以内的一切其他船舶，可允许将食品废弃物排放入海，但前提是这些废弃物已通过粉碎机或磨碎机。这种业经粉碎或磨碎的食品废弃物应能通过筛眼不大于25 mm的粗筛。

第6条　在特殊区域内排放垃圾

1　船舶仅在航途中时才应允许在特殊区域内以如下方法将下述垃圾排放入海：

1.1　食品废弃物排放入海应尽可能远离最近陆地，但距最近陆地或最近冰架应不少于12 n mile。食品废弃物应业经粉碎或磨碎并应能通过筛眼不大于25 mm的粗筛。

食品废弃物不应被任何其他类型的垃圾污染。不允许在南极区域排放外来的禽类产品，包括家禽和家禽部分，除非其已经过无菌处理。

1.2　将通常无法使用的卸载方法回收的货物残余排放入海应满足下述所有条件：

1.2.1 根据本组织制定的指南，舱室洗涤水中包含的货物残余、清洁剂或添加剂中无任何被分类为对海洋环境有害的物质；

1.2.2 驶离港和下一个到达港都在特殊区域内且船舶在这两个港口间航行时不会驶离特殊区域；

1.2.3 根据本组织制定的指南，这些港口不具备合适的接收设备；和

1.2.4 在满足2.1,2.2和2.3要求的前提下，含有货物残余的货舱洗涤水应尽可能远离最近陆地或最近冰架排放，但距最近陆地或最近冰架应不少于12 n mile。

2 可将甲板和外表面洗涤水中包含的清洁剂或添加剂排放入海，但根据本组织制定的指南，这些物质必须对海洋环境无害。

3 南极区域除适用于本条1规定外，还适用于下列规定：

3.1 各缔约国承担义务保证为在其港口内的来往于南极区域的船舶，按其使用需要尽快设置接收所有船舶垃圾的足够的设备，而不对船舶造成不当延误。

3.2 各缔约国应确保悬挂本国国旗的所有船舶在进入南极区域前，船上具有足够的能力留存在该区域作业时产生的所有垃圾，并已签订协议，保证船舶离开该区域后将这些垃圾排入接收设备。

4 如果垃圾与其他被禁止排放或具有不同排放要求的物质混在一起或被其污染，则应适用其中更为严格的要求。

第7条 例外

1 本附则第3、4、5和6条规定应不适用于下述情况：

1.1 船上排放垃圾，系为保障船舶及船上人员安全或救护海上人命所必需者；或

1.2 垃圾意外落失系由于船舶或其设备遭到损坏的缘故，但须在发生损坏前后，为防止意外落失或使落失减至最低限度，已采取了一切合理的预防措施；或

1.3 渔具从船上意外落失，但须为防止这种落失，已采取了一切合理的预防措施；或

1.4 船上排放渔具，系为保护海洋环境或为保障该船或其船员的安全。

2 在航途中的例外：

2.1 如将食品废弃物留存船上会明显对船上人员产生即刻健康风险，则第4和6条对在航途中的要求应不适用于这些食品废弃物的排放。

五、垃圾公告标牌、垃圾管理计划和垃圾记录簿保存

1 垃圾公告标牌

1.1 总长12 m及以上的船舶均应张贴告示，以使船员和旅客知晓有关垃圾处理的要求；

1.2 告示应以船上人员的工作语言书写，对航行前往其他缔约国所管辖的港口或近海装卸站的船舶，告示还应以英文、法文或西班牙文书写。

2 垃圾管理计划

100总吨及以上的船舶和经核定可载运15人及以上的船舶，应备有船员应遵守的垃圾管理计划。该计划应就收集、储存、加工和处理垃圾以及船上设备使用等提供书面程序，还应指定负责执行该计划的人员。该计划应按照国际海事组织制订的导则并以船员工作语言书写。

3 垃圾记录簿

400总吨及以上的船舶和经核定可载运15人及以上的船舶，且航行前往其他缔约国所

管辖的港口或装卸站的船舶，以及从事海底勘探、开发的所有固定和浮动平台，均应备有垃圾记录簿。这种垃圾记录簿，无论是作为船上正式“航海日志”的一部分还是作为其他文件，均应按本附则的附录所规定的格式。

3.1 每次排放作业或完成焚烧，应记录在垃圾记录簿上，并由作业负责人在当日签署。垃圾记录簿每记完1页应由船长签字。垃圾记录簿中的记录，应使用船旗国的官方文字和英文或法文两种文字。遇有争议或不相一致的情况时，以船旗国的官方文字的记录为准；

3.2 每次焚烧或排放的记录，应包括日期和时间，船舶位置，垃圾的说明以及焚烧或排放的估计数量；

3.3 垃圾记录簿应保存在船上，并放在随时可取来检查的地方，垃圾记录簿应在记完最后1项记录后保存2年；

3.4 倘若发生上述例外的排放、泄漏或意外落失的情况时，应在垃圾记录簿中说明这种落失的情况和原因。

3.5 缔约国政府的主管当局，可到在其港内或近海装卸站，并适用本附则的任何船上检查垃圾记录簿，并可将该记录簿中的任何记录复制成副本，并要求船长证明该副本是该项记录的正确副本。这样制成的并已经船长证明为船上垃圾记录簿中某项记录的真实副本者，将被允许在任何法律诉讼中作为该项记录中所述事实的证据。主管机关根据本项规定应尽快对垃圾记录簿进行检查和取得确证无误的副本，以不致造成船舶的不当延误。

4 对1997年7月1日以前建造的船舶，本条规定应自1998年7月1日起适用。

四、STCW 78/10公约

1 公约的功用、基本构架、适用范围

公约的功用：STCW公约主要用于控制船员职业技术素质和值班行为，公约的实施对促进各缔约国海员素质的提高，在全球范围内保障海上人命、财产的安全和保护海洋环境，有效地控制人为因素对海难事故的影响，起到积极的作用。

公约正文结构：STCW正文共有17条，阐述和规定了制订公约的宗旨、缔约国义务、公约所用名词解释、适用范围、资料交流、与其他条约关系、证书、特免证明、过渡办法、等效办法、监督、技术合作、修正程序、加入公约形式、生效条件、退出方式、保管以及文本文字。

适用范围(公约第Ⅲ条)：

公约适用范围限于有权悬挂缔约国国旗的在海船上工作的海员。在此，“海船”系指除了在内陆水域或者遮蔽水域或港章所适用的区域以内或者与此两者紧邻的水域中航行的船舶以外的船舶。

但在下列船上工作的海员除外：

(1) “军舰”“海军辅助舰船”或者为国家拥有或营运而只从事政府“非商业性服务的其他船舶”(即公务船)；但是各缔约国应采取无损于其拥有或营运的此类船舶的作业或作业能力的适当措施，以保证在此类船上服务的人员在合理可行的范围内符合本公约的要求；

(2) 渔船；

(3) 非营业的游艇；

(4) 构造简单的木船。

公约的修正(公约第Ⅻ条)：对公约修正程序分经国际海事组织内审议后的修正和会议

修正两种。

公约的生效(公约第XIV条)：规定该公约在至少25个国家，其商船总和不少于全世界100总登记吨及以上的商船总吨位的50%，按公约规定办理了已交存所需批准、接复、核准或加入的文件之后，经过12个月生效。

公约附则：分8章，阐述了公约的技术条款。

第Ⅰ章　总则　共有15个规则

第Ⅱ章　船长与甲板部　4个规则

第Ⅲ章　轮机部　4个规则

第Ⅳ章　无线电通信和无线电人员　2个规则

第Ⅴ章　特定类型船舶的船员特殊培训要求　2个规则

第Ⅵ章　应急、职业安全、医护和救生职能　4个规则

第Ⅶ章　可供选择的发证　3个规则

第Ⅷ章　值班　2个规则

STCW规则：

A部分：

STCW规则A部分，即关于公约附则有关规则的强制性标准，它与附则的各章一一对应，共有八章，详述了附则中需要制定的标准、规定、证书模型以及功能证书中各个功能责任级应该与传统发证标准对应的适任内容、知识、理解和熟练要求程度，表明适任的方法以及评价适任的标准一一列表。在第Ⅱ章、第 Ⅲ章、第Ⅳ章有关最低适任标准对应表中细化了任职适任条件，便于操作、培训、考核。在第Ⅴ章中还列出对液货船船长、高级船员和普通船员培训的纲要、操作的原则和程序。规则A部分的制定为全面履行公约提供了充分的条件。

B部分：

它是关于公约及其附则的建议指导。也与公约附则的各章相对应，补充说明公约条款、内容指导，虽然不作为强制性条款，但它的指导符合海上交通安全与防污染的总原则以及与其他国际公约相呼应。

2　可供选择的职能发证

传统的发证是按船舶部门分类和职务不同而确定证书类别。但是，随着船舶现代化程度的提高，船舶配员的减少，传统发证方式将很难适应。可供选择的职能发证体系(3级层次7项功能体系)是一种更为灵活的体系，它可根据船舶装备状况、操作特点和营运方式，对船舶的技术岗位和职责重新进行分配和组合，依照每个船员所达到的某类功能的适任标准签发相应的证书。因此，作为一种可选择的途径，缔约国政府可以继续使用传统发证体系，也可以采用职能发证体系。

职能发证具有许多明显的优点：

(1) 职能发证以适任和技能定位，更注重于对理论、知识和技术的应用和技能的训练，因而更强烈地要求航海技术教育和培训与职业应用紧密结合；

(2) 由于是功能和能力定位，不仅使船员在择业上具有更大的灵活性，也使船员配置在不同的船舶上具有同样的灵活性；

(3) 有利于船员根据自己的特点获得更为广泛的知识和技能；

(4) 功能定位便于建立统一的适任标准。

按"职能发证"规则所签发的船员适任证书,必须明确填写持证人所具有的职能与责任级别,以区别不同职能不同级别。因此,这种发证体系有助于建立新的船员组织、结构形式,以充分发挥每个人所具有的各种功能,调动每个人的潜在能力与积极性。

为了避免两种发证方式并行带来的混乱,STCW 78/10 公约要求缔约国采用职能发证体系时必须遵守以下原则:

(1) 应有助于保证海上安全的程度和预防污染的效果;

(2) 传统发证与职能发证体系具有互通性;

(3) 持有两种证书的船员可以在传统组织形式的船舶上或其他组织形式的船舶上服务;

(4) 对海员进行特定船舶配置的培训不可采取会削弱他们在其他船上发挥其技术能力的方式。

目前,职能发证体系仅在少数发达国家和地区被采纳。多数国家,包括我国仍然沿用传统发证的做法,所以,在 STCW 78/10 公约中仍以传统发证为主的情况予以相关规定,而职能发证仅作为一种可供选择的发证方式。

七种职能:

(1) 航行

(2) 货物装卸和积载

(3) 控制船舶操作和关护船上人员

(4) 船舶轮机工程

(5) 电器、电子和控制工程

(6) 保养和维修

(7) 无线电通信

责任分以下级别:

(1) 管理级

(2) 操作级

(3) 支持级

可供选择的证书的签发

1 每个申请公约附则第Ⅶ章规定的操作级证书的申请人,应完成相应的教育和培训,并达到表 A-Ⅱ/1 或表 A-Ⅲ/1 中规定的所有职能的适任标准。只要申请人相应地完成有关的附加教育和培训,并达到表中所规定的有关职能的适任标准,可以分别增加表 A-Ⅱ/1 或表 A-Ⅲ/1 分别规定的职能。

2 每个申请作为指挥 500 总吨或以上船舶,或一旦指挥者不能履行职责时将代其指挥船舶的管理级的证书申请人,除应符合表 A-Ⅱ/1 规定的适任标准外,应完成相应的教育和培训,并达到表 A-Ⅱ/2 规定的所有职能的适任标准。只要证书申请人完成相关的附加教育和培训并达到本部分第Ⅲ章各表中规定的有关职能的适任标准,可以增加各表中所规定的职能。

3 每个申请负责主推进装置为 750 kW 或以上的船舶推进机器管理级证书的申请人,或一旦负责推进机器的人不能履行职责时将代其履行此职责的管理级证书的申请人,除应符合表 A-Ⅲ/1 规定的适任标准外，应完成有关的教育和培训，并相应地达到表 A-Ⅲ/2 规定的所有职能的适任标准。只要证书申请人完成相关的附加教育和培训，并达到本部分第Ⅱ章各表中规定的有关职能的适任标准，可以增加各表中所规定的职能。

4 每一支持级证书的申请人：

4.1 航行或轮机工程支持级证书的申请人应完成相应的培训，并达到表 A-Ⅱ/4 或表 A-Ⅲ/4 分别述及的职能适任标准。如申请人完成适当和相关的附加培训，并达到表 A-Ⅲ/4 或 A-Ⅱ/4 所述的相关职能适任标准，可增加相应表中所规定的职能。

4.2 申请高级值班水手，除应符合表 A-Ⅱ/4 规定的适任标准外，还应完成相关培训，并达到表 A-Ⅱ/5 述及的所有职能的适任标准。如申请人完成适当和相关的附加培训，并达到表 A-Ⅲ/4 和/或 A-Ⅲ/5 规定的相关职能的适任标准，可增加相应表中所规定的职能。

4.3 申请高级值班机工，除符合表 A-Ⅲ/4 规定的适任标准外，还应完成相关培训，并符合表 A-Ⅲ/5 述及的所有职能的适任标准。如申请人完成适当和相关的附加培训，并达到表 A-Ⅱ/4 和/或 A-Ⅱ/5 规定的职能适任标准，可增加相应表中所规定的职能。

对海员的发证

1 根据规则Ⅶ/1 第 1.3 段要求，每个申请第Ⅶ章规定的表 A-Ⅱ/1 和表 A-Ⅲ/1 所规定规定的职能的操作级证书的申请人应：

1.1 具有不少于 12 个月的认可的海上服务资历，该资历应包括在合格的轮机部高级船员监督下至少 6 个月的机舱值班，如果要求航行职能，则应包括在合格的驾驶台值班高级船员监督下至少 6 个月的驾驶台值班资历；并且

1.2 在此服务期间，完成了认可的满足第 A-Ⅱ/1 和 A-Ⅲ/1 节有关要求的船上培训计划，并在认可的培训记录簿中记载。

2 每个第Ⅶ章规定的表 A-Ⅱ/2 和表 A-Ⅲ/2 所规定的组合职能的管理级证书申请人，应具有下述与证书签证上载明的职能有关的认可的海上服务资历：

2.1 对于指挥船舶或负责船舶机械推进以外的人员——履行与规则Ⅲ/2 或规则Ⅲ/3 有关的操作级职责 12 个月；如要求有管理级的航行职能，则要有至少 12 个月履行操作级的驾驶台值班职责；

2.2 对于指挥船舶和负责船舶机械推进的人员——以持证高级船员履行包括本节第 2.1 段的规定在内的与证书签证上载明的职能有关的职责不少于 48 个月，其中 24 个月应履行表 A-Ⅱ/1 所列的职能 24 个月应履行表 A-Ⅲ/1 和 A-Ⅲ/2 所列的职能。

3 根据规则Ⅶ/1 第 1.3 段要求，每个第Ⅶ章规定申请表 A-Ⅱ/4 和表 A-Ⅲ/4 中所列职能的支持级证书申请人应具有：

3.1 不少于 12 个月的认可的海上服务资历，其中包括：

3.1.1 不少于 6 个月的航行值班资历；和

3.1.2 不少于 6 个月的机舱值班资历；或

3.2 在上船前或在船上完成特殊培训，并具有不少于 4 个月的认可的海上服务资历，其中包括：

3.2.1 不少于 2 个月的航行值班资历；和

3.2.2 不少于 2 个月的机舱值班资历；

3.3　第3.1段或3.2段要求的海上服务、培训、资历应在具有相应资质的高级船员或普通船员的直接监督下进行。

4　根据规则Ⅶ/1第1.3段要求，每个根据第Ⅶ章规定申请表A-Ⅱ/5和表A-Ⅲ/5中所列职能的支持级证书申请人，在具有资格作为普通船员参与航行值班或机舱值班的同时，还应达到STCW规则第A-Ⅱ/5或第A-Ⅲ/5部分规定的适任标准，并具有：

4.1　不少于30个月的认可的海上服务资历，其中包括：

4.1.1　不少于18个月的高级值班水手资历；和

4.1.2　不少于12个月的高级值班机工资历；或

4.2　完成认可的培训计划，并具有不少于18个月的认可的海上服务资历，其中包括：

4.2.1　不少于12个月的高级值班水手资历；和

4.2.2　不少于6个月的高级值班机工资历；或

4.3　完成认可的甲板和机舱综合特殊培训计划，包括在甲板机舱综合部门不少于12个月的认可的海上服务资历，其中包括：

4.3.1　不少于6个月的高级值班水手资历；和

4.3.2　不少于6个月的高级值班机工资历。

3　值班标准

规则Ⅷ/1　适于值班

1　为防止疲劳，各主管机关应：

1.1（格式修改）　依据STCW规则A-Ⅷ/1节的规定，制定和实施值班人员以及被指定安全、防污染和保安职责的人员休息时间制度；并且

1.2　要求值班制度的安排能使所有值班人员的效率不致因疲劳而削弱，并且班次的组织能使航次开始的第一个班次及其后各班次人员均已充分休息，或者用其他办法使其适于值班。

2　为防止吸毒和酗酒，主管机关应确保依据A-Ⅷ/1节的规定制定适当的措施，并考虑本规则B-Ⅷ/1节中的指南。

规则Ⅷ/2　值班安排和应遵循的原则

1　主管机关使公司、船长、轮机长和全体值班人员注意到STCW规则中应遵守的要求、原则和指南，以确保在所有海船上始终保持安全、连续并适合当时环境和条件的值班。

2　主管机关应要求每船船长在考虑船舶当时环境和条件对情况下，确保其值班安排足以保持安全值班，并且在船长全面指导下：

2.1　负责航行值班的高级船员在值班时间内始终在驾驶台或与之直接相连的场所，如海图室或驾驶台控制室，对船舶航行安全负责；

2.2　无线电操作员在值班时间内，在适当的频率上负责保持连续值守；

2.3　负责轮机值班的高级船员，根据STCW规则的规定并在轮机长的指导下，应能在召唤时立即到达机舱，在需要时应在其负责的任何时间内始终身在机舱；

2.4　当船舶锚泊或系泊时，应始终保持适当和有效的安全值班。如果船上载有危险货物，值班安排应充分考虑到危险货物的性质、数量、包装、积载和当时船上、水上或岸上的任何特殊情况；以及

2.5　如适用，保持适当和有效的保安值班。

链接：STCW 78/10公约

五、PSC、FSC检查

1. 概述及PSC检查依据

港口国控制(Port State Control，PSC)也称港口国监督，是指港口所在国家根据有关国际公约规定的标准，对进入其港口的外国籍船舶所实施的一种监督与控制。

通过港口国监督，对船旗国海事当局的管理进行制约和补充，纠正与消除受检船舶上所存在的不符合标准的缺陷，以确保船舶航行、人身和财产的安全以及保护海洋环境，促进经济贸易的发展和航运经营水平的提高。海事界普遍认为，港口国监督是海上安全的最后防线。

1) PSC检查产生的背景

PSC检查是由1978年“AMOCO CADIZ”轮的触礁事故引起，在本次事故中由于该轮搁浅导致22.3万吨原油外溢，造成严重的海洋污染，在欧洲公众和政界引起极大的震动，通过这次事故，国际航运界认为有些船旗国公司的主管机关在保证他们所管辖的船舶符合国际公约的标准方面没有尽到责任。

1980年13个欧洲国家加上欧洲共同体以及IMO和ILO在巴黎开会，一致同意采取措施限制进而取消不符合要求的国际船舶的航行。

1982年，在召开第二次会议时通过了著名的巴黎谅解备忘录(Paris MOU)。

经过一段时间的实施，IMO发现此做法非常有效，因此在1991年IMO要求在全球各地区建立PSC备忘录组织，通过相互合作，以减少直到消除低标准船舶的运营。

目前PSC检查已经覆盖全球，发挥了非常重要的作用，检查的依据是IMO等组织制定的国际公约。

2) PSC备忘录组织

表3-5　PSC备忘录组织

地区	时间	国家(地区)
欧洲地区(PARIS MOU)	1982年7月1日	比利时、加拿大、荷兰、法国、德国、英国等
拉丁美洲地区(Vina del Mar or Latin-America MOU)	1992年11月5日	阿根廷、玻利维亚、巴西、智利、哥伦比亚、墨西哥、巴拿马等
亚太地区(TOKYO MOU)	1993年12月2日	澳大利亚、中国、中国香港、日本、韩国、俄罗斯等
加勒比海地区(Caribbean MOU)	1996年2月6日	开曼群岛、多米尼加共和国、古巴等
地中海地区(Mediterranean MOU)	1997年7月11日	埃及、以色列、突尼斯、土耳其和巴勒斯坦等
印度洋地区(Indian Ocean MOU)	1998年6月5日	澳大利亚、印度、南非、坦桑尼亚、毛里求斯、也门等
西非和中非地区(Abuja MOU)	1999年10月22日	安哥拉、贝宁湾、塞拉利昂、南非、多哥等

续表

地区	时间	国家(地区)
黑海地区(Black Sea MOU)	2000 年 4 月 7 日	保加利亚、乔治亚、罗马尼亚、俄罗斯、乌克兰、土耳其
阿拉伯地区(Riyadh MOU)	2005 年 6 月 30 日	巴林、科威特、阿曼、卡塔尔、阿联酋、沙特阿拉伯

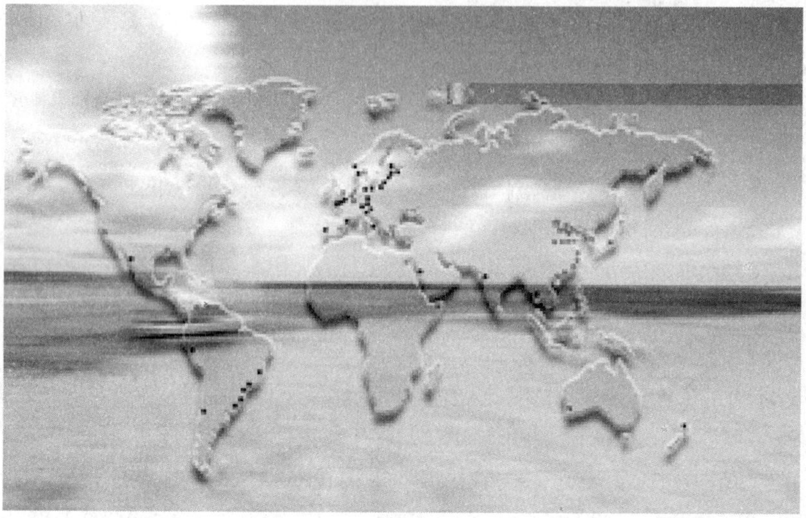

图 3-3　PSC 检查在全球的分布

3)港口国监控所依据的国际公约

(1)《1974 年国际海上人命安全公约》(SOLAS 1974 公约):① 1974 年海上人命安全公约第Ⅰ章第 19 条,控制;② 1974 年海上人命安全公约第Ⅸ章第 6 条,验证与控制;③ 1974 年海上人命安全公约第Ⅺ-1 章第 4 条,关于操作要求的港口国控制;④ 1974 年海上人命安全公约第Ⅺ-2 章第 9 条,控制和符合措施。

(2)《国际船舶和港口设施保安规则》(ISPS)。

(3)《1966 年国际载重线公约》(LL 66 公约)第 21 条,监控。

(4)《经 1978 年议定书修正的 1973 年国际防止船舶造成污染公约》(MARPOL 73/78 公约):① 73/78 防污染公约第 5 条,证书和检查船舶的特殊规定;② 73/78 防污染公约第 6 条,违章时间的侦察和本公约的实施;③ 73/78 防污染公约附则Ⅰ第 8A 条,关于操作要求的港口国控制;④ 73/78 防污染公约附则Ⅱ第 15 条,关于操作要求的港口国控制;⑤ 73/78 防污染公约附则Ⅲ第 8 条,关于操作要求的港口国控制;⑥ 73/78 防污染公约附则Ⅴ第 8 条,关于操作要求的港口国控制。

(5)《1978 年海员培训、发证与值班标准国际公约》(STCW 公约)。

(6)《1969 年国际船舶吨位丈量公约》第 12 条,检查。

(7)《国际劳工组织第 147 号公约》(即《1976 商船(最低标准)公约》)第 4 条。

(8)《1972 年国际海上避碰规则公约》。

2. 检查程序——一般程序指南

1）PSC检查官（下称PSCO）在履行全部职责中应运用专业判断，并酌情其他人的意见。

2）登轮时，如对方要求，PSCO应向船长或船舶所有人代表出示身份证件。此证件应被认可为表明该PSCO已经被证实授权进行PSC检查的文件凭证。

3）如果PSCO有明显依据进行详细检查，应即刻将这些明显依据通知船长并告知船长如果他愿意可同负责发证的主管机关或经授权的机构联系并邀请他们到船。

4）如果检查是根据别人，特别是船员的报告或报怨进行的，则该情报的来源不应被泄露。

5）在实施监督时，应尽可能避免船舶被不正当的滞留或延误。应注意港口国监督的主要目的是防止不安全或会对海上环境构成不合理危害的船舶出海航行。PSCO应考虑拟定航程的具体情况，决定在该船缺陷被纠正前是否滞留该船或允许该船带缺陷开航。

6）应认识到所有的设备都可能失灵，而备件或替换部件又不一定随时得到。在此种情况下，如果PSCO认为已采取了安全替代安排，则不应造成对船舶的不正当延误。

7）如导致滞留的原因是船舶在驶往某一港口的途中遭受意外损伤，在下列前提下，不应向船舶签发滞留令：

（1）船舶已充分考虑了公约有关船舶应将意外情况通知船旗国、负责签发证书的指定验船师或经认可的组合的组织的要求；

（2）船舶进入港口之前，船长或公司已经向港口国当局报告船舶遭受的意外和损伤的细节，以及已经通知船旗国主管当局的信息；

（3）船舶正在采取令港口国当局满意的适当的纠正措施；并且

（4）在接到船舶已经采取纠正措施的通知后，港口国当局确认那些明显威胁安全、健康或环境的缺陷已经被消除。

8）由于滞留船舶是一个涉及诸多问题的严重事件，PSCO最好同其他利益方共同行动，例如，PSCO可要求船舶所有人代表提出纠正方案。PSCO也可以考虑同船旗国主管机关的代表或负责签发有关证书的经认可机构合作，并就他们是否接受船舶所有人方案或是否有新增加的要求进行协商。在不限制PSCO各方面权力的情况下，各方的参与会有助于使船舶更安全，防止事后发生涉及滞留条件的争议，并在发生涉及“不正当延误”的诉讼中处于有利地位。

9）如果缺陷不能在检查港纠正，PSCO可在确定的适当条件下，允许船舶航行至另一港口。在这种情况下，PSCO应确保通知下一港口主管机关和船旗国。

10）给船旗国的滞留报告应足够详细，包括对造成滞留的缺陷严重性评估。

11）公司或其代表有权对港口国当局采取的滞留行动提起申诉。但该申诉不导致滞留的终止。PSCO应该告知船长其申诉权。

12）为了保证实施PSC要求的一致性，PSCO在进行PSC检查时应携带一份（PSCO一般程序指南）的摘要以备随时参考。

3. 检查内容

详细检查：如果船舶未携带有效的证书或PSCO根据总印象或在船上观察有明显依据认为该船舶的状况或其设备实质上与证书上所载项目不符，或船长或船员不熟悉基本的船上程序，PSCO应按本章所述对该船进行详细检查。

不能设想在一次港口国监督检查中把本节所述的所有设备和程序全部检查完，除非由于船舶的状况或船长或船员对基本的船上程序的熟悉程度要求进行这样的检查。此外，本指南并不意在于将港口国的海原发证程序强加给悬挂其他 STCW·78 公约缔约国国旗的船舶，或将超过对港口国船舶监督程序的标准强加给外轮。

明显依据：PSCO 在本国管辖的港口或近海装卸站检查要求持有公约证书的外轮时，除非有明显的依据认为船舶状况或其设备实质上不符合证书所载细目，则这种检查应局限于核实船上是否具备有效的证书和其他有关文件，使 PSCO 对船舶及其设备和船员的概况形成印象。

如果 PSCO 根据总印象或船上观察，有明显依据认为船舶可能低于标准，PSC 检查员应进行详细检查，并考虑到以下情况。（见表 3-6）

表 3-6 PSC 详细检查内容

序号	分类	项目
1	船舶构造及设备要求	构造
2		机器处所
3		载重线勘定的条件
4		救生设备
5		防火安全
6		海上避碰规则
7		货船无线电安全证书
8		超出公约和船旗国要求的设备
9	MARPOL 73/78 公约规定的排放要求	原油洗舱操作(COW)检查
10		对卸货、扫舱和预洗操作的检查
11	操作性要求监督指南	应变部署
12		语言交流
13		消防演习
14		弃船演习
15		驾驶台操作
16		货物操作
17		机器设备操作
18		手册说明及其他
19		机器处所的油类和含油混合物
20		液货船货物处所的装卸和洗舱程序
21		包装类危险货物和有害物质
22		垃圾
23	最低配员标准和发证	配员监督
24		按照 STCW 78 公约进行的监督

4. 缺陷处理

1）低于标准船舶的确认

一般来说，如果船舶的船壳、机器、设备，或操作安全实质上低于有关公约要求的标准，或船舶不符合安全配员文件的要求，该船舶将被认为是低于标准船舶，特别是由于：① 缺少公约要求的主要设备或装置；② 设备或装置不符合公约的有关要求；③ 船舶或其设备的实质性损失，如由于维护不良；④ 船员对主要操作程序的操作不熟练或不熟悉；⑤ 配员不足或持证船员不足。

如果这些明显因素的全部或个别造成船舶不适航，如果允许该船出海，会对船舶、船上人员的生命造成威胁或对海上环境构成不合理损害威胁，该船被认为是低于标准船舶。

2）港口国对被认为是低于标准船舶的反应行动

各当局收到关于认为低于认为某船低于标准或具有污染危险的信息后，应立即对此事进行调查并依据上述各节和情况的需要采取行动。

收到关于可能导致滞留的低于标准船舶信息的当局应立即通知该船船旗国在该船所在地的海事当局、领事或外交代表，并要求其开始或协同调查。同样，也应该通知经认可的代表其船旗国颁发有关证书的机构。但此规定并不减轻作为有关公约缔约国的港口国当局根据有关公约规定的权力采取适当行动的责任。

如果收到信息的港口国在船舶开航前由于时间不足或 PSCO 可派而无法采取行动时，应将信息传给该船下一个适当的挂靠港国家的当局和船旗国，如适合还应传给该港口的经认可机构。

3）纠正缺陷和解除滞留的程序

4.7.1　PSCO 应尽力确保所有发现的缺陷被纠正。

4.7.2　如果存在明显危害安全或环境的缺陷，除 4.7.3 的规定外，PSCO 应保证在船舶被允许开航前，该危害已被消除。为此应采取适当的行动，包括滞留或正式禁止船舶继续某项作业，原因是由于这些缺陷会给继续作业带来严重危险。

当如 4.7.2 段所指的导致滞留的缺陷不能在检查港纠正时，港口国当局可以允许该船驶往最近的修理港，该修理港由船长选择并经港口国当局同意，前提是船舶必须满足港口国当局和船旗国当局一致同意的限制条件。这些限制条件旨在于确保船舶开航后，不会危及旅客和船员的安全，不会危害其他船舶，不会对海洋环境造成不合理的危害。这些限制条件可包括来自船旗国已经对该船采取纠正措施的确认。在这种情况下，港口国当局将通知船舶下一挂靠港口的当局，5.1.4 段所指有关各方和其他有关各局，向有关当局发出的通知应采用附录 6 种的表格。接到通知的当局应将采取的行动反馈给发出通知的当局，并采用附录 7 中的格式。

4.7.3　除 4.7.2 段和 4.7.3 段的情形外，在船舶已尽一切努力以纠正其他缺陷后，可被允许驶往其他港口。

4.7.4　如果 4.7.3 段所述船舶在未满足检查港当局作出的限制条件的情况下开航，港口国当局应立即警示下一港口（如直到）、船旗国和其他认为必要的当局。

4.7.5　如果 4.7.3 段所述船舶没有驶往指定的修理港口，修理港的港口国当局应立即警示船旗国和滞留该船的港口国以便采取适当措施，并通知其他人为必要的当局。

5. PSC与FSC的关系

《联合国海洋法》第94条规定了船旗国对悬挂国旗帜的船舶应承担的义务，即船旗国应该采取措施保证船舶的安全性能、人员的配备符合有关国家法规的规定和国际海事公约的要求。

IMO在总结有效履行IMO通过的标准机制时强调，提高安全和环境标准的责任有赖于三方的安排。

三者之间的关系可以归结为：①IMO制定和通过规则；②船旗国负责执行或实施规则；③港口国监督规则的落实情况。

船旗国监控(FSC)是指主管机关针对船舶构造、设备配备以及适航条件和适航人员的配备、工作、生活条件等各个方面，对悬挂本国国旗的船舶进行控制检查，保证船舶符合已生效的国际公约的相关要求。

船旗国对确保悬挂该国国旗的船舶满足国际公约负有根本责任，是海上安全的第一道防线。

港口国监控(PSC)是指港口国根据有关国际公约规定的标准，对进入其港口的外国籍船舶实施监督与控制，发现与纠正受检船舶中所存在的不符合国际公约的缺陷，以确保船舶及其设备和船员配备及其操作符合国际公约要求。

港口国监控是对船旗国监控的补充与监督，是海上安全的第二道防线。

两者的共同目的都是为了：①消除低标准船舶；②确保船舶航行、人身和财产的安全；③防止船舶污染水域。

港口国监控不仅仅是船旗国的补充，而且以船舶为媒介，通过选船机制和黑名单确定检查目标，并定期公布统计结果，形成对船旗国强有力的压力，进而提高船旗国监督的水平和监督的意愿。

为此，船旗国政府会及时的批准有关国际公约，加大对所属船舶的安全管理力度，确保船员、船舶技术状况和操作要求满足国际公约的要求，减小船舶被检查的目标因素值，降低被港口国政府实施详细检查的可能性。

附：澳大利亚海事局(AMSA)PSC检查程序介绍

近年来AMSA成功应用基于风险分析的PSC目标船选择系统(Shipsys 2000)，PSC检查针对性明显提高，对低标准船舶造成了明显的压力，迫使船舶所有人选择质量较好的船舶从事澳大利亚航线的营运。澳大利亚的船舶风险评估系统主要考虑船舶的基本信息(如船型、船龄、船旗国、船级社等)以及船舶在亚太地区的PSC检查记录等因素，基于船舶被滞留的概率从而得到船舶的风险值。AMSA根据船舶的风险值制定了如表3-7所示的差异化的船舶监管措施。

表3-7　AMSA的差异化监管措施

船舶类型或风险等级	风险值	检查时间	窗口检查概率(%)
单壳油船	任何风险值	每3个月	100
客船	大于5	每6个月	100

续表

船舶类型或风险等级	风险值	检查时间	窗口检查概率(%)
优先等级 1	大于 5	每 6 个月	80
优先等级 2	4～5	每 6 个月	60
优先等级 3	2～3	每 6 个月	40
优先等级 4	0～1	每 6 个月	20

一般情况下，近 6 个月没有在澳大利亚和新西兰地区检查过的船舶将成为 AMSA 检查的首要目标，而不受东京备忘录组织所规定的 6 个月检查间隔的限制。

1. AMSA 的 PSC 检查程序

澳大利亚作为东京备忘录成员，其 PSC 检查基本遵照 IMO 和东京备忘录的有关指南实施。但 AMSA 检查的特点是为提高 PSC 检查标准的一致性、提高 PSC 检查培训的针对性，制定了 PSC 检查质量监控程序。该程序的主要目的是为了在全国实施 PSC 检查的统一选船标准、统一检查标准、统一检查程序、统一专业判断和统一后评估程序。所以，无论什么船到澳大利亚，如果接受了 PSC 检查，其检查的程序、专业的判断基本都是一致的。

这对于我国目前各检查站点的 PSC 检查程序、判断标准的不一致、不协调等方面有很多的可取之处。

由于澳大利亚海岸线长，分布港口多，而验船师少(全国只有 45 人，其中 13 人在AMSA 本部，真正现场检查人员 32 人)，通常只有一位验船师上船检查，每一位验船师上船检查都携带“船舶检查记录簿”(Ship Inspection Record Book, SIR)和“船舶初次检查清单”(Ship Initial Inspection Checklist)。在“船舶检查记录簿”中主要包括一些指南和表格，其中有船长接受检查前的准备事项、“船舶概况登记表”“船舶检查报告(FORM A,B)”“SVCC”“滞留通知书”和“解除滞留通知书”等。

检查前准备事项中包括了船长需提供的证书文书及待检设备清单以及船长需派人陪同检查的要求，特别强调了验船师对进入救生艇检查前的安全系固要求。

SVCC 表用于记载验船师发现的与 IMO 和 ILO 公约要求无关的但与澳大利亚本国一些规定相背离的缺陷。也可以用于一些不太明显的缺陷，如：按照 SOLAS04 修正案的规定，船上应该禁止含石棉材料的使用，但在检查中验船师发现机舱的物料间内有一些貌似石棉的垫片材料，但船上又提供不出这些材料的产品证书，这时，验船师就可以开列 SVCC 的缺陷，让船长去确认，如果是含有石棉的材料，则要求去除这些垫片材料。船长应将这些信息反馈给 AMSA 的验船师，并按照澳大利亚本国的要求进行纠正。针对这种缺陷，一般要求船长在下次来澳大利亚之前纠正，如没有纠正不会同意进港。

由于记录簿中有滞留通知书和解除滞留通知书，所以只要 AMSA 验船师在得到区域经理的同意后，现场验船师可以立即签发滞留令。

在“船舶初次检查清单”中包括：登轮前的船体外表检查、工作休息时间记录、ISM 规则、驾驶台、无线电、罗经甲板、上层建筑(包括通风筒、烟囱挡板、应急电源灯)、救生艇甲板、救生艇筏、主甲板、固定灭火系统、应急消防泵、舵机间、机舱、防污染设备、生活区、消防控制站、客船和散货船的附加实施、滚装船的附加要求以及气体、化学品和油船的附加安全检查、载运集装箱和一般货物船舶的特殊实施等22个方面。要求验船师在每次检查时都需完成“船舶初次检查清单”中规定的检查区域设备，特别是标有黑体字的内容必须检查和测试。

验船师登轮后，在开始检查之前，首先要求船长作出船舶关键性设备是否存在缺陷的书面声明，船长必须慎重考虑，即使在船长未向船旗国或认可组织报告船舶存在某项重大缺陷的情况下，只要船长主动陈述目前船舶存在的缺陷及已经采取的纠正行动，那么验船师将不滞留船舶甚至不作为缺陷在PSC报告中加以描述。这也是AMSA提供船长的一次自我申辩的机会。如果船长回答无，则意味着船方放弃了事先申辩和自我选择的权力，在即将开始的检查中所发现的缺陷，将由验船师根据其性质提出强制性的处理意见。

AMSA开展PSC检查主要依据国际公约和指南、国内强制性规定和基于国际公约及修正案和劳工公约制订的一系列“验船师指南”“船舶检查手册”等。首先进行的是初次检查，这包括证实船舶文书的有效性以及关键性设备及操作，以判断船舶和设备是否符合相关公约的要求，从而决定是否开展下一步的更详细检查。如果在初步检查中发现证书无效或船舶实际状况低于公约要求，存在“明显依据”即构成滞留，则现场验船师会马上电话请示区域经理，在得到区域经理的同意后，现场验船师立即告知船长：该轮已经被滞留，并告知滞留原因，同时将对船舶开展详细检查。验船师也会告知船长可以请船级社的验船师一同检查。该详细检查可以针对存在滞留缺陷的同一类设备的检查，也可以扩展到更广泛的其他设备的详细检查。根据AMSA税费政策的规定，从详细检查开始直到检查结束时间将按每小时215澳币进行收费。

通常情况下只进行一般性检查，这种检查通常持续5 h左右。但在一些港口，由于需要检查的船舶数量较多，验船师数量有限或年龄偏大等原因，有时验船师的检查并不全面，只集中在一些重点项目上，这种检查往往2～3 h即可以结束。验船师将运用他们的专业判断来决定检查的范围和深度，以及缺陷纠正行动要求。

2. AMSA对滞留的判断

SOLAS第11(c)条和IMO港口国控制程序ResolutionA. 1052(27)第2.3.7条均规定：如果船长、船舶所有人或船级社已认识到某一缺陷的严重性，可以导致船舶滞留，但船长或船舶所有人已将该缺陷告知了船旗国、指定的验船师或认可组织，那么该项缺陷就不会被作为“明显依据”而滞留，除非该缺陷在未进行纠正后船舶就要离港。这并不意味该缺陷不被记录，也不意味船舶必须在纠正该缺陷后可以离港。该缺陷的纠正行动将被监控以确保船舶采取了合适的纠正措施，至少在离港前认为船舶是适航的。

如果AMSA验船师发现了一项滞留缺陷，船员正按纠正措施进行或试图进行纠正时，验船师不可能等待特别长的时间让船员来纠正一项可滞留的缺陷而不签发该项滞留缺陷或者只签发一项非滞留缺陷。也就是说，一旦验船师发现了一项可滞留缺陷，无论船舶是否正在纠正，验船师仍将签发该滞留缺陷，船舶仍将遭到滞留。对滞留缺陷整改后必须由验船师进行复查，合格后签发解除滞留通知书，船舶才能离港。对非滞留缺陷的复查与否取决于验船师的专业判断以及缺陷对船舶船员安全危害的严重程度。

3. AMSA验船师的PSC检查重点

通过多次与不同的AMSA验船师跟船检查，我认为AMSA验船师重点检查以下几方面：

(1) 海图是否最新版并且是大比例尺海图；

(2) GMDSS设备的测试；

(3) ECDIS设备的操作及培训证书；

(4) 航次计划定位方式和频度；

(5) 工作休息时间记录是否与实际一致，如果发现这方面存在问题较多将被滞留；

(6) 救生艇的承载释放装置释放良好，连接线及支架是否存在锈蚀；

(7) 油水分离器各项功能是否完好，是否存在违章排放的嫌疑；

(8) 载重线方面：透气帽内部浮盘是否完好、舱口围是否有裂纹、高边柜和艏尖舱内部是否有腐蚀现象、舱盖紧固装置等；

(9) 防火挡板是否活络；

(10) 应急消防泵运行试验；

(11) 应急发电机的自动起动负载测试；

(12) 生活污水处理装置：是否直排、曝气室和沉淀室的回流管路是否堵塞；

(13) 散货船的艏楼BOSUN STORE间的水位报警测试；

(14) 重要的缺陷通常会与体系运行不满意挂钩，开列体系缺陷。

以上这些内容会引起船舶所有人、船员的特别重视。

六、编制船舶检查清单（三副）（课外）

任务实施

本任务的教学关键是三副主管范畴船舶检查清单的训练，通过对相关国际公约、规则的整体熟悉，逐步展开任务，由学生独立完成作业。选用典型案例由教师讲解，学生进行模拟操作，让学生在执行的过程中，熟悉作业的特点，当学生看到自己的作业熟练且准确时，会大大提高学习的兴趣。参见表3-8。

表3-8 任务2的实施

时间	30(120)min	地点	
教学资料	实船资料、SOLAS 74公约、ISM规则、MARPOL 73/78公约、STCW公约、PSC检查、FSC检查		
活动程序	依据三副岗位编制船舶检查清单为主线		
活动评价方式	分组(6人一组)，组员之间评定1∶2∶2∶1		
活动小贴士	链接：国家海事局网站，澳大利亚海事局PSC检查程序介绍		

任务评价

任务2的6项技能完成后，对完成情况进行评价，并填入表3-9。

表 3-9 任务 2 完成情况评价表

序号	技　能	评判结果	
		是	否
1	熟悉 SOLAS 74 公约(规则 2，3)		
2	熟悉 ISM 规则		
3	理解 MARPOL 73/78 公约(附则Ⅴ)		
4	熟悉 STCW 公约		
5	理解 PSC、FSC 检查		
6	编制船舶检查清单(三副)		

任务3　迎接和配合检查

任务描述

要求根据指定船舶“DD”轮迎接和配合检查的要求，掌握相关技能，以达到顺利通过检查的目的。

任务目标

根据“DD”轮的特点，迎接和配合检查，以实现顺利通过检查的目标。

任务分解

1. 关键性设备操作。
2. 能对检查官报告的缺陷进行合理申诉。
3. 船舶安全检查规则。

知识准备

一、关键性设备操作

1. 关键性设备和技术系统

关键性设备和技术系统指那些在突然发生操作失误时，可能造成船舶置于危险状况的设备和技术系统。通常包括动力机械和系统、舵机、供电设备、自动化设备和系统及应急设备等。如：

（1）关键性设备：主机、发电机、舵桨、主空压机、主空气瓶、锚机、主电站、油水分离器；

（2）关键性系统：主推进系统、压载系统、消防系统、燃油系统、滑油系统、冷却系统、机舱污水系统；

（3）应急设备：应急舵、应急消防泵、油柜速闭装置、风油切断装置、备用泵及其管路等。

2. 制定关键设备和技术系统维护计划，它并使之满足强制性规定、规则的要求

制定计划的主要依据是：首先根据设备本身的技术要求，依据设备说明书、出厂检验报告、修理检验报告等；其次根据船龄的长短和设备的现状；再次考虑船员在现有条件下能完成何种难度的工作，公司拖船实际作业情况；最后根据本公司内或邻近港口同类型拖船、同类型设备的相关信息等来制定。

3. 关键设备维护保养计划在船上的实施

（1）具体设备维护保养周期和分工要明确或无明显遗漏。部门长对设备维护保养职责分工要具体明确，责任到人，全员参与，严格按照设备维护保养周期执行。

（2）部门长的监督检查。各部门长应按照计划要求对下属人员所负责的船舶和设备及其维护保养计划的具体执行情况的记录进行检查，必要时要进行现场检查。

（3）公司主管人员的定期检查。主管人员应按要求不定期抽查船舶，直接对船舶和设备维护保养计划的具体执行情况进行监控检查，以获取设备运行情况的相关信息。

4. 对船舶应急类关键性设备定期检查、测试和维护

船上人员应按照有关规定、规则对所主管的应急设备定期进行自查、保养和试验，并将自查情况和检查内容报告船长、轮机长，由船长、轮机长记录在"船舶应急设备自查表"中并定期报公司主管部门。如：对蓄电池每月检查、测试一次。按时进行过充电和定期进行全容量放电，蓄电池表面清洁，接线柱紧固检查。每年对电解液化验一次，发现异常及时处理；应急舱底吸入阀：每月进行活络检查一次，吸口清洁，阀活络，阀杆涂油保养；应急照明：每月检查、试验一次。各处照明、电缆、接线盒等检查，发现异常及时排除等。

5. 船上关键设备的操作要求、每位操作人员的应知应会

对此，要熟练操作。船上关键设备操作培训、考核及监督。

二、合理申诉

1. 造成不适当滞留的因素

（1）PSCO对适用公约的不同理解。我们知道PSC的法律依据是有关国际公约和一些相关法律，但地区性PSC协议组织之间及同一备忘录成员国之间在检查依据及执行标准上存在一定差异。另外，由于公约内容不断修正更新，一些PSCO较难及时、准确、全面地掌握。PSCO对这些公约与法律条文的理解不同，或者在检查中掌握的尺度不同以及港口国其他有关政策的影响等，最终都会使受检船舶在PSC中产生不同的后果。如检查时，把适用于大吨位船舶的条款用于小吨位船舶；把适用于特种船舶的用于普通船舶；把适用于新船的用于现有船；把某些非强制性条款作为强制性条款的要求，结果造成不适当的滞留。如某PSCO在检查某轮的油水分离器时，坚持认定该油水分离器上应安装排油监控装置，当排出物中的含油量超过15 ppm时能发出报警并自动停止含油混合物的排放。其实，MARPOL 73/78公约附则Ⅰ中对1万总吨以下的船舶没有强制要求配备该装置，即把适用于大吨位船舶的条款用于小吨位船舶上。

（2）PSCO个人的故意和偏见。有些PSCO对中国船持有偏见，甚至怀有敌意，故意刁难；有些不发达国家官员腐败，以权谋私，以滞留来索取礼金、礼品；或者PSCO与代理、供货商等人相互串通，一旦开出不符合缺陷及滞留项目，马上通过代理安排修理、上物料等。如某大公司的一条远洋船一直环球航行，经过美国海岸警卫队（USCG）、澳大利亚海事安全局（AMSA）、加拿大海岸警卫队等要求相当严格的PSC检查，都顺利过关，偏偏在印度某一港口被滞留，但滞留的项目并非重大缺陷。在半个月时间里，这个港口竟然滞留了二十几艘船，实在令人吃惊。又如，我国的船舶经常被韩国某港口的某位PSCO滞留。后来，我们发现该PSCO原先是一位船长，他的船曾经被上海海事局滞留过，此种行为属于个人报复，而最终的结果是导致船舶不适当的滞留。

（3）船员、船舶所有人的过失。船员对PSC检查有恐惧心理，临场演示时由于误操作，往往没有及时告知PSCO，或者PSCO没有耐心再去核实，结果导致滞留。如某船机舱底层滑油两速闭阀试验时，集控室二管轮与机舱三管轮由于紧张操作时不协调，PSCO误认为速闭阀不能动作，属重大缺陷，后来轮机长亲自操作，该阀动作良好，但没有及时向船长说明，认为仅仅是小问题；等报告出来，船长阅读不及时、不认真，甚至看不懂，草率签字；之后发现问题就已经来不及了，船方要求PSCO重新检查，他推托时间紧而遭到拒绝，这样被滞留实在冤。所以，作为船长一定要自信镇静，不要太被动，要十分熟悉《港口国监控程序》，对检查报告要据理力争，逐一看懂并明白每一缺陷的具体情况，不能草率签字。我们知道，PSC检查报告分为Form A和Form B，FormA主要记录船舶的概况和检查情况，每次均签发，第18栏为滞留栏，如果船舶被滞留，则在Yes方框栏内打上标记；而Form B是缺陷报告，只有在发现缺陷的情况才签发，所以对于Form B船长一定要认真核查，确定缺陷所属检查项目的代码、性质描述、依据和PSCO对缺陷项目应采取的措施的要求，若出现“30”代码则表示滞留。当船舶被滞留以后，有些船长有一种害怕出丑的心理，没有及时主动地向船公司汇报，有些船公司知道了也不向主管机关报告，或反馈信息不及时，致使失去了避免被错误滞留或不适当滞留的机会。例如有一艘船被PSCO查出油污应急计划(SOPEP)上面没有及时更新有关内容，包括船舶所有人、船公司经理、经营人的地址、电话、传真、电传等，及附录中沿岸国家联系人、港口联系人、有关船舶重要联系人，船长要求船公司帮助，立即反馈有关内容，结果等PSCO上来复查时才收到反馈内容，差点又被滞留。另外，船长与PSCO缺少必要的交流，导致PSCO的误解。尤其对需要口头交流或现场操作进行评估的项目，若相互不理解或答非所问，做非所求，不适当的滞留也很容易发生，或者说在缺陷性质不很严重的在滞留和不滞留两可的情况下遭到滞留。

(4) 商业性倾向。激烈的市场竞争对PSC产生一定的影响。如西北欧地区，著名的港口相对集中，如果某一当局PSC严格，可能会使租家、货主或船舶所有人选择附近其他国家的港口，这使得该地区的PSCO相对宽松一些；而像澳大利亚PSC相当严格，因为那些港口之间没有激烈的竞争，一个部门统管，而且资源丰富，船舶经营人别无选择；同样，由于美国港口是世界最重要的市场之一，PSC再严格也不会影响国家对外贸易。相反，不发达的国家PSC造成不适当的滞留相对多些，因为他们往往没有深远的眼光去看待这个问题。另外，租家、货主为了各自的利益而别有用心，要求PSCO对船舶进行检查而导致人为的不适当的滞留。如租家经过一段时间期租的经营，觉得继续租下去会更加亏本，而合同到期尚早，这样，他就想方设法把船停泊到PSC要求比较严格的港口，或人为干预要求检查，从而造成不适当的滞留。这样，他会理直气壮地把责任推卸到船舶所有人由于管理不善而造成的违约或要求索赔，而租家本身既不违约，又能避免风险。

2. 避免船舶被不适当滞留的对策

(1) 提高船员自身素质，增强船员责任感。大多数船员对PSC有一种恐惧和紧张感，但是PSC其发展趋势是体系越来越系统、标准越来越严格、内涵越来越深化、监控区域越来越扩大、检查数量越来越频繁，应做好持久作战的准备。首先，对船员进行PSC有关知识的定期培训，掌握PSC检查的规律与特点，了解PSC检查中的详细检查的内容与范围；其次，船员要认真学习掌握有关公约的内容，尤其是掌握涉及PSC检查的一些常用设备的技术标准与公约依据，如救生艇、应急消防泵的启动时间、救生设备的配备数量与技术要求等，这样在检查中才能做到心中有数，从容应对；最后，要求船员严格遵循ISM规则，“写你该做的，做你所写的，记你所做的，查你所做的”，提高受控人员整体的安全管理素质，让船舶始终处于良好的安全状态，符合国际公约的要求，使PSCO查不出任何重大缺陷。

(2) 了解港口当局的特殊规定和PSCO的习惯。船员除了要有良好的英语和有关公约知识外，还应尽可能掌握港口当局的特殊规定和所在国的风俗习惯。如到美国前，船上的垃圾箱最好不要空着，否则反而会被怀疑船舶是否已将垃圾倒入海里；消防救生演习时，发出警报后，在美国，要求全体船员立即赶到集合地点，而我们的船员听到报警后往往是立即赶到出事现场。各国PSCO检查风格不同，西方人较随意，仅凭个人的感觉，东方人则喜欢按部就班，逐项检查；有些国家的PSCO喜欢索要礼品礼金，而有些PSCO却对送礼品很反感，有的则喜欢一些具有特色的纪念品。

(3) 以友好合作的态度接受和配合PSC检查。PSC检查中，船长是至关重要的，应该周密安排，精心组织，认真落实，准备好一切文件、资料、台账，积极主动友好合作，热情接待，寻求相互尊重的友好的气氛，注意PSCO兴趣习惯，不要抱抵触情绪，不要怕麻烦，不当面顶撞冒犯PSCO，有耐心，积极配合，动之以情，晓之以理，消除对PSCO的偏见、误解、敌意的情绪。船长尽可能自始至终陪同PSCO，对检查过程和项目要及时掌握，做到心中有数。在检查过程中，PSCO往往会用小本子记录检查情况，要密切注意，一旦有问题尽量当场给予解决并及时演示。做出必要的解释，必要时能及时指出PSCO的错误，做到不卑不亢，在PSCO填写PSC报告前，搞清楚是否存在问题？属什么问题？如果PSCO做出错误决定，应先礼后兵，进行交流，并注意拒绝的方法，不要草率在报告单上签字，设法避免不适当的滞留。在检查中尽量制造活跃、友好、轻松的气氛，以便分散其注意力，空闲之余，闲聊一些共同感兴趣的话题，以此来交流感情，拉近距离。

(4) 应用法律武器，提出严正交涉或索赔。经修正的SOLAS 1974公约及其1978、1988年议定书，控制条款REGULATION I/19-(f)款；MARPOL 73/78公约，控制条款ARTICLE 7(2)款；STCW 78/10公约控制条款ARTICLE-X(4)款及其他规则的相应条款规定，如果在执行控制时，应尽一切努力避免对船舶作不适当地扣留或延误，如船舶被不适当的扣留或延误，应有权对所受的任何损失和损害要求赔偿。因此一旦船长收到滞留报告，若该滞留为明显的不适当滞留，又没有任何办法可挽回的情况下，应立即报告公司和我国主管机关或驻外领使馆。在报告中，尽可能写一份详细检查经过，以便向有关方提出交涉和索赔；若该滞留属适当滞留，则应组织人员尽快进行严格整改，以便安排尽早复查，减少延迟时间，这样也让港口当局明白中国的船员是有水平的、具有完善的纠错能力，引起其对中国船员的尊重，制约其检查的随意性，避免不适当的滞留。

三、船舶安全检查规则

2009年10月29日原交通部第10次部务会议通过了《中华人民共和国船舶安全检查规则》，并于同年11月30日公布，自2010年3月1日起施行。

第一章　总　　则

第一条　为规范船舶安全检查活动，保障水上人命、财产安全，防止船舶造成水域污染，根据《中华人民共和国海上交通安全法》《中华人民共和国海洋环境保护法》《中华人民共和国内河交通安全管理条例》等法律、行政法规和我国缔结、加入的有关国际公约，制定本规则。

第二条 本规则适用于对中国籍船舶以及航行、停泊、作业于我国港口(包括海上系泊点)、内水和领海的外国籍船舶实施的安全检查活动。

本规则不适用于军事船舶、公安船舶、渔业船舶和体育运动船艇。

本规则所称“船舶安全检查”,是指海事管理机构按照本规则规定的程序,对船舶技术状况、船员配备及适任状况等进行监督检查,以督促船舶、船员、船舶所有人、经营人、管理人以及船舶检验机构、发证机构、认可组织等有效执行我国法律、行政法规、规章,船舶法定检验技术规范,以及我国缔结、加入的有关国际公约的规定。

第三条 船舶安全检查遵循依法、公正、诚信、便民的原则。

第四条 中华人民共和国海事局统一管理全国的船舶安全检查工作。

其他各级海事管理机构按照职责开展船舶安全检查工作。

链接:《中华人民共和国船舶安全检查规则》

任务实施

本任务的教学关键是迎接和配合检查的训技能练,通过对船舶迎接和配合检查整体熟悉,逐步展开作业潜在危险的风险评估,由学生独立完成作业。选用典型案例由教师讲解,学生进行模拟操作,让学生在执行的过程中熟悉作业的特点,当学生看到自己的作业熟练且准确时,会大大提高学习的兴趣。见表 3-10。

表 3-10 任务 3 的实施

时间	10(40)min	地点	
教学资料	实船资料		
活动程序	以迎接和配合安全检查为主线进行活动。		
活动评价方式	分组(6 人一组),组员之间评定 1∶2∶2∶1		
活动小贴士	链接:船上船长、大副等职务船员作介绍		

任务评价

任务 3 的 3 项技能教学完成后,对完成情况进行评价,并填入表 3-11。

表 3-11 任务 3 完成情况评价表

序号	技 能	评判结果	
		是	否
1	关键性设备操作		
2	能向检查官报告的缺陷进行合理申诉		
3	船舶安全检查规则		

任务拓展

- 国外不同港口,检查官报告的缺陷进行合理申诉。

任务4　船舶检验及船级社检查

任务描述

要求根据船舶检验及船级社入级需要，确认船舶检验及船级社入级规定和要求，达到安全管理的目的。

任务目标

能根据船舶检验及船级社的规定和要求，熟练且准确地操作“某某”轮接受船舶检验及船级社检查，达到安全意识教育的目标。

任务分解

1. 熟悉船舶检验的目的、机构、分类；
2. 理解法定检验规程；
3. 熟悉船级证书种类、检验种类、船级保持。

知识准备

一、船舶检验

船舶检验是船舶检验机构对船舶及其设备的技术状况进行检验、审核、测试和鉴定的总称，船舶技术证书是证明船舶技术状况的文件。船舶只有通过相应的检验，才能取得必要的技术证书或保持技术证书继续有效。

船舶检验的目的在于通过对船舶及其设备的检验，促使船舶公司保持船舶的良好技术状况，以保证船舶的营运安全和防止污染、损害海洋环境；保证船旗国和港口国政府对船舶实施有效的管理和控制；同时，也为船舶所有人提高船舶在航运市场的竞争力、降低保险费率，以及为公证、索赔、海事处理等提供必要的技术依据。

按照检验性质的不同，船舶检验可以分为船级检验、法定检验和公证检验等3种基本类型。

船级检验（也称入级检验）是根据船级社的验船规范和技术标准进行检验并签发船级证书；法定检验是根据国际公约、国家法令及法律的规定对船舶进行检验并签发船舶法定证书；公证检验是船级社应客户的申请，指派验船师对所申请检验的项目进行的一种证明客观技术状况的检验；公证检验包括海损检验、索赔检验、起租退租检验、船舶状况检验、货损检验等。

船级检验通常由船舶所有人选择船级社进行，法定检验则必须由政府主管机关或其授权的组织或个人进行，法定检验大多由政府授权船级社进行，中华人民共和国船舶检验局(ZC)(现属中国海事局)是中国船舶法定检验的主管机关；船级检验是船舶所有人为了投保、索赔和处理海事纠纷的便利而自愿进行的，法定检验是政府为保证船舶安全而强制实施的；船级检验是技术鉴定性质的检验，法定检验是国家主管机关按照本国参加的国际公约对船舶结构、稳性、锅炉及其他受压容器、主副机、电气设备、无线电通信设备、救生消防设备、航行设备、信号设备、防污染设备和载重线等进行的技术监督性质的检验，是对船舶进行管理和控制的有效手段。

二、船舶法定检验

船舶法定检验(Statutory Survey)，由船旗国政府(或委托的机构)依据国家的法律、法规、有关国际公约、规则等，对船舶进行强制性的监督检验。

根据《中华人民共和国船舶和海上设施检验条例》(简称《船检条例》)规定，我国船舶检验目前分为法定检验、入级检验、鉴证检验和公证检验；后三种检验由中国船级社承办。法定检验由国家海事局设置的船舶检验机构、省级交通主管部门的船舶检验机构以及国家海事局委托、指定或者认可的检验机构实施。

1. 船舶法定检验的法律性质

(1) 强制性。《船检条例》明确了船舶所有人和经营人必须向船检机构申请相关检验。另外，《中华人民共和国内河交通安全管理条例》规定，船舶、浮动设施未持有合格的检验证书擅自航行或者作业的，由海事管理机构责令停止航行或者作业；不停止的，暂扣船舶、浮动设施；情节严重的，予以没收。

(2) 权威性。《船检条例》规定，国家海事局是实施各项检验的主管机构。国家海事局2003年颁布的《船舶检验工作管理暂行办法》规定，国务院交通主管部门及省、自治区、直辖市人民政府批准设置的地方船舶检验机构，经中国海事局授权后方可行使船舶法定检验业务。

(3) 专业性。从事船舶检验的人员必须持有国家海事局颁发的“验船人员适任证书”，要求从业人员是本专业大学本科以上文化水平。《船检条例》规定，当事人对船舶检验机构的检验结论有异议的，可以向上一级检验机构申请复验；对复验结论仍有异议的可以向国家海事局提出再复验。

(4) 合法性。一是执行法定检验的主体必须合法；二是适用范围要合法，比如船舶检验机构及其分支机构的权限等；三是船舶检验程序要合法；四是验船人员资质要合法；五是检验的结论必须合法。

(5) 组织性。船舶检验是一种行政许可行为，只能以行政机关或组织的名义作出许可。所以船舶检验人员并不具备独立性，而其从事船舶法定检验是一种组织行为。

(6) 物化性。船舶经检验合格后，船检机构应按照规定签发检验证书，同时还有检验记录、检验报告、检验证明等，并妥善保存好船检档案。一旦产生法律后果，证书类就成为书证，图纸类就成为物证。

(7) 被动性。船舶法定检验是以当事人申请为前提的，从法定检验的程序还是从行为本身来看都具有被动性。

(8) 灵活性。在船舶法定检验过程中,绝不能因技术规范、规则设有相应规定或标准,就阻碍新工艺、新技术的推广和使用。近年技术规则、规范的不断修订、补充和完善就是一个说明。

2. 船舶法定检验的法律地位

(1) 其行为具有法律效力。船舶检验机构是为数不多的未单独设立但代表国家行使权力的检验机构之一。法定检验是一种监督性质的检验,其结果一旦被采信,将承担法律责任。

(2) 船舶检验机构没有行政处罚权。船检不能以自己名义作出行政处罚。《船检条例》中规定的涂改、伪造检验证书,擅自变更船舶载重线或者以欺骗行为获取检验证书的违法行为,行政处罚由海事机构负责实施。即使是在对船舶修造的管理上,也应由海事机构对违法行为实施行政处罚。

3. 船舶法定检验的法律责任

确保船舶质量是航行安全的必要条件,而绝不是充分条件;船检承担的仅仅是检验时刻技术状况的责任,不对此后由于不正确使用所发生的问题负责,但是由于工作疏漏、失职等留下的隐患,将承担相应法律责任。

(1) 行政责任。国家海事局制定的《船舶检验机构及验船人员工作过错追究办法》《行政许可法》《内河海事行政处罚规定》等法律、法规、规章中,具体明确了船检机构相应的行政责任。

(2) 民事责任。主要是指经济赔偿责任,如因为检验不到位,造成船舶无法使用或给当事人造成经济损失,又签发了合格的检验证书,根据《国家赔偿法》,船检机构就有可能承担经济赔偿责任。

(3) 刑事责任。验船人员由于工作疏漏、失职甚至渎职,如造成船舶重大人员伤亡或重大经济损失,将被追究刑事责任。如异地检验、越权检验、滥发证书等,就有可能构成滥用职权罪;由于漏检了必检项目等,又签发了检验证书,且这种行为与造成的法律后果有必然关联,就有可能构成玩忽职守罪。

(4) 法定检验时间安排。

(5) 船舶法定检验的依据。

链接:《中华人民共和国船舶和海上设施检验条例》

中华人民共和国船舶和海上设施检验条例

(1993 年 2 月 14 日国务院令第 109 号发布)

第一章　总　　则

第一条　为了保证船舶、海上设施和船运货物集装箱具备安全航行、安全作业的技术条件,保障人民生命财产的安全和防止水域环境污染,制定本条例。

第二条　本条例适用于:

(一) 中华人民共和国登记或者将在中华人民共和国登记的船舶(以下简称中国籍船舶);

(二) 根据本条例或者国家有关规定申请检验的外国籍船舶;

（三）在中华人民共和国沿海水域内设置或者将在中华人民共和国沿海水域内设置的海上设施（以下简称海上设施）；

（四）在中华人民共和国登记的企业法人所拥有的船运货物集装箱（以下简称集装箱）。

第三条 中华人民共和国船舶检验局（以下简称船检局）是依照本条例规定实施各项检验工作的主管机构。

经国务院交通主管部门批准，船检局可以在主要港口和工业区设置船舶检验机构。

经国务院交通主管部门和省、自治区、直辖市人民政府批准，省、自治区、直辖市人民政府交通主管部门可以在所辖港口设置地方船舶检验机构。

第四条 中国船级社是社会团体性质的船舶检验机构，承办国内外船舶、海上设施和集装箱的入级检验、鉴证检验和公证检验业务；经船检局授权，可以代行法定检验。

第五条 实施本条例规定的各项检验，应当贯彻安全第一、质量第一的原则，鼓励新技术的开发和应用。

第二章 船舶检验

第六条 船舶检验分别由下列机构实施：

（一）船检局设置的船舶检验机构；

（二）省、自治区、直辖市人民政府交通主管部门设置的地方船舶检验机构；

（三）船检局委托、指定或者认可的检验机构。

前款所列机构，以下统称船舶检验机构。

第七条 中国籍船舶的所有人或者经营人，必须向船舶检验机构申请下列检验：

（一）建造或者改建船舶时，申请建造检验；

（二）营运中的船舶，申请定期检验；

（三）由外国籍船舶改为中国籍船舶的，申请初次检验。

第八条 中国籍船舶所使用的有关海上交通安全的和防止水域环境污染的重要设备、部件和材料，须经船舶检验机构按照有关规定检验。

第九条 中国籍船舶须由船舶检验机构测定总吨位和净吨位，核定载重线和乘客定额。

第十条 在中国沿海水域从事钻探、开发作业的外国籍钻井船、移动式平台的所有人或者经营人，必须向船检局设置或者指定的船舶检验机构申请下列检验：

（一）作业前检验；

（二）作业期间的定期检验。

第十一条 中国沿海水域内的移动式平台、浮船坞和其他大型设施进行拖带航行，起拖前必须向船检局设置的或者指定的船舶检验机构申请拖航检验。

第十二条 中国籍船舶有下列情形之一的，船舶所有人或者经营人必须向船舶检验机构申请临时检验：

（一）因发生事故，影响船舶适航性能的；

（二）改变船舶证书所限定的用途或者航区的；

（三）船舶检验机构签发的证书失效的；

（四）海上交通安全或者环境保护主管机关责成检验的。

在中国港口内的外国籍船舶，有前款（一）、（四）项所列情形之一的，必须向船检局设置或者指定的船舶检验机构申请临时检验。

第十三条 下列中国籍船舶，必须向中国船级社申请入级检验：

（一）从事国际航行的船舶；

（二）在海上航行的乘客定额一百人以上的客船；

（三）载重量一千吨以上的油船；

（四）滚装船、液化气体运输船和散装化学品运输船；

（五）船舶所有人或者经营人要求入级的其他船舶。

第十四条 船舶经检验合格后，船舶检验机构应当按照规定签发相应的检验证书。

第三章 海上设施检验

第十五条 海上设施的所有人或者经营人，必须向船检局设置或者指定的船舶检验机构申请下列检验，但是本条例第三十一条规定的除外：

（一）建造或者改建海上设施时，申请建造检验；

（二）使用中的海上设施，申请定期检验；

（三）因发生事故影响海上设施安全性能的，申请临时检验；

（四）海上交通安全或者环境保护主管机关责成检验的，申请临时检验。

第十六条 海上设施经检验合格后，船舶检验机构应当按照规定签发相应的检验证书。

第四章 集装箱检验

第十七条 集装箱的所有人或者经营人，必须向船检局设置或者指定的船舶检验机构申请下列检验：

（一）制造集装箱时，申请制造检验；

（二）使用中的集装箱，申请定期检验。

第十八条 集装箱经检验合格后，船舶检验机构应当按照规定签发相应的检验证书。

第五章 检验管理

第十九条 船舶、海上设施、集装箱的检验制度和技术规范，除本条例第三十一条规定的外，由船检局制订，经国务院交通主管部门批准后公布施行。

第二十条 船舶检验机构的检验人员，必须具备相应的专业知识和检验技能，并经考核合格。

第二十一条 检验人员执行检验任务或者对事故进行技术分析调查时，有关单位应当提供必要的条件。

第二十二条 船舶检验机构实施检验，按照规定收取费用。收费办法由国务院交通主管部门会同国务院物价主管部门、国务院财政主管部门制定。

第二十三条 当事人对船舶检验机构的检验结论有异议的，可以向上一级检验机构申请复验；对复验结论仍有异议的，可以向船检局提出再复验，由船检局组织技术专家组进行检验、评议，作出最终结论。

第二十四条 任何单位和个人不得涂改、伪造检验证书，不得擅自更改船舶检验机构勘划的船舶载重线。

第二十五条　关于外国船舶检验机构在中国境内设置常驻代表机构或者派驻检验人员的管理办法，由国务院交通主管部门制定。

第六章　罚　　则

第二十六条　涂改检验证书、擅自更改船舶载重线或者以欺骗行为获取检验证书的，船检局或者其委托的检验机构有权撤销已签发的相应证书，并可以责令改正或者补办有关手续。

第二十七条　伪造船舶检验证书或者擅自更改船舶载重线的，由有关行政主管机关给予通报批评，并可以处以相当于相应的检验费一倍至五倍的罚款；构成犯罪的，由司法机关依法追究刑事责任。

第二十八条　船舶检验机构的检验人员滥用职权、徇私舞弊、玩忽职守、严重失职的，由所在单位或者上级机关给予行政处分或者撤销其检验资格；情节严重，构成犯罪的，由司法机关依法追究刑事责任。

第七章　附　　则

第二十九条　本条例下列用语的定义：

（一）船舶，是指各类排水或者非排水船、艇、水上飞机、潜水器和移动式平台。

（二）海上设施，是指水上水下各种固定或者浮动建筑、装置和固定平台。

（三）沿海水域，是指中华人民共和国沿海的港口、内水和领海以及国家管辖的一切其他海域。

第三十条　除从事国际航行的渔业辅助船舶依照本条例进行检验外，其他渔业船舶的检验，由国务院渔业主管部门另行规定。

第三十一条　海上设施中的海上石油天然气生产设施的检验，由国务院石油主管部门会同国务院交通主管部门另行规定。

第三十二条　下列船舶不适用本条例：

（一）军用舰艇、公安船艇和体育运动船艇；

（二）按照船舶登记规定，不需要登记的船舶。

第三十三条　本条例由交通部负责解释。

第三十四条　本条例自发布之日起施行。

其他链接：

- 《中华人民共和国船舶与海上设施法定检验规则》
- 《船舶建造检验规程》

三、船舶船级

1. 国际船级社协会

国际船级社协会（International Association of Classification Societies，IACS）是在1968年奥斯陆举行的主要船级社讨论会上正式成立的。IACS成立的目标是促进海上安全标准的提高，与有关的国际组织和海事组织进行合作，与世界海运业保持紧密合作。

目前，IACS共有美国船舶检验局（ABS）、法国船级社（BV）、挪威船级社（DNV）、韩国船级社(KR)、英国劳氏船级社(LR)、德国劳氏船级社(GL)、日本海事协会(NK)、波兰船舶登记局(PRS)、意大利船级社(RINA)等13个正式成员。中国船级社(CCS)于1988年加入IACS。IACS由理事会领导和制定总政策,理事会设立一些工作组去执行协会的具体任务。IACS设有下列工作组:集装箱、发动机、防火、液化气船和化学品船、内河船舶、海上防污染、材料和焊接、系泊和锚泊、船舶强度、稳性和载重线。

世界上主要船级社有:英国劳氏船级社(LR)、法国船级社(BV)、意大利船级社(RINA)、美国船级社(ABS)、挪威船级社(DNV)、德国劳氏船级社(GL)、日本海事协会(NK)、希腊船级社(HR)、俄罗斯船舶登记局(RS)、波兰船舶登记局(PRS)、南斯拉夫船舶登记局(JR)、保加利亚船舶登记局(BKR)、中国船级社(CCS)、捷克船舶登记局(CSLR)、韩国船级社(KR)、印度尼西亚船级社(BKI)、罗马尼亚船舶登记局(RN)、印度船级社(IRS)、克罗地亚船舶登记局(CBS)等。

2. 中国船级社(CCS)的入级通则和船级符号

船级是评定船舶技术状况的国际通用形式。船级检验由船级社执行。中国船级社(CCS)是国家的船舶技术检验机构,是中国唯一从事船舶入级检验业务的专业机构,是IACS 13家正式会员之一,总部设在北京。中国船级社(CCS)主要业务有:承担国内外船舶、海上设施、集装箱及相关工业产品的入级检验、公证鉴证检验和经中国政府、外国(地区)政府主管机关授权,执行法定检验等具体检验业务,以及经有关主管机构核准的其他业务。

1) 入级通则

经申请,船舶的船体(包括设备)和船舶机械(包括电气设备)凡符合CCS《钢质海船入级与建造规范》(以下简称《规范》)或等效要求者,CCS将授予相应的船级,并载入CCS船舶录。已在CCS入级的船舶,如能遵循CCS保持船级的各种检验并仍符合入级要求者,经验船师在证书上签署,将继续保持其相应的船级。若船体船级证书和轮机船级证书之一失效,则另一证书同时失效。除客船外的船舶入级证书的有效期应不超过5年,客船包括客滚船的入级证书有效期应不超过4年。临时入级证书的有效期应不超过5个月。

2) 船级符号和附加标志

凡经CCS批准入级的船舶,其船体(包括设备)、轮机(包括电气设备)将根据不同情况分别授予不同的船级符号及附加标志。

(1) 船级符号

A. ★表示船体(包括设备)、轮机(包括电气设备)和特殊设备在CCS检验下建造,符合《规范》要求,并保持良好有效的技术状况,适宜于海上航行。

B. ★表示船体(包括设备)、轮机(包括电气设备)和特殊设备不在CCS检验下建造,但经CCS检验,认为符合CCS的入级要求,适宜于海上航行。

C. CSA5/5表示船体(包括设备)完全符合《规范》的要求,且特别检验间隔期为5年。

根据船舶的技术状态和保养情况,当CCS认为尚可给予船级,但有必要缩短其特别检验间隔期时,即上述船体分数5/5分别由4/5或3/5来代替,分子表示特别检验间隔期分别为4年或3年。

D. CSM表示轮机(包括电气设备)完全符合《规范》的要求。

E. ★CSM表示船舶的推进机械及重要辅助机械不在CCS检验下进行建造、安装和试验,但经CCS检验、试验认为可以接受。

(2) 附加标志:凡经 CCS 批准入级的船舶,将根据其具体条件,在船级符号后加注一个或数个附加标志。

A. 除普通干货船外,其船体(包括设备)均须加附加标志的英文全称,例如:客船的附加标志为“Passenger Ship”,油船(货油闪点超过 60 ℃)为“Oil Tanker, F. P. >60 ℃”,加强检验为“ESP”,船体实行循环检验为“CHS(Continuous Hull Surveys)”,船舶实施安全管理体系为“SMS(Safety Management System)”。

B. 轮机附加标志如:加注“AUT—0”表示能由驾驶室控制站进行遥控运行的推进机械装置,机器处所集中控制站周期性无人值班。加注“MCC”表示能由机器处所集中控制站进行控制运行的推进机械装置。加注“BRC”表示能由驾驶室控制站进行遥控运行的推进机械装置,机器处所有人值班。加注“IGS”表示装有符合规范规定的惰性气体系统应用于从事装运散装油类或散装化学品的船舶。加注“SCM”表示有螺旋桨轴状况监控的船舶。加注“CMS”表示轮机实行循环检验的船舶。

例 1:★CSA5/5 Oil Tanker, F. P. ≤60 ℃, Ice Class B3, ESP 表示在 CCS 检验下建造的无限航区油船,装运闪点低于 60 ℃的货油,具有轻度冰况的冰区加强,特别检验间隔期为 5 年,需加强检验。

例 2:★CSM AUT—0, IGS 表示其轮机(包括电气设备)不在 CCS 检验下制造,但在本社检验下安装、检验和试验的推进机械和重要辅助机械(包括电气设备),能以周期性无人机舱运行,装有惰性气体系统。

3. 保持船级的各种检验

已在 CCS 入级的船舶,为保持已获得的船级,必须按 CCS 的规定进行下列各种检验:年度检验、中间检验、坞内检验、特别检验、螺旋桨轴和艉管轴检验、锅炉和热油加热器检验、循环检验、损坏和修理检验、改装或更换检验。

1) 年度检验(Annual Survey)

所有船舶应经受年度检验。年度检验应于完工、投入使用或特别检验日期的每周年前或后 3 个月内进行。

2) 中间检验(Intermediate Survey)

所有船舶应经受中间检验。中间检验应于完工、投入使用或特别检验后的第 2 个或第 3 个年度检验时进行,该中间检验替代 1 次年度检验,并于年度检验到期日的前或后 3 个月内进行。

3) 坞内检验(Docking Survey)

所有船舶应经受坞内检验或上排检验,除另有规定外,坞内检验 5 年内应不少于 2 次,间隔期为 2.5 年,最长间隔不大于 3 年,但其中一次应在特别检验时进行,以检查水线下船体或设备的具体情况;从事国际航行的客船(包括客滚船)坞内检验每年应进行一次。

4) 特别检验(Special Survey)

船体和轮机(包括电气设备)的特别检验通常每 5 年进行 1 次,以保持其船级证书的有效性。检验后,根据船舶的具体状况确定船体部分的特别检验间隔期可分别为 5 年、4 年或 3 年。特别检验可在到期之日前开始,但不超过 12 个月。如果在特别检验到期之日还未完成特别检验。经验船师上船检验并经船级社批准,可给予不超过 3 个月的展期,以便完成特别检验。

5）螺旋桨轴和艉管轴检验（Screw Shaft and Tube Shaft Survey）

该项检验的间隔期通常为5年。

6）锅炉和热油加热器检验（Boiler Survey，Survey of Thermal oil Units）

锅炉检验的间隔期通常为2.5年，最大间隔期不应超过3年。如船舶所有人申请，锅炉检验可给予不超过6个月的展期。所有锅炉和热油加热器的外部检验，包括安全装置检验，每年进行1次。

7）循环检验（Continuous Machinery Survey，CMS）

由船舶所有人申请并经CCS同意，机械（包括电气设备）的特别检验，以及除油船、散货船和滚装船以外的船体检验可由循环检验代替。循环检验的周期与特别检验的周期相同。该检验将所有特别检验项目在规定的周期内轮流检查。在循环检验周期内，应尽量将特别检验项目按年度平均分配进行，且每一项目的检查周期，最长不超过循环检验的周期。实行循环检验的船舶，年度检验和中间检验照常进行。

8）损坏和修理检验（Damage Survey & Repair Survey）：对涉及船级的各种损坏造成船体、设备和机械（包括电气设备）等部件不能满足本规范的要求，应及时通知船级社进行检验，其检验范围应是验船师认为能查明损坏程度和原因所必需的范围。

对涉及船级的船体、设备和机械（包括电气设备）作任何修理时，修理工作应在验船师监督下根据适用的《规范》进行。如修理地点无船级社验船师，则应及时与船级社联系。

9）改装或更换检验（Alteration Survey）：对涉及船级的船体、设备和机械（包括电气设备）的结构尺寸或装置进行任何改装或更换时，改装或更换的图纸和资料应提交船级社批准、改装或更换检验应按新船的检验程序处理。

如船舶改装造成船舶具有新的船级特征或附加标志时，如乘客定额增加、船舶类型的改变和航区的扩大等，应发给新的船级证书。

10）制造检验：为使船舶在各方面满足船舶规范及有关规定的要求，验船机构对新建船舶，从审查设计图纸和技术文件开始，以及在船舶建造过程中进行检验、试验和试航，直至签发各种船舶证书为止的一系列工作。对入级船舶，制造检验又称建造入级检验。

11）初次检验：一般指未经中国验船机构监督下建造的国外船舶，为换发中国船舶证书所进行的检验。其目的是检查船舶技术状况是否符合安全航行的要求。对船舶入级的检验，又称为初次入级检验。申请初次检验时，须将该船原有船舶证书、证明文件及有关技术资料提交验船机构审查。对要求取得船级的船舶，初次检验的项目、内容和要求，验船机构将根据船舶的具体情况，按“海船入级规则”的规定办理。《1974年国际海上人命安全公约》和《1966年国际船舶载重线公约》规定，船舶投入营运以前的检验，也称初次检验。上述检验合格后，应签发有关的船舶证书。

12）定期检验：验船机构对营运中的船舶按规定的间隔期限对其有关航行安全的项目所进行的检验。目的在于检查船舶的技术状况及主要部分的损耗程度，以确定是否保持安全航行所必需的技术条件。根据《1974年国际海上人命安全公约》和《1966年国际船舶载重线公约》的规定，除初次检验外，规定相隔一定期限的检验，均称为定期检验。在中国内河航行的船舶，机动船每隔4年进行一次的检验和非机动船每隔6年进行一次的检验，也称为定期检验。上述检验合格后，应签发相应的船舶证书。

13）年度检验：验船机构对营运中的船舶，在入级检验和特别检验之间或两次特别检验之间，每年所进行一次的检验。其目的在于查明船舶技术状况是否符合继续安全航行的条件。入级船舶的年度检验，自入级检验或特别检验完成之日起每周年的前、后3个月内进行一次，年度检验的项目、内容和要求，在《海船入级规则》中均有具体规定。国内航行船舶年度检验的期限、项目、内容和要求，在《营运船舶检验规程》中均有具体规定。在《船舶起货设备规范》中，对吊货杆及连接于吊货杆、桅和甲板的固定零部件，起重机，绞车及其附属设备，起货设备活动零部件每年进行一次的检验，也称年度检验。上述各种年度检验合格后，验船机构在相应的证书上签证或换发新证书。

14）循环检验

验船机构对入级船舶的特别检验所采取的另一种形式。即把特别检验的项目由集中一次进行，改为按一定比例分配在两次特别检验之间有计划地进行的检验。循环检验周期不能延期，但每一周期内的个别检验项目允许适当延长。实施循环检验的好处在于减少或避免集中进行特别检验所造成的非生产性停泊，提高船舶周转率。世界各主要验船机构均开展循环检验。

15）特别检验

验船机构对具有船级的船舶，在船级证书期满后，对其技术状况进行全面检查的一种检验。目的是确定船舶技术状况是否能继续保持船级的要求。特别检验的间隔期一般为4年，特殊情况下可延长1年；对技术状况基本符合船级要求，但有某些可允许的不足处的船舶，可根据具体情况适当缩短。特别检验的项目、内容和要求，在各国验船机构颁布的船舶入级规则中均有具体规定。特别检验可用循环检验来代替。特别检验合格后，换发新的船级证书。

16）临时检验

验船机构对技术状况或用途等发生变化的船舶所进行的检验。当船舶发生海损、机损，改变航区，改变用途，更改船名、船籍港或船舶所有人，要求证书展期，以及其他原因影响船舶航行安全时，应申请临时检验。临时检验后，验船机构应发给相应的证书。

4. 暂停船级与取消船级

1）暂停船级

（1）凡经CCS批准入级的船舶，如遇有下列情况，将导致船级自动暂停：①船舶未在CCS入级规范规定的期限内完成船级特别检验，且未经CCS同意展期，除非船舶已申请且正在进行检验或修理；②船舶未在CCS入级规范规定的期限内完成船级年度检验或中间检验；③船级条件或遗留项目在规定的日期内未消除且未经CCS同意展期；④未经CCS同意进行了影响船级的修理、改建或改装。

（2）凡经CCS批准入级的船舶，如遇有下列情况，经确认CCS可暂停其船级：①船舶的船体、轮机设备包括电气设备不符合保持船级的规定；②船舶的船体、轮机设备包括电气设备遭受影响船级的损坏而未及时申请检验。

（3）对于船舶所有人或CCS无法控制的原因（仅限于以下情况，例如：船舶损坏、由于港口当局对人员入境或行动的限制导致的本社意外地无法登船、由于非正常的持续的恶劣天气、罢工、骚乱、战争造成的船舶在港口意外的拖延或无法卸货，或其他不可抗力的情况）造成船舶停靠在不具备完成过期检验条件的港口，CCS可允许船舶直接驶往可完成上述检验的港口而不暂停船级。

2）取消船级

（1）凡经 CCS 批准入级的船舶，如遇有下列情况，CCS 可取消其船级：①根据船舶所有人的要求；②船级已暂停达到 6 个月，船舶所有人仍未申请恢复船级的检验，对于非营运的船舶，可同意更长时间的船级暂停而不被取消；③船舶超出船级附加标志中规定的限制以及批准的其他附加条件进行营运；④船舶的船体、轮机设备包括电气设备遭受重大损坏或发生其他情况经确认已无法继续营运，如沉没、拆船等；⑤未按时交纳检验费。

（2）如只是因保持附加标志有关的检验项目没有进行，则暂停或取消仅局限于相应的附加标志。

（3）凡经 CCS 批准入级的船舶，当其被船旗国政府取消注册，则其船级自动取消。

任务实施

本任务的教学关键是船舶检验及船级社的训练，通过对船舶作业许可的整体熟悉，逐步展开任务，由学生独立完成作业。选用典型案例由教师讲解，学生进行模拟操作，让学生在执行的过程中熟悉作业的特点。当学生看到自己的作业熟练且准确时，会大大提高学习的兴趣。见表 3-12。

表 3-12　任务 4 的实施

时间	10(40)min	地点	
教学资料	实船资料		
活动程序	以船舶法定检验为主线		
活动评价方式	分组(6 人一组)，组员之间评定 1∶2∶2∶1		
活动小贴士	链接：CCS 相关人员作介绍		

任务评价

任务 4 中 3 项技能完成后，对完成情况进行评价，并填入表 3-13。

表 3-13　任务 4 完成情况评价表

序号	技　　能	评判结果	
		是	否
1	熟悉船舶检验的目的、机构、分类		
2	理解法定检验规程		
3	熟悉船级证书种类、检验种类、船级保持		

任务拓展

- 国外检验机构船级检验程序

任务5 行业标准检查

任务描述

要求根据行业的特点，能及时取得行业标准，达到通过行业检查要求的目的。

任务目标

能及时取得行业标准，达到通过行业检查要求的目的。

知识准备

行业标准的检查（石油公司检查）

接受石油公司检查，是经营液体散货运输船队进入国际市场的一道必过的门坎。只有通过这道门坎，才能获得进入世界液体散货运输市场的经营权和获利权；过不去这道门坎，公司则失去在市场的竞争力，其结果是被市场所拒绝，船舶则无货可运。

近几年来，随着承运公司船队规模的不断扩大，市场越来越广，接受石油公司的检查也越来越多，如何通过石油公司的检查，是当前摆在液体散货运输船队面前急需解决的一个主要问题。如果船公司所属的船舶，经常不能通过石油公司的检查，将严重挫伤公司员工的士气，损坏公司的外部形象和声誉，船公司将面临严重的信任危机，失去货主，失去客户，发展和生存将会非常困难。

1. 影响因素

船舶是否能通过石油公司的检查，取决于很多的因素，主要的因素有：

（1）市场因素：①市场对液货船的需求程度，如货少船多、货多船少；②检查公司对该轮的需要程度。

（2）船舶所有人因素：①船公司的声誉和实力；②船舶所有人对船舶的管理能力，如岸基管理、岸基支持、SMS 的完整和正确否等。

（3）船舶状况：①单船壳还是双船壳；②船舶的新旧程度；③船舶的结构和设备状况，是否有重大的缺陷；④船舶的方便旗国民、船级社、船员的国籍等；⑤船舶在过去的 12 个月内是否发生过事故。

（4）外界的评价：①船舶近期的各种检查记录情况，如 PSC 的检查记录；②租家和港口等方对船舶的评价如何。

（5）检查官的因素：①检查官对受检船舶的船舶所有人和船员是否有偏见或歧视；②检查官的身体状况和心情如何。

（6）船员因素：①船员的业务能力和管理能力如何；②受检船员与检查官的沟通和配合

的好坏。

以上的因素都会在不同程度上影响到检查官对船舶检查的“重视程度”“检查的力度”和“最终的检查结果”。因此船舶是否能通过石油公司的检查，有时带有偶然性，但是不可否认的是一家船公司的船舶总体的通过率的高低，则完全能表明该公司的整体实力和综合管理水平。

2. 流程与内容

整个石油公司检查的流程主要包括以下几个方面：

（1）石油公司检查的申请。船舶所有人根据船舶的营运需要，进行有选择性的申请某些石油公司的检查。而对各石油公司申请检查的方式也不尽相同。有的须上该石油公司网站，填表申请；有的须用该公司的表格填好后传真发出；有的可用 E-mail 发出申请信息。申请的内容大致相同，基本上有船舶的预计抵达某港的时间、当地代理、装还是卸货、预计在港停留时间、船舶的基本情况、船舶所有人名称和地址、通信联系地址和检查报告的发送地址等。

（2）石油公司对是否接受检查申请的答复。石油公司在接到检查申请后，是否接受一般都会给船公司一个明确的答复。但是有时候即使是答复了检查，也会因一些不可抗力或检查官人手不足等原因，不能实现对船舶检查。

船舶所有人会提前通知船舶作好石油公司检查的准备，但值得注意的是在某些特殊的状况下，会出现船舶准备时间很短或准备了检查官却未来的情况。

（3）船舶的迎检准备。

（4）检查官对船舶实施检查和提交检查缺陷的简单报告。

（5）船舶所有人对检查付费。检查费用一般在 3 000～8 000 美元左右。EXXON-MOBIL 的检查是不用付费的，但现在该公司已不再上船检查，只是参考其他石油公司的检查报告。

（6）船舶所有人和船舶对缺陷进行整改。

（7）船舶所有人收到正式的检查报告后，在 14 天内进行缺陷整改的答复。

（8）船舶所有人收到石油公司的有关船舶是否通过检查及通过时间的报告。现在石油公司已不明确给出船舶是否通过检查，只是明确此次检查已结束，建议下次检查时间。

从石油公司检查的流程可以看出，是否通过石油公司检查的关键环节是船舶的迎检准备、现场检查、船舶所有人及船舶对缺陷的整改和报告。

任务实施

本任务的教学关键是行业标准检查的训练，通过对行业标准检查的整体熟悉，逐步展开任务，由学生独立完成作业。选用典型案例由教师讲解，学生进行模拟操作，让学生在执行的过程中，熟悉作业的特点。当学生可以看到自己的作业熟练且准确时，会大大提高学习的兴趣。见表 3-14。

表 3-14　任务 5 的实施

时间	5(20)min	地点	
教学资料	实船资料		
活动程序	引进行业标准的检查		
活动评价方式	分组(6 人一组)，组员之间评定 1∶2∶2∶1		
活动小贴士	链接：石油运输公司主管作介绍		

任务评价

任务 5 中规定的技能完成后，对完成情况进行评价，并填入表 3-15。

表 3-15　任务 5 完成情况评价表

序号	技　　能	评判结果	
		是	否
1	理解行业标准检查的要求		

任务6 码头检查

任务描述

要求根据码头检查的特点，掌握码头检查的要求，达到通过码头检查要求的目的。

任务目标

能及时取得码头检查的要求，有利于处理船舶缺陷，以实现通过码头检查要求的目标。

任务分解

1. 理解码头检查标准；
2. 理解对码头检查的突然性和随机性做好各项准备。

知识准备

一、港口安全管理规定(征求意见稿)

第一章 总 则

第一条 [立法宗旨、目的及依据]为贯彻科学发展观，落实安全生产责任，加强港口安全管理，保障港口安全生产，促进港口安全发展，根据《中华人民共和国安全生产法》《中华人民共和国港口法》《中华人民共和国突发事件应对法》《危险化学品安全管理条例》等有关法规，制定本规定。

第二条 [适用范围]从事港口建设、维护、经营活动的单位和相关组织的安全生产及安全监督管理适用本规定。

第三条 [安全管理方针]港口安全管理应当坚持安全第一、预防为主、综合治理的方针。

第四条 [交通运输部职责]交通运输部负责全国港口安全管理，主要职责是：

(一) 贯彻执行国家有关法律、法规，制定国家港口安全管理的规章；

(二) 组织制定港口安全的技术标准、规范；

(三) 建立全国港口突发事件应急体系，制定港口突发事件应急预案。

（四）建立全国港口安全和应急信息系统；

（五）指导和协调省、自治区、直辖市人民政府交通（港口）主管部门（以下简称“省级交通（港口）主管部门”）的港口安全和应急管理工作。

第五条　［省级交通（港口）主管部门职责］省级交通（港口）主管部门负责本行政区域内的港口安全管理，主要职责是：

（一）贯彻执行国家有关法律、法规、交通运输部规章和港口安全的技术标准、规范，结合实际，制定具体管理办法；

（二）依法实施港口安全生产管理；

（三）发布并按规定向交通运输部报送港口安全信息；

（四）指导和监督所在地港口行政管理部门的港口安全管理工作；

（五）制定本行政区域的港口突发事件应急预案，建立港口突发事件应急体系。

第六条　［所在地港口行政管理部门职责］所在地港口行政管理部门具体实施本港口安全生产的监督管理，主要职责是：

（一）贯彻执行国家有关法律、法规、交通运输部规章和港口安全的技术标准、规范；

（二）具体负责港口安全生产管理和监督检查；

（三）监督港口企业落实安全生产责任制；

（四）负责港口建设项目安全设施建设的监督管理；

（五）监督管理港口危险源、危险区域；

（六）组织开展港口安全生产宣传、教育、培训和考核工作；

（七）制定港口突发事件应急预案，组织建立应急救援队伍，配备应急救援物资，建立健全港口突发事件应急体系；

（八）依法受理举报和投诉，查处违反港口安全生产规定的行为。

第七条　［港口经营单位职责］港口经营单位是港口安全生产的责任主体，主要责任是：

（一）建立、健全安全生产责任制；

（二）设立安全生产管理机构或者配备安全管理人员；

（三）制定安全生产规章制度和操作规程；

（四）保证管理人员和从业人员接受相应的安全教育和培训；

（五）配备符合安全生产条件的安全设备设施；

（六）制定并实施本单位的突发事件应急救援预案；

（七）及时、如实报告本单位发生的生产安全事故和其他突发事件。

第八条　［相关组织责任］港口建设和设计单位，检验检测、安全评价、培训机构、社团组织及其从业人员，应当遵守本规定和其他有关安全生产法律、法规的规定，依法承担相应的安全生产责任，保障港口安全生产。

第九条　［促进科学技术研究、信息化管理］各级港口行政管理部门和港口企业应当鼓励、支持或者组织开展港口安全科学技术研究，推广应用先进技术，加强港口安全管理信息化建设，提高港口安全管理水平，适应港口安全生产发展需要。

二、码头检查标准

见表3-16。

表 3-16 码头安全及油船装卸作业安全技术检查表

检查项目	检查依据	检查结果	对策措施及改进建议	备注
一、码头及装卸设施安全				
1. 码头消防设施是否处于完好状态	集团公司《危险品码头安全管理规定》第八条码头应设消防水系统，消防系统应定期检查，保证完好			
2. 码头防止污染设施配备是否符合要求，是否按规定制定了火灾、泄漏等应急预案，并配备了相应的应急人员和应急物资	集团公司《危险品码头安全管理规定》第十条之5制定事故预防和应急救援预案，第二十条码头应配备污水、残油、废弃物及水上浮油回收和处理设施、器材(围油栅、堰等)，并保持完好状态			
3. 码头区域防静电设施是否符合安全要求，是否完好	集团公司《危险品码头安全管理规定》第十六条之6码头输油管道、装载臂和钢引桥等装卸设备及金属构件、船岸跨接电缆应进行电气连接并设置防静电、防雷接地装置；第十六条之8码头上下船的出入口处及有爆炸危险场所的出入口处应设人体静电消除装置			
4. 油品装卸管道是否设置紧急切断阀，安装接油设施	集团公司《危险品码头安全管理规定》第六条在距泊位20 m以外或岸边处的危险品装卸管道上，应设便于操作的紧急切断阀			
5. 码头区域是否设置可燃气体报警器或配备便携式可燃气体报警器	集团公司《危险品码头安全管理规定》第十五条之11应配备固定式可燃气体测爆仪或便携式可燃气体测爆仪			
6. 码头电器安全是否符合安全要求	集团公司《危险品码头安全管理规定》第十六条之1码头电气设备(包括通信设备)的安装、使用和检修，应符合《中华人民共和国爆炸危险场所电气安全规程》(试行)的规定			
7. 码头劳动保护是否符合安全要求	集团公司《危险品码头安全管理规定》第二十五条码头应设置救生和防毒器材专用柜(内放救生衣、器材、防毒面具、防护衣、防护胶靴等)，设备、设施的防撞、防滑、耐火等应符合现行规范要求，并定期检查、维护，使其处于良好状态			
8. 码头区域设备维护保养是否符合规定要求，是否存在跑冒滴漏现象	集团公司《危险品码头安全管理规定》第二十二条加强设备的维护保养，消除跑、冒、滴、漏			
二、船舶安全				
1. 运输单位及船舶是否按照国家有关规定，取得相应的经营资格，相关船舶及人员的资格证书在有效期内	《国内船舶运输经营资质管理规定》交通部2001年第1号令第四条经营国内船舶运输的企业和个人，应依照本规定和国家有关规定，取得相应的经营资质，并在核定的经营资质范围内从事国内船舶运输经营活动。第二章经营资质条件			

续表

检查项目	检查依据	检查结果	对策措施及改进建议	备注
2. 运输船舶是否取得《船舶防止油污证书》，并制定《船上油污应急计划》或油污应急预案	《防治船舶污染内河水域环境管理规定》交通部2005年第11号令第六条船舶必须按照有关规定，持有有效的防污染证书、文书。第四十条150总吨及以上的油船、油驳应当持有经海事管理机构批准的《船上油污应急计划》。150总吨以下油船需制定油污应急预案			
3. 船舶所载运危险货物是否与核发的适装证书中载明的品种一致	《船舶载运危险货物安全监督管理规定》交通部2003年第10号令第二十一条船舶载运危险货物，应当符合有关危险货物积载、隔离和运输的安全技术规范，并只能承运船舶检验机构签发的适装证书中所载明的货种			
4. 船舶是否按照国家有关规定进行进出港申报手续，手续是否齐全	《船舶载运危险货物安全监督管理规定》交通部2003年第10号令第二十四条载运危险货物的船舶办理进、出港口申报手续，并提供船舶持有安全适航、适装、适运、防污染证书或者文书的情况			
5. 船舶的消防安全设置是否符合国家有关规定。消防器材、防雷、防静电设施是否完好，油舱呼吸阀、阻火器是否完好，电器设备是否符合安全要求等	《运输船舶消防安全管理规定》			
6. 船舶是否设置紧急拖缆、脱缆装置，确保迅速撤离	集团公司《危险品码头安全管理规定》第十八条装卸作业			
三、装卸作业安全				
1. 是否按要求对船舶进行进港前安全检查及装卸作业前安全检查	集团公司《危险品码头安全管理规定》第十条之4在装卸作业前，应填写船/岸安全检查表，并对各项安全措施进行检查确认，符合要求后，方可实施装卸作业			
2. 装卸作业人员是否持有作业指导书，并按操作规程作业，控制油品温度及流速，确保设备完好	集团公司《危险品码头安全管理规定》第十八条装卸作业之1装卸前应编写作业指导书第十八条之2严格遵守操作规程，控制输油速度，正确使用设备，消除脏、乱、差、漏，确保设备处于良好状态			
3. 作业前，是否进行静电接地，油品输送方式及软管连接是否符合安全要求	集团公司《危险品码头安全管理规定》第十八条装卸作业之3装卸易燃液体危险化学品时，作业人员应首先消除人体静电，然后将货船与码头间用两根专用接地导线分别进行可靠的连接；软管拆除后，应经过规定的静置时间后，才可将接地线拆除。装卸接地线的连接点位			

续表

检查项目	检 查 依 据	检查结果	对策措施及改进建议	备注
	置应离开易燃易爆的危险部位;第十八条之5连接软管应留有余量,以免受到浪损被拉断造成跑料事故;采用金属软管装卸时,应采取措施避免软管与码头面之间的摩擦和撞击			
4. 作业人员劳动保护是否符合安全要求,是否使用非防爆电器,防火防爆管理是否符合要求,是否杜绝了一切火源	集团公司《危险品码头安全管理规定》第十八条装卸作业;第十五条之9在装卸作业时,码头及禁火区域内严禁烟火,杜绝一切火源			
5. 作业期间,是否采取了防止污染措施,船舶四周是否施放围油栏	集团公司《危险品码头安全管理规定》第二十三条船舶进行装卸作业时,应遵守操作规程,采取必要措施,防止漏油事故			

检查人员:　　　　　　　　检查日期:　　年　　月　　日

任务实施

本任务的教学关键是码头检查的训练,通过对船舶码头检查的整体熟悉,逐步展开任务,由学生独立完成作业。选用典型案例由教师讲解,学生进行模拟操作,让学生在执行的过程中熟悉作业的特点。当学生看到自己的作业熟练且准确时,会大大提高学习的兴趣。见表3-17。

表3-17　任务6的实施

时间	5(25)min	地点	
教学资料	实船资料		
活动程序	码头检查的重点		
活动评价方式	分组(6人一组),组员之间评定1∶2∶2∶1		
活动小贴士	链接:港务公司安全员作介绍		

任务评价

任务6中2项技能完成后,对完成情况进行评价,并填入表3-18。

表3-18　任务6完成情况评价表

序号	技　　能	评判结果	
		是	否
1	理解码头检查标准		
2	理解对码头检查的突然性和随机性做好各项准备		

任务 7　处理检查缺陷

任务描述

要求根据检查缺陷的特点，能及时给予相应的处理，以达到安全管理的目标。

任务目标

能及时处理检查缺陷，以达到预防事故隐患、提高船舶安全的目的。

任务分解

1. 掌握船舶常见缺陷。
2. 及时处理检查中出现的缺陷。

知识准备

一、船旗国监督检查船舶常见缺陷发布

1. 缺陷处理一般原则

(1) 船舶安全检查中发现的缺陷，检查员应告之陪同的船长和船员。对缺陷进行处理时，检查人员应根据我国有关的法律、法规和相关公约，运用良好的专业知识进行综合判断，根据缺陷的性质，并结合港口修理、供应的能力，纠正的难易程度、船舶装载情况、气象海况及各海事部门予以跟踪检查的可能程度，正确、合理地提出处理意见，在保证安全和防污染的前提下，并酌情考虑有关方面的意见。

(2) 船舶安全检查中发现船舶存在缺陷，涉嫌违反我国的法律、法规和规章的，则在作出纠正的处理意见时，应考虑下一步行政调查。

(3) 在检查中所发现船舶存在严重影响水上人命、财产安全或者可能造成水域环境污染的缺陷和隐患的，应依据本原则所规定的滞留原则作出处理。

(4) 船舶安全检查员应认识到任何的设备都可能会失灵，而备件或替换部件又不一定随时得到。在此种情况下，如果检查员判定船舶采取了替代措施，且通过专业判断，认为替代措施安全、有效，则不应造成对船舶的不适当的延误。

(5) 在可预见时间内无离港计划的船舶，缺陷行动代号应避免选择开航前纠正(代码17)，现场检查员根据缺陷的严重程度给予具体纠正时间限制。

(6) 复查或跟踪检查时，对检查港作出的处理意见有疑问时，应与检查港先行进行沟通。如复查港或跟踪检查港也没有条件纠正缺陷，或情况发生变化，可根据本指导原则重新

作出处理意见。

（7）当船舶装卸货物行为危及水上安全或可能造成环境污染时，必要时可对船舶立即采取“限制船舶作业”措施以控制、减轻、消除安全隐患。

（8）当船舶严重违反法律、行政法规或者国际公约规定，对港口安全，水域环境构成严重威胁、危险时，可以对船舶采取“责令船舶驶向指定区域”或“驱逐出港”措施。

（9）在对缺陷处理时应充分考虑中国海事局的特殊规定。

2. 船舶滞留原则

（1）决定被检查船的缺陷是否严重至需要实施滞留，检查员应当慎重地根据缺陷的性质进行综合分析和判断，结合下述1至14项，进一步评估船舶和（或）船员，以决定是否对船舶采取滞留措施。即：①船舶是否具有有效证书和文件；②船舶是否按规定配备了足够的合格船员；③船舶是否能在未来的航程中安全航行；④船舶是否能够安全的进行货物操作；⑤船舶是否能安全地进行机舱操作和维持正常地推进及操舵；⑥船舶是否具有在船上任何部位进行有效地消防能力；⑦船舶是否具有安全迅速有效的救生（助）能力；⑧船舶是否具有足够的稳性；⑨船舶是否具有有效的水密完整性；⑩船舶是否能在遇险情况下进行有效地通信联络；⑪船舶是否提供了安全和健康的环境；⑫船舶是否会造成水域环境污染；⑬船舶安全与防污染管理体系是否存在重大不符合；⑭船舶是否在保安方面存在严重缺陷。

如果对上述项目①～⑪项的判断得出的结论是否定的，或对⑫～⑭项的判断得出的结论是肯定的，应考虑所发现的所有缺陷，对该船实施滞留。多个缺陷组合起来可以判定船舶安全管理体系的运行存在严重缺陷应考虑对船舶的滞留。

（2）如果船舶在航行、停泊、作业过程中遭受意外损坏，虽然其后果足以达到被滞留的条件，但船方能够证明已经向检查港和船籍港海事管理机构及时报告，并正在采取令检查港海事管理机构满意的适当的纠正措施（开航前纠正），则不应被滞留。

（3）对船舶实施滞留或解除滞留，应当遵守《船舶安全检查工作程序》。

（4）超出公约或规范要求配备的设备发生故障或存在缺陷，如不会降低公约、法律、法规或强制性规范标准，不应视作滞留的理由。

（5）导致滞留的缺陷不能在检查港纠正时，海事管理机构可以允许该船驶往最近的修理地点，该修理地点由船方选择并经检查港海事管理机构同意，前提是船舶已经采取临时替代或修理措施或满足其他限制条件。这些限制条件可包括来自船检机构已经对该船舶采取纠正措施的确认。在这种情况下，检查港海事管理机构将通知船舶修理地点的海事管理机构。

3. 缺陷处理代码和检查代码说明

见表3-19。

表3-19　缺陷处理代码及其说明

缺陷处理代码	说明
06	船籍港纠正
10	缺陷已纠正
15	下一港纠正

续表

缺陷处理代码	说明
16	14 天内纠正
17	开航前纠正
18	3 个月内纠正(ISM/NSM)
30	滞留
40	禁止船舶进港
41	限制操作
42	责令船舶驶向指定区域
43	驱逐船舶出港
60	船员记分
99	其他措施(用文字说明)
检查行动代码	说明
45	滞留缺陷通知下一港进行检查
50	通知船籍港海事管理机构
70	通知船舶检验机构
99	其他措施(用文字说明)

二、处理船旗国监督检查中出现的缺陷

1. 缺陷处理代码

(1) 代码 06——船籍港纠正:该代码适用于需回船籍港才能纠正的缺陷,通常是指缺陷涉及船籍港海事管理机构,如证书签发错误等,需用证书原件才能到船籍港海事管理机构办理的缺陷。

(2) 代码 10——缺陷已纠正:该代码用以表明缺陷已纠正。该代码不能单独使用。

(3) 代码 15——下一港纠正:该代码适用于当一个缺陷在检查港无法纠正或不具备纠正的条件,经检查员专业判断,认为从检查港至下一港的航行期间不会对航行安全或海洋环境造成严重危害,但需要在下一港纠正或作进一步检查时用此代码。

(4) 代码 16——14 天内纠正:该代码适用于性质轻微的缺陷,经过船舶安全检查员的专业判断,认为不会立即对航行安全或海洋环境造成危害,并不需要立即纠正时,可以使用该代码 16。

(5) 代码 17——开航前纠正:该代码系缺陷处理代码,适用于:①缺陷性质较轻,纠正

不存在困难,能在本港纠正。②对于缺陷性质较严重,但尚未引起船舶的不适航也可使用该代码。但如船方无法在开航前完成整改的缺陷,则应在满足相应的临时性修理或采取替代措施的前提下改签其他缺陷代码。③对于明显船方无法在开航前纠正的缺陷,即使该缺陷对船舶的适航性有一定的影响,应慎用该代码。④对于船舶存在的缺陷已严重影响船舶的适航性或数个缺陷的组合存在已表明船舶处于不适航状态,应避免使用该代码,建议采用代码 30,不论该船是否能在开航前纠正存在的缺陷。⑤由于涉及 ISM/NSM 规则符合性的缺陷纠正需要过程,通常需较长的时间,因此该代码一般不适用涉及 ISM/NSM 规则符合性的缺陷。⑥对于港作船,如果船舶存在的缺陷在本手册中表明的缺陷处理代码是 17,则应用 99 代替,具体纠正期限一般应不超过一个星期;对于液货船或客轮的 17 代码,应酌情判断,如实际情况不可能或不便于在开航前纠正,一般可给予一个星期的纠正期限。

(6) 代码 18——3 个月内纠正(ISM 规则或 NSM 规则):该代码仅适用于 ISM/NSM 规则缺陷(类别 2500 系列),对于重大不符合 ISM/NSM 规则的缺陷,如认为会对船上人员或船舶造成严重威胁或对环境存有严重危险时,应采用代码 30。

(7) 代码 30——滞留:该代码适用于严重危及船舶适航性或对船员/乘客的安全、环境构成威胁的缺陷。①如果滞留缺陷无法在检查港纠正,则可在临时性修理或满足相关替代措施的前提下,代码 30 更改为代码 99;②采用代码 30 时应综合考虑船舶的整体状况,充分发挥检查员的专业判断,慎用该代码,避免造成船舶的不适当滞留。

(8) 代码 40——禁止船舶进港:该代码系缺陷处理代码,适用于船舶缺陷对港口安全及水域环境具有严重威胁时,主管机关根据《中华人民共和国海上交通安全法》第十八条的规定禁止其进港;船舶不立即消除或逾期不消除内河交通安全隐患的,主管机关根据《中华人民共和国内河交通安全管理条例》第五十九条规定,禁止其进港。

(9) 代码 41——限制操作:该代码系缺陷处理代码,适用于船舶缺陷造成船舶处于不适航或不适拖状态,主管机关根据《中华人民共和国海上交通安全法》第十九条的规定限制船舶操作;船舶不立即消除或逾期不消除内河交通安全隐患的,主管机关可根据《中华人民共和国内河交通安全管理条例》第五十九条规定,限制船舶操作。

(10) 代码 42——责令船舶驶向指定区域:该代码系缺陷处理代码,适用于对港口安全及水域环境具有严重威胁的缺陷,主管机关可责令船舶驶向指定区域。

(11) 代码 43——驱逐出港:该代码系缺陷处理代码,适用于船舶缺陷对港口安全及水域环境具有严重威胁时,主管机关根据《中华人民共和国海上交通安全法》第十八条的规定,将其驱逐出港;船舶不立即消除或逾期不消除内河交通安全隐患的,主管机关可根据《中华人民共和国内河交通安全管理条例》第五十九条规定,将其驱逐出港。

(12) 代码 60——船员记分:该代码适用于发现船舶存在的缺陷系由责任船员引起,或船员的实际操作检查不合格。该代码如果要复查或跟踪检查合格,须同时满足:① 相关船员已经被记分处罚;② 引起 60 的原因在开航前已经消除。

(13) 代码 99——其他措施(文字说明):该代码系缺陷处理代码。使用时必须用文字明确说明纠正的时间期限,以方便船方的理解和其他海事主管机关的复查。

2. 检查行动代码

(1) 代码 45——滞留缺陷通知下一港跟踪检查:该代码适用于导致船舶滞留的缺陷不

能在检查港纠正时,海事管理机构可以允许该船驶往最近的修理港进行纠正,检查港海事管理机构应通知船舶下一修理停靠地点的海事管理机构。

如检查港或拟通知港未使用船舶动态管理系统,检查港海事管理机构应以书面形式通知下一港海事管理机构。

(2) 代码 50——通知船籍港海事管理机构:该代码适用于对船舶缺陷的处理意见为 30(滞留)、40(禁止船舶进港)、43(驱逐船舶出港)时,则相应使用该行动代码。

如检查港或拟通知港未装设船舶管理系统,检查港海事管理机构应以书面形式通知船籍港海事管理机构。

(3) 代码 70——通知相关船舶检验机构:该代码适用于对船舶缺陷的处理意见为 30(滞留)且判定船舶检验机构负有的责任可使用该行动代码。

该代码适用的前提是基于以下原则判定船舶检验机构负有的责任:①船舶遭遇意外损坏不应视为与船舶检验机构有关;②船舶结构的严重锈蚀应视为与船舶检验机构有关的缺陷;③上一次检验时已过期的设备应视为与船舶检验机构有关;④如某设备在最近 3 个月被检验过,则该设备存在的缺陷应视情考虑与船舶检验机构有关;⑤船舶配员及操作性检查方面的缺陷不应视为与船舶检验机构有关;⑥易耗品的短缺不应视为与船检机构有关,除非易耗品的大量短缺,且船舶在最近 3 个月被检验过。

(4) 代码 99——其他文字说明:该代码适用于在检查中发现船舶涉及违反我国相关法律、法规,需要对其违法行为实施行政调查,采取行动代码 99(行政调查)。

任务实施

本任务的教学关键是处理检查缺陷的训练,通过对船舶处理检查缺陷的整体熟悉,逐步展开任务,由学生独立完成作业。选用典型案例由教师讲解,学生进行模拟操作,让学生在执行的过程中熟悉作业的特点。当学生看到自己的作业熟练且准确时,会大大提高学习的兴趣。见表 3-20。

表 3-20 任务 7 的实施

时间	10(40)min	地点	
教学资料	实船资料		
活动程序	依据处理船旗国监督检查缺陷为主线活动		
活动评价方式	分组(6 人一组),组员之间评定 1∶2∶2∶1		
活动小贴士	链接:国家海事局网站、CCS 网站		

任务评价

任务 7 中 2 项技能完成后,对完成情况进行评价,并填入表 3-21。

表 3-21　任务 7 完成情况评价表

序号	技　　能	评判结果	
		是	否
1	掌握船舶常见缺陷		
2	及时处理检查中出现的缺陷		

任务拓展

- 跟踪国内各港口重点检查动态。

项目四
安全管理体系内外审核

核心概念

船舶安全管理体系;《国际安全管理规则》;港口国检查;不符合规定情况;初次审核

情景设置

一、指定船舶描述

某公司“某某”轮船舶安全管理体系运行情况

1. 对实施 ISM 规则认识不足

(1) 公司领导对实施 ISM 规则意义认识不到位,不能按公司既定的方针和目标实施体系的持续改进,在体系运行过程中缺少资源保障。

(2) 传统做法和习惯行为代替了体系要求,实施中存在“两张皮”现象。

(3) 公司各职能部门监督管理乏力。

(4) 对港口国检查存在问题、内外审不符合规定,纠正措施落实不到位,同一问题重复发生。

(5) 人员职责不清,有权无责和有责无权现象依然存在,各部门和各岗位间的职责接口不畅,出现管理真空或职责重叠交叉,推诿扯皮现象时有发生。

(6) 体系文件庞大而繁杂,可操作性不强,员工对文件尤其是强制性规则规定熟悉不够,有关工作漏项,导致活动过程控制不力。

2. 船员素质不高,对船员培训缺乏必要的保证手段

(1) 船员的适任能力与 STCW 78/ 10 公约及国内有关规则的要求不符,虽然他们持有相应的适任证书,但实际操作和管理能力却不尽人意。

(2) 船上培训缺乏有效的计划,实际培训较多的是对 SMS 文件的学习,而有关的公约、规范、规则方面的培训内容较少,对因故缺席者(如值班人员) 未说明如何补课,船长或部门负责人对船员培训的有效性没有真正落实,评价结果与实际情况不符。

(3) 船员调动交接班不够充分,往往接班船员并不完全清楚其职责范围内的设备和操作要求,新聘或转岗船员的开航前指令未能标识并提供实施。

(4) 船岸信息交流不畅,尤其许多船舶是从国外购来的二手船,船上有关资料还是用英文或其他国家文字所表述,船员不能够正确理解和掌握。

(5) 培训需求输入信息不足,未能与岗位能力的识别与需求接口。

3. 船上关键性操作得不到有效控制，事故隐患依然存在

(1) 航行和停泊值班船员缺乏责任心，未按值班规则的要求进行有关检查或巡视，护船人员严重缺乏。

(2) 船上加装燃油、明火作业等关键操作未按程序和须知的要求做好安全和防污染的预防措施，包括未制定移油计划，造成跑油事件。

(3) 船舶配/积载计划未制定，也未对船舶稳性及强度进行核算。

(4) 航海通告未能及时收到，并作相应改正，船舶航行计划未经船长批准，航海图书资料配备不满足标准要求。

(5) 船舶开航前和到港前适航性检查未进行，高级船员不熟悉检查内容或检查项目不全或记录不完整。

4. 应急演习不完整，一旦出现紧急情况无所适从

提高船岸人员的应急反应能力，确保船上一旦发生紧急情况船岸能协调一致，立即作出有效反应，是 ISM 规则第 8 章提出的要求。但实际上有关人员对此没有正确认识，具体表现在：

(1) 船舶未按程序规定结合船舶货物装载、航线情况及机械设备的状况制定应急演习计划，如船舶进入海盗多发区域前未按规定进行防海盗演习或训练。

(2) 应急演习不全，未包括对公司已标明可能出现的所有紧急情况。

(3) 未制定演习预案，导致演习的有效性无法得到保证。

(4) 船员调动或更换后未作相应的演习的培训，如同一港口调员 25%以上时，未在24 h内举行弃船和消防演习，对更换的船员未进行弃生、消防方面知识的授课训练。

(5) 演习内容记录不够完整，未记载演习的具体细节，无法体现整个演习的全貌，如未按要求放救生艇、未严格操练消防员装备的使用方法。

(6) 船长或大副未能对演习的有效性作出正确的评价，对演习中发现的问题未采取相应的措施。

(7) 船员对应急反应或处理程序不明确，不清楚其在各种应急情况中的职责和任务。

5. 船舶设备得不到较好维护，各种缺陷和故障未能及时得到消除

从实际审核和管理结果分析，船舶设备维护方面是产生不符合规定情况概率最高的要素，约占总数的 40%～50%。

(1) 船舶年度预防检查计划未按规定期限制定，或制定后未按规定程序进行审批和认可。

(2) 关键设备、应急设备和非连续使用的设备未按规定纳入船舶日常维护计划而进行有效的养护。

(3) 维护检修计划中检修项目、检查和检测要求未落实或检修不完整，检修记录未真实反映要求的检修内容。

(4) 船舶设备的不足、缺陷和故障未进行原因分析，并及时修复、报告公司，公司对船舶所报告的设备问题也未作出有效处理。

(5) 船级检验过期，如坞检、船舶证书失效、以及船舶检验机构所提出的遗留项目未报告也未按期消除。

(6) 对船舶设备的检查时间间隔未满足强制性规范要求，如 SOLAS 公约要求的救生设备包括艇机和通用紧急报警系统的年度、月度和每周的检查和试验未严格执行。

(7) 老旧船舶的维护周期未按规则要求作适当的缩短。

6. 缺乏对体系管理和进一步完善的有效措施,难以发挥其功效

(1) 船上对发生或发现的不符合规定情况、事故和险情不报告,调查分析走过场,未能找出其产生的真正根源,纠正措施无针对性、力度不够。

(2) 对港口国检查的问题通常只有立即措施,即修理或更换设备等,而无防止类似缺陷再发生的长久措施。

(3) 船长对SMS复查要求和内容不清楚,有的流于形式,"只报喜,不报忧",有的未对体系在船的运行作出正确的评价。

(4) 内审工作由船上人员自己进行时,在交叉审核时往往没有很好的按程序要求进行,其内审员资格,内审的有效性值得怀疑。

(5) 船员对SMS的执行,往往是被动的,缺乏主动维护和改进的精神,对船上配备的文件结合实际操作未进行正确的评价,即使发现问题却并不向公司报告。

(6) 改进的理念不完整,将纠正和预防措施混为一谈,改进方式错位明显。

二、指定船舶管理公司

链接:某公司《船舶安全管理体系文件》

三、项目内容

船舶审核准备、不符合规定情况并制定纠正措施

学习目标

1. 能适应体系内外审核内容与要求。
2. 结合情景任务会船舶审核准备,不符合规定情况报告并制定纠正措施。

学习内容

任务1　船舶审核准备。

任务2　不符合规定情况报告并制定纠正措施。

任务1　船舶审核准备

任务描述

要求根据指定船舶SMS审核，能做好准备、迎接审核，达到顺利通过审核的目的。

任务目标

能根据船舶SMS审核类型，做好准备、迎接审核，达到建立SMS、通过审核的目标。

任务分解

1. 熟悉船舶审核的类型、要求。
2. 熟悉体系对本职的要求。
3. 熟悉接受和配合审核员的审核。

知识准备

一、船舶审核的类型、要求

"船舶审核"是政府主管机关或其他认可的机构，如船级社，按照ISM规则定期对船舶进行审核，以判断安全管理体系是否符合规则要求和安全管理体系是否有效实施，并适合于达到安全和防止污染目标。这就是船舶审核。

船舶审核分为初次审核、中间审核、换证审核和附加审核。

1. 初次审核

对于新建立安全管理体系的船舶进行初次审核，审核合格后签发安全管理证书。

2. 中间审核

安全管理证书有效期为5年。在证书签发后第2个周年日和第3个周年日之间进行中间审核。审核合格，在安全管理证书上签注。

3. 换证审核

在安全管理证书有效期满前6个月进行换证审核。审核内容、范围和方法同初次审核。

4. 附加审核

在初次审核、中间审核或换证审核时发现严重不符合规定的情况，要进行附加审核。审核合格后签发或签注安全管理证书。

二、体系对本职的要求(课外)

三、港口国检查与船舶安全管理体系审核

国际安全管理规则(简称《ISM 规则》)1998 年 7 月 1 日起适用于客船,包括载客高速艇、500 总吨及以上油船、化学品船、气体运输船、散货船和高速货船;2002 年 7 月 1 日起适用于移动式近海钻井装置和 500 总吨及以上其他货船。根据公约要求上述船舶及其管理公司应分别在上述日期前取得"安全管理证书"(SMC)和"符合证明"(DOC),否则该公司及其船舶将不能继续从事国际海上运输。在进行日常 PSC 检查的同时,增加了对 ISM 规则符合性方面的检查内容,对适用规则的船舶管理公司及其船舶实施 ISM 规则的情况进行有效地监控。

1. 不相同之处

PSC 检查与船舶安全管理体系(SMS)审核两者虽然都以确保船舶和人命财产安全、防止船舶造成海洋污染为宗旨,但性质又各不相同。

第一,PSC 检查与船舶安全管理体系审核实施的主管机关不同。PSC 检查是由港口国当局对到港的外国籍船舶依法实施的监督与控制,是港口国主管机关的一项职能和权利;而对船舶 SMS 的审核是由船旗国主管机关本身、主管机关授权的认可组织机构或应主管机关请求的另一缔约国政府实施的,是船旗国主管机关的一项职能。这是针对两个不同的主管机关而言的。

第二,PSC 检查与船舶 SMS 审核的依据不同。PSC 检查主要依据加入的国际公约,IMO 经 A. 882(21)决议修订的 A. 787(19)决议"港口国监督程序"以及各区域性 PSC 组织制定的《ISM 规则的港口国监督指南》进行 ISM 方面的检查,而船舶 SMS 的审核主要依据 IMO A. 741(18)决议"国际船舶安全营运和防止污染管理规则"以及 IMO A. 788(19)决议"主管机关实施《国际安全管理规则》指南"等进行审核。

第三,PSC 检查与船舶 SMS 审核的方式不同。一般情况下 PSC 检查需事先确定好目标船,然后再根据登轮初始检查的总印象或明显依据决定是否进行更详细的检查,通常检查期限为六个月;船舶 SMS 的审核不存在选定目标船的问题,所有适用 ISM 规则的船舶必须进行 SMS 审核,一般初次审核后,每 5 年一次的换证审核以及第 2 与第 3 周年间的中间审核通过后才能保持 SMC 证书的有效性。

第四,PSC 检查与船舶 SMS 审核对"缺陷"和"不符合规定的情况"所采取的行动不同。首先,"缺陷"与"不符合规定的情况"定义不同。"缺陷"系指检查中发现的不符合有关公约要求的状况,它侧重于船舶"硬件"方面(如船体、机器、设备、配员或操作安全方面)的不符合;"不符合规定的情况"是指客观证据表明不满足某一具体规定要求的可见情况,而"重大不符合规定的情况"系指对人员或船舶安全构成严重威胁或对环境构成严重危险,并需要立即采取纠正措施的可辨别的背离,包括未能有效和系统地执行《国际安全管理规则》的有关条款,它侧重于船舶"软件"方面(如船员不熟悉 ISM 规定的职责、体系文件失控、缺乏适当的程序和须知、程序同规则要求不一致)的不符合,是针对船舶运行的安全管理体系而言的。其次,对"缺陷"与"不符合规定的情况"采取的行动不同。在 PSC 检查中,若发现严重缺陷及严重不符合规定的情况,船舶将可能被滞留;PSCO 也可能要求所发现的缺陷在船舶开航

前纠正或下一港纠正或一段时间内纠正，也可直接通知船旗国政府、船级社、本地区所有备忘录国家及地区；对体系检查中发现的“重大不符合情况”可要求船舶开航前纠正，“一般不符合情况”要求船舶在3个月内纠正。而船舶SMS审核中如果发现重大不符合情况，通常意味着船舶审核没有通过，船舶也将无法取得有效的SMC证书；对不符合规定的情况，审核员可要求船舶及其相关人员立即纠正或在一定时间内(一周、一个月、三个月)纠正，必要时可安排跟踪审核。

第五，PSC检查与船舶SMS审核的实施人员不同。PSC检查由港口国当局正式授权的PSCO负责实施，PSCO没有做审核的职能，也没有做审核的义务；而船舶的SMS审核则由船旗国主管机关或其认可的机构指定的审核员进行审核。

2. PSCO不同于安全管理体系审核员

在国际海事组织大会通过的《港口国监督程序》以及各地区PSC组织通过的“ISM规则符合性的港口国监督指南”中都没有“港口国监督检查官必须是安全管理体系审核员”的规定和要求，从各国的实际情况来看，PSCO也不可能都成为审核员。

首先，PSCO与SMS审核员的职责及其授权不同。PSCO主要依据有关国际公约的规定，经授权代表港口国对抵港的外国籍船舶进行检查；SMS审核员则依据《ISM规则》的要求，代表船旗国政府对其本国国籍船舶及其公司进行审核。

其次，PSCO与SMS审核员的资格和培训要求不同。PSCO应具备港口国检查员资格，能用英语同主要船员进行交谈，掌握与PSC有关的适用公约条款的必要知识，实施操作性检查的PSCO还应具备船长或轮机长的海上资历或与之相当的资历；而SMS审核员要求具有主管机关或经认可机构认可学历或资历，理解并掌握ISM规则及其强制性规定的要求，具备从事审核的足够资格和技能，并经考核持有有效的审核员证书。

3. PSC检查中涉及ISM规则符合性的问题与对策

随着全球范围内PSC检查的不断深入和ISM规则的有效实施，一些地区的港口国监督组织相继制定并通过了“ISM规则符合性的港口国监督指南”，从而将ISM规则符合性检查纳入到日常的PSC检查中，在进行日常港口国检查的同时，增加了对ISM规则符合性方面的检查内容。

一是将日常PSC检查与ISM规则符合性检查有机结合起来。由于实施港口国监督的目的在于抑制低于标准船的营运，促使船旗国政府履约。过去，港口国监督往往把检查的重点放在船舶技术标准(如船体结构、水密性、安全设备)和证书的有效性上。目前，ISM规则实施近十年来，在P-MOU、T-MOU国家已多次开展ISM规则符合性的PSC专项检查中，逐渐将ISM规则的符合性纳入PSC日常检查中，不再仅局限于对DOC、SMC证书有效性的检查，开始注重船舶SMS运行情况的检查。鉴于日常PSC检查与ISM符合性检查有着密切关系，笔者建议对常规PSC检查中发现的缺陷，要从SMS运行中查找出现缺陷的原因以确认船上运行的SMS的符合性、有效性；同时指明程序或须知中的不足，采取适当的行动以防止这种情况的再次发生。在PSC检查过程中以日常PSC检查为主，ISM符合性检查为辅，针对发现的缺陷再从SMS中查找根源，对SMS的符合性、有效性进行验证，从而将两者有机结合起来。

二是对检查出的“缺陷”采取何种措施。在PSC检查过程中，PSCO需要针对PSC检查的结果决定采取何种行动，由于缺陷与船舶安全管理活动有关，所以针对日常PSC检查发现的缺陷，多数能在 SMS 中找到不符合规定的情况。同样一个事实，因其检查的角度不同而导致处理结果亦不相同。比如消防总管锈穿，影响消防水的压力。从 PSC 检查来看，属于 0725 项消防设备方面的缺陷，采取的行动可能是 30(滞留)；而从 ISM 规则检查看，则可能属于 2550 项违反了船舶和设备维护规定的不符合规定的情况，采取的行动是 18(在 3 个月内纠正)。对上述情况，建议视具体情况而定：一般情况下采用“就重不就轻”原则，选择相对重要的处理意见，尽量避免两种行动都采取；但是如果检查中发现仍有大量其他维护保养方面的缺陷，那么，可以认为船舶 SMS 体系没有进行有效运行，可以采取滞留船舶，并通知 SMC 发证机关对船舶 SMS 体系进行重新审核评估。此时，PSCO 的专业判断能力显得尤为重要。

任务实施

本任务的教学关键是应对船舶审核技能的训练，通过对船舶审核的整体熟悉，逐步展开任务，由学生独立完成作业。选用典型案例由教师讲解，学生进行模拟操作，让学生在执行的过程中熟悉作业的特点。当学生看到自己的作业熟练且准确时，会大大提高学习的兴趣。见表 4-1。

表 4-1　任务 1 的实施

时间	10 (40)min	地点	
教学资料	实船资料		
活动程序	依照船舶换证审核为主线		
活动评价方式	分组(6 人一组)，组员之间评定 1：2：2：1		
活动小贴士	链接：航运公司指定人员、SMS 审核员		

任务评价

任务 1 中 3 项技能完成后，对完成情况进行评价，并填入表 4-2。

表 4-2　任务 1 完成情况评价表

序号	技　　能	评判结果	
		是	否
1	熟悉船舶审核的类型、要求		
2	熟悉体系对本职的要求		
3	熟悉接受和配合审核员的审核		

任务拓展

- 国内船舶审核新动态

任务2　不符合规定情况报告并制定纠正措施

任务描述

要求根据船舶审核中指出的船舶不符合规定的情况，能制定纠正措施，达到船舶安全管理的目的。

任务目标

能根据船舶不符合规定的情况，实施纠正，制定纠正措施，达到船舶安全管理的目的。

任务分解

1. 识别不符合规定的情况；
2. 熟悉如何制定纠正措施。

知识准备

一、识别不符合规定的情况

航运公司安全管理体系不符合规定情况判定指南*

一、为进一步做好《国际安全管理规则》/《国内安全管理规则》的实施工作，促进航运公司安全管理体系的有效运行；指导安全管理体系审核员对不符合规定情况（以下简称不符合）的判定，公正、客观、准确评价安全管理体系运行的实际状况，依据《国际安全管理规则》/《国内安全管理规则》等相关规定，制定本指南。

二、本指南仅供对航运公司安全管理体系实施审核时参照使用。

三、不符合判定原则

不符合是指审核中发现的客观证据表明不满足某一具体规定要求的情况，即有客观证据表明不满足规定的观察结果。

不符合按其性质可分为一般不符合、严重不符合和重大不符合。

（一）一般不符合判定

一般不符合是指性质轻微的不符合。

---

* 中国海事局2007年5月8日发布，海便函〔2007〕107号

通过对审核观察结果分析，如果确定所发现的不符合属人为疏忽或具体规定偶未遵守，且是孤立的、对航运公司安全管理体系运行效果不产生明显影响，这类不符合可判定为一般不符合。

（二）严重不符合判定

严重不符合是指其性质介于一般不符合和重大不符合之间的不符合。开具严重不符合，一般不直接收回证书，可导致跟踪审核。如果纠正措施不到位，后果严重者也可收回证书。

（三）重大不符合判定

通过对审核观察结果分析，如果确定所发现的不符合对人员或船舶安全构成严重威胁或对环境构成严重危险，并需要立即采取纠正措施；或未能有效和系统执行《国际安全管理规则》/《国内安全管理规则》的有关条款，这类不符合可判定为重大不符合。开具重大不符合，可直接导致主管机关收回证书。

四、严重不符合判例

通过对审核观察结果分析，出现下列情况可判定为严重不符合。

（一）体系文件方面

1. 体系内岗位职责混乱或未规定指定人员、海务、机务主管人员相应的岗位职责。

2. 根据所经营船舶的种类、航区和所载运货物，应当标明的关键性船上操作未进行标明，或者对已标明的关键性船上操作未制定相应的操作方案或须知。

3. 应当标识的因突发性运行故障而导致险情的设备和技术系统未进行标识，或者对于已标识的未提供保障其可靠性的具体措施。

4. 应当标识的紧急情况未标识的或者对于已标识的未制定船岸应急反应措施。

5. 缺少就如何保证船长具备适当指挥资格和配备足够持证、适任、健康船员的具体规定。

（二）岸基活动方面

1. 最高管理层、海务、机务管理人员的资质不满足强制性规定。

2. 聘用的船长未经过适当指挥资格的确认，或在正式履行船长职务前未经过熟悉公司体系的培训。

3. 未按要求为船舶配备合格、持证并健康的船员。

4. 不能掌握所管船舶的船员名单、船员技术档案、船员专业和体系培训情况。

5. 未按规定举行船岸联合演习。

6. 对已确定的不符合未进行原因分析，或未制定纠正措施，导致同类问题重复发生的。

7. 未按要求对船舶的航行动态、或日常维修保养、或备件物料的及时供应、或航海图书资料的及时提供进行控制。

（三）船舶（包括代表船）活动方面

1. 新聘或转岗的船长、轮机长、大副上岗前未接受职责熟悉培训。

2. 执行船上关键性操作的人员不适任或未执行所制定的须知或操作规程。

3. 未按规定开展应急演习和训练；或现场实施的应急演习存在人员集合超过规定时间、未按规定携带器材等情况。

4. 对已确定的不符合未采取纠正措施，导致同类问题重复发生的。

5. 对已标识的船上关键性设备和技术系统,未规定进行维护保养,导致关键性设备和技术系统故障或处于非正常状态。

6. 未按规定实施内审或开展有效性评价。

五、重大不符合判例

通过对审核观察结果分析,出现下列情况可判定为重大不符合。

(一) 体系文件方面

1. 没有对公司安全、环境保护方针和目标进行阐述。

2. 没有指定人员的设置及职责阐述。

3. 没有船长在安全管理体系运行方面的责任或船长的绝对权力声明。

4. 缺少规则明确要求建立的程序(若对规则要求通过建立程序保证的某项要素未单独建立程序,但在其他程序或类似层次的文件中描述可视为已建立相应程序)。

(二) 岸基活动方面

1. 指定人员没有按规定对体系运行情况实施有效监控;或其履行职责所需的岸基资源支持没有得到保障,严重影响到船舶安全与防污染管理。

2. 船长的绝对权力没有得到保证。

3. 对船舶报告的且需公司做出立即反应的紧急情况,公司未启动应急反应程序。

4. 船舶发生事故、险情、滞留等事件后未按规定进行调查、分析原因,并采取纠正措施。

5. 未按规定开展内审或有效性评价、或未按规定开展管理复查。

(三) 船舶(包括代表船)活动方面

1. 未持有有效的法定适航证书。

2. 船长不了解其有关安全和防污染的绝对权力和职责。

3. 未配备合格、持证并健康的船员。

4. 船长不掌握与指定人员的联系方式,或不能与指定人员取得联系。

5. 发生事故、险情、滞留等事件后未按规定报告公司,或未采取纠正措施的。

(四) 其他方面

1. 在体系运行过程中伪造运行记录,且情节严重并造成后果,可判定为重大不符合。

2. 对于外审发现的不符合未进行原因分析,或未制定纠正措施,导致同类问题重复发生的。

六、说明

本指南所列举的严重和重大不符合判例,可能是审核中发现的常见问题,仅供审核员判定不符合时参考。若审核中发现其他可能构成严重或重大不符合的情况,可按本指南不符合判定原则进行判定。

二、制定纠正措施

1. 纠正措施的重要性

在体系审核尤其是内部审核中,纠正措施有特别重要的意义,这是由于审核的目的所决定的。审核的目的主要是发现体系运行中的问题,查出原因,采取纠正措施加以消除,使体系得到持续改进。因此,在不少培训教程中,把内审用的"不符合项报告"改称为"纠正措施要求表"。这点与外审以评价为重点并决定是否通过认证为目的有明显区别。

内部体系审核既然如此重视纠正措施，那么内部审核在完成现场审核和审核报告后，审核组和管理者代表就应花足够精力促使纠正措施计划的有效实施。

2. 纠正措施要求的提出

审核组在现场审核中发现不符合项时，除要求受审核部门负责人确认不符合事实外，还要求他们调查分析造成不符合的原因，有的放矢地提出纠正措施的意见，其中包括完成纠正措施的期限。如果受审核部门坚持不同意对不符合项的判定，也应中肯地提出纠正措施建议，而将争执提交管理者代表仲裁。

内部体系审核与外部体系审核不同的一点是关于审核员能否对纠正措施提出建议的问题。外部审核员对纠正措施是不可提供任何建议的，否则就有咨询之嫌；但内审员却不同。内审员与被审部门负责人都是同一单位的，如果连商量的余地都没有是不近人情的。所以当审核员提出不符合项报告时，受审部门的负责人首先要对事实加以确认，其次对不符合的那个条款要与审核员讨论以便决定纠正的方向。这时内审员就纠正措施的方向提出建议是可以的，有的单位甚至认为内审员应积极参加纠正措施建议的讨论，但不能代替受审部门具体制定纠正措施，更不能承担纠正措施实施后果不良的责任。有的内审员提出几个方向性建议供受审核部门领导人参考选择，这种做法也可以采用。

3. 纠正措施建议的认可与批准

受审核部门负责人提出的纠正措施的建议首先要经过审核组的认可。认可的目的主要在于审查该建议是否针对不符合的原因采取了措施以及纠正措施的可行性和有效性。

经过审核员认可的纠正措施还要经过管理者代表的批准。尤其是涉及全面性的纠正措施或是牵涉到几个部门的纠正措施，管理者代表可能还要加以协调甚至还要请示最高管理层决定，所以批准的手续是必要的。经管理者代表批准后，该措施计划正式成立，即纠正措施建议变为正式的纠正措施计划，有关部门就应组织落实实施。

4. 纠正措施的实施

纠正措施分为短期和长期两种。短期的纠正措施是在发现不符合后，针对直接原因，立即采取纠正措施。而长期纠正措施则是针对潜在原因采取预防措施，防止类似不符合项的发生。纠正措施的实施应在规定的期限内完成，对需要长期才能完成的，还应就每一阶段要达到的目标作出规定。

在不符合项报告的纠正措施计划中，一般只包括短期纠正措施，也可能两种措施都有，但实施的次序是先完成短期纠正措施计划，然后完成措施的。对于短期纠正措施的实施期限一般规定为 15 d，也有的单位规定期限为 30 d，这就视各单位具体情况而定。

对纠正措施实施情况所进行的跟踪审核，一般是指短期纠正措施的实施，但在下一次内审时，会重新评价措施实施的有效性，这时将涉及长期纠正措施计划是否已实施的问题。

在纠正措施的实施过程中，有些不符合项并非一个部门所能办到的，往往需要几个部门共同努力，甚至需要一定的财力、物力的支持。在这种情况下，实施部门应向管理者代表提出，并由管理者代表组织各有关部门协调解决，必要时，请最高管理者解决。

纠正措施中，若导致体系文件的更改，则应按有关程序规定进行。所有纠正措施实施活动都应做好记录并加以保存。

任务实施

本任务的教学关键是识别船舶不符合规定情况，能制定纠正措施技能的训练，通过对船舶不符合情况，能制定纠正措施的整体熟悉，逐步展开任务，由学生独立完成作业。选用典型案例由教师讲解，学生进行模拟操作，让学生在执行的过程中，熟悉作业的特点，当学生看到自己的作业熟练且准确时，可大大提高学习的兴趣。见表 4-3。

表 4-3　任务 2 的实施

时间	10 (40)min	地点	
教学资料	实船资料、公司体系文件		
活动程序	依照船舶不符合规定情况，实施纠正，制定纠正措施为主线		
活动评价方式	分组(6 人一组)，组员之间评定 1：2：2：1		
活动小贴士	比较一下纠正、纠正措施的含义		

任务评价

任务 2 中 2 项技能完成后，对完成情况进行评价，并填入表 4-4。

表 4-4　任务 2 完成情况评价表

序号	技　　能	评判结果	
		是	否
1	识别不符合规定情况		
2	熟悉制定纠正措施		

任务拓展

- 跟踪船舶不符合规定规则修改动态

项目五
船舶应急组织

核心概念

应急组织与准备；救生设备；消防设备；应急演习方案

情景设置

通过本项目内容的学习，使学员了解船舶消防演习等制度，熟悉应变部署表、防火控制图等知识。

船上备有各种消防设备，货舱和机舱内安装有固定灭火系统，只有船员掌握它们的特性和正确使用方法，平时注意检查和维修，使其处于良好状态，万一失火，只要扑救得当，可以依靠自己的力量将火扑灭，将火灾损失减少至最低程度。

学习目标

1. 能描述船舶应急组织的内容与要求；

2. 结合情景任务会应急组织与准备，并进行合理应急组织、救生、消防设备应急状态、组织船舶应急训练与演习。

学习内容

任务 1　应急组织与准备；
任务 2　合理应急组织；
任务 3　救生、消防设备应急状态；
任务 4　组织船舶应急训练与演习。

任务1 应急组织和准备

任务描述

要求根据应急组织与准备计划，能组织与准备各类应急，达到保障船舶安全的目的。

任务目标

能根据应急组织与准备计划，组织与准备各类应急，以实现保障船舶安全的目标。

任务分解

1. 理解应急的组织与准备；
2. 核查应急文件、资料。

知识准备

一、应急的组织与准备

1. 船舶应急的概念

船舶应急又称为船舶应变，是指在船舶发生各种意外事故和紧急情况时的紧急处置方法和措施。

2. 船舶应急的种类

(1) 按目前多数船上配置的船舶应急部署表中的应急部署，船舶应急分为消防、救生(包括弃船和人落水的救护)以及油污应急。

(2) 根据 ISM 规则的要求，船舶应对船可能发生的各种紧急情况做好应急准备，并建立相应的应急反应程序，包括碰撞、触礁、搁浅、火灾、爆炸、人落水、船舶油污、船舶丧失操纵能力、船体结构损坏、船舶严重横倾、货舱进水、货物移动、货物撒漏污染、进入封闭舱室/临近战争危险、遭遇海盗、遭遇保安威胁、船员伤病、弃船等情况下的应急反应程序。

3. 船舶应急警报信号

(1) 通常用警铃或汽笛发送，客船上还必须用广播通知旅客。

(2) 在船舶应急部署表中的各类应急警报信号通常规定如下：①消防：警铃或汽笛短声连放 1 min 后，另加火灾部位指示信号，一声表示在船前(艏)部，二声表示在船中部；三声表示在船后(艉)部；四声表示在机舱；五声表示在上层建筑居住区域。②堵漏(漏损)：警铃或汽笛二长一短声，连放 1 min。③人员落水：警铃或汽笛三长声，连放 1 min。④弃船：警铃或汽笛七或七个以上短声继以一长声，连放 1 min。⑤油污：警铃或汽笛一短二长一短声，连放 1 min。

4. 操作级以上船员在各类应急中的岗位及职责

船舶应急部署应根据应急的性质，船员的职务、特长、工作能力，以及是否有相应的培训合格证书等来安排每个人的岗位和职责。船长是船舶各类应急的总指挥；大副是船舶各类应急的现场指挥；当事故现场在机舱时，通常由轮机长担任应急现场指挥，大副在现场协助指挥。

(1) 在船舶消防应急时，船长担任应急总指挥，在驾驶台负责指挥应急和操纵船舶；大副在火灾现场担任现场指挥，二副在驾驶台值班，负责通信联络、传达船长指令、执行船长的操船指令、记录应急过程；三副带领消防队负责灭火，并根据火情进入大型灭火系统控制站做好释放准备。

(2) 当有人员落水需要应急时，船长担任应急总指挥，在驾驶台负责指挥应急和操纵船舶；大副在主甲板(放艇时在救生艇甲板)担任现场指挥，组织对落水人员的施救；二副在驾驶台值班，负责通信联络、传达船长指令、执行船长的操船指令、记录应急过程；三副准备救生器材，并做好释放救生(助)艇的准备。

(3) 撤离船舶或弃船时，船长担任应急总指挥，在驾驶台负责指挥应急；货船上的大副和三副担任指定救生艇的艇长，做好救生艇的释放准备工作；二副在驾驶台值班，负责通信联络、传达船长指令、执行船长的操船指令、记录应急过程；轮机长应率领轮机员做好弃船前的机舱设备的规定保护动作。

(4) 油污应急时，船长担任应急总指挥，在驾驶台或现场负责指挥应急；轮机长担任油污现场指挥，组织清除溢油；大副在油污现场会同轮机长担任现场指挥；二副在驾驶台值班，负责通信联络、传达船长指令，或在现场做好现场记录；三副在油污现场，准备消防和防污器材与设备，如有需要，指挥放艇回收溢油。

(5) 二副在应急中的职责：①航行中无论发生何种应急情况，应继续在驾驶台负责航行值班，并协助船长应急。如正在休息，听到应急警报后，应立即上驾驶台接替值班驾驶员负责航行值班，并协助船长应急。②若在航行中发生触礁、搁浅、漏水等应急事件，二副应在驾驶台负责瞭望、定位、记录重要事项，负责应急现场、船长(驾驶台)、机舱之间的通信联络以及船岸间的 VHF 联系，并按船长指示协助做好其他工作。③若船舶在航行中发生火灾应急，二副应负责操控位驾驶台的 CO_2 释放控制系统，并在大副确认具备释放条件以后按船长的命令一次性释放。④航行中若有人员落水时，应立即向人员落水一侧操满舵甩开船尾，就近抛投救生圈并派人高处瞭望跟踪落水人员，停车并鸣放人员落水警报，记录人员落水船位；停泊中发现有人落水时，就近抛投救生圈，鸣放人落水警报。⑤弃船时，在驾驶台协助船长测定船位、记录、通信联络，发出遇险警报。在证实机舱锅炉熄火、机电设备全部停止运行、海底阀和应急遥控阀全部关闭后向船长报告。协助船长降下国旗并携带“航海日志”、相关海图、重要文件与物品等离船。检查各救生艇是否携带 VHF 及雷达应答器。⑥若船舶正在搜救遇险船舶，二副应立即上驾驶台协助船长执行协调搜救任务。

(6) 三副在应急中的职责：①若在航行值班中发生任何紧急情况，三副应在驾驶台及时发出报警信号，及时将航行值班职责移交给到达驾驶台的二副或船长，并迅速履行其应变职责。②若在航行中发生火灾应急，三副应在大副现场指挥的直接指挥下，带领消防队现场灭火。负责施放 CO_2 和其他大型灭火系统。③若船舶在港停泊中发生火灾应急事件，如果船长、大副不在船时，三副全权负责全船的灭火事宜，具体行使职责与二副相同。④若船舶发生触礁、搁浅事故，三副应带领水手测量船舶四周的水深，判断搁浅部位。⑤若船舶发生进水事故，三副应带领隔离队，携带各种隔离器材隔离进水区域，防止漏水继续扩大。⑥若在航行值班中发现有人落水，则应立即命令操落水舷舵以甩开船尾。同时就近抛下救生圈并派人跟踪落水人员，停车并发出人落水警报，然后协助船长执行人落水救助应变部署。必要时执行船长命令放下救生艇救助落水人员。⑦若船舶发生弃船应急，三副应带上对讲机，按艇员名单和应变部署表要求，到达指定救生艇执行艇长职责，做好一切放艇前的检查和准备工作。并立即将情况向船长汇报，协助船长按应变部署表规定负责携带登艇所需的主要物品，在登艇前请示船长的内容与大副相同。⑧若本船正在搜救遇险船舶，三副应按船长的命令备妥救生艇，在必要时放下救助艇前往搜救遇难船舶和人员。

5. 船舶应急准备工作要点

(1) 编制应急计划。根据本船的类型、配员情况等，编制相应的应急计划，包括船舶应急部署表、船舶油污应急部署表、应急任务卡、船舶油污应急计划、船上海洋污染应急计划、船舶应急响应计划等。其中船舶应急部署表、船舶油污应急部署表等，应按规定在船上有关场所张贴布置。

(2) 制定应急反应程序。根据 ISM 规则的要求，结合本船的类型、航线、挂港、货物情况等，制定相应的应急反应程序，包括船舶火灾应急反应程序、船舶爆炸应急反应程序、船舶碰撞应急反应程序、船舶触礁搁浅应急反应程序、船舶破损进水应急反应程序、船舶油污应急反应程序、弃船应急反应程序、人员落水应急反应程序、货物移动应急反应程序、船舶严重倾斜应急反应程序，临近战争危险/遭遇保安威胁应急反应程序等。

(3) 熟悉应急岗位职责。通过制定船舶应急计划和应急反应程序，明确规定船员的应急岗位和应急职责，并采取船舶应急演习(练)等适当的方法，使船员熟悉各目的应急岗位和应急职责。

(4) 组织各种应急演习(练)。按照有关规定，以一定的时间间隔，进行应急演习(练)，包括消防演习、人落水应急演习、弃船演习、油污应急演习、应急操舵演习、保安演习等。通过应急演习(练)，使船员提高安全意识，熟悉自己的应变岗位与职责，熟练掌握各种应急设备的操作技能，同时检验各类应急器材、设备的技术状态，发现问题及时解决。

(5) 进行应急训练和授课。按照规定对船员进行船舶救生、消防设备用法的船上训练，并向船员讲授船舶消防、救生设备用法和海上救生须知方面的课程。

(6) 保持应急设备和器材的有效。按照计划和一定的周期对船上的应急设备和器材进行维护保养、检查和试验，确保这些应急设备和器材处在有效、随时可用的状态。

二、应急文件、资料

1.《国际船舶医疗指南》的使用

《国际船舶医疗指南》(简称 IMGS)，是世界卫生组织(WHO)为了给船上的医疗提供规范化的指导而编写的出版物。各国也可根据自身的特点，以其他的等效出版物予以代替。一旦需要，船员可根据 IMGS 的指导，及时采取有效的行动。

IMGS 共分 19 章，主要内容如下。

1）海上急救

IMGS将有关急救处理的内容编排在第1章，该章书页右上角有红色三角标识，以便于区别和查找。另外，第4章是关于伤口和外伤所需要的进一步治疗，以及伤亡人员的转移与安置。紧急情况下，船员可迅速从IMGS中找到有关急救、人工呼吸、心脏按摩、止血等方法等内容。

2）化学毒品的医学问题

IMGS第2章为毒品危害，其内容基本体现了IMO《危险货物事故医疗急救指南》的要求。

3）各类疾病的诊断和处置方法

IMGS第3章为病人的检查。该章对各类常见疾病的诊断和处置方法作了详细描述，船员可据此与病人的体征和症状加以比对作出诊断，进而采取必要的处置和护理措施。

4）无线电医疗咨询

若船上人员对伤、病员无法作出正确诊断和采取处置措施，应立即进行无线电医学咨询。IMGS第14章介绍当需要无线电医学咨询时，如何将船上病人的疾病信息传递给岸上或其他船上的医生以及用直升机送病人的问题。

5）海上常见病及其防治、护理基本知识

第15章介绍船舶的环境控制；第16章是疾病预防，分别叙述了如何保护船上环境，控制疾病媒介以及船员个人卫生保健知识等；有关卧床病人的用药、治疗程序，基本护理等内容在第5章叙述。

6）海上死亡人员处理

IMGS第13章介绍了对船上死亡人员的处理方法和程序。

7）船上常用药物和必需的医疗器械

IMGS第17章、第18章分别详细介绍了船上常用药品、药箱和应具备的医疗器械，药品按字母顺序排列便于查找，并注明其使用剂量和注意事项。

8）附录

IMGS附录1、附录2是显示人体生理、解剖和部位名称的图谱，它有助于对病人的检查、诊断和无线电医学咨询，附录5是关于应用氯消毒程序。

2.《国际信号规则》医疗部分的使用

1）医疗部分的主要内容

规则医疗部分是以“M”字母为首，从MAA至MVU的三字母信号码语，主要为医疗方面的通信内容，包括：

（1）第一部分：请求医疗援助；

（2）第二部分：医疗指导；

（3）补充码表：医学术语表；

（4）医疗部分索引。

2）医疗部分的使用

在使用医疗部分通信时，应注意以下几点：

（1）医疗通信应尽可能使用英语明语，并尽可能依照信号码语的说明文字进行叙述。

（2）如遇语言隔阂，可使用信号码语。

（3）请求医疗援助，在报告病况时，应按“病人的现状—病史—症状—疾病或受伤的部位—一般症状—特殊症状—已进行的诊断和初步治疗”的顺序发送信文。

3.《危险货物事故医疗急救指南》的使用

《危险货物事故医疗急救指南》(简称 MFAG),由 IMO,WHO,ILO 编写。MFAG 旨在利用船上所配备的有限器械,对化学中毒提供初步检查和诊断所需要的建议。MFAG 中的建议是针对 IMDG 规则所包括的物质、材料和物品以及 BC 规则附录 B 中所包括的物质。MFAG 应与 IMDG 规则、BC 规则、IBGC 规则、IGC 规则以及 ErnS 指南中的资料配合使用。MFAG 建议的治疗方法分别在相应的表中提出,并在附录中的相应部分作了更全面的说明。

具有一般特性并且主要不是与化学中毒有关的疾病的治疗方面的资料见 MFAG。其由绪论、使用说明(包括 1 个进行紧急抢救和诊断时用的问题表)、表(共 20 个)、附录(共 15 个)4 部分构成。

为了使用方便,也为了确保发生紧急情况时能迅速得到建议,使用 MFAG 时分 3 步走:

第一步:紧急抢救和诊断

在进行紧急抢救和诊断时,回答紧急抢救和诊断问题表中的提问,并根据提示参见有关的“表”和“附录”。例如,在回答紧急抢救问题表中的提问“伤员不省人事吗?”时,如果答案为“是”,则根据提示“参见表 4”;在回答诊断问题表中的提问“伤员现在处于昏迷状态吗?”时,如果答案为“是”,则根据提示“参见表 4 和附录 4”。

第二步:查“表”

MFAG 第三部分中的 20 个表分别给出各种特殊情况处理的简要指导,如对“抢救”“心肺复苏”“输氧与控制通风”“化学品引起的意识障碍”“化学品引起的惊厥”“中毒性精神错乱”“眼睛接触化学品”“皮肤接触化学品”“吸入化学品”“休克”等特殊情况处理的简要指导。

第三步:查“附录”

MFAG 第四部分中的 15 个附录提供了各种特殊情况处理的详细指导,以及药品和设备清单、物质清单等。

任务实施

本任务的教学关键是应急组织与准备技能的训练,通过对船舶应急流程的整体熟悉,逐步展开任务,由学生独立完成作业。选用典型案例由教师讲解,学生进行模拟操作,让学生在执行的过程中,熟悉作业的特点。当学生看到自己的作业熟练且准确时,会大大提高学习的兴趣。见表 5-1。

表 5-1 任务 1 的实施

时间	15 (45)min	地点	
教学资料	实船资料		
活动程序	理解应急的组织与准备的要领,核查应急文件、资料的方法		
活动评价方式	分组(6 人一组),组员之间评定 1∶2∶2∶1		
活动小贴士	链接:航运公司《应急手册》		

任务评价

任务1中2项技能完成后，对其结果进行评价，并填入表5-2。

表5-2　任务1完成情况评价表

序号	技　　能	评判结果	
		是	否
1	理解应急的组织与准备		
2	核查应急文件、资料		

任务拓展

- 应急文件、资料的更新

任务2　合理应急组织

任务描述

要求根据应急行动成功要素，能在应急行动实施后，达到应急成功的目的。

任务目标

能根据应急行动成功要素，展开部署并使应急成功。

任务分解

1. 理解应急行动成功基础；
2. 核查弃船，船舶失火、爆炸、碰撞时的应急组织，及防海盗应急组织；
3. 成为训练有素的人员。

知识准备

一、应急行动成功的基础

船舶应急的目的是为了使海上人命、财产及海洋环境能摆脱或远离事故危险，尽快恢复安全状态。成功的应急必须具备4个基本条件：①训练有素的人员；②完备的应急设施和器材；③符合规范的船体结构；④高效率的应急预案，正确果断的指挥和组织，良好的群体协作和配合。

通常的船舶应变按性质可分为消防、救生、堵漏和防污。根据ISM规则的强制性规定，船公司和船舶应对船上可能发生的各种紧急情况做好应急准备，建立应急反应程序，制定应急行动的训练和演习规定，以确保在船舶发生各种紧急情况时能迅速、有效地采取各种应变措施，最大限度地控制灾情，减少损失。

二、应急组织

1. 船舶常见应急

包括5个方面：①救生（弃船求生和人落水救助）；②消防；③堵漏；④油污；⑤综合应变。

2. 演习时间间隔

(1) 综合应变：由船长和政委根据需要和可能决定。

(2) 消防：每月1次。

(3) 堵漏：每3个月1次。

(4) 救生:每月1次。

(5) 油污:每月1次

(6) 应急操舵:每3个月1次。

(7) 客船:每周举行一次弃船演习和一次消防演习。

(8) 船员25%未参加上月演习,在离港后24 h内举行消防和救生演习。

(9) 非短途国际航行客船,上船后24 h内乘客集合演习;短途应介绍应变须知。

3. 救生艇操作须知

(1) 在救生艇筏及其降落操纵器的上面或附近,应设置明显的告示或标志,说明其用途和操作程序,并提出有关须知和注意事项,以便紧急操作时不致造成错误。

(2) 每个船员有:应变任务卡。

(3) 每个队艇组长有:所领导的人员名单和每人的任务。

(4) 客船有:安全通道的路线图、路标。客房内有救生衣穿着示意图。

三、训练有素的人员

1. 基础培训

所有船员都要经过船员基本安全培训,取得培训合格证;经船员注册,取得船员服务簿。然后,按照不同的船员职务要求如下:

(1) 船长、驾驶员(大副、二副、三副)、值班水手、轮机长、轮机员(大管轮、二管轮、三管轮)、值班机工以及通信人员需要按照不同的职务完成相应的船员岗位适任培训,通过适任考试,取得培训或考试合格证明;再按规定完成相应的船上培训见习,取得适任证书。全日制航海专业学生完成学校规定的教程并取得毕业证书,等同完成规定的三副、三管轮岗位适任培训。

(2) 500总吨及以上船舶的船长、驾驶员(大副、二副、三副)、值班水手,还应完成精通救生艇筏和救助艇培训,并取得培训合格证。500总吨及以上船舶的船长和驾驶员(大副、二副、三副),还应完成高级消防培训、精通急救培训、雷达观测与标绘和雷达模拟器培训、自动雷达标绘仪培训,并取得培训合格证。500总吨及以上船舶的船长、大副,还应完成船上医护培训,并取得培训合格证。无限航区船舶的船长和驾驶员(大副、二副、三副),应当持有GMDSS通用操作员适任证书。

(3) 750 kW及以上船舶的轮机长、轮机员(大管轮、二管轮、三管轮)、值班机工,还应完成精通救生艇筏和救助艇培训,并取得培训合格证。750 kW及以上船舶的轮机长和轮机员(大管轮、二管轮、三管轮),还应完成高级消防培训、精通急救培训,并取得培训合格证。

(4) GMDSS通用操作员、二级无线电电子员和一级无线电电子员应完成精通救生艇筏和救助艇培训和精通急救培训,并取得培训合格证。

(5) 到特殊种类船舶上工作还需要经过相应的船员特殊培训,取得培训合格证。

2. 船上培训

(1) 应培训船员熟悉船舶的布置和可能需要使用的任何灭火系统和设备的位置及操作。

(2) 紧急逃生呼吸装置的使用训练应视为船上培训的一部分。

(3) 对承担灭火职责的船员,应通过开展船上培训和演习对其履行职责的能力进行定期评估,以发现需要提高的方面,从而确保其灭火技能的适任性得以保持,并确保灭火组织处于操作就绪状态。

(4) 船上使用船舶灭火系统和设备的训练应按第Ⅲ/19.4.1条的规定予以规划和实施。

(5) 应按第Ⅲ/19.3和Ⅲ/19.5条的规定进行消防演习并作记录。

(6) 培训手册:① 应在每一船员餐厅和娱乐室或在每一船员居住舱室内配备1本培训手册。② 培训手册应用船舶的工作语言写成。③ 培训手册可分成若干分册,应包含本条②③④所要求的须知和资料并应用易懂的措词写成,如有可能应配以图解说明。这些资料的任何部分都可以用视听辅助教材形式提供,用以替代纸册。④ 培训手册应详细解释以下内容:A. 有关烟气危害、电气危险、易燃液体和船上类似常见危险的一般消防安全操作和预防措施;B. 关于灭火行动和灭火程序的一般须知,包括报告火灾及使用手动报警按钮的程序;C. 船舶各种报警的含义;D. 灭火系统和设备的操作和使用;E. 防火门的操作和使用;F. 挡火闸和挡烟闸的操作和使用;G. 脱险通道系统和设备。

任务实施

本任务的教学关键是应急组织技能的训练,通过对船舶应急流程的整体熟悉,逐步展开任务,由学生独立完成作业。选用典型案例由教师讲解,学生进行模拟操作,让学生在执行的过程中,熟悉作业的特点。当学生可以看到自己的作业熟练且准确时,会大大提高学习的兴趣。参见表5-3。

表5-3 任务2的实施

时间	20(80)min	地点	
教学资料	实船资料		
活动程序	核查弃船、船舶失火、爆炸时、船舶碰撞应急组织、防海盗应急组织		
活动评价方式	分组(6人一组),组员之间评定1∶2∶2∶1		
活动小贴士	链接:海事搜救中心网站		

任务评价

任务2中3项技能完成后,对其质量进行评价,并填入表5-4。

表5-4 任务2完成情况评价表

序号	技　　能	评判结果	
		是	否
1	理解应急行动成功基础		
2	核查弃船、船舶失火、爆炸时、船舶碰撞应急组织、防海盗应急组织		
3	成为训练有素的人员		

任务拓展

- 核查船舶新建应急组织

任务 3　救生、消防设备应急状态

任务描述

核查救生、消防设备应急状态，使之达到随时可用的状态。

任务目标

能核查救生、消防设备应急状态，使之达到随时可用的目标。

任务分解

1. 理解救生设备的状态保持；
2. 核查消防设备的状态保持。

知识准备

一、救生设备的状态保持

1. 救生(助)艇

1）每周

（1）所有救生艇、救助艇和降落设备均应进行外观检查，以确保其随时可用。外观检查的内容应包括：吊钩、吊钩与救生艇的连接；承载释放装置等部件的状况；艇体有无裂缝；艇身各固定部件是否完好；艇内是否清洁，有无积水；吊艇架和滑车有无障碍及卡死现象；艇身各标志是否清晰，反光带是否按要求贴在救生艇相应部位。

（2）只要环境温度在发动机启动和运转所要求的最低温度以上，所有救生艇和救助艇的发动机均应进行运转（正、倒车）试验，总时间不得少于 3 min，或按制造商手册中规定的时间进行。

（3）只要天气和海况允许，货船上除自由降落式救生艇以外的救生艇，应在不载人的情况下从其存放位置作必要的移动，以证实降落设备可正常操作。

2）每月

（1）只要天气和海况允许，货船上除自由降落式救生艇外的所有救生艇，应在不载人的情况下移离其存放位置（扬出）。

（2）只要天气和海况允许，应至少将救助艇降落下水一次，并在水面操纵。

（3）每月或每次开航时，按救生艇属具清册清点、检查救生艇属具及备品是否符合规定配备的数量，是否被放置在艇内，有没有被移至别处或被挪作他用。

（4）全面检查艇内急救药箱内的药品，清点数量，检查药品是否缺少和有效期。

（5）救生艇淡水每月更换一次（密封罐装的除外）。

(6) 为吊艇钢丝抹油,防止锈蚀;为吊艇架和滑车的活动部位加油活络。

(7) 检查确认吊艇钢丝通过的滑轮情况正常;吊艇机制动器和收绞装置、脱钩装置、吊艇架限位器有效可靠;蓄电瓶电量充足;供集合和弃船用的应急照明工作正常。

(8) 对封闭式救生艇洒水系统进行试验。

(9) 检查确认救生艇操作规程和救生艇标志保持完好。

3) 每3个月

(1) 结合演习,每艘救生艇应至少降落下水一次,并在水面操纵。

(2) 给吊艇架、吊艇机、滑车等活动部分以及吊艇索和其他钢索加(抹)油,必要时应对滑车做拆装检查。

4) 每半年

检查救生艇中的救生干粮,发现过期、变质应及时更换。

5) 每年

(1) 结合船舶年度检验,对救生艇、救生艇架降落装置、承载释放装置进行彻底的检查。

(2) 以最大降落速度对绞车制动器进行动态试验(该检查应由制造商代表或由制造商授权的人员进行。如果制造商不能提供此项服务,可以由主管机关授权的机构进行)。

(3) 将救生艇的内外表面油漆一次。

6) 每5年

(1) 检查确认救生艇吊艇索已换新。

(2) 对救生(助)艇的降落设备进行全面彻底的检查。

(3) 对救生艇承载释放装置进行检修和操作试验。

2. 气胀式救生筏

1) 每周

对救生筏及降落设备作外观检查,确认救生筏的标志保持清晰。

2) 每月

(1) 外观检查救生筏及筏架。

(2) 检查救生筏系固件(包括静水压力释放器、花兰螺丝、系固绳索等),确认救生筏充气拉索处于完好状态。

3) 每年

(1) 将救生筏送至船检部门认可的检修站检修(可向船检申请展期到17个月)。

(2) 将静水压力释放器送至船检部门认可的检修站检修(可向船检申请展期到17个月)。

4) 每5年

彻底检查救生筏降落设备。

3. 救生圈

1) 开航前

检查确认救生圈放置在指定位置,没有绑死,也未被挪作他用。

2) 每月

(1) 检查确认所有救生圈上的编号、船名和船籍港等保持清晰。

(2) 如救生圈上附有烟雾信号和自亮灯,检查确认其处于正常的技术状态下。

(3) 如发现救生圈有裂痕或其系绳损坏时,应及时更换。

(4) 检查救生圈上的反光带,必要时予以更换。

4. 救生衣

1) 开航前

检查确认工作场所的救生衣按规定的数量配置,放置在指定位置,没有绑死,也未被挪作他用。

2) 每月

(1) 检查确认所有救生衣清洁、干燥,其上的编号、船名、船籍港清晰,并附有哨笛和自亮灯救生衣自亮灯电量充足并在有效期内。

(2) 检查确认发给船员的救生衣,放置在各自的救生衣架上或各自床铺附近,没有被系牢,没有随意放置或被挪作他用;备用救生衣和放在客房内供旅客用的救生衣有专人负责,妥为保管。

(3) 检查救生衣上的反光带,必要时予以更换。

5. 保温救生服(浸水服)

1) 每月

(1) 检查确认所有保温救生服清洁、干燥,其上的编号、船名、船籍港清晰,并附有哨笛和自亮灯;保温救生服自亮灯电量充足并在有效期内。

(2) 检查保温救生服上的反光带,必要时予以更换。

2) 每 3 年

保温救生服应进行一次压力试验和检测(此试验和检测应由主管机关或船级社认可部门完成)。

6. 抛绳器

抛绳器每个月应检查一次,查看是否干燥,火箭、药筒、绳索是否完好无损,绳索是否摆放整齐。应注意抛绳器的有效期,到期应更换。

7. 无线电救生设备

1) 每月

(1) 试验一次双向甚高频无线电话设备,注意其电池的电量和有效性。

(2) 试验一次雷达应答器,注意其电池的电量和有效性。

2) 每 3 个月

试验一次紧急无线电示位标,检查其安装是否正确、自由释放能力是否受影响,电池和静水力释放装置是否在有效期内。

3) 每年

对紧急无线电示位标进行全面操作效用试验。

4) 每 5 年

确认紧急无线电示位标已在经认可的岸基维修站进行过维修。

8. 救生视觉信号

救生视觉信号每月或每次出航时应检查一次,检查内容包括:外观是否破损;数量是否短少;是否在有效期内;是否放置在固定地点;标志是否清晰;电池发光信号灯是否电量充足。发现短缺应按规定数量补齐;对于将要超过使用期限的救生视觉信号,应予以更换。

9. 通用紧急报警系统

与船舶消防设备状态的保持中的要求相同。

10. 公共广播系统

每月至少检查、试验一次，以保证各个要害位置（控制站、集合和登乘地点等）之间的双向通信联系畅通无阻。如发现问题，应及时解决。

二、消防设备的状态保持

1. 固定灭火系统

1）每周

应检查确认固定灭火系统所在处所的应急照明正常；消防栓附近没有堆积杂物；消防皮龙（水带）及水枪放置在消防栓附近的消防皮龙箱内，处于可使用状态并摆放整齐，没有被挪作他用；消防皮龙数量符合防火控制图的要求；消防皮龙箱的铰链正常，箱内均配有“F”或“Y”型扳手。

2）每月

（1）应检查确认：①消防栓标识清晰，各部件完好，出水阀保持活络。②消防皮龙无破损和霉变，与接头连接可靠；消防皮龙接头的橡皮垫圈（密封圈）无破损、变形和老化。③水雾/水柱型消防水枪的关闭和转换装置保持活络；水枪接口处的橡皮垫圈（密封圈）无破损、变形和老化；水枪喷嘴无堵塞。④消防总管管路无锈蚀、破损；所有控制阀、截止阀、泄水阀阀门活络，标志清晰。⑤所有固定式灭火系统的控制阀、截止阀处于适当的开或关位置。⑥CO_2间清洁、干燥，没有堆放杂物。⑦自动喷水系统的喷头无损坏、变形，管路通畅，自动喷水系统的压力表显示工作压力正常。

（2）结合消防演习，起动所有消防泵及应急消防泵一次，检查出水情况、所需时间以及消防水柱的射程。

（3）如航行至寒冷地区，检查确认消防总管及消防栓在使用后已将管内残留的水放尽。

（4）检查 CO_2 气瓶的储量是否充足，有没有泄漏现象；检查 CO_2 系统的管路标识和操作说明是否清晰；检查 CO_2 间里的通风机工作是否正常；检查置于 CO_2 间里的温度计（表）工作是否正常；外观检查 CO_2 系统的管路及各释放口的情况。

（5）对 CO_2 系统的拉索、导向轮等进行加油活络。

3）每 3 个月

（1）检查确认 CO_2 气瓶固定牢固，CO_2 瓶头与释放操纵系统夹头（卡子）间连接紧密。

（2）检查确认国际通岸接头处于适用状态，各附件完好无缺，没有变形损坏。

（3）对水灭火系统的各控制阀、截止阀、泄水阀进行加油活络。

（4）消防皮龙至少应取出摊开并重卷一次，使折叠处得到变换。

（5）对自动喷水系统的每一分区自动报警功能进行试验；随机检查自动喷水系统的喷嘴状况。

4）每年

（1）进行泡沫固定灭火系统和机舱水雾灭火系统的工作试验。

（2）对 CO_2 气瓶控制拉索的传动系统进行检查，并按情况进行必要的调整。

（3）检查消防总管接头和自动喷水系统并进行工作试验；起动所有消防泵（包括自动喷水系统的水泵），检查其工作压力和流量。

（4）对所有消防栓进行工作试验；对所有消防皮龙进行水压试验。

（5）通过外观检查，确定所有一固定灭火系统可以到达部位的各系统部件处于正常状态。

(6) 仔细检查固定灭火系统的控制阀；对整个固定气体灭火系统进行全面检查，及时修复损坏部件。

(7) 对所有固定灭火系统进行全面的除锈，油漆，并重做各类标志。

(8) CO_2 气瓶使用 10 年后，每年应进行总数 10%的气瓶水压试验。

(9) 对固定灭火系统的管路进行空气吹通试验(此为 SOLAS 公约要求，可由船上自己完成，但需做相应的吹通试验记录，内容包括吹通的日期、时间、船位、操作人员、吹通操作方法及过程、吹通结果等)。

5) 每 2 年

(1) 对 CO_2 灭火系统中的钢瓶(含起动瓶)进行称重检查。

(2) 对 CO_2 灭火系统的管路进行空气吹通试验(此为 CCS 要求，需由有资质的机构完成，并出具吹通试验报告)。

6) 每 5 年

进行固定式灭火系统控制阀的内部检查。

2. 火灾探测和报警系统

1) 每周

对火灾探测和报警系统的主控面板进行外观清洁、检查。

2) 每月

(1) 检查火灾探测和报警系统的电器控制部分。

(2) 对火灾探测和报警系统进行手动测试。

(3) 用烟雾测试剂测试每个探测头。

3) 每 3 个月

(1) 对火灾探测系统进行一次试验，确认其处于正常的技术状态；查看火灾探测系统的探头有无损坏、污渍；检查火灾探测系统的电源是否可靠，符合要求。

(2) 对火灾报警系统进行一次试验，确认其可以正常工作。

(3) 检查船上各场所的火灾报警按钮是否完好，标志是否清晰。如有损坏，应立即修复。

3. 隔离系统

1) 每月

(1) 检查确认全船防火门处于常关状态，没有被绳或铁丝捆绑处于敞开状态，自闭器能起到自闭作用。

(2) 外观检查防火门的完整性，并清除其周围的障碍。

(3) 给防火门铰链和手柄加油活络。

2) 每 3 个月

(1) 对通风筒上的挡火(烟)闸进行一次检查，查看是否有损坏、变形，标识是否清晰；试验通风筒的挡火(烟)闸的自动和手动开关装置能否正常工作。

(2) 对所有防火门进行就地开关操作试验，并检查其自闭和关闭后的密封情况。

(3) 对机舱天窗、风机应急速闭装置进行一次检查，查看开关是否正常，关闭后密封是否良好。

(4) 对供电和燃油的应急切断系统进行就地试验,查看是否工作正常。

3) 每年

对可遥控开关的通风系统的挡火闸以及防火门进行遥控开关操作试验。

4. 手提(便携)和推车式灭火器

1) 每月

对手提(便携)式和推车式灭火器检查一次,检查的主要内容有:

(1) 灭火器的存放是否与防火控制图标识的位置一致(包括正确固定,有明显和合格的标识,易于提取)。

(2) 灭火器压力表、安全阀铅封、安全帽泄气孔、喷嘴和喷射管、推车式灭火器的行走机构、支架等零部件是否完整无缺并处于适用状态。

(3) 灭火器的瓶壳外表有无锈蚀发生。

(4) 铭牌、标签和标识是否清晰完好。

(5) 灭火器用过后是否已及时重新充装新的灭火剂。

检查中如发现灭火器存在严重损坏,应予以报废并及时补充。

2) 每年

(1) CO_2 灭火器每年应至少进行一次称重检查,如灭火剂泄漏量超过 10%时,应予检修并补足灭火剂。

(2) 干粉灭火器里的干粉每年或按制造厂规定(取时间短者)进行一次性能检测,如有干粉结块或重量减少达 10%时,应重新充装。干粉灭火器本身每年应结合干粉的性能检测进行一次检查。

3) 每 2 年

(1) 泡沫灭火器里的灭火剂每 2 年或按制造厂规定(取时间短者)进行一次性能检测,如有灭火剂变质,应重新充装。

(2) 泡沫灭火器应每 2 年或根据制造厂规定(取时间短者)由专业机构进行一次水压试验。

4) 每 5 年

除泡沫灭火器以外的其他形式灭火器应每 5 年或第二次充装前由专业机构进行一次水压试验。

5. 消防员装备与紧急逃生呼吸装置

1) 每周

检查确认消防员装备与紧急逃生呼吸装置中的供气瓶完好、无泄漏。

2) 每月

(1) 检查确认消防员装备的数量、位置、标志和防火控制图保持一致;消防员装备完好无损;消防员防护服各部件完整、完好;防火绳、手提灯、太平斧完整、完好;空气呼吸器装备完整、完好;供气瓶的压力在允许的范围内;手提安全灯的电量充足;所有的消防员装备处于适用状态。

(2) 检查确认船上的紧急逃生呼吸装置按规定配足并保持在有效期内;紧急逃生呼吸装置存放位置与防火控制图标识的位置一致;紧急逃生呼吸装置外观清洁,标识清晰。

3) 每 3 个月

对紧急逃生呼吸装置进行外观检查,确保该装置处于可用状态,供气瓶的压力处于正常范围,必要时充气或维修。

4）每年

（1）检查确认消防员装备的备用气瓶压力在允许的范围内。

（2）全面检查、保养消防员装备。

5）每5年

请专业机构对自给式呼吸器供气瓶进行水压试验，保存检验证明。

6. 通用应急报警系统

1）每周

对通用应急报警系统进行外观检查，并进行测试。

2）每个月

结合消防演习，试验一次通用应急报警系统，要求能在驾驶台进行操作，全船各处均能听到警报；测试通用报警装置的声响及灯光报警效果；抽查船上各处的应急报警按钮能否正常启动报警。

3）每3个月

检查船上各处的应急报警按钮和警铃等设备是否完好，标识是否清晰。

4）每年

全面检查位于驾驶台的通用应急报警系统控制装置；检查所有报警点的实际效用及报警设备（应急报警按钮和警铃等）的实际状况。

7. 其他

1）每周

（1）检查确认所有的公共广播系统和应急通信系统均能正常工作。

（2）检查确认应急照明系统工作正常。

（3）进行应急发电机起动与并电试验，确认其工作正常。

2）每个月

检查确认存放灭火设备的处所和防火控制站处于适用状态。

3）每年

对公共广播系统进行全面检查。

任务实施

本任务的教学关键是核查救生、消防设备应急状态技能的训练，通过对船舶救生、消防设备应急的整体熟悉，逐步展开任务，由学生独立完成作业。选用典型案例由教师讲解，学生进行模拟操作，让学生在执行的过程中熟悉作业的特点。当学生可以看到自己的作业熟练且准确时，会大大提高学习的兴趣。参见表5-5。

表5-5　任务3的实施

时间	15（45）min	地点	
教学资料	实船资料		
活动程序	救生、消防设备状态的检查		
活动评价方式	分组（6人一组），组员之间评定1∶2∶2∶1		
活动小贴士	链接：航运公司SMS文件及活动		

任务评价

任务 3 中 2 项技能完成后，对其结果进行评价，并填入表 5-6。

表 5-6　任务 3 完成情况评价

序号	技　　能	评判结果	
		是	否
1	理解救生、消防设备的状态保持		
2	核查救生、消防设备的状态保持		

任务拓展

- 识别图 5-2,5-3 各类救生消防图标。

(a)

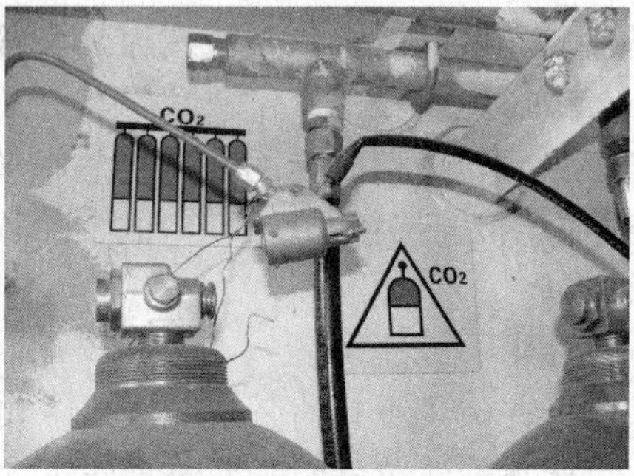

(b)

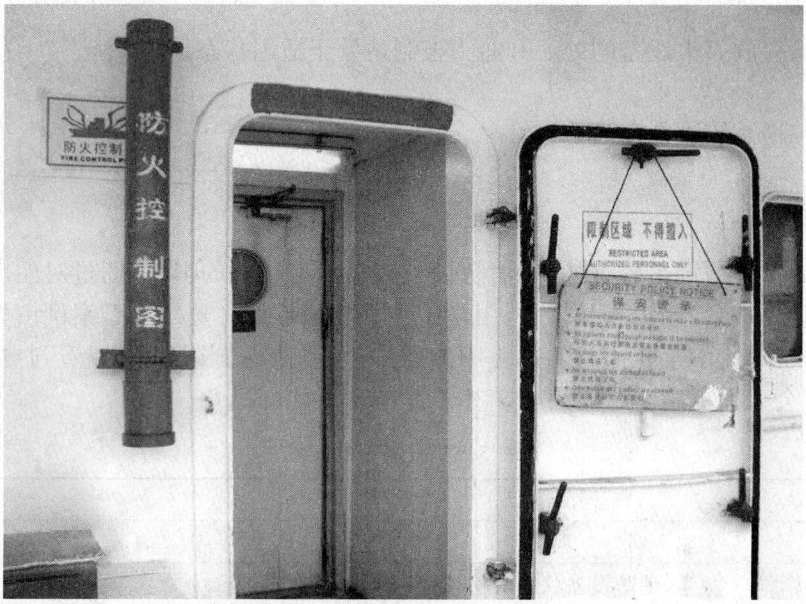

(c)

图 5-2　消防图标(一)

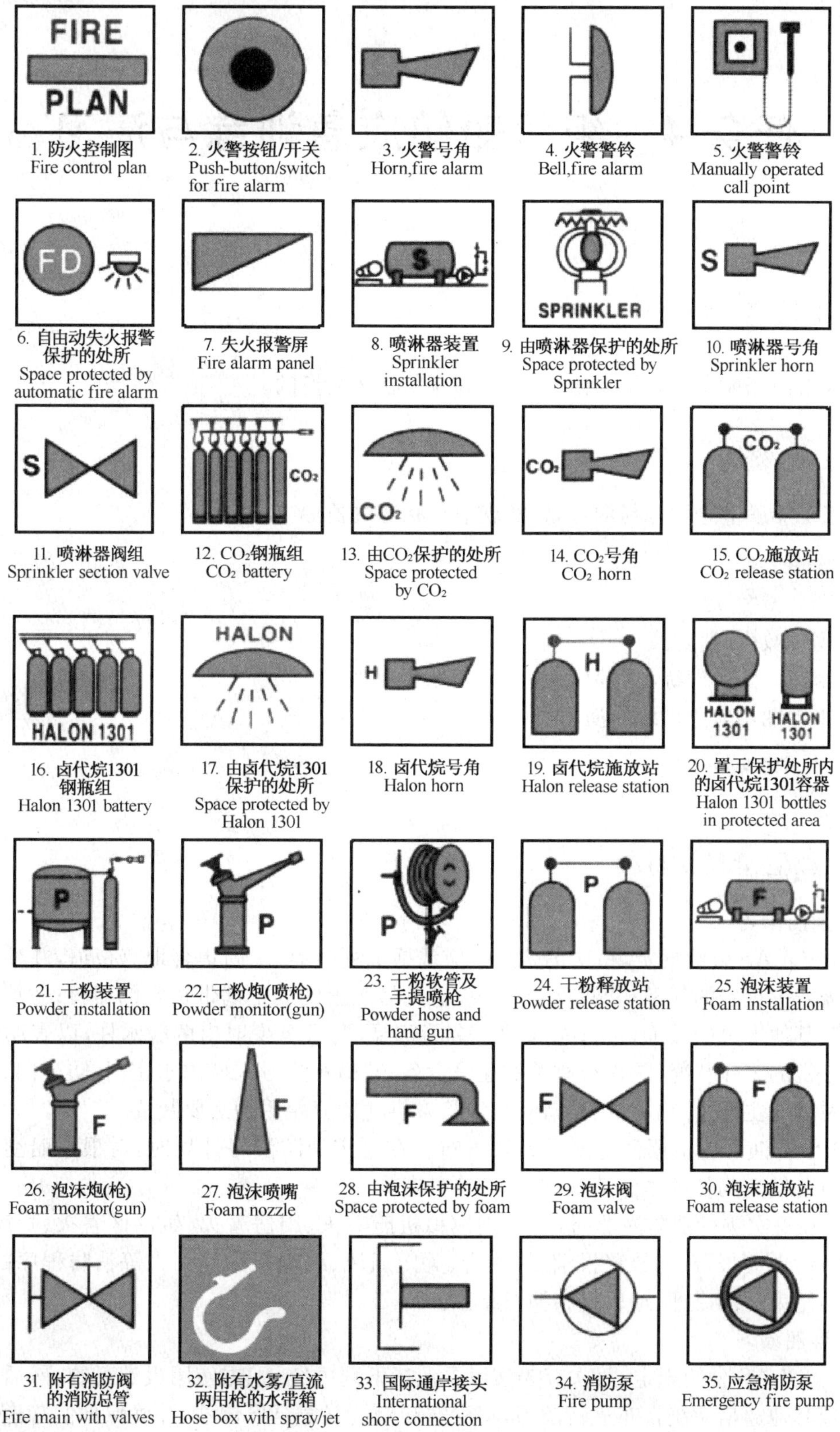
1. 防火控制图
Fire control plan
2. 火警按钮/开关
Push-button/switch for fire alarm
3. 火警号角
Horn,fire alarm
4. 火警警铃
Bell,fire alarm
5. 火警警铃
Manually operated call point
6. 自由动失火报警保护的处所
Space protected by automatic fire alarm
7. 失火报警屏
Fire alarm panel
8. 喷淋器装置
Sprinkler installation
9. 由喷淋器保护的处所
Space protected by Sprinkler
10. 喷淋器号角
Sprinkler horn
11. 喷淋器阀组
Sprinkler section valve
12. CO₂钢瓶组
CO₂ battery
13. 由CO₂保护的处所
Space protected by CO₂
14. CO₂号角
CO₂ horn
15. CO₂施放站
CO₂ release station
16. 卤代烷1301钢瓶组
Halon 1301 battery
17. 由卤代烷1301保护的处所
Space protected by Halon 1301
18. 卤代烷号角
Halon horn
19. 卤代烷施放站
Halon release station
20. 置于保护处所内的卤代烷1301容器
Halon 1301 bottles in protected area
21. 干粉装置
Powder installation
22. 干粉炮(喷枪)
Powder monitor(gun)
23. 干粉软管及手提喷枪
Powder hose and hand gun
24. 干粉释放站
Powder release station
25. 泡沫装置
Foam installation
26. 泡沫炮(枪)
Foam monitor(gun)
27. 泡沫喷嘴
Foam nozzle
28. 由泡沫保护的处所
Space protected by foam
29. 泡沫阀
Foam valve
30. 泡沫施放站
Foam release station
31. 附有消防阀的消防总管
Fire main with valves
32. 附有水雾/直流两用枪的水带箱
Hose box with spray/jet
33. 国际通岸接头
International shore connection
34. 消防泵
Fire pump
35. 应急消防泵
Emergency fire pump

图 5-3　消防图标(二)

任务4　组织船舶应急训练与演习

任务描述

要求组织船舶应急训练与演习，并达到应急状态的目的。

任务目标

能组织船舶应急训练与演习，以实现应急状态的目标。

任务分解

1. 理解救生、消防演习；
2. 组织应急舵训练与演习；
3. 组织油污应急训练与演习。

知识准备

一、救生、消防演习

1. 消防演习

(1) SOLAS公约规定，每次消防演习应包括下列内容：①向集合地点报道，并准备执行应急部署表中规定的任务；②检查是否按应急部署表上的规定携带指定的器材；③检查消防员装备和其他人员的救助设备；④起动一个消防泵，要求至少射出两股水柱，以表明该系统是处于正常的工作状况；⑤检查有关的通信设备；⑥检查演习区域内水密门、防火门、防火闸和通风系统的主要进、出口的操作情况；⑦检查供随后弃船用的必要装置。

(2) 消防演习应根据消防演习计划进行。在制定消防演习计划时，对根据船型和货物而实际可能发生的各种紧急情况，应给予充分考虑。

(3) 在每次进行消防演习时，可分别模拟机舱着火、厨房着火、生活区着火、货舱着火，进行相应的火灾报警、鸣放警报信号、集合、关闭通风、组织探火和灭火等消防程序的演练，以及演习结束后的讲评，最后宣布演习结束。

2. 弃船演习

(1) SOLAS公约规定，每次弃船演习应包括下列内容：①先使用报警系统，然后通过公共广播或其他通信系统宣布进行演习，将乘客和船员召集至集合站，并确保他们知道弃船命令；②向集合地点报道，并准备执行应急部署表中规定的任务；③查看船员和旅客的穿着是否合适；④查看是否正确地穿好救生衣；⑤在完成任何必要的降落准备工作后，至少降下一艘救生艇；⑥起动并操作救生艇发动机；⑦操作降落救生筏所用的吊筏架；⑧模拟搜救几位被困于客舱中的乘客；⑨介绍无线电救生设备的使用。

（2）弃船演习应根据弃船演习计划进行。

（3）每艘救生艇应每 3 个月在弃船演习时降落下水一次，并指定操作的船员进行水上操纵（演习）。在这样的演习中，救生艇在降放时可不乘载操作的船员。

（4）从事短途国际航行的船舶，每艘救生艇至少每 3 个月下降一次，并每年降落下水一次。

（5）自由降落式救生艇，每 3 个月至少有一次船员应登上救生艇，在其座位中正确系固并开始降落下水程序，但不必实际释放救生艇（即释放钩不应松开）；在不超过 6 个月的间隔期内，搭载操艇船员自由降落下水，或按 IMO 制定的指南进行模拟降落下水。

（6）在合理可行的情况下，专用救助艇应乘载被指派的船员每个月降落下水一次，并在水中操纵。无论如何，这个要求每 3 个月至少进行一次。

（7）航行中降落救生艇、救助艇下水演习时，应在遮蔽水域进行，并在有此项演习经验的驾驶员监督下进行。

（8）每次弃船演习应试验供集合和弃船用的应急照明系统。

（9）在每次进行弃船演习时，应进行鸣放弃船信号、完成弃船前的甲板和机舱自我保护动作、集合、放艇（筏）前的检查、放艇（筏）、回收艇（筏）等弃船程序的演练，以及演习结束后的讲评，最后宣布演习结束。

3. 人落水演习

（1）在船上举行的人落水演习应包括下列内容：①向船长报告，鸣放人落水警报信号，模拟观察和抛掷救生圈；②向集合地点报道，并准备执行应急部署表中规定的任务；③检查是否按应急部署表上的规定携带指定的器材；④做好救助艇的放艇准备；⑤检查参加演习的人员是否熟悉自己的相应的应急职责，能否按应急部署表中的规定进行人落水应急操作。

（2）人落水演习应根据人落水演习计划进行。

（3）在每次进行人落水演习时，应进行鸣放警报信号、操船甩尾、模拟观察和抛掷救生圈、集合、模拟放艇等人落水应急程序的演练，以及演习结束后的讲评，最后宣布演习结束。

二、操舵装置测试与演习

1. 开船前的检查测试

在开航前 12 h 内，船员应对操舵装置进行检查和测试。如合适，测试程序应包括下述操作：①主操舵装置；②辅操舵装置；③操舵装置遥控系统；④驾驶台的操舵位置；⑤应急动力供应；⑥对应于舵的实际位置的舵角指示器；⑦操舵装置遥控系统动力故障报警器；⑧操舵装置动力设备故障报警器；⑨自动隔断装置及其他自动设备。

2. 检查和测试的项目

（1）按照所要求的操舵装置能力进行满舵操作。

（2）操舵装置及其联结部件的外观检查。

（3）驾驶台与舵机间通信手段的工作情况：① 在驾驶台及舵机间应永久展示操舵装置遥控系统和操舵装置动力设备转换程序的简单操作说明，并附有框图；②所有与操舵装置的操作和(或)维护有关的高级船员应熟悉船上操舵系统的操作及操舵系统之间的转换程序。

(4) 除本条第(1)和第(2)款所述的日常检查和测试外,每3个月应至少进行一次应急操舵演习,以练习应急操舵程度。这些演习应包括在舵机间的直接控制、与驾驶台通信的程序以及转换动力供应操作(如适用)。

(5) 对通常从事短期航行的船舶,主管机关可以不对这些船舶要求进行第(1)和第(2)款所述的检查和测试,这些船舶每星期至少应进行一次上述的检查和测试。

(6) 进行本条第(1)和第(2)款规定的检查和测试的日期以及进行本条第(4)款所述应急操舵演习的日期及细节应予以记录。

(7) 应急操舵演习部署,见表5-7。

表5-7 应急操舵演习部署

职务	负责部位	应急任务
船长	驾驶台	总指挥,指挥船舶操纵、发布船舶相关命令、对外联系
值驾	驾驶台	发出失控通报或警报,通知机舱变速航行,传达舵令至舵机间,核测船位
驾助	驾驶台	协助驾驶员工作,显示号灯、号型,传令,内部联络
值班水手	驾驶台	悬挂信号,传令,内部联络
轮机长	集控室	机舱总指挥,按驾驶台车钟令操纵主机
下一班值驾	舵机间	携带VHF对讲机(或使用驾驶台/机舱直通电话)按驾驶台舵令指挥操纵应急舵
下一班水手	舵机间	按舵机间驾驶员舵令操舵
当班轮机员	舵机间	随时检查应急舵舵机工作情况
电机员	舵机间	检查操舵系统工作状况,随时报告轮机长/驾驶台
值班机工	集控室	听从轮机员或值班轮机员的指挥
其他人员		根据需要具体安排

附件:

舵机失灵(应急操舵)

1450:驾驶台发出舵机失灵警报。模拟通知机舱备车,减速,升失控球;通知船长上驾驶台;通知轮机长、大管轮、电机员、三副、部分水手到舵机房,检查、抢修,大副,机匠到船头备双锚。

1451:船长上驾驶台指挥,二副模拟VHF通报过往船舶:本船失控。

1452:相关人员到位。接通舵机房与驾驶台直通电话,试通信正常,切断遥控装置;起动手动马达,转换到舵机房手动操舵。

1454:舵机房人员接驾驶台令,从右舵10°—20°—满舵—正舵—左舵10°—20°—左满舵—正舵,进行试操舵。

1500:模拟故障排除,接通遥控装置,通知驾驶台进行试操舵并核对驾驶台舵角指示器和舵实际位置舵角指示器正常。

1502:测试失电报警正常,测试遥控系统报警和操舵装置动力设备故障报警正常;所有设备都恢复正常状态,VHF 通报恢复正常航行,降失控球。

1504:人员集中,讲评。

1505:讲评结束,器材归位,人员解散,演习结束。

当前船舶应急操舵存在问题

(1) 操舵装置的配备问题。一些船舶未能满足免设辅助操舵装置条件,但不配备辅助操舵装置;或舵机室未设置主操舵装置控制器。这些都导致应急操舵无法进行或是应急操舵的种类减少。部分沿海船舶,特别是一些老旧船舶,辅助操舵装置不配备,甚至连主操舵装置在舵机室的控制器也未配备。这样,船员无法在舵机室使用操舵装置,严重违反了船检规则相关规定,同时也给船舶航行带来了重大安全隐患。

(2) 操舵装置替代能源配备问题。公约与国内检验规则相关条款规定,对于舵杆大于 230 mm 舵机,要配备应急能源或其他替代能源。部分沿海船舶,其舵柄处的舵杆直径大于 230 mm,而在船检证书应急能源种类一栏的记载却是空白。上述发生险情的船舶就是由于未配备替代能源而导致应急操舵无法进行。船舶是否需要配备应急能源,掌握船舶舵柄处的舵杆直径尺寸是关键。对于舵杆的直径尺寸,我们可以查阅舵机出厂说明书或相关图纸,了解舵设备的相关参数。若不能从相关说明书或图纸上获得,我们可以借助一根无弹性的绳子,在舵柄处的舵杆上绕一圈,作上记号,然后测量记号到绳子端的长度即舵杆的周长,测得的数据除以 π 就可得舵杆的直径。值得注意的是,测量之前应该让舵杆保持清洁,排除杂质、黄油等的影响,绳子所绕成的平面尽量与舵杆垂直,从而确保数据的准确性和可靠性。

(3) 应急操舵的程序问题。程序不符合实际,主要表现在部分船舶配备了两种形式的应急操舵,却只制订了一种应急操舵程序程序。我们首先要了解应急操舵形式的数量,判断出船上是否设置了辅助操舵装置,操舵装置是否配备了应急电源或替代能源。然后再对照应急操舵的相关要素,判断分析该应急操舵是 1 种还是 2 种。

(4) 应急操舵的通信问题。主要表现在:①部分船舶舵机室与驾驶室无通信设备,或设备无法正常使用,特别是在操舵情况下,与驾驶台的通信伴有很大的噪音,舵机室无法有效与驾驶室进行信息传递。②舵机室没有舵角指示器,无法了解船舶舵角位置信息。③舵机室的应急照明的问题。在日常的检查工作中,经常会发现一些船舶未能在舵机室保持有效的应急照明。这样一旦遇上紧急情况,不便于船员及时掌握舵角信息,在第一时间执行驾驶室操舵指令。

三、组织油污应急训练与演习

1. 防油污演习与训练频次。

船舶每 3 个月至少进行 1 次防油污演习,船员更换 1/3 或以上时,船长应在 1 周之内组织防油污演习和训练;个别船员更换时,大副、轮机长或他们指定的熟悉人员应及时对新上船的船员进行本船防油污工作指导,使其尽快熟悉本船防油污有关内容和船员个人防油污应变职责。

2. 训练

(1) 船长应通过组织全体船员学习、培训和训练,使在船的每一个船员熟悉应变部署卡中本人职责。

(2) 船长应组织全体人员到现场熟悉船上各种防油污应急设备器材的存放位置和使用方法,以及有关的安全知识。

3. 演习

(1) 模拟加装燃油造成溢油时的应急处理程序,制定出演练计划。

(2) 模拟溢油位置。

(3) 发出警报(一短两长一短),人员按溢油应变部署携带防油污器材到达现场。轮机长及二管轮通过声响及手势通知供油船快速关闭供油泵浦。船员快速利用器材对甲板溢油进行围堵,控制或减少溢油流下海。

(4) 组织船员回收、清除溢油。模拟放艇使用围油栏及缆绳围堵水面浮油。轮机长现场评估,强调防止海洋污染环境及溢油事故的重要性及该次演习的注意事项。

(5) 船长对演习的评估、总结,发出解除信号(一长声),人员解散。

任务实施

本任务的教学关键是组织船舶应急训练与演习技能的训练,通过对组织船舶应急训练与演习的整体熟悉,逐步展开任务,由学生独立完成作业。选用典型案例由教师讲解,学生进行模拟操作,让学生在执行的过程中熟悉作业的特点。当学生可以看到自己的作业熟练且准确时,会大大提高学习的兴趣。参见表 5-8。

表 5-8　任务 4 的实施

时间	20 (80) min	地点	
教学资料	实船资料		
活动程序	组织救生、消防、应急舵、油污应急训练与演习的方案		
活动评价方式	分组(6 人一组),组员之间评定 1∶2∶2∶1		
活动小贴士	链接:航海技能实训中心开展活动		

任务评价

任务 4 中 3 项技能完成后,对其结果进行评价,并填入表 5-9。

表 5-9　任务 4 完成情况评价表

序号	技　能	评判结果	
		是	否
1	理解救生、消防演习		
2	组织应急舵训练与演习		
3	组织油污应急训练与演习		

任务拓展

- 组织各类应急训练与演习的方案，如：货物移动、船体破损、人员伤亡事故、机器故障、电力中断等。

项目六 船舶应急行动

核心概念

船体破损;破舱稳性;救生艇释放;货物移动;污染事故;关键性设备

情景设置

船舶火灾、破损等各种海上事故对人命安全和环境的危害性历来被世界各国高度关注，国际海事组织制定了《国际海上人命安全公约》(SOLAS 74)，ISM规则特别强调了应急行动的要求、目的和程序，各港口国、船旗国长期重视对应急设备和应急演练方面的检查(包括PSC，FSC)。所以，本项目要求：

(1) 要认真学习、深入理解国际公约的各项规定。为保证海上安全，防止人身伤亡和环境污染，国际海事组织制定了一系列公约、规则、标准和决议。其中，ISM规则、保安规则、SOLAS公约关于航行安全的章节和应急演练等内容，对船舶的应急演练提出了具体要求。

(2) 要居安思危，高度重视各项应急演练。航海具有相当高的风险性，为保证安全，必须坚持"预防为主"的方针，针对所有风险落实预防措施。首先，要尽一切可能避免任何事故的发生，做足做好防范各类事故的工作。其次，一旦发生事故，必须具备完善的应急措施并能得到有效实施，才能在最后关头保证人命安全和减少损失。所以，船舶、船员要居安思危，高度重视各项应急演练。

(3) 要从实战出发，做到人人熟悉职责、熟练操作。认真安排和进行应急演练，明确演练的目的，做到人人熟悉自己的职责，熟练正确地操作，迅速完成各种动作，达到应急演练的效果。为了在紧急情况下队伍拉得出、措施用得上而勤练苦练，力求达到保证人命安全、船舶安全和防止污染的目标。

各公司在船舶检查中，都将应急演练作为重点考核项目之一。本项目包括船体破损应急、恶劣天气应急、货物移动应急、船舶污染应急、关键性设备故障应急。

"××67"轮与"××131"轮碰撞事故

1. 事故概要及调查简况

1) 事故概要

2006年4月10日0846时，××市××海运有限公司所属的"××67"轮与××市××海运有限公司所属的"××131"轮在螺头水道长柄嘴北侧0.6 n mile水域(29°55′.1 N / 122°06′.9 E)雾航中发生碰撞，造成"××67"轮和"××131"轮船体破损进水，经紧急抢险，二船都顺利脱离危险。事故等级：一般事故。

2）调查简况

事故发生后，我处立即成立事故调查项目组赶赴现场展开事故调查。调查组人员在抵达事故现场后，分别对当事船“××131”和“××67”轮的受损情况进行现场勘察、拍照；对双方当事船员进行调查取证，调取了两船船员名单、船舶证书、车钟记录、“航海日志”、轮机日志等文书资料，并在随后的几天里对事故经过进行了相应的补充调查。本次事故共制作询问笔录6份，水上交通事故现场勘查记录2份，收集文书资料20余份，VTS电子记录1份，当事船事故相片资料1套。

2. 当事船舶、船员简况

1）当事船舶概况

(1)“××67”轮

船名：××67		船籍港：温州
船舶种类：油船		船体材料：钢质
总长：83.30 m	型宽：10.80 m	型深：5.35 m
总吨：1 174.00 t	净吨：658.00 t	参考载重吨：2 000 t

主机类型：柴油机（正常航行时使用重油，备车航行使用轻油）

主机功率：661.80 kW

建成日期：1986年03月01日　造船地点：广州

船舶所有人/地址：刘某等3人/舟山市

船舶经营人/地址：××市××海运有限公司/浙江省温州市

经查，该轮船舶证书齐全有效，船舶航行设备工作正常，处于适航状态。

(2)“××131”轮

船名：××131		船籍港：台州
船舶种类：普通货船		船体材料：钢质
总长：52.80 m	型宽 8.80 m	型深 4.15 m
总吨：498.00 t	净吨：278.00 t	参考载重吨：965 t

主机类型：柴油机（可在驾驶台控制主机）

主机功率：218 kW

建成日期：2004年07月26日

造船地点：浙江省温岭市东风船舶修造厂

船舶所有人/地址：肖某/浙江省温岭市

船舶经营人/地址：××市××海运有限公司/浙江省温岭市

经查，该轮船舶证书齐全有效，船舶航行设备工作正常，处于适航状态。

3. 气象与海况

1）根据潮汐资料推算：

4月10日0850时左右，事发海域涨潮流，流向280°左右，流速约2 kn。

2）根据“水上交通事故报告书”记载

当事双方提供的“水上交通事故报告书”记载：事发时阴有小雨，海面有浓雾，能见度约100 m，东南风3～4级；涨潮流，流向西北，流速约3 kn，海面基本无浪。

3）根据调查人员的观察

根据北仑海事处调查人员在事发后约半小时赶到事发现场水域附近察看到的气象、海况，与当事人提供的“水上交通事故报告书”记载基本一致。

4. 事故经过

1）“××67”轮当事者的陈述与相关资料的记载

根据“××67”轮当事船员的陈述及该船提供的“航海日志”“车钟记录簿”“水上交通事故报告书”等资料文书的记载整理。

2006 年 4 月 6 日 1805 时，“××67”轮从山东潍坊港装载 1 697 t 油渣后开航，当时，该船前吃水 4.20 m，后吃水 4.4 m，计划在途径舟山沈家门加燃油后驶往广州江门港。4 月 10 日 0700 时左右，“××67”轮过半洋礁，驶抵册子水道与金塘水道交汇处，船长刘某上驾驶台与大副交班后开始值班。当时该船航向 150°，航速约 8 kn，附近海面有雾，能见距离在100 m左右（驾驶台人员只能看到船头位置），但有时也能达到 0.5 n mile 左右（模糊看到附近山形）。驾驶台 GPS 工作正常，二台高频 1 台在 16 频道、另 1 台在 08 频道；雷达量程在 3 n mile档，艏向上，偏心显示，最大探测距离为 5 n mile，回波清晰；当时航行灯已关闭，未通知机舱备车。

0720 时左右，值班水手黄某上驾驶台接班。

0745 时左右，轮机长张某和值班机工王某到机舱接班，当时主机前进三（全速）；各仪表显示主、副机运转正常。

0755 时左右，该船航行至大猫山螺头角转向点，航向由 150°逐渐转向至 090°，沿螺头水道航行，当时能见距离不足 200 m。

0815 时左右，机舱接到驾驶台车钟指令，车速由进三降至进二，航向保持约 090°，航速降至 5.5 kn。

0839 时左右，船长从雷达上首次发现“××131”轮回波，回波位于该船右舷 30°左右，距离约 2 n mile。根据船长刘某陈述：“当时认为两船相距较远，对来船动态未进行连续观测，初步判断来船是一艘进口运砂船。”在两船逐渐接近过程中，“××67”轮一直保速保向，未采取任何避让措施，直至两船发生碰撞。根据船长刘某陈述：“当时来船在我船右舷，虽然二船在逐渐接近，但我当时认为该轮不可能抢越我船艏，过红灯，而且，认为他船应该能从雷达上发现我船，因此，我没有采取相应措施。直到该轮与我轮相距约 0.2 n mile，接近我雷达盲区时，我发现很危险了，但当时我对该轮的航向还是未能确定，所以不敢随便转向避让。”在此过程中，船长刘某曾二次走到驾驶台右侧甲板进行观察，由于当时能见距离只有 100 m 左右，未能发现来船。其中第一次是在两船相距 1 n mile 左右时，观察时间约 20 s；第二次是在来船进入该轮雷达盲区时，出驾驶台观察未发现目标立即返回，刚回到驾驶台时，值班水手黄某首先用视觉发现了来船，并大声呼叫“右边是船”。几乎同时，船长也发现了来船，此时两船相距已不足 50 m，而且是大角度交叉会遇，船长立即下令“×××”，同时将车钟拉至停车，在水手还未将舵角压到右满舵时，“××67”轮船首与“××131”轮左舷船中部发生了碰撞。

2）“××131”轮当事者的陈述与相关资料的记载

根据“××131”轮当事船员的陈述及该轮提供的“航海日志”“水上交通事故报告书”等资料文书的记载整理。

2006年4月9日1730时，“××131”轮从台州临海载运800 t碎玻璃开航，驶往青岛港。开航后该船由大副李某负责值班，船长黄某在2300时接班，至10日0500时与大副交接班后到房间休息。当时该船刚过大目岛，天晴，能见度良好，另有二名水手郑某和戴某同时在驾驶台值班。开始时，由大副亲自操舵，约0645时，该轮航行到双屿门西口，此时海面出现阵雾，由郑某接舵，大副在旁边指挥。此前在经大副同意后，郑某将已经关闭的航行灯重新开启，船上只有一台雷达和一台高频，开航后一直开着，雷达量程在3 n mile档，正常显示，高频调在16频道，在该船的GPS上，船长设定了本航次的计划航线。约0830时，该船过峙头角转向点，航向由040°转至330°左右，沿洋小猫西侧航道顺流航行，然后逐渐向左转向，沿计划航线(航向300°，斜穿螺头水道，朝小猫岛与摘箬山之间方向航行)航行。当时海面有大雾，能见度不足100 m。

约0839时，当该船航行至峙头雷达站东侧0.5 n mile左右水域时，大副李某从雷达上发现该船左舷方位20°、距离约2 n mile有一回波(“××67”)，根据“××131”轮大副李某陈述：“他在指挥该船航行时，要求舵工按照GPS的电子海图上的计划航线进行操作，自己当时对本船的具体航向不清楚，航速约9 kn，判断该回波是一艘出口船。”从VTS监控记录和该船GPS上的航行轨迹发现，当时该船航向320°左右，以后逐渐左转，至0843时，航向转至280°左右，此时，“××131”轮与“××67”轮相距约1 n mile左右，最小会遇距离大于0.3 n mile。约0843时左右，当“××131”轮航行至长柄嘴东北偏北约0.5 n mile位置时，大副李某从高频上听到有一出口船(“××82”轮)呼叫：“长柄嘴附近的进口船，我是离你1.6 n mile的出口船。”李某回答：“叫过来。”对方问：“我们怎么会。”李某回答：“我与你前面的一艘(“××67”)会红灯，与你也会红灯。”通话结束后，大副李某指令舵工郑某“往右拉点”，郑某将舵向右压了20°，在向右压了1～2 min后(航向由280°转到330°左右)，大副李某指令舵工郑某“回点舵”，在舵工郑某回舵过程中，大副李某用视觉发现该船左前方来船“××67”轮，并立采取了停车、倒车措施，但“××67”轮船首还是以近80°夹角与“××131”轮左舷货舱中部发生碰撞。根据宁波交管中心VTS记录，两船发生碰撞时间在0846时，具体位置在螺头水道长柄嘴北侧0.6 n mile水域(29°55′.1 N / 122°06′.9 E)。

5. 抢险经过

10日0850时左右，宁波海事局值班室接到“××67”轮事故通报后，立即启动了应急处置预案。一方面通过VTS实时掌握当事船的动态和险情，要求当事船在确保船员生命安全的前提下，组织自救；另一方面，迅速组成了由北仑海事处领导带队的海事应急抢险小组，登乘“海巡1108”艇赶赴现场。碰撞发生后，“××67”轮船长刘某立即按响集合铃，指挥大副带领其他船员对碰撞部位进行检查，通知机舱立即备车，测量各舱油水位置。经全面检查后，“××67”轮船长刘某获知本船首柱两侧外板破损，艏尖舱和压载水舱进水，立即指挥船员采取堵漏措施，基本控制了险情，同时向宁波VTS报告。4月12日，该船在巡逻艇的监护下，成功地将船上装载的1 697 t油渣全部安全过驳。“××131”轮船长黄某在事故发生后马上赶到了驾驶台，在发现本船左舷舷墙、外侧板及货舱围板等大面积破损，货舱大量进水的情况下，立即指挥船员采取堵漏、排水等措施，由于破损严重，在与“××67”轮并绑后朝摘箬山东侧冲滩。由于所选滩涂落差较大，“××131”轮当时只能依靠全速进车，将该轮船底艏部搁置在海滩上，而当时该船的破损口尚未完全堵住，货舱还在不断进水，舶体向左倾斜，处于危险状态。根据当时情况，海事人员一方面协助该船进行堵漏，并立即从附近锚泊船上借调排水泵，加大排水力度，同时紧急联系附近施工作业船，要求做好随时赶赴现场施救的准备；另一方面，通过与船舶所有人协商后决定，调遣“浙普工1”“浙定58023”和“浙定61168”轮赶赴现场，实施减载。经过近6个小时的连续作业，至2100时左右，“××131”轮破损处完全露出水面，脱离了危险。

6. 损失情况

1) “××67”轮

艏柱两侧外板破损，包括船舶修理和抢险费等，直接经济损失约9.8万元。

2) “××131”轮

左舷舷墙、外侧板及货舱围板等变形和破损，包括船舶修理和抢险过驳费等，直接经济损失18.7万元。

学习目标

1. 能描述船舶应急行动的内容与要求；

2. 结合情景任务能实施船体破损应急、恶劣天气应急、货物移动应急、船舶污染应急、关键性设备故障应急。

学习内容

任务1　船体破损应急；

任务2　恶劣天气应急；

任务3　货物移动应急；

任务4　船舶污染应急；

任务5　关键性设备故障应急。

任务1　船体破损应急

任务描述

要求根据船体破损的特点，能及时正确应急，达到安全控制的目的。

任务目标

能及时控制船体破损，达到成功应急的目的。

任务分解

1. 理解船体破损后，操纵船舶的要求；
2. 能进行探漏、堵漏等相关任务；
3. 计算破舱稳性；
4. 理解船体破损进水应急行动。

知识准备

一、船体破损后操纵船舶的要求

近年来，世界海难事故不断发生，船舶的碰撞、搁浅、触礁等恶性事故导致船舶进水，乃至船沉人亡。特别是在恶劣的海况下，船舶在风浪中长期航行致使船体损伤，而船舶的船体结构损坏则是导致散货船在海事事故中沉没的主要原因。由于世界散货船队平均船龄高，船体遭受腐蚀和疲劳累积性损伤较严重，使船体强度极大降低，船舶在恶劣的航海条件下易产生船体的损伤、裂纹破舱。大量的海损事故使人们认识到船舶分舱及船舶破舱后其生存能力的重要性。为此，IMO 海上安全委员会(MSC) 召开 MSC 19(58)、MSC 68，并通过了 SOLAS(国际海上人命安全公约) 修正案"船长为 100 m 或超过 100 m 的货船分舱及破舱稳性"的各项条款，规定了"散货船的安全措施"。对货船的破舱稳性有了强制性的要求。但是，当船舶破舱进水后，从船舶施救的角度出发，船舶的实际装载情况(船舱的渗透率) 、进水速度的大小、排水设备的能力等诸多因素影响着船舶的安全。

船舶若受损进水，主要有以下 3 类：

第 1 类：破损舱舱顶在水线以下，船体破损后海水灌满整个舱室，但舱顶未破损，因此进水量不随破舱水线位置而变化，且没有自由液面。这种情况大多发生在破损双层底舱和顶盖在水线下的深舱柜进水。

第 2 类：破损舱舱内的水已不与船外的水相连通，舱内未被灌满，有自由液面。船体破洞已被堵塞但水没有抽干的舱室属于这种情况。

第3类：破损舱舱顶在水线以上，舱内的水与船外的水相通，因此舱内水面随进水后水线位置而变化。这是一种较普遍、较典型的破损进水的情况。

对于第1类进水情况，由于全舱灌满而且无自由液面，加之一舱不沉的船舶抗沉性，对船舶的影响不大，只要保证船舶排水能力大于进水量，则可加以控制。

对于第2类进水情况，可看作船舱进水进行调整，因其不再进水，因此对于船舶危害也不会很大，但是应注意船体浮力和自由液面对稳性的影响。

对于第3类进水情况，为两船碰撞后船舶进水经常发生的情况，由于其进水量随水线位置而变化，对于船体的影响也最大，是事故现场应急处置人员应当重点注意的类型。

大量的海事事故调查资料表明，散装船沉没的原因主要为以下3种：

第一，船体结构损坏导致船舱进水，进水量过大使得船舶储备浮力损失过多或完全丧失以致船舶沉没。

第二，进水后船舶稳性不足而倾覆。

第三，由于船体遭受腐蚀、疲劳等累积性的时效损伤和偶然损伤，导致了船体强度降低致使船体强度不足而断裂。

发现船体破损进水，要立即查明破损部位和范围，必要时应停车，以减少进水量和冲击力。船员要反复测量进水舱和相邻舱的水位，确定进水速度和漫流情况，并计算进水量。从漏洞中进入船内的水量可近似地按下式计算：

$$Q = 272C \times A\sqrt{H-h}$$

式中：Q 为每分钟的进水量(t)；C 为进水系数(海水为0.6)；A 为破洞面积(m^2)；H为破洞中心至水面的距离(m)；h 为破洞中心至破损舱内水面的距离(m)。

同时应关闭甲板下方的全部水密门窗，利用舱底排水系统排出进入破舱的水。如进水后船体发生过大的横倾或纵倾，会使船舶失稳而发生倾覆，要及早采取措施，以保持船体平衡。通常有3种方法：①移载船上燃料和压载水，调整纵横倾；②排出倾侧一舷的油、水以恢复平衡；③在倾侧相反一舷的对称舱内灌注海水，此法收效较快，但会损失储备浮力。必要时，而且条件许可，可在附近冲滩搁浅，以免沉没。

当船舶破舱进水后，如何迅速判断船舶的破舱安全性，包括破舱后的船舶浮态、稳性以及强度是否满足要求；船舶下沉、纵倾达到新的平衡水线甚至沉没所需的时间是多少；船舶破舱之后应该采取何种方式来救助；由此救助能否成功是人们一直关注的问题。

遭遇事故船体破损后，舱室进水会对船舶的稳性、强度、浮态等产生较大的影响，甚至造成船沉人亡的惨剧。正确把握破损进水船舶弃船时机对保障财产和人员的安危关系重大，应引起高度重视。船舶在寻求外援和积极展开自救的同时，应尽可能对船舶的状况进行探明，通过核算寻求船舶沉没、倾覆甚至断裂的可能时间，合理把握弃船时机，为最终弃船逃生做好准备。

二、船舶探漏、堵漏

大副迅速组织查明船体漏损部位、损坏情况和进水量，并立即报告船长，确定施救方案。迅速测量所有淡水舱、压载舱、污水井、油舱的液面变化。

在排水的同时，应组织船员使用各种器材进行堵漏。如破洞较小，可选用各种轻便器材，如木塞、木板、木楔、木柱、钩头螺栓等，从舷内堵塞；如破洞较大，可将帆布制的轻型堵漏毯或用钢索制的重型堵漏毯悬挂在舷外遮挡破洞，以阻止大量进水，然后再从舷内设置水泥箱，防止海水渗入。当邻舱进水，水密舱壁受到巨大压力时，为防止舱壁变形或破裂，须用木柱、木板等加以支撑。

堵漏器材应存放在船上易取用的安全处所，并由专人负责保管，不得移作他用。铁质部件要防止生锈，活动部件要经常加油润滑。纤维材料应经常通风，保证干燥，不使霉烂。专用水泥要定期检查，防止受潮硬化。

为使抢险堵漏工作及时有效，船上编制有堵漏应急部署表，规定有关船员在堵漏工作中的任务。平时按部署表定期演习，使船员熟悉职责，临危不乱，迅速、熟练地完成抢险任务。

三、破舱稳性

船舶分舱和破舱稳性(即抗沉性)是指船舶单舱或舱组破损淹水后保持一定浮态和稳性的能力，它是船舶重要的安全性能。

1. 货物性质对船舶抗沉性的影响

(1) 货物的渗透率：货物的渗透率与货物的抗沉性有着密切的关系，它决定船舱进水时的进水量。货物渗透率是舱柜内进水体积与舱内原有货物或其他物质体积的比值。

(2) 货物的流态化：考虑散装货物的流态化，尤其是易流态化货物，一旦船舱进水，一般都能够达到流态化需要的水量，使之流态化。又因为货物一旦流态化，随着船舶的倾斜而流动，造成船舶进一步的横倾和纵倾。除了大块的矿石以外，在船舱破损的情况下，一般都可以认为是流态化。而传统的抗沉性计算公式对此并没有做进一步的考虑。

易流态化货物的比重一般比较大，是高密度的货物。船舶装载这样的货物的时候，一般重心都比较低，所以不会出现稳性不足的问题；但是在营运过程中，如果初稳性高度过大，就会出现一系列的问题。如果初稳性高度过大，船舶的摇摆就会剧烈，对船体，船载仪器以及船员的身体都会造成影响，所以目前一般用双层底的矿石专用船或者隔舱装载来解决这个问题。这样给船舶的受力情况提出了考验。尤其是隔舱装载高密度货物，如矿砂等，因为矿砂的积载因数较小，留出了较大的空余空间，如果装载矿砂的舱室破损进水，就会进入较多重量的水。这样货物重量加上进入的水的重量，横舱壁，双层底，及船壳板、都要受到较高的压力，结构很容易出现破损，尤其是横舱壁如果破损，海水就会涌入与装载舱相邻的空舱，两舱或者三舱进水，使船舶沉没。当今船舶隔舱装载一般是单号舱装货，双号舱空载。而且IMO的报告显示，船舶碰撞的最易受损部位就是一舱和一舱与二舱的交界处。这样艏部两舱进水，船舶首倾较大，使船舶丧失储备浮力，很快沉没。或者很容易使尾部露出水面，总纵强度不足造成船体断裂。

2. 自然环境对破舱特性计算的影响

海况较差的情况下，船舶的横摇引起的水及货的晃动对货舱壁的拍击力更大。这种动力的影响与货重的影响合成，对船体结构形成很大的影响. 船舶在恶劣海况下的垂荡也会加剧拍击对船体的损害。

3. 船舶装载情况与船型情况

如其他情况相同,船舶的装载情况对船舶的破舱计算产生一定影响。满载情况由于渗透率的原因,要比部分装载情况受影响小,部分装载情况要比空载情况受影响小。如果是隔舱装载,装货舱进水后,装货舱内水及货形成的与相邻舱的压力差更大,对船体的影响更大。

另外船舶自身的特性也对船舶破舱特性产生影响,例如船舶初稳性高度。如果船舶的初稳性高度过大,船舶的横摇周期小,横摇剧烈,引起的水及货物的动力作用对船舶横舱壁的破坏力要大的多。

链接:SOLAS分舱与破损稳性要求实施指南

四、船体破损进水应急行动

船舶进水(浸水)主要是搁浅、触礁、碰撞、船舶老旧、水密失效、大风浪袭击、造船缺陷、严重横倾、武器攻击等原因引起的。如果进水速度大于排水速度就会危及船舶安全。船舶一旦进水,既应按下列程序和方法采取应急行动。

(1) 无论何人,一旦发现船舶漏损进水,应立即发出警报(警铃或汽笛二长一短声,连放1 min)召集船员,报告船长和通知机舱等。全体船员听到警报信号后(除固定值班人员外),应按应变部署表/船舶进水应急计划的分工携带规定堵漏器材,迅速赶到现场,做好堵漏准备。

(2) 现场指挥大副应率领堵漏队和隔离队的队长,迅速查明漏损部位、损害情况和进水量大小,立即报告船长确定施救方案,指挥各队人员投入抢救。对进水的应变通常分成排水、隔离、堵漏、救护四队,分别由轮机长、三副、水手长、政委(医生、管事等)担任队长,大副应率人测定破洞的位置、大小及进水情况,机匠负责测量压载舱、淡水舱和污水沟等,二管轮测量油舱的液位。

(3) 无论何人,一旦发现船舶进水部位应立即通知机舱排水,同时应由三副率领隔离队关闭进水舱室四周的水密门和隔舱阀,使进水舱室与其他舱室隔离,必要时应加固邻近的舱壁。堵漏队在水手长和三管轮的领导下直接担任堵漏和抢修任务,实施行之有效的堵漏措施。船长和大副应根据漏情发展及时调整部署。

(4) 轮机长应率领排水队使用所有的水泵(包括便携式水泵)全力排水,并根据情况注入、排出和调驳压载水,保持船体平衡。

(5) 大副应指派机匠定时量水,并派专人不断观察和记录前后吃水和干舷高度的变化,估算进水量和排水量之差,判断险情的发展和大量进水对船舶稳性及浮力的影响。

(6) 若进水严重和情况紧急,船长应当请求第三方的援助,并尽可能选择地点抢滩。若船长确认堵漏无效,船舶面临沉没时,应宜布弃船。船长应指示值班驾驶员做好详细的记录,向公司和有关当局报告。

任务实施

本任务的教学关键是船体破损应急技能的训练,通过对船体破损应急的整体熟悉,逐步展开任务,由学生独立完成作业。选用典型案例由教师讲解,学生进行模拟操作,让学生在执行的过程中熟悉作业的特点。当学生可以看到自己的作业熟练且准确时,会大大提高学习的兴趣。参见表6-1。

表 6-1　任务 1 的实施

时间	30 (85)min	地点	
教学资料	实船资料、SOLAS 分舱与破损稳性要求实施指南		
活动程序	以控制船体破损,达到成功应急的目的		
活动评价方式	分组(6 人一组),组员之间评定 1∶2∶2∶1		
活动小贴士	链接:SOLAS 公约附则第Ⅱ章构造		

任务评价

任务 1 中 4 项技能完成后,对完成情况进行评价,并填入表 6-2。

表 6-2　任务 1 完成情况评价表

序号	技　　能	评判结果	
		是	否
1	理解船体破损后,操纵船舶的要求		
2	能进行探漏、堵漏等相关任务		
3	计算破舱稳性		
4	理解船体破损进水应急行动		

任务2　恶劣天气应急

任务描述

要求根据恶劣天气的特点，能及时正确应急，以达到安全控制的目的。

任务目标

能在船舶遭遇恶劣天气情况下及时控制船舶，以达到成功应急的目的。

任务分解

1. 恶劣天气下船舶巡查；
2. 正确操纵各种恶劣天气下的船舶；
3. 恶劣天气条件下释放救生艇行动。

知识准备

一、恶劣天气的危害

恶劣天气这里指暴雨、浓雾、大雪、霾等造成的能见度不良天气、大风浪天气和强对流天气。恶劣天气对船舶航行和操纵造成的危害有：

（1）暴雨、浓雾、大雪、霾等造成的能见度不良天气会造成船舶航行和操纵时瞭望困难，不能正确判断周围船舶的动态，从而采取正确的避让行动。特别是突遇浓雾、暴雨等能见度不良天气时，有的按规定选择抛锚，有的则继续冒险航行，从而造成航行秩序的混乱，如盲目行动或操作不当，极易发生碰撞事故。

（2）风对船舶产生的影响视风向及风力大小，会致使船舶漂移、转向、上浪和摇荡。所以大风浪天气航行与操纵时船舶稳向困难，船舶追越或并列行驶时极易受风的影响造成困压他船，发生碰撞，航行时由于避让需要慢车或停车时受风的影响会发生搁浅、困边等事故，掉头、靠离泊操作时受风的影响操作不当会发生触碰码头等固定设施，对于抗风浪等级小或超载的船舶，极易上浪造成沉没等事故。

（3）强对流天气在气象学上所指的是，发生突然、移动迅速、天气变化剧烈、破坏力极大的灾害性天气，主要有雷雨、大风、冰雹、龙卷风、局部强降雨等恶劣天气。强对流天气的主要特点，往往是乌云滚滚、雷声隆隆，接着是风力增大、狂风夹伴强降水，有时伴有冰雹；强对流天气过境时风速极大，风向多为偏北。强对流天气来临时，由于天气阴暗，伴随着大风、强降水，能见度极差，对于一些小功率、大吨位的的船舶根本无法控制船舶，随风漂移，致使航行秩序大乱，极易造成搁浅、碰撞事故或“二次事故”和连环事故的发生。

一艘营运中的海船，在其航行过程中可能会遇到各种各样的复杂局面，如雾中航行、冰区航行、大风浪区航行等，在这些复杂环境条件下，为了船舶安全，航海驾驶人员必须掌握有益的经验及理论。

二、常规准备

1. 气象资料

当预期有大风浪来临时，除应接收常规的气象预报外，还应加收气象传真（地面天气分析图、地面预报图、高空天气分析图和预报图、大洋波浪实况分析图和预报图），并结合NAVTEX所收到的信息加以综合分析，正确决断。

2. 水密措施

仔细检查甲板各开口处封闭设施的水密性，必要时进行加固；检查各水密门是否良好，注意关闭时要用套筒拴紧每一个把柄；关闭通风口、舷窗和机舱的天窗；盖好并用帆布、水泥封好锚链孔，防止海水灌进锚链舱。

3. 排水设施

检查排水泵、管系及分路阀，保证其处于良好工作状态；检查、清洁污水沟（井），使积水能及时排出；逐个检查各层甲板上的排水孔，确保其排水畅通。

4. 绑扎与压载

装卸设备、锚设备、舷梯、救生艇筏以及一切未固定或绑牢的甲板物件都要进行检查、加固；各水舱及燃油舱应尽可能驳空或注满以减少自由液面；空船要适当压载以增强舵效，防止飞车；保证船舶有适度的吃水差及稳性。

5. 应急预案

其中包括保证驾驶台和机舱、船首、舵机室在紧急情况下通信联络畅通；检查应急电机、天线、舵设备等处于良好状态；保证消防和堵漏设备随时可用；保证人身安全；加强全船巡视检查，勤测各液体舱及污水沟等。

三、恶劣天气下船舶巡查

检查并保证做好下列工作：

1. 保证水密

（1）检查甲板开口封闭的水密性，必要时进行加固。

（2）检查各水密门是否良好，不需用的一律关闭拴紧。

（3）将通风口关闭，并加盖防水布。

（4）天窗和舷窗都要盖好，并旋紧铁盖。

（5）锚链管盖好，防止海水灌进链舱。

2. 排水畅通

（1）检查排水管系、抽水机、分路阀等，保证处于良好工作状态。

（2）清洁污水沟（井），保证黄蜂巢畅通。

（3）甲板上的排水孔应保持畅通。

3. 绑牢活动物

(1) 吊货设备、主锚、备锚,舷梯、救生艇筏以及一切未固定的甲板物件都要绑牢。

(2) 散装货及烧煤要扒平。

(3) 各水舱及燃油舱应尽可能注满或抽空,以减少自由液面。

(4) 舱内或甲板装有重件货物时,应仔细检查加固,必要时加固绑扎。

4. 做好应急准备

(1) 保证驾驶台和机舱、船首、舵机室在紧急情况下通信联系畅通。

(2) 检查应急电机、天线、舵设备等处于良好状态。

(3) 保证消防和堵漏设备随时可用。

(4) 保证人身安全,如拉扶手绳、甲板铺砂等。

(5) 加强全船巡视检查,勤测各液体舱及污水沟等。

5. 空船压载

空船在大风浪中有很多不利之处,例如:风压增大了倾侧力矩,保向性下降,拍底增大,空转加剧,失速严重,易发生横摇谐振等。为确保航行安全,应进行适当的压载,以提高船舶抗风浪的能力和改善船舶的性能。

空船压载量可参考下列数字:

夏季:为夏季满载排水量的50%;冬季:为夏季满载排水量的53%。

在吃水差方面,既要防止空转,又要减轻拍底,一般以尾倾吃水差1.5~2.0 m较为理想。

货船上压载,除利用压载舱和深水舱之外,还可以选择首尾宽度较窄的舱,如有轴遂的艉舱就更好。压载时,要注意减小自由液面的影响,还要保证排灌畅通。

四、正确操纵各种恶劣天气下的船舶

在恶劣天气下,船舶为什么会发生严重的灾害性事故呢,不论是预防不够还是其他原因所导致安全隐患的产生,这些事故都将给船舶造成巨大损失和打击。从中也留下许多启示,如何预防灾害性天气造成的水上交通事故,是必须面对的安全问题,如果能试着从船舶预防灾害性天气方面寻找到一些方法和规律,就能够帮助船舶和船员提高应对灾害性天气这方面的能力,分析研究恶劣气象条件对船舶航行的影响,提出相应的对策,对于保证船舶航行安全,预防事故或"二次事故"和"连环事故"的发生,具有重要意义。

针对暴雨、浓雾、大雪、霾等能见度不良天气、大风浪天气和强对流天气,船公司和船舶应制定灾害性天气的应急预案,许多中小型个体船舶没有预案,仅仅凭经验预防和操作,往往在灾害性天气到来时,措手不及,常常损失惨重。船舶航行的独立性,灾害性天气的破坏性,水上自然因素的瞬息万变性,信息传递局限性,以及船舶设备仪器的特性,都要求船舶在遭遇灾害性天气后要依靠自身的能力去战胜困难,因此船舶制定并组织实施灾害性天气的应急预案对船舶安全来说尤其重要。

1. 能见度不良天气下安全航行与操纵的对策

1) 能见度受到限制时的安全航行

这是船舶防碰撞的重中之重,必须引起船岸的高度重视,分析和吸取雾中碰撞事故的教训,造成雾中碰撞事故的原因主要有以下几点:

(1) 部分驾引人员对能见度变差缺少应有的戒备，未及时采取雾航措施，盲目快速航行，未使用安全航速。

(2) 没有对雷达图像进行连续观察，在未弄清来船动态的情况下，盲目转向，从而形成紧迫局面或急迫危险。

(3) 部份驾引人员，在能见度不良时过分自信或碍于情面不报告船长，不拉雾号，怕影响船员休息，采用雾航措施不全。

(4) 避让行动中习惯采用舵让，极少采用车让。

(5) 能见度不良两船未互见时，过分强调调本船是被让路船，等待他船避让，而没有主动采取避让行动，从而失去有效避让的最佳时机。

(6) 对小船、渔船习惯性违章行为缺乏警惕。

2) 能见度不良时的船舶防碰撞措施

船舶在遇到能见度不良航行时，驾引人员必须切实做好以下工作：

(1) 立即报告船长，请船长上驾驶台。

(2) 通知机舱备车，视通航密度和周围环境减速行驶。

(3) 开启航行灯，按章鸣放雾号。

(4) 派人到船首备锚、瞭望。

(5) 开启雷达并调整到最佳工作状态，对雷达图像保持连续的观察并不断地变换量程，以便获得避碰的早期信息。同时，了解和掌握雷达性能的局限性，对一些有可能探测不到的小物标，风浪抑制会抑制掉细小物标的回波，必须加强目视瞭望。

(6) 应抓住岸形、浮标、固定物标等，结合雷达图像，准确掌握本船船位，谨防偏离航路。

(7) 守听 VHF 高频电话并及早发布本船航行信息，与他船互报雾情；加强与来船的联系，统一避让行动。

(8) 驾驶台保持肃静，并打开门窗，加强目视、听觉瞭望。

(9) 船长要亲自操作或监航，要细心查核避碰行动的有效性，采取的避让行动不致造成另一船舶的紧迫局面。

(10) 船长可根据雾情的变化、视距大小、航行环境、助航设备状况及船舶操纵性能，及早选择安全水域抛锚扎雾，不得冒险航行。

驾引人员，特别是年轻的驾引人员要不断学习和掌握对当时能见度状况进行判断的能力。船长遇能见度不良天气时要果断地采取措施，不能心存疑虑，优柔寡断，怕影响船期，延误抵港时间，而冒雾航行。

2. 大风浪天气下船舶安全航行与操纵的对策

(1) 掌握船舶抗风等级及设备状况，超过抗风等级或收到交管发布的警告立即选择安全水域抛锚扎风。

(2) 系固、系牢船上活动物件及舷梯、救生艇等船舶属具，尽可能驳空或注满油、水舱，减少自由液面影响，保证船舶适度稳性，防止船舶剧烈摇晃。

(3) 及时关闭货舱、舷窗等通风口道，并检查甲板各开口处封闭设施的水密性，必要时进行加固、加牢，防止船舶上浪打湿货物、或因江水灌入船舱而影响船舶稳性，同时，检查、疏通污水沟井及管道，及时排水，必要时起动应急排水泵。

(4) 航行中根据风向与风力大小选择好风压差角，确保船舶航行在正确航路。长江等内河航行水域船舶密度大，进入弯曲、狭窄、吸沙区、桥区等复杂航道前要提前预控，选择好空档，保持一定的速度和足够的纵距尾随行驶，尽量避免追越，在可追越的航道中，要与被追越船联系好，尽量选择从下风一侧追越，并保持足够的横距，防止困压他船和发生船吸现象。

(5) 随时关注气象变化，及时收听交管发布的气象信息，当风力不断加大，航行与避让无安全把握时，及早选择安全水域抛锚扎风。

3. 遭遇强对流天气时船舶安全航行与操纵的对策

(1) 驾引人员每天要关注天气预报，尤其是船长要对当天、当地的天气预报和未来几天的天气趋势做到心中有数，对预报有短时雷雨大风要引起高度重视。

(2) 驾引人员在航行中要随时注意天气变化，发现天气突然变得灰暗，乌云滚滚、雷声隆隆，闪电不断，或从雷达图像中发现几公里外有大片雨区，移动方向不变，应立即报告船长，掌握周围水域的航道条件、船舶通航密度、附近来往船舶动态，并抓住岸形、固定物标等，准确掌握船位。如临近弯曲、狭窄航段、桥区、吸沙区、港区等复杂航段，应及早选择安全水域抛锚。为什么要及早择地抛锚呢？因为灾害性天气往往来去突然，所以要早作准备。另一个原因并不是任何水域都适合你的船舶抛锚，往往过了一个合适水域，恶劣气象突然呼啸而至，会令你手足无措。所以在接到相关警告信息后，要早作预防，及早择地锚泊。同时还要注意，锚泊时要尽量让出通航分道，以避免碍航，也可避免其他船舶在慌忙中进入该水域而发生事故或险情。

(3) 如预测强对流天气要到来，但当时当地的环境不允许抛锚，而继续航行时，船长要亲自操作或监航，备锚，派人瞭望，要随时注意天气变化，当强对流天气突然到来时也不要惊慌失措，要从容应对，按章鸣放雾号，使用甚高频电话通报船位，充分利用闪电瞬间观察周围水域情况和本船船位，根据观察的情况果断采取措施。

恶劣天气发生突然，破坏力极强，看上去很可怕，但只要在思想上引起高度重视，了解恶劣天气的危害，制定恶劣天气的应急预案，及早预控，遭遇恶劣天气时，临危不乱，果断地采取措施，可以避免海损事故的发生或尽量减少事故的损失。

五、恶劣天气条件下释放救生艇行动

1. 救生艇释放操作说明

救生艇的释放按如下顺序进行：①检查艇底塞并把其塞装妥当；②检查并拔出救生艇在港固定销；③放下软梯；④打开所有固定栓夹或制动器；⑤放艇到登艇甲板；⑥系好系艇索；⑦装好收紧滑车等索具并拉紧；⑧解开止荡索(打开滑环)；⑨随艇下人员按命令登艇；⑩坐好并把手放入艇内；⑪放松并解开收紧索至吊索垂直；⑫检查外档保持清爽，抬起刹车顺利放艇下落；⑬脱钩，装舵柄；⑭船员登艇；⑮解开首尾系艇索；⑯用艇钩篙撑开艇体。

注意：穿好救生衣，带上防寒衣并尽量多穿衣服，戴好有边帽。

2. 在大风浪情况下救生艇的降落释放

此时，除了应做好在天气正常情况下降落救生艇的工作外，还应注意以下几点：①大船减速，把定航向，将放艇的一舷始终处于下风，必要时可撒镇浪油。②为防止横摇时救生艇的剧烈摇荡，在艇舷和大船舷侧安放碰垫，对面艇员可用撑篙撑。③选择适当时机降艇，一般在两、三个浪后，当海面稍平静后，立即松止荡索；降艇入水横摇时，应选择大船自放艇侧向另一舷摇摆；回复到中间位置时，立即松止荡索，降艇入水。④艇着水后，立即一齐摘掉前后吊艇钩，如动作迟缓或其他原因不能一齐摘掉时，如大船向前移动，则先摘掉艇尾吊艇钩，向后移动时，则先摘掉艇前吊钩，如遇吊艇钩发生故障而不能摘掉时，为保安全，可用太平斧砍断吊艇索。⑤降落机动艇时，应在艇入水前发动机器，使其空转，以便艇下水后立即开车，驶离大船。

3. 在船舶倾斜 15°时救生艇的释放

此时的放艇可采用以下方法：①船在放艇的一舷倾斜达 15°时，当救生艇降至救生艇甲板平行时，可利用吊艇架设置定位索，使艇能贴靠舷边，还可以在救生艇或艇索上固定一拉索，待艇员登艇后将定位索、拉索、艇篙松开，松吊艇索，将艇降落到海面。②船向放艇的另一舷倾斜 15°时，当救生艇放至即将与大船舷相碰时，应立即将碰垫放出，艇内人员用力推，并用撑篙撑抵，这时吊艇索应保持在吃力的情况下，放艇速度慢不宜快，使艇缓慢降落至海面。

任务实施

本任务的教学关键是遇恶劣天气情况控制船舶技能的训练，通过对遇恶劣天气应急的整体熟悉，逐步展开任务，由学生独立完成作业。选用典型案例由教师讲解，学生进行模拟操作，让学生在执行的过程中熟悉作业的特点。当学生看到自己的作业熟练且准确时，会大大提高学习的兴趣。参见表 6-3。

表 6-3　任务 2 的实施

时间	15 (45)min	地点	
教学资料	实船资料		
活动程序	遇恶劣天气情况控制船舶的技能		
活动评价方式	分组(6 人一组)，组员之间评定 1∶2∶2∶1		
活动小贴士	链接："航海气象与海洋学""船舶操纵"等课程相关内容		

任务评价

任务 2 中的 3 项技能完成后，对其进行评价，并填入表 6-4。

表 6-4　任务 2 完成情况评价表

序号	技　　能	评判结果	
		是	否
1	恶劣天气下船舶巡查		
2	正确操纵各种恶劣天气下的船舶		
3	恶劣天气条件下释放救生艇行动		

任务3　货物移动应急

任务描述

要求根据货物移动的特点，能及时正确应急，以达到安全控制的目的。

任务目标

能及时控制货物移动，以达到成功应急的目的。

任务分解

1. 能分析造成货物移动的原因；
2. 了解防止货物移动及安全操纵船舶的对策；
3. 能正确理解货物移动应急预案。

知识准备

一、造成货物移动的原因分析

造成货物移动的原因，在人为因素方面主要表现为对航经海区（尤其是大风浪区）的危险性预测不足，对恶劣天气估计不足；货物装载、绑扎或对可能发生移动的货物监控不足；对"四机一炉"可能在大风浪中产生故障的估计不足；安全防范措施不全面或没有得到落实。

（1）货物配载不当。具体表现在轻重货搭配不合理，造成上重下轻的局面；易移动的货打横装，潜伏着易发生移动的隐患；不同港口货物在同一舱内造成堆装过高，或是其中某一港货卸完后造成其他港货物孤立堆装；易滑动（滚动）的重货装载在二层舱；自由液面过大，稳性计算不准确等。

（2）货物堆装、绑扎不当。具体表现在对货物堆装、衬垫、加固、绑扎等情况监装不力、心中无数，没有通过计算而单凭主观臆断，造成衬垫不足、绑扎不牢、加固不实等现象；有些绑扎材料强度不足，系固点、生根点强度不够；散装货含水分过高，平舱没达到标准要求，桶装液体货有破漏现象却被装上船等。尤其是我国内贸运输，有些港口往往不安排绑扎，开航前船员又没有作检查和系固，潜伏着严重的事故隐患。

（3）检查和保管不实。具体表现在对舱室、舱盖的密封情况和排水情况检查不足；航行途中（尤其是大风浪来临前）的检查不实，不善于发现问题，或已发现了问题没有及时处理和妥善解决。

（4）遇到大风浪时操纵有误。主要表现为大风浪中操纵不当造成横浪航行或掉头、转向不够慎重，致使船舶大幅度的横摇；对船与风浪产生谐摇现象不重视，没有及时采取改向、变速，以及压进足够的双层底压舱水、调整自由液面等措施，以减小摇摆，改善船舶稳性等。

（5）对主、副机等缺乏维护和检查，在风浪中失控，又缺乏应急措施。

二、货物的安全运输

（1）恪尽职守，使船舶始终保持适航，是安全运输的前提。

（2）做好对运输货物的系固绑扎和途中检查。

（3）及时收取气象信息，科学分析航行区域的天气趋势。

（4）从航海技术角度要求必须作好下列工作：①货物装载要按照合理积载、绑扎牢固的要求，加强监管检查。货物堆装要紧密，防止倒塌或移位，散装货物必须按要求进行平舱；装运孤立物件或大量钢材而不能满足塞紧装足要求时，必须采取有效的绑扎、支撑或加固等措施；各舱货物的载量分配，应按各舱占总舱容的百分数均匀配载；装大件货时要考虑甲板安全负荷和装卸时引起的船体倾斜。总体上要做到“五防”。即：防止轻重倒置，防止干湿相混，防止性质相忌的货物混装，防止危险货物和一般货物交叉混装，防止货物移动。②做好风浪来临前的准备工作，确保船舶水密。检查甲板各开口设备的水密性，关闭水密门、通风口、舷窗、天窗，盖好锚链筒，防止海水倒灌。③确保排水畅通。检查排水管系、抽水机、分路阀等使之处于良好状态，清洁污水沟（井），主甲板、生活区外甲板、艏艉楼及桅房顶的各排水通道保持畅通。④作好固定和压载工作，确保船舶稳性。装卸设备、主锚、备用锚、救生艇筏、舷梯等甲板物件予以绑扎固定；各水舱及燃油舱尽可能注满或抽空；空船应打入压载水，调整吃水和吃水差，调整 GM 值于合理的数值范围。⑤作好应急准备。检查驾驶室与机舱、船首、舵机室的通信联系，保证其畅通无阻；检查天线、舵设备、应急电机等，使之处于良好状态；保证消防及堵漏设备随时备用；加强全船巡视检查，及时测定并记录各液舱和污水沟的情况。

三、防止货物移动及安全操纵船舶的对策

1. 当船舶进入大风浪区航行时应注意的几个问题

（1）适当改变航向航速，用车、舵使航向保持在风（涌、浪）向左右 15°逆风航行，尽量减少横摇角度和避免谐摇。

（2）加强检查，保证主机、副机、舵机正常运转。

（3）如船舶稳性欠佳，横摇周期长，有条件时应立即压进足够的双层底压舱水，以改善稳性，但要注意尽可能减少自由液面的影响。

（4）加强甲板设备、货物绑扎加固情况的检查，对怀疑加固不足可能发生移动或倒塌的物件，必须及时采取有效措施，消除安全隐患。

2. 货物发生移动的纠正倾斜办法

（1）由于横摇角度较大时，不易判断货物移动引起船体倾斜的情况，因此纠正倾斜角时，宁可保留 2°～3°，以防止货物向另一侧倒塌移动，使船身向反方向以更大的角度倾侧过去。

（2）压水时，不能几个舱一起压，这样会造成多舱的自由液面，影响稳性，进水量也不易

控制;压水时,要核对管系标识,绝对不能错开阀,弄错左右水舱。

(3) 当船身平稳后要仔细观察舱内货物情况,采取加固措施,防止货物再次移动。及时向公司汇报现场实际情况。

3. 船舶大角度倾斜后的操纵

船舶发生大角度倾斜时,应查明原因,并将风舷角放在船舶倾斜侧的20°～35°,车速降至能维持舵效即可。船速过慢虽可减轻上浪程度,但可能失去舵效,使船身趋向横浪,增加危险。另外要力戒由于调整航向而带来的纵摇周期与波浪周期的接近而出现的“谐摇”现象。所以,航速和航向的调整要适当。

大角度倾斜时顺浪航行也有其危险性。若浪从低舷侧来,则大量海水会涌上甲板,增加倾侧度或导致舱内进水;若浪从高舷侧来,可造成很大的倾覆力矩。因此应注意防止船舶稳性的大量损失,根据风向和涌浪方向及时调整航速和航向,防止各种不利因素的共同作用。

在大角度倾侧时操纵船舶要特别谨慎。顺浪航行时,若船和波浪相对速度小,波浪通过船身所需的时间较长,打进海水的机会就多;若船速与波速相近,又处于波峰位置时,还会暂时失去稳性;当船尾跌入比船速快的波谷时,容易造成艉淹,大量波浪会涌上甲板。这些都是比较危险的情况,需采取不同的操纵措施,保持足够的稳性,避免危险情况的发生。

四、货物移动应急预案

(1) 迅速判明情况。抢险时,船长首先应指示大副尽快查明货物移动原因,并分析险情对船舶的危及程度以及抢险施救的实际可能与否。

(2) 船长要果断确定抢险方案。对抢险方案的确定要不失时机且果断周密,尤其在利用调整压载水抵消船舶横倾角时,应十分谨慎,要特别警惕自由液面的流动可能造成初始阶段产生更大倾侧力矩的可能。对于压载水调整、货物移动、抛弃部分货物、临时加固绑扎、抢滩保船、请求外援、特殊操船等方案的选择,应视具体情况具体对待。

(3) 抢险方案一旦确定,全体船员就应全力以赴实施,组织领导者此时还须注意做好人员安全检查的保护工作。

(4) 船长必须与公司保持联络,及时报告和请示。事后要把经过如实记录在“航海日志”上。

(5) 关闭水密门窗,以防船舶倾斜进水,如已进水发生纵倾或横倾,要采取调整货物或压载水等方法,尽量保持船体平正,以利于抢险。

(6) 如发现已无法控制船舶倾斜的时候,要尽可能选择就近抢滩力争避免船舶倾覆或沉没。如无法就近抢滩,经确认已无法挽救船舶时,船长应当机立断,立即发出求救信号,发弃船命令(如条件许可,应事先请示公司同意),然后转入弃船应急部署。

任务实施

本任务的教学关键是货物移动应急技能的训练,通过对货物移动应急的整体熟悉,逐步展开任务,由学生独立完成作业。选用典型案例由教师讲解,学生进行模拟操作,让学生在执行的过程中熟悉作业的特点。当学生看到自己的作业熟练且准确时,会大大提高学习的兴趣。参见表6-5。

表 6-5　任务 3 的实施

时间	20 (80)min	地点	
教学资料	实船资料		
活动程序	货物移动应急技能的训练		
活动评价方式	分组(6 人一组),组员之间评定 1∶2∶2∶1		
活动小贴士	链接:"海上货物运输"课程的相关内容		

任务评价

任务 3 中 3 项技能完成后,对其进行评价,并填入表 6-6。

表 6-6　任务 3 完成情况评价表

序号	技　　能	评判结果	
		是	否
1	能分析造成货物移动的原因		
2	了解防止货物移动及安全操纵船舶的对策		
3	能正确理解货物移动应急预案		

任务 4 船舶污染应急

任务描述

要求根据船舶污染的特点，能及时正确应急，以达到安全控制的目的。

任务目标

能及时控制船舶污染，以达到成功应急的目的。

任务分解

1. 理解船舶产生污染的途径；
2. 分析船舶造成污染的原因；
3. 理解污染事故应急处置预案。

知识准备

一、船舶产生污染的途径

1. 船舶造成的油污染

由船舶造成的石油污染主要有正常营运操作性排油和各种事故所造成的溢油；正常营运操作性排油，主要是排出机舱底污水、油船压载水、洗舱水等中所含的油类。每年全世界随船舶舱底污水排入海洋中的石油有几十万吨，压载水和洗舱水的肆意排放造成的油污染更加突出。各种事故所造成的溢油有：如供受油作业中的"跑、冒、滴、漏"造成的油污染等。在各种污染中，油类污染是最严重的。其中事故溢油具有偶然性，一般情况下不会发生。如某船在马达加斯加南部的 TULER 港，在用船上的起货设备装货期间，第二吊油管破裂，造成甲板上全是溢油，而船员忙于工作，没有及时清理溢油，使溢油入海，造成油污染事故。如果是油船发生的海损事故，造成的污染更大，甚至是难以估量的严重灾难。如 1989 年 3 月 24 日发生的阿拉斯加漏油事件，亚克隆·瓦尔迪兹号油船搁浅并泄出 1 100 万 gal 的原油进入阿拉斯加威廉王子海峡，造成了美国有史以来最严重的漏油事件。溢油散布超过千里的海岸线，致使成千上万的海洋生物死亡，给沿岸国家造成了沉重的灾难。

2. 船舶运输中的有害物质污染

近年来，随着运输危险化学品船的增多，有害物质造成的污染也越来越严重。运输这些有毒物质所造成的污染，包括压载水、洗舱水、舱底水以及由于发生事故造成的有毒有害物质的大量泄漏和装卸作业中造成的"跑、冒、滴、漏"等原因造成的污染。沾有这些有害物质的包装材料、垃圾等入海也会造成海洋污染。

3. 船舶生活污水污染

船舶生活污水通常是指生活中所产生的污水，主要是从生活处所排出的排泄物，如厕所排泄物，医疗室排泄物，厨房、洗浴室、洗衣间的排出污水等。由于生活污水中含有细菌、病毒及各种营养化物质，当其排放入海后会对海水造成污染。如海水中所含的营养物质会导致海水中的溶氧耗尽，有机物腐化后会散发出难闻的臭味等。

4. 船舶垃圾污染

船舶营运中会产生船舶垃圾，这些垃圾主要包括垫舱物料、包装材料、脱落的油漆残渣、铁锈、油棉纱等，船员、旅客生活中形成的食品残渣、日常消费品的废弃物等其他废物。如果这些垃圾直接排入海中，都将破坏海洋资源，造成海洋环境污染。

二、船舶造成污染的原因

1. 船舶方面的原因

在所有的污染中，有些是由于船舶结构引起的，如液货船的货舱内结构复杂、不利于清洗和抽吸，液体货物卸载后必定会在舱壁上残留一些货物，而我国有些液货船舶老化严重，航行性能不好，又没有专用压载舱，这样当压载水注入后，在压载舱内形成的混合物含有大量的污染物，远远超过了允许排放的标准。如果这种船舶到港后，违章排放压载水，就会造成严重的污染事故。而船舶在海上航行，发生触礁、碰撞、搁浅、失火爆炸等海事事故，引起液货船舱柜、管路等的破损泄露，造成液体货物大量涌入海洋，也是造成海洋污染的重要原因。

2. 油水分离设备的原因

为了使船舶排放的污水达标，绝大部分船舶都配备了油水分离设备，但油水分离设备在防止污染方面所起的作用有时不能得到充分发挥，主要表现有以下几个方面。

(1) 油水分离设备配而不用或不能正常投入使用。如在船舶营运过程中，有些船员法律意识淡薄，在海上远离大陆，海上执法机构不能对其实行有效监管的海区，为了减少麻烦，将机舱含油污水不经处理而直接排放入海。

(2) 有些船舶，油水分离设备技术状况差，不能有效滤除油污水中所含的油污，使经过处理后的污水含油量超出排放标准。在排放污水的过程中，使其中所含的油类物质对海洋环境造成污染。

(3) 有些船舶，油水分离设备技术状况较好，能够正常工作，但船员在清洗机舱卫生的时候，使用洗涤剂进行清洗，使油类物质被乳化，在经过油水分离设备排出的时候，不能将被乳化的含油物质滤除，而使得被乳化的含油物质随经油水分离设备分离的污水排入海中，造成油类污染。

3. 船舶生活污水和船舶垃圾

船舶的生活污水主要采用船上储存，集中处理的方式处理污水。一般船舶都装有污水舱，用来存放污水，以便在码头集中收集处理，但是，为了方便，船员常常将生活污水直接排放或用污水泵排放到海里。

船舶垃圾中对于生活垃圾如剩饭、剩菜等，一般在海上是直接排放的，在港口则集中放置于船尾垃圾桶中，等船舶离开码头，与海岸的距离达到规定的要求时，再将其直接倾倒入海。对于禁止排放入海的垃圾，则集中放置于船尾垃圾桶内，到港后由岸上部门收取处理。

但有些船员往往不对其分类存放、分别处理，而是直接倾倒入海。剩饭、剩菜中含有较高的化学需氧量(COD)，富含氮、磷等营养元素，易于引起水质的富营养化；塑料垃圾生物降解性能差，易于搅拌螺旋桨或引起水泵管道堵塞；油抹布会造成油类污染等。

三、污染事故应急处置预案

(1) 根据污染物的类型、种类、事故地点、事故原因、气象等评估污染可能规模，初步预测污染扩展趋向；考虑污染物发生火灾、爆炸的可能性，对人身安全、公众健康构成的威胁，及对周围环境敏感区和易受损资源可能造成的影响，制定切实的应急清污方案。

(2) 申请主管机关发布航行警告，加强巡逻艇现场监控，通告或提请有关政府部门要求有关人员疏散，尤其是附近船舶、渔船等。

(3) 追踪定位，探明污染源的散落位置。开展清污工作，如本地区应急的人力、设备、器材不能满足应急反应的需要，应及时向周边地区请求支援。

(4) 接受运输任务时，向托运人索取货物的特性表，内容包括品名、污染类别、物理性质(水溶性、比重、闪点等)、化学性质、毒性、对人体和环境的危害性及预防、应急处理方法等。一旦发生事故，应立即向主管机关报告，并采取相应救护措施。

(5) 根据需要在溢油扩展趋向布设数道围油栏，在受污染影响的取水口附近设置警戒船、围油栏。

(6) 及时用吸油毡等清理围油栏里的污染物，遇有大量污染物出现，及时增派清污船舶。

(7) 及时用吸油毡从水面回收污染物。

(8) 遇有大量污染物出现时，要调动所有清污船舶赶赴现场，使用围油绳围堵并清理从围油栏里逸出的污染物，如仍无法清除，请示有关部门使用消油剂。

(9) 采取措施停止污染物污染，如船舶破损，应及时调用附近合适船舶进行过驳。

(10) 做好污染物的打捞和取样工作。

(11) 必要时申请动用直升飞机，监测污染物的移动情况。

四、船上油污应急计划

鉴于船舶溢油会严重损害海洋环境，危及人类的健康和生存，IMO 已通过船旗国和港口国，明确要求国际航行船舶配备船上油污应急计划(Shipboard Oil Pollution Emergency Plan, SOPEP)，船舶必须照此进行演习、应急和维护。

1. 制定 SOPEP 的目的及要求

制定 SOPEP 的目的是帮助船员在船舶发生或可能发生意外排油时，采取措施以控制或尽量减少排放，减轻油污损害。

为了使船员面临应急情况时避免因混乱而造成延误时机或措施失当，编制船上油污应急计划必须做到：

(1) 确切、可行、易于操作；

(2) 能被船上人员和岸上的船舶管理人员理解；

(3) 定期进行评估，检查和修改。

计划是一个简要的文件，能指导船长在事故中应用简明的流程图和检查表，实施必需的措施和决定，以增强反应能力。计划应一目了然和逻辑有序，有关的船舶和货物资料应置于附件中，以减少失误和分散精力。

2. SOPEP 的内容

SOPEP 至少应包括 4 部分内容，即：船长或负责管理该船舶的其他人员在报告油污事故时应遵循的程序；油污事故中需联系的单位或人员的清单；为减少或控制排油船上应采取的应急措施；在油污应急行动中，船舶与沿岸国、地方当局取得联系的程序和要点。

1）油污事故的报告

（1）实际排油的情况。每当船舶涉及下述情况时，船长应立即向最近的沿海国报告：①船舶或其设备受损，或为保障船舶安全、人命救助所致的排油；②船舶营运中，油类排放的总量或瞬时排放率超过规定的允许值。

（2）可能发生的排油情况。当因船舶或其设备损坏而有引起排放的可能时，亦应向最近的沿海国作出报告。在判断是否存在这种可能和是否需要作出报告时，应考虑下列因素：①船舶、机器或设备故障、失灵或损坏的性质；②船位和就近的陆地或其他航行危险物；③天气、潮汐、海流和海况；④交通密度。

（3）通常需报告的情况：①影响船舶安全的故障、失灵和受损；例如：碰撞、搁浅、火灾、爆炸、结构受损、进水、货物移动。②造成航行安全性下降的机器或设备的故障和（或）受损，例如：舵机、推进器、发电系统、关键的船载导航设备的故障和失灵事故。

2）报告内容

报告的格式应尽可能符合 IMO 的 A. 851(20)决议通过的《船舶报告制度及报告要求总则（包括涉及危险货物、有害物质和/或海洋污染物的事故报告指南）》的要求。具体的报告内容包括：船上货物/燃油的数量和种类/损坏概况；污染概况，包括溢油量；天气、海况；船舶资料等。

3）需联系的单位和人员

发生污染事故的船舶，必须与沿海国或港口联系人以及船舶重要联系人进行通信联系。

（1）沿海国联系人。计划中需列有负责受理和处理报告的主管机关的官员或代理人的名单。如船长认为与主管机关直接联系会导致不必要的迟延时，应以尽可能快的方法与最近的海岸电台，指定的船舶报告点或海上搜救协作中心联系。

（2）港口联系人。对于在港船舶来说，通知代理人将能得到快速反应。计划中应列有船舶定期抵达港的代理人的名单。

（3）船舶重要联系人。计划附录中应列有事故后所需通知的与船舶有重要利害关系的所有方面的名单（船公司、保险公司和救助机构）。所有送达给沿海国和/或港口当局的详细报告和电文副本，均应报送船公司。

计划中列的联系人，都应考虑到他们的更换，有关电话、电传、传真号码的变动，应经常更新这些栏目。

4）减少和控制排油应采取的措施

不同类型的船舶采取的应急措施可能有所不同，但 SOPEP 至少应向船长提供包括操作性溢油和海损溢油两方面的应急措施的指导。

（1）操作性溢油应急措施，包括防止管系泄漏、舱柜满溢和船体泄漏等三种泄漏油的措施和应急反应程序。

① 管系泄漏：A. 立即停止有关操作，关闭管系上的所有阀门；B. 发出溢油报警信号，实施最初的溢油应急反应程序；C. 将事故情况通知供油船（设施）；D. 查明泄漏原因，清除滥油和甲板上的积油；E. 将破裂管系中的油驳人空油舱或其他燃油舱；F. 妥善保管清除工作中收集的残油；G. 如溢油严重，应联系外援。

② 舱柜满溢：A. 立即停止有关操作，关闭管系上的所有阀门；B. 发出溢油报警信号，实施最初的溢油应急反应程序；C. 将事故情况通知供油船（设施）；D. 将满溢舱内的燃抽驳人空油舱或其他燃油舱；E. 清除溢油和甲板上的积油；F. 妥善保管清除工作中收集的残油；G. 如溢油严重，应联系外援。

③ 船体泄漏：A. 立即停止有关操作，关闭所有有关阀门；B. 发出溢油报警信号，实施最初的溢油应急反应程序；C. 确定泄漏油舱，随时测量油位，掌握漏油情况，查出船体的破漏部位和原因；D. 如破漏点在水线以下，应请潜水员探摸；E. 将泄漏油舱中的油驳人空油舱或其他未满舱，必要时将油转驳到他船或岸上设施；F. 调整船舶横倾角，以减轻泄漏；G. 清除溢油；H. 择地锚泊，远离养殖区、渔区、海滨浴场、海洋自然保护区等区域；I. 如溢油严重，应联系外援。

(2) 海损事故性溢油应急措施。海损事故指船舶发生搁浅、火灾或爆炸、碰撞、船壳破损及严重横倾等情况。SOPEP 应针对上述各种事故分别制定应急措施。

① 搁浅：A. 发出溢油报警信号，实施最初的溢油应急反应程序；B. 校测船舶搁浅位置，测量四周水深，确定搁浅部位，了解搁浅水域底质及当地气象和潮流潮汐情况；C. 测量与船壳相贴各舱室中的液位变化情况；D. 如发现船底破损进水，应查清破口部位和破损程度，考虑船体应力和稳性影响，决定是否采取排水堵漏、减载过驳或将破损油舱中的油驳入其他舱室等措施，以阻止继续溢油；E. 如溢油严重，应联系外援；F. 如果船舶尝试自行脱浅，应评估由此造成的额外损坏是否大于停留在原地直至获得援救。

② 火灾或爆炸：A. 发出溢油报警信号，实施最初的溢油应急反应程序；B. 按本船消防应急部署组织船员控制火势；C. 迅速探明着火部位，查明火情、起火原因及火场周围有无易燃易爆物；D. 调整船首向，使着火部位处于下风位置，尽量减低航速和摇摆，避免急剧转向；E. 切断通往失火舱室的油管和电路，关闭水密门窗和不必要的进风口，向失火舱室施放二氧化碳，防止火势蔓延；F. 如果大量向舱内冲水，会导致船舶横倾和倾覆，应考谁抢滩后继续施救；G. 火灾引起溢油，应迅速查明部位，将破损舱的油料驳入其他完好舱室，同时采取控制排油的措施；H. 如溢油严重，应联系外援。

③ 碰撞：A. 发出泄油报警信号，实施最初的溢油应急反应程序；B. 探明本船和他船的受损情况；C. 测定碰撞部位附近的油舱、淡水舱、压载舱、双层底及污水井中液位变化，确定船体破损情况；D. 如发现船体破损进水，应立即查清破口部位的破损程度，考虑对船体强度和稳性的影响，采取可能的排水、堵漏、补焊等抢救措施；E. 如发现破口部位溢油，应迅速查明溢油源，将破损油舱的油料驳入其他完好舱室，同时采取控制排油的措施；F. 如溢油严重，应联系外援。

④ 船壳破损：A. 发出溢油报警信号，实施最初的溢油应急反应程序；B. 应迅速查明船壳的破损情况，测定破口附近的油舱、淡水舱、压载舱，双层底及污水井中液位变化，观测船舶周围有无溢油；C. 立即查清破口部位和程度，评估大量进水所致自由液面对稳住的影响，采取可能的排水、堵漏、补焊等抢救措施，尽力保持船舶的稳性和浮力；D. 评估船舶的破舱稳性和受损的纵向强度，根据船舶稳性情况，适当调整船舶的压载，保持船舶处于正浮状态；

E. 如发现破口部位溢油，应迅速查明溢油源，将破损油舱的油料驳入其他完好舱室，同时采取控制排油的措施；F. 如溢油严重，应联系外援；G. 如果船舶与沉没危险需弃船时，应按弃船部署进行，并封闭油舱空气管，测量孔和有关阀门。

⑤ 严重横倾：A. 立即停止有关作业。B. 发出溢油报警，召集船员。C. 如在航行中，应调整航向和航速，使船舶顶风航行，尽量减少横摇角度。D. 关闭所有水密门窗和甲板开口，防止上浪进水加剧横倾。E. 机舱应尽力保证主机、副机、舵机等设备处于绝对安全和良好的技术状态。F. 立即查明引起船舶严重横倾的原因，采取适当的纠偏措施扶正船舶。G. 用压水扶正船身的方法，应考虑到自由液面对稳性的影响，不能几个舱同时压；可对高舷双层底先压小舱，后压大舱；如果还未扶正，可打出低舷侧双层底舱，特别是在船舶稳性欠佳时。H. 如滋油严重，应联系外援。

5）优先措施、稳性和应力影响、减载。

计划还要向船长提供有关优先措施、稳性和应力影响、减载等方面的指导。

（1）优先措施。对于事故的反应，船长优先考虑的是保证船舶和人员的安全，并采取措施，防止事故升级。在发生溢油的海损事故中，首先应考虑防止火灾和爆炸的针对性措施。

（2）稳性和应力影响。在对海损事故作出反应，采取措施以减缓溢油或使船舶脱浅时，应特别谨慎地考虑船体的稳性和应力。只有当充分地考虑到船舶总体强度和稳性后，才能进行船内的转驳。

（3）减载。当船舶结构受到极其严重的损坏时，可能有必要将全部或部分货物转驳到另一艘船上。这类作业需与沿海国当局联系。

3. 油污应急反应部署及演习

油污应急反应部署表。油污应急反应部署表的性质与船舶应急部署表相同，针对船舶发生油污事故后各类人员的职责和应采取的应急措施作出明确地分工和规定：船长任总指挥，大副和轮机长联手任现场指挥，二副在驾驶台值班和记录，三副带艇指挥捞油。船舶发生油污应急时，一般将人员分成指挥及通信组、除油组、溢油回收组、机船组和救护组，见表 6-7。

表 6-7　船用溢油应急部署表

报警信号：一短两长一短(P)　　集会地点：主甲板

总指挥：船长		
组别	职务	任务与职责
指挥及通讯组	船长	报告沿海国、地方当局、当地代理及船舶所有人
	大副	现场指挥，协调指挥各组及当局或合同公司的清除队，带对讲机联络
	二副	驾驶台值班，作现象记录
	报务员	在驾驶台负责通信和记录
	一水	传递信息及瞭望
除油组	大管轮	指挥除油组并用对讲机联络，确定关闭所有排放开口
	水手长	用吸油材料、木屑及破布清除船上的油污
	机匠	取出吸油材料、木屑等，清除溢出的油污
	二水	取出吸油材料、木屑等，清除溢出的油污

续表

总指挥:船长		
组别	职务	任务与职责
溢油回收组	三副	指挥溢油回收组并用对讲机联络
	二管轮	喷洒消油剂(需获得主管当局的批准)
	木匠	回收水面溢油
	二水	回收水面溢油
	一水	操纵小艇
机舱组	轮机长	现场指挥,指挥机舱组
	机匠	操作泵浦
	三管轮	与驾驶台联络并记录
救护组	大厨	准备救助及其他
	服务员	准备救助及其他

任务实施

本任务的教学关键是船舶污染应急技能的训练,通过对船舶污染应急的整体熟悉,逐步展开任务,由学生独立完成作业。选用典型案例由教师讲解,学生进行模拟操作,让学生在执行的过程中熟悉作业的特点。当学生可以看到自己的作业熟练且准确时,会大大提高学习的兴趣。参见表 6-8。

表 6-8　任务 4 的实施

时间	15 (45)min	地点	
教学资料	实船资料		
活动程序	船舶污染应急技能的训练		
活动评价方式	分组(6 人一组),组员之间评定 1∶2∶2∶1		
活动小贴士	链接:MAPOL 73/78 附则 Ⅰ		

任务评价

任务 4 中 4 项技能完成后,对其进行评价,并填入表 6-9。

表 6-9　任务 4 完成情况评价表

序号	技　　能	评判结果	
		是	否
1	理解船舶产生污染的途径		
2	分析船舶造成污染的原因		
3	理解污染事故应急处置预案		
4	船上油污应急计划		

任务拓展

- 编制船上油污应急计划

任务 5　关键性设备故障应急

任务描述

要求根据关键性设备故障的特点，能及时正确应急，以达到安全控制的目的。

任务目标

能及时控制关键性设备的故障，以达到成功应急的目的。

任务分解

1. 了解关键性设备的故障；
2. 能在关键性设备出现故障时采取正确的应急措施。

知识准备

一、关键性设备、关键性设备故障

1. 定义

1）关键设备和技术系统

指那些在突然发生操作失误时，可能造成船舶置于危险状况的设备和技术系统。通常包括：动力机械和系统、舵机、供电设备、自动化设备和系统及应急设备等。关键性设备主要有：主机、发电机、舵桨、主空压机、主空气瓶、锚机、主电站、油水分离器；关键性系统主要有：主推进系统、压载系统、消防系统、燃油系统、滑油系统、冷却系统、机舱污水系统；应急设备有：应急舵、应急消防泵、油柜速闭装置、风油切断装置、备用泵及其管路等。

2）关键性船上操作

是指对船舶安全和防污染具有威胁的重要操作。它通常分为两种，即：

（1）临界操作：指错误会立即导致危机人员、环境和船舶的事故或情况的操作。拖船临界操作如：主动力操作、作业中发电机并车、船舶应急设备操作、进入封闭场所、高空作业、接岸电、燃油加装等。

（2）特殊操作：指其错误仅在已造成危险情况或事故已发生时才会明显看出的操作。如机舱巡回检查、设备维护保养、设备有效性调整、保证水密的完整性、海图改正、影响备用设备可靠性的操作等。

2. 关键设备在船上的操作

1）制定船上关键性操作方案并在设备旁就近张贴

(1) 临界操作由于一旦失误会立即导致险情的特殊性，在制定方案时应强调严格执行和密切监督，确保万无一失。在一些紧急状态下，现场人员不可避免地会出现紧张、慌乱中忘记操作或误操作等，此时现场人员可根据此方案执行。

(2) 特殊操作由于其具有过失显露的滞后性，在制定方案和须知时应强调预防和检查，要突出防患于未然。船上已有的操作手册（如设备说明书、公司制定巡回检查制度、维护保养制度等）可直接作为船舶的操作方案予以使用。

2) 船上关键设备的操作要求每位船员应知应会熟练操作

每一位当班驾驶员与轮机员提出更高要求，不仅要很好完成公司下达作业任务和自己所分管职责，而且要必须对船上关键设备操作熟练掌握（特别是应急类临界操作），以保证船舶安全营运。

(1) 通常应急类临界操作较少在拖船作业中发生，往往被值班人员所忽视，也就谈不上熟练操作了，但值班人员要知道如何来操作，最可怕就是在紧急状态下，操作是往着相反的方向。

(2) 对特殊性操作我们平时要注意加强检查，经常有效性调整。就如船舶要开往某个目的地驾驶员要注意瞭望海况，不断修正舵角，这样才能安全抵达目的地。同理，船舶设备只有不断地进行检查调整，才不至于使整艘船的状态逐步劣化。

船上关键设备操作培训、考核及监督。关于应急类临界操作（如：应急用舵、搁浅、机舱进水如何用应急吸口排水、何时如何使用油柜速闭阀风油切断、备用泵启用等）应急状态下值班人员的紧急操作全部单列出来，对船上当班人员进行强化培训及考核。关于特殊性操作（如：设备维护保养、设备技术状况自查、水密完正性、海图校证、影响备用设备可靠性的操作等），公司主管人员应不定期对船上进行抽查及现场监督。

3. 船舶关键设备的维护

1) 制定关键设备和技术系统维护计划

它应满足强制性规定、规则的要求。首先根据设备本身的技术要求，依据设备说明书、出厂检验报告、修理检验报告等；其次根据船龄的长短和设备的现状；再次考虑船员在现有条件下能完成何种难度的工作，公司拖船实际作业情况；最后根据本公司内或邻近港口同类型拖船、同类型设备的相关信息等来制定。

2) 关键设备维护保养计划在船上的实施

具体设备维护保养周期和分工要明确或无明显遗漏。部门长对设备维护保养职责分工要具体明确，责任到人，全员参与，严格按照设备维护保养周期执行。

部门长的监督检查。各部门长应按照计划要求对下属人员所负责的船舶和设备及其维护保养计划的具体执行情况的纪录进行检查，必要时要进行现场检查。

公司主管人员的定期检查。主管人员应按要求不定期抽查船舶，直接对船舶和设备维护保养计划的具体执行情况进行监控检查，以获取设备运行情况的相关信息。

3) 对船舶应急类关键性设备定期检查、测试和维护

船上人员应按照有关规定、规则对所主管的应急设备定期进行自查、保养和试验，并将自查情况和检查内容报告船长、轮机长，由船长、轮机长记录在“船舶应急设备自查表”中并定期报公司设备部。如：对蓄电池每月检查、测试一次。按时进行过充电和定期进行全容量放电，蓄电池表面清洁，接线柱紧固检查。每年对电解液化验一次，发现异常及时处理；应急

舱底吸入阀每月进行活络检查一次，吸口清洁，阀活络，阀杆涂油保养；应急照明每月检查、试验一次。各处照明、电缆、接线盒等检查，发现异常及时排除等。

二、关键性设备出现故障时采取正确的应急措施

1. 船舶在航行中主机突然发生故障应采取的紧急措施

（1）如系单螺旋桨船，则应抓紧时机利用余速驶至缓流水域抛锚修复。

（2）如系双螺旋桨船中一部主机故障，可利用另一部主机作短时航行，或择地抛锚。

（3）如系顺流航行船，应迅速择地掉头抛锚后抢修。

（4）自主机发生故障至锚泊前，应按章显示失控信号。

（5）如果前方情况危急，对安全有威胁时，应立即抛下双锚制动，防止海损事故发生。

表 6-10　主机失控检查清单

序号	检查内容（是否采取下述行动？）	是	否
1	立即通知船长		
2	舵的使用能有效维持最佳航行状态		
3	浅水准备抛锚		
4	失控信号显示		
5	通过广播、高频电话发出警告		

2. 一次舵机故障应急处置

2006 年 7 月 24 日下午，“L”轮驶在离刚果（金）马塔迪港后，正以港内全速伴随 4 kn 顺流出口，航行于刚果河狭窄航道 46# 浮筒附近一个弯道附近时，引水员下令右 10°继而右满舵改向，此时舵机突然失灵，舵角很快指示在左满舵位置，船长立即下令改用应急舵操纵也无反应，急令全速倒车，1523 时抛右锚 2 kn 落水后由于强顺流作用船舶急速向右调头，1525 时调头结束后加抛左锚，左右锚分别松至 3～4 kn 落水后船舶被紧急制动成功，避免了一起船舶搁浅并堵塞航道的恶性事故。

船舶稳定后，立即指示轮机长进行检查，结果发现是 2# 舵机油泵偏心盘输出轴与追随机构连接螺丝损坏，舵机追随杠杆与油泵偏心盘输出轴分离，造成跑舵并咬死在左满舵位置，即使调换使用应急操舵，一台油泵也不能使舵叶回中，从而导致了上述险情的发生（此舵机设计为油泵偏心盘输出轴为螺纹式，与追随机构缓冲弹簧一端的螺帽旋在一起，螺帽上有 2 个小止动螺丝，此小螺丝仅顶在输出轴的螺纹上，轴上无对应的固定孔，因为要用此大螺帽调节油泵的偏心量。由于频繁动作，配合螺纹全部磨光，小止动螺丝无法承受加在轴上的力，造成连接处分离）。经轮机长组织紧急抢修，于 1640 时绞起双锚恢复正常出口航行。

表 6-11　舵机失灵检查清单

序号	检查内容（是否采取下述行动？）	是	否
1	通知机舱和转换操舵或使用应急操舵装置		
2	通知船长		

续表

序号	检查内容(是否采取下述行动?)	是	否
3	失控信号显示		
4	适当的声响信号		
5	如必要应使船停住		
6	通过广播、高频电话发出警告		

3. 船舶应急设备或设备的应急操作方式

船舶应急设备或设备的应急操作方式就是为确保船舶设备在出现故障或不利的船舶工况而设计的,为确保船舶在任何时刻都能处于适航状态,船舶根据实际情况制定出应急操作方式及方法,配合船舶工况在特定情况下采用,平时通过试验、测试等确保其处于良好可用状态。

应急设备主要有应急发电机、应急空压机、应急消防泵等,设备应急操作方式主要有主机应急操作、舵机应急操作等。应急发电机能确保在船舶主发电机发生跳电、损坏、不能再启动等情况下,为船舶提供电力,并有船舶失电后自动启动并电功能;应急空压机能保证在主空压机出现故障的情况下使船舶不致于失去原始动力;应急消防泵在主消防泵故障,船舶发生发生火灾时使用,应能确保其在 5 min 能起动并达到规定的扬程。主机应急操作方式在主机几种遥控控制方式(集控室控制和驾驶台控制)都失效的情况下使用,或者在主机调速器故障(这时其他操作方式无法进行)时使用。

表 6-12　车钟损坏检查清单

序号	检查内容(是否采取下述行动?)	是	否
1	接通机舱控制电路		
2	通知值班轮机员		
3	与机舱建立紧急通信(如有线电话、VHF 等)		
4	通知船长		

4. 启示

1) 胸有成竹,安全预案不可少

船舶在危险狭窄水道中航行,一旦发生如主机故障、舵机失灵、强流中急转发生倾斜擦浅及碰到他船发生故障或操纵失灵危及本船等紧急状态,极易发生船舶搁浅、碰撞等恶性事故。如果船长事前在思想上无所准备,一旦遇到这样的事,难免会心慌意乱并进而由于采取措施失当而给船舶安全带来极大的危险。因此,尤为重要的是船长应事先在心中设想好应对可能发生险情的多种安全预案,并与轮机长、大副及有关的操作人员进行沟通交流,万一真正面对应急状态时,就能按部就班,在最快的时间内采取正确应对措施。“时间就是生命”——最能体现其意义的就是这种时候。预案设想得越细越好,例如,指挥船员迅速到位的通知手段和通信联系方式;在直道、右转弯道和左转弯道应急时应抛什么样的锚,船速与出链速度和长度的关系等。

在狭窄水道中航行的最通常的做法是备双锚、派人员瞭望,但在操作中更应具体落实监控好以下几个事项：

(1) 熟悉机器设备的操作程序和工况。对主、副机，锚机，舵机等按规定进行预检，确保均处在良好的使用状态。这次的舵机故障隐患如果船员预先能发现的话，就不会发生后来的紧急状态。

(2) 克服值班驾驶员、值班水手和瞭望人员的麻痹心理。"L"轮因为常年固定在一个航线上，频繁又平安地进出刚果河极易使船员放松戒备。对此，船长应时刻保持清醒头脑，自己先要做到不厌其烦，每次航行前必须对船员敲响警钟，使船员绷紧安全之弦，关键时刻才能使他们动如脱兔。

(3) 事前，对引水员发出的每个指令和船员的执行动作，船长必须要求驾驶员和自己进行即时复核，一旦出现问题才有可能在第一时间做出正确反应。这次，引水员发现发出右舵指令舵却向左走的情况后立即开始责骂舵工，船长因发出每个舵令后均要观察舵工执行情况，从而立即明白了问题所在，急令"改用应急舵""停车—全速倒车""抛锚"，从而抢得了极有限的时间。如果顺着引水员的思路走，避免事故发生的良机就会丧失。

(4) 联系畅通很重要。这次事件中从出现紧迫局面到抛下左锚船舶被制动成功，仅仅用了 3 min，相关船员出动快速是一个重要的因素，主要得益于事先预案中落实好的联系方式。因刚果河航行时间较长，根据引水员要求，当时船首仅有机匠一人保持瞭望，但船长要求大副和水手长随身携带了常开的对讲器，并且在进入情况复杂些的航段前均要提醒他们做好戒备。因此，在听到我的指令后，大副和水手长仅用了 1 min 的时间就赶到了船首。

2) 自我镇静，克服心理压力

事件初始发生时，船长的心脏就像被人突然用拳猛击了一下，这应该是大部分人面临突发事件时都会产生的潜意识反应，恐怕很难做到自我排除。但船长必须学会控制。控制手段就是立即回忆事先设想好的预案，下一步该做什么？当第一个指令发出后，心绪就平稳了下来，接下来就是观察环境、判定局势，继而发出后续指令，然后评估指令后的局面，根据情况汇总再下指示，保证了安全。

3) 沉着处置，应对措施要适宜

在狭水道中抛锚，主要应考虑船舶自身的安全回旋余地，对它船通航的影响，防止走锚和掉头的手段以及如何方便起锚等。在应急情况下，首先采取必要措施来避免船舶发生重大损害是对的，一般比较难于在短时间内做出周详的思考，但如果能够沉着一些，应对措施更适宜一些，则能给应急状态过后的操作减少很多的麻烦。当然，这是在设想的应急预案比较符合当时的情境下才比较有可能变成现实。

以这次舵机故障为例，引水员下达右舵指令后舵很快咬死在左满舵位置，航向随之快速向左改变，船身左侧由于很快受到横向强流的影响而向下游浅滩飘移，当时机匠正好站在右锚的位置，情急之中船长下达了抛右锚的口令，现在想来抛左锚应该更恰当一些，这样可以避免松右锚链可能发生的锚链包头、拦底或座链等情况而造成伤链和设备以至于增加走锚情况的可能等。比较幸运的是船长当时意识到了可能会犯的第二步错误，即未在完成调头之前就抛下左锚，未给后续操作和恢复正常航行带来大麻烦。

任务实施

本任务的教学关键是关键性设备故障应急技能的训练，通过对关键性设备故障应急的整体熟悉逐步展开任务，由学生独立完成作业。选用典型案例由教师讲解，学生进行模拟操作，让学生在执行的过程中熟悉作业的特点。当学生看到自己的作业熟练且准确时，会大大提高学习的兴趣。参见表6-13。

表6-13　任务5的实施

时间	15(45)min	地点	
教学资料	实船资料		
活动程序	关键性设备(主机、发电机、舵、桨、主空压机、锚机、主电站、油水分离器等)故障应急技能的训练		
活动评价方式	分组(6人一组)，组员之间评定1∶2∶2∶1		
活动小贴士	链接：航运公司SMS文件及活动		

任务评价

任务5中2项任务完成后，对其进行评价，并填入表6-14。

表6-14　任务5完成情况评价表

序号	技　能	评判结果	
		是	否
1	理解关键性设备故障		
2	理解关键性设备出现故障时采取正确的应急措施		

项目七
人员管理

核心概念

劳动合同;就业协议;船员注册;海事劳工公约;船舶保安

情景设置

一、指定船舶描述、船舶岗位设置

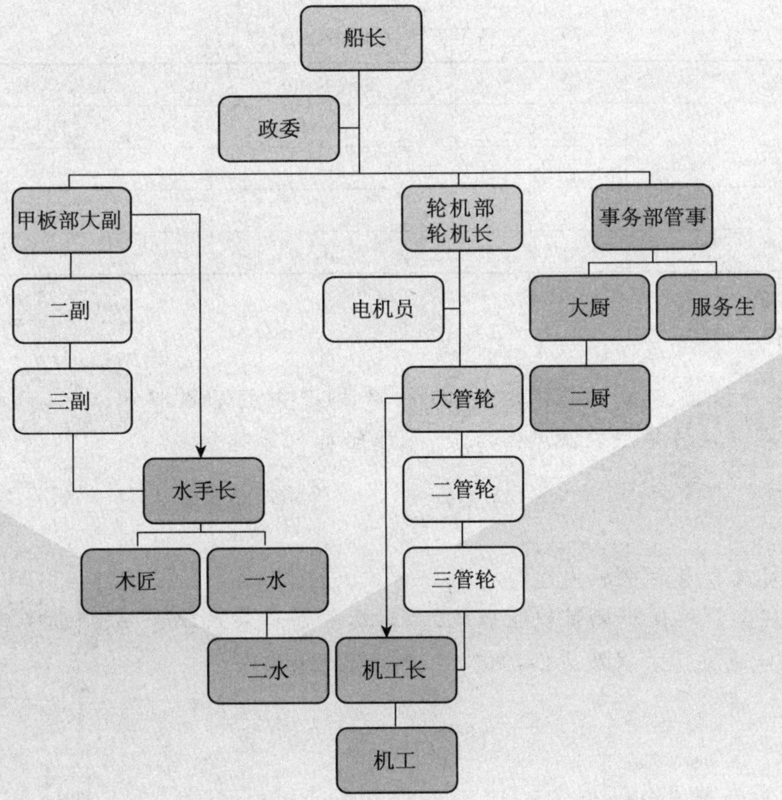

二、指定国外港口介绍

1. 釜山港

港口中文名:釜山　港口英文名:BUSAN

釜山港位于韩国东南沿海,东南濒朝鲜海峡,西临洛东江,与日本对马岛相峙,凭借其得天独厚的自然条件,地理位置,使它成为了是韩国最大的港口,也是世界第5大集装箱港。它是韩国海陆空交通的枢纽,又是金融和商业中心,在韩国的对外贸易中发挥重要作用。工业仅次于首尔,有纺织、汽车轮胎、石油加工、机械、化工、食品、木材加工、水产品加工、造船和汽车等。

北纬35.07°东经129.02°的釜山港,是韩国最大商港,位于朝鲜半岛东南角、釜山湾内,临朝鲜海峡。北至蔚山40 n mile,浦相60 n mile,东南至北九州120 n mile,西南至丽水港100 n mile,济州170 n mile,上海500 n mile。港区分布在釜山湾西北岸,沿海岸自西南东北分布有10座码头,码头线总长8 681 m,有60多个泊位。

2. 比利时——安特卫普港

(1) 港口基本信息:比利时最大的海港,欧洲第三大港。地处斯海尔德河下游,距河口68~89 km。港区总面积10 633万m^2,其中水域占1 315万m^2,港区岸线总长99 km,货物吞吐量近亿吨,是排名鹿特丹港和马赛港之后的欧洲大港。

港口性质:河港、设有保税仓库、基本港,是典型的地主港。

港口模式:政府管理部门管理的地主港。

本港码头分为沿河与船坞两大部分,有6个船闸与河道相连。

(2) 港区主要码头泊位:见表7-1。

表7-1 安特卫普港主要码头泊位

码头类别	泊位/个	岸线长/m	最大水深/m
Bulk Cargo(散货)	54	13 554	15.2
General Cargo(杂货)	20	4 910	11.6
Container(集装箱)	36	9 210	15.2
Oil Quay(油码头)	14	3 360	15.8

四、项目内容

船员职业要求与保护、二副的基本职责、专项职责、三副的基本职责、专项职责、确保外来人员人身安全、港口地法律法规及风俗习惯,确保船员人身安全。

学习目标

1. 能描述船员及自身管理的内容与要求;

2. 结合情景任务能够保护船员职业形象,二副及三副的基本职责、专项职责、确保外来人员人身安全、港口地法律法规及风俗习惯,确保船员人身安全。

学习内容

任务1　船员职业要求与保护;

任务2　二副的基本职责、专项职责;

任务3　三副的基本职责、专项职责;

任务4　确保外来人员人身安全。

任务 1　船员职业要求与保护

任务描述

要求根据船舶的特点，做好船员职业要求与保护，以达到保障人员安全的目的。

任务目标

做好船员职业要求与保护，以实现人员安全的目标。

任务分解

1. 掌握船员职业的法律法规知识，处理自身职业事务；
2. 掌握 2006 海事劳工公约；
3. 掌握 1976 年商船最低标准公约；
4. 理解船员条例；
5. 理解船员注册管理办法；
6. 理解船员违法记分管理办法；
7. 理解海船船员适任考试和发证规则；
8. 理解船员劳动合同以及就业协议。

知识准备

一、船员职业的法律法规知识

1. 船员管理法规体系

（1）国际公约：IMO 的 STCW，SOLAS，MARPOL 公约；ILO 的 MLC2006 公约、《1976 年商船（最低标准）公约》（147 号公约）、SID（185 号公约）。

（2）国内法律：①中华人民共和国海上交通安全法；②中华人民共和国海商法；③中华人民共和国公民出入境管理法；④中华人民共和国护照法；⑤中华人民共和国劳动法；⑥中华人民共和国劳动合同法。

（3）国内法规：①中华人民共和国船员条例；②危险化学品安全管理条例；③中华人民共和国内河交通安全管理条例；④防治船舶污染海洋环境管理条例；⑤工伤保险条例。

（4）国内规章：①中华人民共和国船员注册管理办法；②中华人民共和国引航员注册与任职资格管理办法；③中华人民共和国船员服务管理规定；④中华人民共和国海员外派管理规定；⑤中华人民共和国海船船员适任考试和发证规则；⑥中华人民共和国内河船舶船员适

任考试和发证规则;⑦中华人民共和国海船船员值班规则;⑧中华人民共和国船舶最低安全配员规则;⑨中华人民共和国船员违法记分管理办法;⑩中华人民共和国海员职业保障规定;⑪中华人民共和国船员培训管理规则;⑫中华人民共和国海上海事行政处罚规定;⑬中华人民共和国海船船员培训合格证书签发管理办法。

(5) 规范性文件:①关于贯彻执行《劳动法》若干问题的意见;②违法《劳动法》有关劳动合同规定的赔偿办法;③违法和解除劳动合同的经济补偿办法;④中华人民共和国海船船员考试大纲……

2. 船员掌握法律知识的必要性

(1) 掌握丰富的法律知识是当代船员处理好工作、生活中诸多事务的根本;

(2) 掌握法律知识才能保障海上安全、防止环境污染;

(3) 船员掌握法律知识能够降低风险和船舶营运成本。

二、2006海事劳工公约

1. 国际劳工组织简介

国际劳工组织成立于1919年,1946年成为联合国专门机构,共有178个会员国,中国是创始会员国之一。国际劳工组织的宗旨是"通过劳工立法和开展合作,促进社会正义,维护世界持久和平"。

2. 2006海事劳工公约(MLC)

国际劳工组织(ILO)自2001年以来,经过近五年的努力,整合并修订了自上世纪20年代以来的现有ILO 60多个公约及建议书,形成了一本综合海事劳工公约,并于2006年2月23日在日内瓦举行了第94届大会暨第十届海事大会上以314票赞成、0票反对、4票弃权的绝对多数通过了该综合"国际海事劳工公约"。

该公约将在达到至少30个国家批准且这些国家的商船总吨位占世界商船总吨位的33%之日起12个月后生效。

《2006年海事劳工公约》于2013年8月20日生效。《2006年海事劳工公约》修订和更新了ILO现有公约的要求:

最低年龄,失业赔偿,海员安置,船员体检,海员协议条款,海员遣返,船员适任证书要求,带薪休假,船舶所有人对病、伤海员责任,疾病保险,工资、工时和配员,食品和膳食,海员社会保障,船员起居舱室设备,事故预防,连续就业,商船最低标准,海员福利,健康保护和医疗,劳动监察,海员招募和安置等。涵盖了有关海员工作、生活、医疗、社会保障等各方面的要求。

还有以下ILO公约未被综合至《2006年海事劳工公约》中:①《1921年最低年龄(搬运工和司炉工)公约》(第15号公约,大部分批准该公约的国家已退出);②《1946年海员养老金公约》(第71号公约);③《1958年海员身份证公约》(第108号公约);④《2003年海员身份证公约(修订)》(第185号公约)。

《公约》序言中列出了ILO的核心公约,共有8个:①《1930年强迫劳动公约》(第29号);②《1948年自由结社和保护组织权利公约》(第87号);③《1949年组织权利和集体谈判权利公约》(第98号);④《1951年同酬公约》(第100号);⑤《1957年废除强迫劳动公约》(第105号);⑥《1958年(就业和职业)歧视公约》(第111号);⑦《1973年最低年龄公约》(第138

号)；⑧《1999 年最恶劣形式的童工劳动公约》(第 182 号)。

3.《公约》要求适用

国际航行和国内航行、通常从事商业活动的海船。

《公约》适用的船舶应该包括自航船舶和非自航船舶(《公约》没有规定仅适用于自航船舶)。在《公约》对船旗国生效日及以后，非自航船舶同自航船舶一样，应符合船旗国贯彻《公约》要求的法律或条例、或其他的措施。

如果新建一艘非自航船舶，船舶所有人考虑该船舶平时在国内沿海港口航行或作业，但也考虑在需要时，该船舶能被拖航至其他国家沿海港口航行或作业。对此情况，该船舶从设计、建造阶段起，就应符合船旗国贯彻《公约》的法定要求。

在《公约》对船旗国生效日及以后新建造的船舶，应符合船旗国贯彻《公约》要求的法律或条例或其他措施。

在《公约》对船旗国生效日之前已营运的船舶或正在建造、已铺设了龙骨的船舶，除海员起居舱室、娱乐设施等船舶硬件设施以外，现有船舶应符合的《公约》要求同新建船舶。

对于现有船舶的海员起居舱室、娱乐设施等船舶硬件设施，应符合船旗国法律或条例、或其他措施，在适用的范围内继续符合《1949 年船员舱室设备公约(修订)》(第 92 号)和《1970 年船员舱室设备(补充规定)公约》(第 133 号)的规定。

4.《公约》要求不适用

(1) 专门在内河航行的船舶；

(2) 在港口规定适用区域航行的船舶；

(3) 在遮蔽水域之内或其紧邻水域航行的船舶；

(4) 从事捕鱼或类似捕捞的船舶；

(5) 用传统方法制造的船舶，例如独桅三角帆船和舢板；

(6) 军舰和军事辅助船。

5. 公约正文

序言、一般义务、定义和适用范围、基本权利和原则、海员的就业和社会权利、实施和执行责任、规则以及守则的 A 部分和 B 部分、与船舶所有人和海员组织协商、生效、退出、生效的影响、保存人的职责、三方专门委员会、本公约的修正案、对守则的修正案、作准语言。

6. 规则(Regulations)和守则(Code)

标题一:海员上船工作的最低要求；

标题二:就业条件；

标题三:起居舱室、娱乐设施、食品和膳食；

标题四:健康保护、医疗、福利和社会保障；

标题五:遵守与执行。

7. 标题一 海员上船工作的最低要求

(1) 最低年龄:确保不准雇佣未成年人上船工作；

(2) 体检证书:确保所有海员的健康状况适合履行海上职责；

(3) 培训和资格:确保海员经过培训并具备履行职责的资格；

(4) 招募和安置:确保海员有机会利用高效和规范的海员招募安置。

8. 标题二、就业条件

(1) 海员就业协议:确保海员获得公平的就业协议;

(2) 工资:确保海员获得工作报酬;

(3) 工作或休息时间:确保海员享有规范的工作时间和休息时间;

(4) 休假权利:确保海员有充分的休假;

(5) 遣返:确保海员能够回家;

(6) 船舶灭失或沉没对海员进行的赔偿:确保船舶灭失或沉没对海员进行赔偿;

(7) 船舶配员:为船舶运营安全、高效和保安,确保船上人员充足;

(8) 连续就业:促进海员职业发展和技能开发及就业机会。

9. 标题三、起居舱室、娱乐设施、食品和膳食服务

(1) 器具舱室和娱乐设施:确保海员在船上有体面的起居舱室和娱乐设施,包括:设计和建造、通风、供暖、照明、卧室、餐厅、卫生设施、医务室、床具餐具和杂项、娱乐设施、减低噪音和震动等;

(2) 食品和膳食:确保海员获得根据规范的卫生条件提供的优质食品和饮用水。

10. 标题四、健康保护、医疗、福利和社会保护

(1) 船上和岸上医疗:保护海员健康并确保其迅速得到船上和岸上医疗;

(2) 船舶所有人的责任:船舶所有人的责任;

(3) 保护健康和安全及防止事故:确保海员的船上工作环境有利于其职业安全和健康;

(4) 使用岸上福利设施:确保海员能够使用岸上设施和服务,确保身心健康;

(5) 社会保障:确保采取措施为海员提供社会保障。

11. 标题五、符合与执行

(1) 船旗国的责任:通过检查和发证确保各成员国悬挂其旗帜的船舶履行其在本公约下的责任;

(2) 港口国的责任:通过港口国监督使各成员国能够履行公约在外国船舶上实施和执行公约标准方面进行国际合作的责任;

(3) 海员提供国的责任:确保各成员国履行其在本公约下关于海员招募和安置以及对其海员提供社会保障的责任。

三、1976年商船最低标准公约

(1) 海员协议条款应由船舶所有人或其代表与海员双方签订。海员协议必须明确双方的权利与义务。对于无定期协议,在事先发出预告的情况下,当事人中的任何一方可在船舶装、卸货物的任何港口声明终止,但是此项预告至少应提前24 h且应用书面形式提出。不论是订明的航次协议、定期协议或不定期协议,只要符合下列情形,可认为协议自然终止:双方同意;海员死亡;船舶损失或完全不适于航海;国家法律或本公约所规定的其他原因。

(2) 船舶所有人应对海员按协议服务期间所发生的疾病、受伤、死亡负责。但下述情况除外:并非在船上工作时发生的受伤;自身的故意、违章或不止当行为造成的患病或伤亡;签约时故意隐瞒的疾病或虚弱;受雇时拒绝体检等。在病人或伤者治愈前,船舶所有人应负责支付不少于16周的医疗和保养费用。船舶所有人有义务对伤病者支付遣返费,该费用包括运输费、食宿费和保养费。伤病者应被送到下述港口:受雇地港口;航次始离港口;海员所在国港口；伤病者与船长或船舶所有人商定并经主管当局认可的另一港口。

(3) 所有工伤事故都应予以报告和统计。船舶所有人提供护身设备和其他事故预防设备时，一般应附有关海员使用这种设备的规定及遵守有关事故预防措施的要求。应在船员中指定一个或几个合适人员或一个委员会，在船长指挥下负责防止工伤事故的工作。

(4) 适用本公约的每个海员，每工作 1 年，有权享受不少于 30 天的最短带薪年假。下列情况不属于带薪年假：船旗国承认的公共和习惯假日，不论其是否适逢带薪年假期间；因疾病、受伤等造成的无能力工作的时间；海员受雇期间准许的临时上岸度假；受政府保护的任何种类的补偿假日。

(5) 海员在下列情况下享有遣返权利：在国外雇佣期满；因伤病或其他身体原因需遣返且适于旅行；船舶失事；因破产、变卖船舶、改变船舶登记等原因，船舶所有人不能继续履行义务；船舶驶往协议禁止的、海员不愿前往的战乱区；海员在船服务满 12 个月等。海员应被遣返到下述地点：开始受雇地；集体协议规定地点；海员居住国；开始受雇时商定的地点。海员有权从规定的目的地中选择遣返目的地。

(6) 船员在船的工作时间或休息时间应满足的要求与 MCL 公约相同。船长可以暂时终止工作时间和休息时间的计划，并要求船员从事任何一段时间所必需的工作，直到通常情况得以恢复。船长应拥有要求船员为船舶以及货物的直接安全所必须，以及给予其他海上遇险的船舶或人员的援助所需要进行的任何一段时间工作的权利。

四、船员条例

1. 总则

为了加强船员管理，提高船员素质，维护船员的合法权益，保障水上交通安全，保护水域环境。2007 年 3 月 28 日，国务院第 172 次常务会议通过了《中华人民共和国船员条例》，自 2007 年 9 月 1 日起施行。

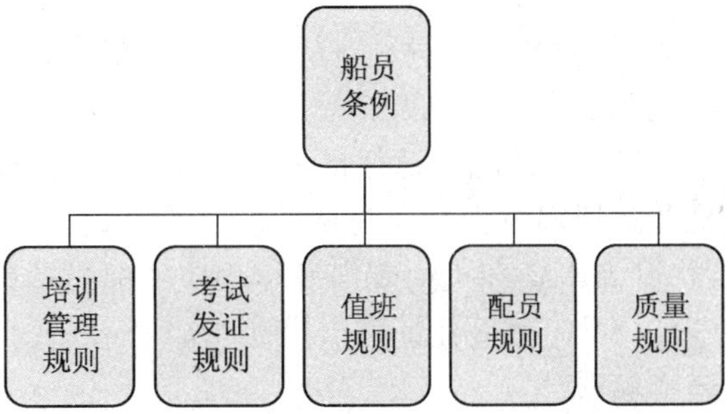

2. 适用范围

中华人民共和国境内的船员注册、任职、培训、职业保障以及提供船员服务等活动，适用本条例。

3. 主管机关

(1) 国务院交通主管部门主管全国船员管理工作。

(2) 国家海事管理机构依照本条例负责统一实施船员管理工作。

(3) 负责管理中央管辖水域的海事管理机构和负责管理其他水域的地方海事管理机构(以下统称海事管理机构)，依照各自职责具体负责船员管理工作。

4. 船员注册和任职资格

(1) 本条例所称船员，是指依照本条例的规定经船员注册取得船员服务簿的人员，包括船长、高级船员、普通船员。

本条例所称船长，是指依照本条例的规定取得船长任职资格，负责管理和指挥船舶的人员。

本条例所称高级船员，是指依照本条例的规定取得相应任职资格的大副、二副、三副、轮机长、大管轮、二管轮、三管轮、通信人员以及其他在船舶上任职的高级技术或者管理人员。

本条例所称普通船员，是指除船长、高级船员外的其他船员。

(2) 申请船员注册，应当具备下列条件：① 年满 18 周岁(在船实习、见习人员年满 16 周岁)但不超过 60 周岁；② 符合船员健康要求；③ 经过船员基本安全培训，并经海事管理机构考试合格。

申请注册国际航行船舶船员的，还应当通过船员专业外语考试。

(3) 申请船员注册，可以由申请人或者其代理人向任何海事管理机构提出书面申请，并附送申请人符合本条例第五条规定条件的证明材料。

海事管理机构应当自受理船员注册申请之日起 10 日内做出注册或者不予注册的决定。对符合本条例第五条规定条件的，应当给予注册，发给船员服务簿，但是申请人被依法吊销船员服务簿未满 5 年的，不予注册。

(4) 船员服务簿是船员的职业身份证件，应当载明船员的姓名、住所、联系人、联系方式以及其他有关事项。

船员服务簿记载的事项发生变更的，船员应当向海事管理机构办理变更手续。

(5) 船员有下列情形之一的，海事管理机构应当注销船员注册，并予以公告：①死亡或者被宣告失踪的；②丧失民事行为能力的；③被依法吊销“船员服务簿”的；④本人申请注销注册的。

(6) 参加航行和轮机值班的船员，应当依照本条例的规定取得相应的船员适任证书。

申请船员适任证书，应当具备下列条件：①已经取得“船员服务簿”；②符合船员任职岗位健康要求；③经过相应的船员适任培训、特殊培训；④具备相应的船员任职资历，并且任职表现和安全记录良好。

(7) 申请船员适任证书，应当向海事管理机构提出书面申请，并附送申请人符合本条例第九条规定条件的证明材料。对符合规定条件并通过国家海事管理机构组织的船员任职考试的，海事管理机构应当发给相应的船员适任证书。

(8) 船员适任证书应当注明船员适任的航区(线)、船舶类别和等级、职务以及有效期限等事项。

船员适任证书的有效期不超过 5 年。

(9) 中国籍船舶的船长和高级船员应当由中国籍船员担任；确需外国籍船员担任高级船员的，应当报国家海事管理机构批准。

(10) 中国籍船舶在境外遇有不可抗力或者其他特殊情况，无法满足船舶最低安全配员要求，需要由本船下一级船员临时担任上一级职务时，应当向海事管理机构提出申请。海事管理机构根据拟担任上一级船员职务船员的任职资历、任职表现和安全记录，签发相应的批准文书。

(11) 曾经在军用船舶、渔业船舶上工作的人员，或者持有其他国家、地区船员适任证书的船员，依照本条例的规定申请船员适任证书的，海事管理机构可以免除船员培训和考试的相应内容。具体办法由国务院交通主管部门另行规定。

(12) 以海员身份出入国境和在国外船舶上从事工作的中国籍船员，应当向国家海事管理机构指定的海事管理机构申请中华人民共和国海员证。

申请中华人民共和国海员证，应当符合下列条件：①是中华人民共和国公民；②持有国际航行船舶船员适任证书或者有确定的船员出境任务；③无法律、行政法规规定禁止出境的情形。

(13) 海事管理机构应当自受理申请之日起7日内做出批准或者不予批准的决定。予以批准的，发给中华人民共和国海员证；不予批准的，应当书面通知申请人并说明理由。

(14) 中华人民共和国海员证是中国籍船员在境外执行任务时表明其中华人民共和国公民身份的证件。中华人民共和国海员证遗失、被盗或者损毁的，应当向海事管理机构申请补发。船员在境外的，应当向中华人民共和国驻外使馆、领馆申请补发。

中华人民共和国海员证的有效期不超过5年。

(15) 持有中华人民共和国海员证的船员，在其他国家、地区享有按照当地法律、有关国际条约以及中华人民共和国与有关国家签订的海运或者航运协定规定的权利和通行便利。

(16) 在中国籍船舶上工作的外国籍船员，应当依照法律、行政法规和国家其他有关规定取得就业许可，并持有国务院交通主管部门规定的相应证书和其所属国政府签发的相关身份证件。

在中华人民共和国管辖水域航行、停泊、作业的外国籍船舶上任职的外国籍船员，应当持有中华人民共和国缔结或者加入的国际条约规定的相应证书和其所属国政府签发的相关身份证件。

5. 船员职责

(1) 船员在船工作期间，应当符合下列要求：①携带本条例规定的有效证件；②掌握船舶的适航状况和航线的通航保障情况，以及有关航区气象、海况等必要的信息；③遵守船舶的管理制度和值班规定，按照水上交通安全和防治船舶污染的操作规则操纵、控制和管理船舶，如实填写有关船舶法定文书，不得隐匿、篡改或者销毁有关船舶法定证书、文书；④参加船舶应急训练、演习，按照船舶应急部署的要求，落实各项应急预防措施；⑤遵守船舶报告制度，发现或者发生险情、事故、保安事件或者影响航行安全的情况，应当及时报告；⑥在不严重危及自身安全的情况下，尽力救助遇险人员；⑦不得利用船舶私载旅客、货物，不得携带违禁物品。

(2) 船长在其职权范围内发布的命令，船舶上所有人员必须执行。

高级船员应当组织下属船员执行船长命令，督促下属船员履行职责。

(3) 船长管理和指挥船舶时，应当符合下列要求：①保证船舶和船员携带符合法定要求的证书、文书以及有关航行资料；②制定船舶应急计划并保证其有效实施；③保证船舶和船员在开航时处于适航、适任状态，按照规定保障船舶的最低安全配员，保证船舶的正常值班；④执行海事管理机构有关水上交通安全和防治船舶污染的指令，船舶发生水上交通事故或者污染事故的，向海事管理机构提交事故报告；⑤对本船船员进行日常训练和考核，在本船船员的船员服务簿内如实记载船员的服务资历和任职表现；⑥船舶进港、出港、靠泊、离泊，通过交通密集区、危险航区等区域，或者遇有恶劣天气和海况，或者发生水上交通事故、船舶污染事故、船舶保安事件以及其他紧急情况时，应当在驾驶台值班，必要时应当直接指挥船舶；⑦保障船舶上人员和临时上船人员的安全；⑧船舶发生事故，危及船舶上人员和财产安全时，应当组织船员和船舶上其他人员尽力施救；⑨弃船时，应当采取一切措施，首先组织旅客安全离船，然后安排船员离船，船长应当最后离船，在离船前，船长应当指挥船员尽力抢救

“航海日志”“轮机舱日志”“油类记录簿”“无线电台日志”、本航次使用过的航行图和文件，以及贵重物品、邮件和现金。

（4）船长、高级船员在航次中，不得擅自辞职、离职或者中止职务。

（5）船长在保障水上人身与财产安全、船舶保安、防治船舶污染水域方面，具有独立决定权，并负有最终责任。

船长为履行职责，可以行使下列权力：①决定船舶的航次计划，对不具备船舶安全航行条件的，可以拒绝开航或者续航；②对船员用人单位或者船舶所有人下达的违法指令，或者可能危及有关人员、财产和船舶安全或者可能造成水域环境污染的指令，可以拒绝执行；③发现引航员的操纵指令可能对船舶航行安全构成威胁或者可能造成水域环境污染时，应当及时纠正、制止，必要时可以要求更换引航员；④当船舶遇险并严重危及船舶上人员的生命安全时，船长可以决定撤离船舶；⑤在船舶的沉没、毁灭不可避免的情况下，船长可以决定弃船，但是，除紧急情况外，应当报经船舶所有人同意；⑥对不称职的船员，可以责令其离岗。

船舶在海上航行时，船长为保障船舶上人员和船舶的安全，可以依照法律的规定对在船舶上进行违法、犯罪活动的人采取禁闭或者其他必要措施。

6. 船员职业保障

（1）船员用人单位和船员应当按照国家有关规定参加工伤保险、医疗保险、养老保险、失业保险以及其他社会保险，并依法按时足额缴纳各项保险费用。

船员用人单位应当为在驶往或者驶经战区、疫区或者运输有毒、有害物质的船舶上工作的船员，办理专门的人身、健康保险，并提供相应的防护措施。

（2）船舶上船员生活和工作的场所，应当符合国家船舶检验规范中有关船员生活环境、作业安全和防护的要求。

船员用人单位应当为船员提供必要的生活用品、防护用品、医疗用品，建立船员健康档案，并为船员定期进行健康检查，防治职业疾病。

船员在船工作期间患病或者受伤的，船员用人单位应当及时给予救治；船员失踪或者死亡的，船员用人单位应当及时做好相应的善后工作。

（3）船员用人单位应当依照有关劳动合同的法律、法规和中华人民共和国缔结或者加入的有关船员劳动与社会保障国际条约的规定，与船员订立劳动合同。

船员用人单位不得招用未取得本条例规定证件的人员上船工作。

（4）船员工会组织应当加强对船员合法权益的保护，指导、帮助船员与船员用人单位订立劳动合同。

（5）船员用人单位应当根据船员职业的风险性、艰苦性、流动性等因素，向船员支付合理的工资，并按时足额发放给船员。任何单位和个人不得克扣船员的工资。

船员用人单位应当向在劳动合同有效期内的待派船员，支付不低于船员用人单位所在地人民政府公布的最低工资。

（6）船员在船工作时间应当符合国务院交通主管部门规定的标准，不得疲劳值班。

船员除享有国家法定节假日的假期外，还享有在船舶上每工作 2 个月不少于 5 日的年休假。

船员用人单位应当在船员年休假期间，向其支付不低于该船员在船工作期间平均工资的报酬。

(7) 船员在船工作期间，有下列情形之一的，可以要求遣返：①船员的劳动合同终止或者依法解除的；②船员不具备履行船上岗位职责能力的；③船舶灭失的；④未经船员同意，船舶驶往战区、疫区的；⑤由于破产、变卖船舶、改变船舶登记或者其他原因，船员用人单位、船舶所有人不能继续履行对船员的法定或者约定义务的。

(8) 船员可以从下列地点中选择遣返地点：①船员接受招用的地点或者上船任职的地点；②船员的居住地、户籍所在地或者船籍登记国；③船员与船员用人单位或者船舶所有人约定的地点。

(9) 船员的遣返费用由船员用人单位支付。遣返费用包括船员乘坐交通工具的费用、旅途中合理的食宿及医疗费用和 30 kg 行李的运输费用。

(10) 船员的遣返权利受到侵害的，船员当时所在地民政部门或者中华人民共和国驻境外领事机构，应当向船员提供援助；必要时，可以直接安排船员遣返。民政部门或者中华人民共和国驻境外领事机构为船员遣返所垫付的费用，船员用人单位应当及时返还。

7. 船员培训和船员服务

(1) 申请在船舶上工作的船员，应当按照国务院交通主管部门的规定，完成相应的船员基本安全培训、船员适任培训。

在危险品船、客船等特殊船舶上工作的船员，还应当完成相应的特殊培训。

(2) 依法设立的培训机构从事船员培训，应当符合下列条件：①有符合船员培训要求的场地、设施和设备；②有与船员培训相适应的教学人员、管理人员；③有健全的船员培训管理制度、安全防护制度；④有符合国务院交通主管部门规定的船员培训质量控制体系。

(3) 依法设立的培训机构从事船员培训业务，应当向国家海事管理机构提出申请，并附送符合本条例第三十六条规定条件的证明材料。

国家海事管理机构应当自受理申请之日起 30 日内，做出批准或者不予批准的决定。予以批准的，发给船员培训许可证；不予批准的，书面通知申请人并说明理由。

(4) 从事船员培训业务的机构，应当按照国务院交通主管部门规定的船员培训大纲和水上交通安全、防治船舶污染、船舶保安等要求，在核定的范围内开展船员培训，确保船员培训质量。

(5) 从事代理船员办理申请培训、考试、申领证书（包括外国船员证书）等有关手续，代理船员用人单位管理船员事务，提供船舶配员等船员服务业务的机构，应当符合下列条件：①在中华人民共和国境内依法设立的法人；②有 2 名以上具有高级船员任职资历的管理人员；③有符合国务院交通主管部门规定的船员服务管理制度；④具有与所从事业务相适应的服务能力。

(6) 从事船员服务业务的机构（以下简称船员服务机构），应当向海事管理机构提交书面申请，并附送符合本条例第三十九条规定条件的证明材料。

海事管理机构应当自受理申请之日起 30 日内做出批准或者不予批准的决定。予以批准的，发给相应的批准文件；不予批准的，书面通知申请人并说明理由。

(7) 船员服务机构应当建立船员档案，加强船舶配员管理，掌握船员的培训、任职资历、安全记录、健康状况等情况，并将上述情况定期报海事管理机构备案。

船员用人单位直接招用船员的，应当遵守前款的规定。

(8) 船员服务机构应当向社会公布服务项目和收费标准。

(9) 船员服务机构为船员提供服务，应当诚实守信，不得提供虚假信息，不得损害船员的合法权益。

(10) 船员服务机构为船员用人单位提供船舶配员服务，应当督促船员用人单位与船员依法订立劳动合同。船员用人单位未与船员依法订立劳动合同的，船员服务机构应当终止向船员用人单位提供船员服务。

船员服务机构为船员用人单位提供的船员失踪或者死亡的，船员服务机构应当配合船员用人单位做好善后工作。

链接：《中华人民共和国船员条例》

五、中华人民共和国船员注册管理办法

中华人民共和国交通运输部令(2008 年第 1 号)公布了 2008 年 2 月 27 日经第 4 次部务会议通过的《中华人民共和国船员注册管理办法》，并自 2008 年 7 月 1 日起施行。

第一章　总　　则

第一条　为规范船员注册管理，根据《中华人民共和国船员条例》，制定本办法。

第二条　中华人民共和国境内的船员注册以及相关管理活动，适用本办法。

本办法所称船员注册，是指海事管理机构根据申请人的申请，经依法审查，对符合船员注册条件的予以登记，签发船员服务簿，准许申请人从事船员职业的行为。

第三条　交通运输部主管全国船员注册管理工作。

中华人民共和国海事局负责统一实施全国船员注册管理工作。

负责管理中央管辖水域的海事管理机构和负责管理其他水域的地方海事管理机构(以下统称海事管理机构)，依照各自职责具体负责船员注册以及相关管理工作。

链接：《船员注册管理办法》

六、中华人民共和国船员违法记分管理办法

中华人民共和国海事局以 海船员[2002]333 号公布了《中华人民共和国船员违法记分办法(试行)》，并自 2002 年 10 月 1 日起实施。

链接：中华人民共和国船员违法记分管理办法(试行)

七、中华人民共和国海船船员适任考试和发证规则

中华人民共和国交通运输部令(2011 年第 12 号)公布了 2011 年 12 月 8 日经第 12 次部务会议通过的《中华人民共和国海船船员适任考试和发证规则》，并自 2012 年 3 月 1 日起施行。

第一章　总　则

第一条　为了提高海船船员素质，保障海上人命和财产安全，保护海洋环境，根据《中华人民共和国海上交通安全法》《中华人民共和国船员条例》以及我国缔结或者加入的有关国际公约，制定本规则。

第二条　本规则适用于为取得中华人民共和国海船船员适任证书(以下简称适任证书)而进行的考试以及适任证书、适任证书特免证明和外国适任证书承认签证的签发与管理。

第三条　国务院交通运输主管部门主管全国海船船员适任考试和发证工作。

国家海事管理机构在国务院交通运输主管部门的领导下，对海船船员适任考试和发证工作进行统一管理。

国家海事管理机构所属的各级海事管理机构按照国家海事管理机构确定的职责范围具体负责海船船员适任考试和发证工作。

第四条　海船船员适任考试和发证应当遵循公平、公正、公开、便民的原则。

链接:《海船船员适任考试和发证规则》

八、船员劳动合同以及就业协议(选录)

甲方:【　　　　　】有限公司,住所地____________________

法定代表人:____________________

乙方:____________________　身份证:____________________

家庭住址:____________________　联系电话:____________________

根据国家有关法规,甲乙双方在平等、自愿协商一致的基础上签订本合同,并就有关事宜达成如下协议:

一、甲方安排乙方到甲方所属船舶任职于【　　】岗位,根据《中华人民共和国船员条例》的规定,乙方须具备相应任职资格,并持有合适甲方船舶航线需求的由海事主管机关颁发的有效适任证件文书等有效证件。乙方就职岗位须履行国家法律以及船舶运输行业规定的该岗位职责。

二、合同期限:自【　】年【　】月【　】日至【　】年【　】月【　】日,在合同期内,乙方必须服从甲方的工作安排。聘用期满,船舶仍在航行或所在港口不便下船,甲方可延长本合同至该航次结束。延长期内乙方基本工资不变。

链接:《中华人民共和国劳动法》《中华人民共和国劳动合同法》

任务实施

本任务的教学关键是船员职业要求与保护技能的训练,通过对船员职业要求与保护的整体熟悉,逐步展开任务,由学生独立完成作业。选用典型案例由教师讲解,学生进行模拟操作。让学生在执行的过程中熟悉作业的特点。当学生看到自己的作业熟练且准确时,会大大提高学习的兴趣。见表 7-2。

表 7-2　任务 1 的实施

时间	45 (135)min	地点	
教学资料	实船资料		
活动程序	依据船员职业要求与保护的主线展开活动		
活动评价方式	分组(6 人一组),组员之间评定 1∶2∶2∶1		
活动小贴士	链接:航运公司船员劳动合同		

任务评价

任务 1 中的 8 项技能完成后,对其进行评价,并填入表 7-3。

表7-3　任务1完成情况的评价表

序号	技　　能	评判结果	
		是	否
1	掌握船员职业的法律法规知识，处理自身职业事务		
2	2006海事劳工公约		
3	1976年商船最低标准公约		
4	理解船员条例		
5	理解船员注册管理办法		
6	理解船员违法记分管理办法		
7	理解海船船员适任考试和发证规则		
8	理解船员劳动合同以及就业协议		

任务 2　二副的基本职责、专项职责

任务描述

要求根据指定船舶二副的基本职责、专项职责，能适任这些职责，达到胜任二副职责的目的。

任务目标

能适任二副职责，达到胜任二副职责的目标。

任务分解

1. 熟悉二副职务基本职责；
2. 熟悉二副专项职责；
3. 熟悉二副职务交接。

知识准备

一、二副基本职责

（1）在船长、大副的领导下履行航行和停泊的职责。按大副的指示管理货物装卸。

（2）主管罗经、GPS、雷达等驾驶台仪器设备的管用养修，向新到任的驾驶人员介绍仪器设备的性能和操作。

（3）负责航海图书资料的管理、改正和报添，张贴驾驶台规则、驾轮联系制度和重要仪器设备的操作说明。保证国旗、号旗、号灯号型以及驾驶台求救信号和器材充足且有效，保持所管库室的整洁。

（4）开航前按船长指示备妥要用的国旗和航海图书资料，画妥航线，检查并起动有关助航设备。

（5）管理船钟，负责航行中跨时区拨钟，每天填写并与二管轮互换正午报告；航次结束后及时填报航次报告。

（6）靠、离泊时按船长指示在船尾指挥和观察、报告。

（7）修船时，做好所管修项目的自修、监修和验收工作，船舶进坞后、出坞前对测深仪等仪器水下部分的检查、保养和记录，做好大副指派的其他工作。

（8）航行中值 0000—0400 ，1200—1600 班；大副因故不能履行职责时代理大副职务。

二、二副专项职责

1. 开航准备职责

二副在开航前应：

（1）按照“离岗准备工作检查表”或“开行前检查表”做好各项开航前准备工作。

（2）备齐航次所需的国旗及改正好的海图、航海图书资料（航路指南及其补篇、进港指南、灯标表、潮汐表、航海天文历及其附属表等）和其他航海出版物。

（3）检查确认驾驶台已按规定在指定场所放置“航海日志”“车钟记录簿”“VHF 守听与通话记录簿”“狭水道航行记录簿”“测天记录簿”“磁罗经自差记录簿”“天文钟误差记录簿”“雷达使用记录簿”“陀螺经工作保养记录簿”等文书。

（4）检查确认驾驶台以按规定张贴布置船舶操纵要素图表、磁罗经自差表、重要航海仪器设备的操作规程、驾驶台规则、驾驶轮机联系制度等。

（5）检查确认驾驶台救生信号均在有效期内。

（6）按船长指示，在海图上画妥计划航线，并标出每一段航程的航向和航行距离以及转向点的经纬度。在拟定计划航线时，如有疑问，应及时请示船长。

（7）根据船长指示在船舶开航前完成航次计划，交船长审核。将经船长签字确认的航次计划存放在驾驶台专用文件夹内。

（8）检查和试验驾驶台航海仪器设备、气象仪表，及早起动陀螺经，开起并调整好雷达、GPS 等助航设备，AIS 录入航次信息。如需负责管理和使用 GMDSS 设备，则开启并调整相关设备。

（9）取出望远镜、EPRB 等在停泊时暂时收藏的设备和物品，置于规定场所。

（10）书面将需在国外购置的海图、仪器备件、记录纸以及救生信号等的清单交给船长。

（11）向大副和（或）船长报告开航前准备情况。如有程序文件要求，则填妥“开航准备报告”交船长。

2. 靠离移泊时的专项职责

靠离移泊时，二副在船尾指挥。要求二副：

（1）靠离移泊前应了解船长或引航员的靠离移泊计划和要求。

（2）靠离移泊前做好以下靠离移泊的准备：①为对讲机充足电并将其调至商定频道，试验对讲机通话质量；②督促水手长检查船尾绞缆机是否工作正常，检查导缆滚筒和缆绳桩有无异常；③督促水手长和水手备妥撇缆、系缆、拖缆、回头缆、卸扣、碰垫、防鼠挡等，并检查各设备状态；④检查参加靠离移泊人员穿戴是否符合安全操作的要求；⑤向参加靠离移泊人员交代船长靠离移泊计划和自己的执行计划，确定人员分工；⑥根据靠离移泊计划，指挥有关人员预先在甲板上铺放好一定长度的系缆；⑦离泊前检查船尾系缆状况，保证其能顺利解除；⑧联系港方调离船尾附件影响离泊的船只和岸上机械；⑨报告驾驶台船尾靠离移泊准备情况。

（3）在靠离移泊过程中：①根据船长指示和现场情况，正确地指挥现场操作，注意现场操作人员和船舶的安全。②及时向船长报告船尾有无影响动车的障碍物，距他船、码头、浮筒的距离；船尾附近他船的动态及距离，缆绳系带情况，现场操作情况等。③靠离移泊时严格按照船长命令送出或解除船尾系缆。第一根缆上桩或最后一根缆解除后应立即报告船长，最后一根缆绳绞离水面后也应立即报告船长。在收绞缆绳的过程中应随时报告缆绳收绞情况。④根据船长指示以及靠离移泊时现场实际情况，保持与船首的协调。⑤根据船长指示，及时系、解协助靠离船舶的拖船缆绳。

(4) 靠离船舶后，督促水手长关闭所有电源。收藏好靠离移泊操作作用的器材并清理好现场。

(5) 靠泊后，督促水手挂好防鼠挡，调整系缆，使其均匀受力。

(6) 离泊后应盘放好缆绳(自动绞缆机上已盘好的缆绳除外)，加罩并系固，或将缆绳收入专用舱室。

(7) 经船长同意后方可离开船尾靠离移泊操作现场。

3. 航行中的专项职责

除认真航行值班职责，保证船舶航行安全外，二副还应：

(1) 每天中午与机舱对时，并互换正午报告。每天中午统计航行时间和累计航程，并将其填入“航海日志”。

(2) 按船长指示准备临时要用的海图和航海图书资料。

(3) 正确设置C站EGC和NVATEX航海警告接受信息，阅签无线电航行警告、重要的无线电航行警告。其中重要的无线电航行警告应立即报告船长，同时用铅笔标注于海图上，并提醒其他驾驶员注意。

(4) 负责将航行警告装订备查，保存1年。

(5) 负责航行中航海仪器设备出现的一般故障的排除。

(6) 在被指定履行无线电操作员的部分职责时，按规定完成无线电通信任务。

4. 驾驶台管理职责

(1) 负责保持驾驶台、海图室的整洁、有序。

(2) 禁止无关人员擅自置于驾驶台内的各种航海仪器设备以及航海图书资料。除非经船长批准，禁止任何人将置于驾驶台的航海图书资料及有关文件销毁或携出驾驶台。

(3) 靠泊中，驾驶台无人职守时，应将可携带走的贵重物品妥然收藏，锁闭驾驶台门窗。

(4) 未经船长批准，禁止无关人员随意进出、参观驾驶台。如需外来工程师检修、安装位于驾驶台内的航海仪器设备，应陪同并予以协助。

(5) 负责在驾驶台内张贴驾驶台规则和驾驶台操作指南、驾驶与轮机联系制度、操舵装置适用说明方框图、船舶破损控制图、船舶操作资料、航海仪器设备操作规程、磁罗经自差表、引航员登船装置布置图、船舶号灯号型示意图、中国航海港口信号规定、值班安排表等。协助三副在驾驶台内张贴应急部署表、救生衣穿着示意图等。

5. 航海仪器设备的管理职责

(1) 为了保证航海仪器设备(包括气象仪表，下同)处于正常的技术状态和得到有效的管理，二副应：①按照航海仪器说明书，建立航海仪器设备的使用、养护、修检记录簿和误差校测记录簿，认真做好相关记录。②负责各种航海仪器设备的正确使用和养护，并定期对其进行清洁、加油、检查。及时更换航海仪器设备的损坏部件，检查并根据需要更换陀螺经液体。及时排除航海仪器设备的一般故障，保持其处于良好的工作状态。③负责编制主要航海仪器设备的操作规程，并且妥善保管各种航海仪器设备的使用、操作说明书；将其张贴悬挂在操作岗位附近醒目的位置、提醒值班人员严格按照操作规程和安全主要事项进行操作。

④负责向新来的驾驶员介绍主要航海仪器设备的性能、特点、技术现状和误差情况和操作规程、使用方法等。禁止无关人员擅自动用航海仪器设备；见习人员学习使用航海仪器设备时，应亲自或要求其他驾驶员现场指导。⑤船舶开航前，应对位于驾驶台的主要航海仪器设备进行一次检查和工作试验，发现不正常现象应予以消除，或报告船长及时申请修复。⑥如某种航海仪器设备故障或误差过大，以致不能正常工作，应及时查找原因、排除故障，若不能排除，应及时申请修理。必要时，在征得船长同意的情况下，通知其他驾驶船员停止使用该仪器设备。⑦保证标准罗经、陀螺罗经复示器、雷达、无线电定位仪等在不用时罩上防潮、防尘的罩盖。保证望远镜、六分仪、方位仪等非固定或手持使用的精密仪器，在停港时锁存柜内并放置干燥剂。保证陀螺罗经主体周围清洁、干燥、通风，保证罗经周围无铁块及磁性物质。⑧定期养护操舵仪，经常核对装在驾驶台而属于轮机部管理的仪表的正确性，发生异常现象应立即通知轮机部有关人员检修。⑨负责全船公共场所的船钟拨时、上弦、换电池、校正和检修；负责管理天文钟，按时上弦、换电池、校正和检修；发现天文钟误差过大，应立即报告船长，若出现不规则的快慢变化，应及时检查修理。⑩修船期间，做好所管航海仪器设备修理项目的验收工作。进坞后和出坞前，应对测深仪和计程仪发射接受体的水下部分工作进行检查、保养、并做好记录。外来工程师上船检修航海设备仪器时，应陪同、协助，并做好监修和验收工作。⑪建立自己所管的仪器、设备、备件、工具和资料的清册，接交时按册清点。负责向大副提出所管航海仪器设备及其备件、耗材的添置、更新、申领、修理报告。

(2) 如船上没有专职的无线电操作员，而指定二副履行无线电操作员的部分职责时，二副还应：① 负责无线电通信设备有关资料的申领、改正、保管工作，保持齐全有效；② 负责GMDSS通信设备和其他通信设备的周期性试验、检查、保养、维修工作，并记入“无线电日志”；③ 无线电通信设备经修理、安装或更新后，做好调试、验收工作；④ 负责GMDSS设备和其他通信设备有关物料、备件的保管工作，并建立台账；⑤ 航行前，保持通信设备处于良好的工作状态，GMDSS各种设备打印纸齐全；⑥ 负责通信设备费用的统计工作；⑦ 负责保管有关文件、图纸、说明书、报纸、电稿、账单和“无线电日志”；⑧ 负责对船员进行无线电遇险通信设备使用的培训，并记入“无线电日志”。

三、二副职务交接

因公休或奉调离船，在进行职务交接时，交接班二副有下列职责：

(1) 交班二副应向接班二副介绍并交代清楚：①所管航海仪器设备的技术性能、现状及操作应注意事项；②海图及航海图书资料的改正情况；③所管航海仪器设备的维护保养计划以及近期修理计划；④驾驶台救生信号和器材的存放位置及有效期；⑤应申请购买的海图及航海图书资料、航海仪器备件及耗材等；⑥与停泊值班、装卸值班以及开航准备有关，需要特别交代的事项；⑦船长与大副交办的事项等。

如有必要，上述有关介绍最好形成书面文字（“交接班备忘录”），以便接班二副备查。

(2) 交班二副应向接班二副移交：航海图书资料清册，航海仪器说明书清单，航海仪器设备养护记录簿，航海登记卡片和登记簿，航海图书资料清册，驾驶台书籍与记录簿清单，本人管理的国旗、信号旗、救生信号等清单，本人保管的物料清单，本职所适用的工具、物品及库房钥匙等。

填写“交接班报告”或“职务交接单”，以及GMDSS设备交接报告。

任务实施

本任务的教学关键是二副职责技能的训练，通过对二副职责的整体熟悉，逐步展开任务，由学生独立完成作业。选用典型案例由教师讲解，学生进行模拟操作，让学生在执行的过程中熟悉作业的特点。当学生可以看到自己的作业熟练且准确时，会大大提高学习的兴趣。参见表7-4。

表7-4　任务2的实施

时间	30（90）min	地点	
教学资料	实船资料		
活动程序	依据二副职责以及专项职责展开活动		
活动评价方式	分组(6人一组)，组员之间评定1∶2∶2∶1		
活动小贴士	链接:航海仪器实训室，海图资料室		

任务评价

任务2中3项技能完成后，对其进行评价，并填入表7-5。

表7-5　任务2完成情况评价表

序号	技　　能	评判结果	
		是	否
1	熟悉二副职务基本职责		
2	熟悉二副专项职责		
3	熟悉二副职务交接		

任务3　三副的基本职责、专项职责

任务描述

要求根据指定船舶三副的基本职责、专项职责，能适任这些职责，达到胜任三副职责的目的。

任务目标

能适任三副职责，达到胜任三副职责的目标。

任务分解

1. 熟悉三副职务基本职责；
2. 熟悉三副专项职责；
3. 熟悉三副职务交接。

知识准备

一、三副职务基本职责

(1) 三副在船长、大副领导下履行航行值班和停泊值班职责。主管救生、消防设备；熟悉并遵守值班、联系制度及有关安全、技术操作规章；按大副指示管理货物装卸。

(2) 负责管理全船救生消防设备和器材，并将其认真登记入册；按规定向船员讲解救生、消防知识和各种设备、器材的操作使用方法；开航前按大副指示编妥船舶应变部署表及船员应变任务卡，经大副审核、船长批准后公布执行；张挂有关救生、消防的规章和图表；及时向新到船员介绍应变岗位和具体职责。

(3) 应熟悉各种消防及火警报警系统的操作使用方法，定期进行检查、保养、换剂并做好记录，确保经常处于良好技术状态。

(4) 负责管理救生艇、救生圈、救生衣及其属具备品，定期检查、清洁、保养，更换淡水、食品和电池，使其处于有效使用状态，保持各种救生信号的有效期(属二副管理的除外)。

(5) 船舶进出港口，靠离移泊，抛、起锚时，在驾驶台瞭望，执行并记录车钟令，传达船长指令，记录重要船位及有关情况等。

(6) 负责救生、消防设备及器材的养护和维修、厂修申报；修船时，做好所管项目的自修、监修和验收，完成大副指派的其他工作。

(7) 航行和锚泊时值 0800—1200，2000—2400 班。航行中晚餐时，替换大副用餐半小时；二副因故不能履行职责时，代理二副职务。

二、三副专项职责

1. 开航准备职责

(1) 当船上人员发生变动时，重新编制船舶应急部署表和船员应急任务卡。

(2) 检查救生艇的属具和备品是否已按规定配齐，食品和淡水是否充足且在有效期内，吊艇设备和艇内机械是否处于良好状况下。

(3) 检查救生筏及降落装置，检查送检的救生筏是否已送回并妥善就位。

(4) 检查救生衣、救生圈、保温服等是否按规定的数量和要求配置，并放置在规定的位置。

(5) 检查探火系统、报警装置、固定灭火系统是否正常可用，各类手提灭火器是否放置在规定的位置。

(6) 向大副和(或)船长报告开航准备情况；按程序文件规定，填好开航前船长指令并签字。

2. 靠、离、移泊时的职责

(1) 在驾驶台协助船长、引航员瞭望，维持驾驶台秩序。

(2) 执行船长、引航员的车钟令，记录过浮时间、车钟令、重要船位和有关情况。

(3) 传达船长、引船员给船首、船尾的指令及转向报告。

(4) 负责驾驶台与机舱的联系以及 VHF 通信。

(5) 督促并检查水手及时、准确地显示有关号灯、号型和旗帜。

(6) 监视有关仪器、仪表的工作情况及有关数据，监视操舵装置的工作情况及操舵情况。

(7) 执行船长的其他指示。

(8) 将靠、离、移泊的全过程记录在"航海日志"记事栏内。

3. 救生设备的管理与检查

(1) 履行船舶救生设备、救生器材以及其属具和备品管理与检查方面的职责。

(2) 负责管理救生(助)艇、救生筏、救生圈、救生衣、保温救生服等救生设备及其属具、备品。

(3) 负责管理救生信号(驾驶台内由二副管理的除外)，保持各种救生信号的有效期。

(4) 负责救生设备及其属具、备品的清点、登记、保养，以及更新、添置、修理、检验的申报。

保证所有救生设备标记正确、清晰，并配置保存在规定的场所。

(5) 做好以下(如有需要，可请求水手长和水手配合)：①按照公约规定进行救生艇的周检查和月度检查，并按时申请岸上检查；定期进行救生艇、吊艇架、吊艇机的除锈、油漆工作；经常清除救生艇内的污秽和积水；严寒时做好淡水箱和艇用磁罗经的防冻工作；发现救生(助)艇、救生筏、救生圈、救生衣等的标志不再清晰时应予以重新喷刷。②定期给吊艇架、吊艇机、滑车等活动部分以及吊艇索和其他钢索加(抹)油，必要时应对滑车做拆装检查。③如发现救生艇反光带破损、脱落、反光效果不佳时，应予以更换。④救生艇用各种缆索平时均应用帆布罩盖，避免裸露，发现磨损、腐蚀应及时调换；救生艇的吊艇索应按规定进行换新。

⑤保持救生衣、救生服的清洁干燥，标识正确，并按要求配备；受潮后，应予以晾干，避免高温烘烤。

（6）负责对救生设备进行检查，以保证：①救生艇艇身油漆以及船名、船籍港、艇号、定员、规格等标志清晰并符合有关规定；②救生艇燃料和润滑油已按有关规定备足；③救生艇淡水、食品、属具、备品等已按有关规定配足或配齐，并保持有效；④救生艇、吊艇装置、脱钩、脱缆装置和艇机状况良好；⑤胀气式救生筏的静水压力释放器已按要求连接好；⑥救生衣、救生服、救生圈等已按规定配备，救生圈、救生衣的标志清晰并符合有关规定；⑦抛绳器、救生信号等已按规定配备且有效。

（7）经常对船舶救生的布置进行检查，以保证：①救生艇存放位置周围没有堆放会妨碍救生艇起落及操作的物件；②除 VHF 无线电话和雷达应答器平时需存放在驾驶室内外，所有艇用的属具均放置在救生艇内并系固，没有被挪作他用；③救生艇旁的救生艇起落操作规程已布置，张贴于应急照明处并清晰；④救生筏旁的救生筏施放示意图已布置并清晰；⑤单弦配置可移动救生筏时，在连通甲板上没有影响该救生筏移动的障碍物；⑥救生圈、救生衣、救生信号、抛绳器、保温服等放置在规定位置；⑦有关场所及船员居室已布置救生衣穿着示意图；⑧大风浪航行时临时加绑的救生圈不妨碍其紧急取用，风浪过后已及时恢复原状。

（8）及时提醒船长，将气胀式救生筏及静水释放器按规定的时间间隔，安排人员送检修站检修。

（9）对在维护保养和检查中发现的一般问题，应负责解决；对在维护保养的检查中发现的重大问题，应立即向大副或船长报告，并在他们的安排和协助下，给予解决。

4. 消防设备的管理与检查

三副在船舶消防设备管理与检查方面的职责有：

（1）负责对由甲板部管理的消防设备，器材进行养护、检查和换剂，按规定定期申报岸基检验，发现故障及时修复或报修。

（2）负责保持火灾探测和报警系统正常工作，发现故障及时修复或报修。

（3）负责保持固定灭火系统的管系以及分路阀的铭牌，标志鲜明，分路阀阀门活络。

（4）保证各种消防设备、器材色泽鲜明醒目，放置地点有明显标志，且便于取用。

（5）冬天负责检查并排放甲板消防管路中的残水。

（6）经常对消防设备、器材以及消防员装备进行检查，以保证：①CO_2 间内整洁、干燥、通风设备良好、无影响操作的杂物；室内有适当的照明和有效的通信设备，应急灯正常工作，门上贴有 IMO 标识，门外备有备用钥匙；所有 CO_2 气瓶放置牢固；瓶中的重量符合规定，没有渗漏现象；CO_2 气瓶称重与管路吹通证书均在有效期内；CO_2 气瓶管道连接正确，管道接头和放气喷头完好，不堵塞，CO_2 专用释放扳手均放置在固定位置处、瓶头阀销正确放置，大型灭火系统管系控制阀门活络，分路阀铭牌标志鲜明。②消防总管道通畅并正确标识，消防泵和应急消防泵起动后能正常向消防总管送消防水；消防总管上放水阀与减压阀（如装有）状况良好，可以随时派出管中的存水；所有消防栓阀门活络，手轮转动自如，无滴漏现象；所有消防皮龙（水带）无破裂、磨损和漏水现象，皮龙表面清洁，卡箍无锈蚀；所有的消防皮龙能被迅速连接和断开，接头处垫圈完好；消防皮龙箱编号、IMO 标识齐全，箱内配有 F 扳手，消防皮龙在箱内盘放正确。③消防员装备符合要求。呼吸器性能良好且保持有足够的气压；

呼吸器面具不漏气，在低压区有报警声；防护服、头盔、手套、靴子等消防员装备完好无损；安全索摆放整齐，没有任何缠绕；防爆电筒内的电池有足够的能量。④太平斧、火钩完好无损，随时可用；消防水桶保持足够盛水且无杂质；沙桶、沙箱经常盛有足够的沙且保持干燥、松散、无杂质。⑤通风系统挡火（烟）闸开关正常，自闭式防火门工作正常，测爆仪或可燃气体指示器可正常使用，货舱、机舱及各舱室的烟火测探装置及火灾报警系统工作正常。

（7）定期进行船舶消防布置的检查，以保证：①特定的场所已按船舶防火图的要求配置了消防设备、器材和（或）消防员装备；②消防设备、器材没有被挪作他用，凡使用过的消防器材已按规定经过检查、晾晒、充剂、保养厚放回了原位；③消防皮龙和水枪放置在一起，国际通岸接头存放在防火控制图中指定的地方，并和配套工具存放在一起，船上的消防员装备被分别放置在两处存放；④防火控制图及安全防火巡回路线图已按规定编制，并在有关场所张贴；防火控制图上的设备标识与实际相符；防火控制图的副本或1本含防火控制图的小册子，已装入甲板室外有醒目标志的风雨盒（筒）内；⑤舷梯口已悬挂禁烟、禁带火种的警告牌，货舱内“NO SMOKING”字样清晰；⑥CO_2 灭火系统标志清楚并附有操作说明，管系阀门已标明了所通往的舱室；⑦存放消防装备、器材的储藏间有明显的标志。

（8）对在维护保养和检查中发现的一般问题，三副应负责解决。对在维护保养和检查中发现的重大问题，应立即向大副或船长报告，并在他们的安排和协助下给予解决。

三、三副职务交接

因公休或奉调离船，在进行职务交接时，交接班三副有下列职责：

（1）交班三副应向接班三副介绍并交代清楚：①救生、消防设备的分布情况、技术状况及有关产品证书、检验报告；②救生、消防设备的养护、检修、检验情况及有关记录；③救生、消防设备待修、待检项目；④开航前救生、消防设备的检查及其他准备工作情况；⑤与停泊值班、装卸值班以及开航准备有关，需要特别交代的事项；⑥船长与大副交办的事项等。

如有必要，上述有关介绍最好形成书面文字（“交接班备忘录”），以便接班三副备查。

（2）交班三副应向接班三副移交：救生、消防设备清册，救生、消防设备检查养护记录薄，航海登记卡片和登记簿，应急设备试验、检查、修理记录簿，CO_2 钢瓶称重和管理吹通记录本职所适用的工具、物品及库房钥匙等。

（3）填写“交接班报告”或“职务交接单”。

任务实施

本任务的教学关键是三副职责技能的训练，通过对三副职责的整体熟悉，逐步展开任务，由学生独立完成作业。选用典型案例由教师讲解，学生进行模拟操作，让学生在执行的过程中熟悉作业的特点。当学生看到自己的作业熟练且准确时，会大大提高学习的兴趣。参见表7-6。

表 7-6　任务 3 的实施

时间	30 (90)min	地点	
教学资料	实船资料		
活动程序	依据三副职责以及专项职责展开活动		
活动评价方式	分组(6 人一组),组员之间评定 1∶2∶2∶1		
活动小贴士	链接:航海技能训练中心		

任务评价

任务 3 中的 3 项技能完成后,对其进行评价,并填入表 7-7。

表 7-7　任务 3 完成情况评价表

序号	技　能	评判结果	
		是	否
1	熟悉三副职务基本职责		
2	熟悉三副专项职责		
3	熟悉三副职务交接		

任务4　确保外来人员人身安全

任务描述

要求根据指定船舶的外来人员人身安全管理制度，采取正确的预防措施并纠正可能存在的不足，以达到安全控制的目的。

任务目标

能根据指定船舶外来人员人身安全管理制度，达到安全目标。

知识准备

一、外来人员登船的规章制度和特殊要求

外来人员登油船等液货船（其他船舶参考），必须严格遵守下列规定：

（1）凡与工作无关和未经船长许可的人员一律不得登船，谢绝随意参观。

（2）外来人员征得船长同意后，必须严格遵守防火防爆规定和本船的其他规章制度；应将随身携带的火种、火源及可燃物（如香烟、打火机、火柴）等存在放在囤船码头上，并确认登船人员没有穿带钉的鞋靴后方能登船。

（3）登船人员首先应在本船的防静电板上触摸，以消除人体静电。

（4）未经许可不得进入液货区，必须按船上指定的通道进入生活区和工作场所，不得在货舱甲板逗留。

（5）若是公事行为，必须在船舶人员的带领下进行工作，不得随意接近液货舱口、测量孔及透气孔，更不能随意进入泵舱及限制区域。

（6）登船人员禁止在液货船舱口附近使用闪光灯、照像机、录像机、手机及非防爆对讲机、非防爆手电筒。

（7）严禁使用老花镜、放大镜等聚焦玻璃物品。

（8）禁止登船人员穿着和更换尼龙、化纤服装。

（9）登船人员在船期间严禁吸烟，严禁进入限制区域，禁止随意按动按钮及阀门。

（10）登船人员必须接受外来人员登记。

二、船舶保安对外来人员的要求

1. 登船人员携带武器、危险物品和装置可能威胁船舶和人员的预防措施（检查）

目的：防止擅自将武器、燃烧装置或爆炸物携带上船，防止发生任何破坏或暴力行为而

产生的危险或威胁,以保证船舶、人员和财产的安全。检查方法可包括但不限于目视检查、使用扫描/探测设备、机械设备、警犬,或综合检查方法。

1）保安等级 1

(1) 验证船票、登轮牌、工作指令或其他证件,以确认登船人员身份的合法性。

(2) 在每次登船前,正确识别船员、旅客、贩卖人员、访问人员和其他人员。

(3) 验证抵船接班船员的合法身份和经许可在船工作人员的合法身份。

(4) 检查人员、行李、携带物品和个人设备等,防止被禁止武器、危险品和爆炸物被携带上船。这项检查可通过随机抽检进行,如5%～20%的检查频次和(或)保安计划中说明的其他方法。

2）保安等级 2

本等级中 SSP 应制定加强监控和监视能力的附加保安措施,包括:

(1) 增加检查频次,如提高到25%～50%的检查频次和增加检查内容及范围。

(2) 在船舶开航前向所有船员提供关于任何威胁、警惕和报告可疑人物、物品和活动的保安须知。

(3) 布置人员在指定区域值班。

3）保安等级 3

(1) 检查所有人员、行李、携带物品和个人设备等,防止被禁止武器、危险品和爆炸物被携带上船。

(2) 在船舶开航前向所有船员提供关于任何威胁、警惕和报告可疑人物、物品和活动的保安须知。在每次登离船前,将保安须知提供给所有旅客。

(3) 布置人员在指定区域值班。所有服务供应人员或其他需要登轮办理重要服务的人员。

2. 登船人员及其随身携带物的控制

处置无人照管行李的要求:SSP 中应制定相关的保安措施以保证无人照管行李(任何包裹,包括在检查口与乘客或船上工作人员分离的个人行李)在装上船之前经过识别、扫描检查以及搜查。没有必要对行李分别进行船上和港口检查,如都有检查设备,则最终应由港口设施方负责检查,与港方密切合作至关重要。应采取措施保证安全处置经扫描检查的无人照管行李。

1）保安等级 1

本等级中 SSP 应规定处置无人照管行李时适用的保安措施,以确保所有无人照管行李至少经过100%的检查,包括 X 射线检查。

2）保安等级 2

本等级中 SSP 应规定处置无人照管行李时适用的附加保安措施,包括对所有无人照管的行李进行100%的 X 射线的检查。

3）保安等级 3

本等级中船舶应遵守负责应对保安事件或威胁的人员的指令,SSP 应详细制定与这些人员和 PFSO 密切合作时船舶应采取的保安措施,可包括:①至少从 2 个不同的角度使用 X 射线进一步检查行李;②限制或停止对无人照管行李的处置;③拒绝接受无人照管行李上船。

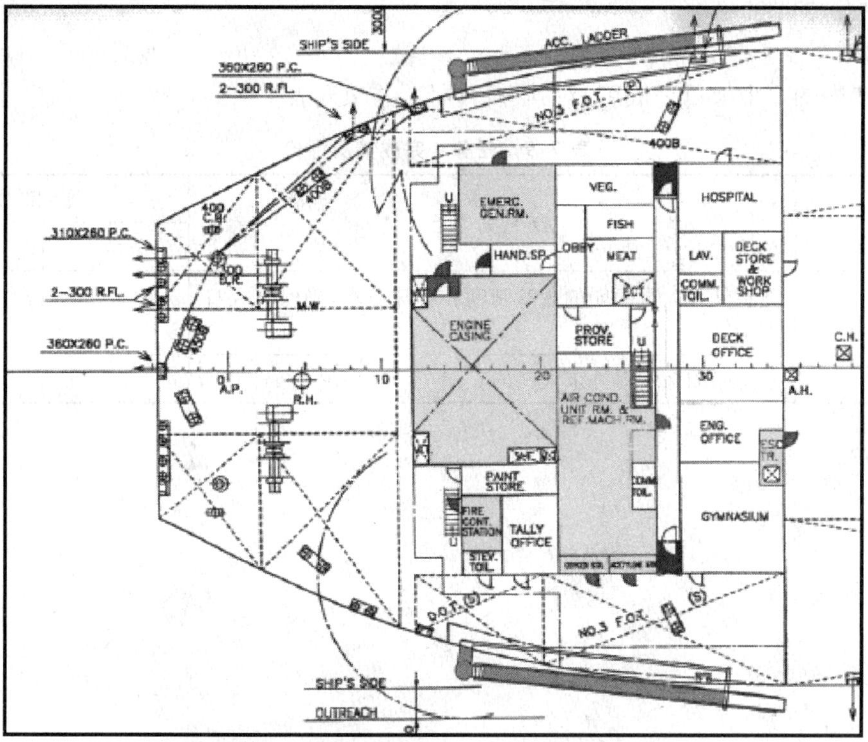

	限制区域
	进入生活区通道
	进入限制区域通道
	进入船舶通道

任务实施

本任务的教学关键是指定船舶外来人员人身安全技能的训练，通过整体熟悉对船舶外来人员人身安全管理，逐步展开任务，由学生独立完成作业。选用典型案例由教师讲解，学生进行模拟操作，让学生在执行的过程中熟悉作业的特点。当学生看到自己的作业熟练且准确时，会大大提高学习的兴趣。参见表 7-8

表 7-8 任务 4 的实施

时间	20 (45)min	地点	
教学资料	实船资料、港口资料		
活动程序	以外来人员登船、保安的控制开展活动		
活动评价方式	分组(6 人一组)，组员之间评定 1∶2∶2∶1		
活动小贴士	链接：ISPS 规则及航运公司保安手册		

任务评价

任务 4 中的 2 个项目完成后，对其进行评价，并填入表 7-9。

表 7-9 任务 4 完成情况评价

序号	技能	评判结果	
		是	否
1	熟悉外来人员船舶的规章制度和特殊要求，确保其人身安全		
2	熟悉船舶保安对外来人员的要求		

任务 5　熟悉港口地法律法规和风俗习惯，确保船员人身安全

任务描述

要求根据指定港口地的法律法规及风俗习惯，确保船员人身安全。

任务目标

能根据港口地的法律法规及风俗习惯，达到确保船员人身安全的目标。

知识准备

港口地法律法规及风俗习惯(课外)

任务实施

本任务的教学关键是了解、熟悉港口地法律法规及风俗习惯的训练，通过对港口地法律法规及风俗习惯的学习，逐步展开任务，由学生独立完成作业。选用典型案例由教师讲解，学生进行模拟操作，让学生在执行的过程中熟悉作业的特点。当学生看到自己的作业熟练且准确时，会大大提高学习的兴趣。见表 7-10。

表 7-10　任务 5 的实施

时间	20 (45)min	地点	
教学资料	实船资料、港口资料		
活动程序	依据港口地法律法规及风俗习惯搜集开展活动		
活动评价方式	分组(6 人一组)，组员之间评定 1∶2∶2∶1		
活动小贴士	链接:港口指南		

任务评价

任务 5 中规定的技能完成后，对其进行评价，并填入表 7-11。

表 7-11　任务 5 完成情况评价表

序号	技　　能	评判结果	
		是	否
	认识港口地法律法规及风俗习惯，确保船员人身安全		

项目八
船舶作业管理

核心概念

航行风险评估；安全操作规程；能见度不良；关键性船上操作；临界操作；特殊操作

情景设置

一、指定船舶描述

二、本航次任务

航线：南京港—香港

时间：××××年××月××日

三、具体内容有：编制适用的安全操作规程、船舶航行风险评估及控制。

四、关键性船上操作

关键性船上操作是指对船舶安全和防污染具有威胁的重要操作。它通常分为两种：

(1) 临界操作，指错误会立即导致危机人员、环境和船舶的事故或情况的操作。拖船临界操作，如：主动力操作、作业中发电机并车、船舶应急设备操作、进入封闭场所、高空作业、接岸电、燃油加装等。

临界操作由于一旦失误会立即导致险情的特殊性，在制定方案时应强调严格执行和密切监督，确保万无一失。在一些紧急状态下，现场人员不可避免出现紧张，慌乱中忘记操作或误操作等，此时人员可根据此方案执行。

关于应急类临界操作（如：应急用舵、搁浅、机舱进水如何用应急吸口排水、何时如何使用油柜速闭阀风油切断、备用泵起用等），要把应急状态下值班人员的紧急操作全部单列出来，对船上当班人员进行强化培训及考核。

(2) 特殊操作：指其错误仅在已造成危险情况或事故已发生时才会明显看出的操作。如机舱巡回检查、设备维护保养、设备有效性调整、保证水密的完整性、海图改正、影响备用设备可靠性的操作等。

特殊操作由于其具有过失显露的滞后性，在制定方案和须知时应强调预防和检查，要突出防患于未然。船上已有的操作手册（如设备说明书，公司制定的巡回检查制度、维护保养制度等）可直接作为船舶的操作方案予以使用。公司主管人员应不定期对船上进行抽查及现场监督。

学习目标

1. 掌握船舶作业管理的内容与要求；

2. 结合情景任务，分析船舶作业管理隐患、分析作业环节，编制适用的安全操作规程，重点评估及控制船舶航行风险。

学习内容

任务1 编制适用的安全操作规程；

任务2 船舶航行风险评估及控制。

任务 1　编制适用的安全操作规程

任务描述

要求根据船舶("CC"轮)安全操作的特点,能熟知操作规程的各项规定,以达到安全操作的目的。

任务目标

能熟知操作规程的各项规定,以确保安全操作为目标。

任务分解

1. 编制驾驶台规则;
2. 编制驾驶、轮机联系制度;
3. 编制系、离泊作业规定;
4. 编制船长夜航命令簿规则;
5. 编制"航海日志"的记载与管理;
6. 编制"车钟记录簿"记载和管理要求;
7. 编制自动舵使用规定;
8. 编制能见度不良航行制度;
9. 编制救生艇安全操作规定。

知识准备

一、驾驶台规则

(1) 驾驶室是船舶航行的指挥中心,其范围包括操舵室、海图室、两翼甲板及标准罗经甲板。航行中,除船舶领导和当班人员外,其他人员非工作必要,不得随意进入。

(2) 驾驶室当班人员必须坚守岗位,严肃认真,集中精力工作;不做与值班无关的事;不得嬉笑闲谈、高声喧哗或收听广播,以致妨碍指挥操作;若无特殊情况,除船长或引航员外,任何人不得坐着值班,也不得在驾驶室用餐和睡眠。

(3) 驾驶室值班人员应穿着整洁,任何人不得仅穿背心、内裤、拖鞋进入驾驶室。进出国外港口时,船长和驾驶员应穿戴制服制帽,仪容端正。

(4) 驾驶室必须保持内外整洁,窗要明亮,桌、柜、四壁、地板要干净;禁止随地吐痰和丢弃杂物。航行中,每天 0800 班水手负责驾驶室内外的清洁,到港前应由当班水手彻底清洁;

离港前，值班驾驶员应通知离泊时的上一班值班水手进行全面的清洁和整理。

(5) 航行中和锚泊中，应始终保持正规瞭望，操舵室的门窗在任何时候都不可全部关闭，尤其在能见度不良时，瞭望人员应在两翼甲板值守。

(6) 驾驶室各种仪器、仪表、设备、航海文件、通告、图表、资料等，无关人员不得擅自翻动，未经船长许可，不得任意销毁或携出驾驶室。

(7) 操舵室和标准罗经附近不可放置铁质或磁性物件，必要的航行用具和物品，应在限定地点放置整齐。

(8) 夜间航行时，严禁有碍正常航行和瞭望的灯光外露。

(9) 停泊时，二副应将可携带的贵重仪器和重要物品收藏柜内并加锁，驾驶室所有门窗均应闭锁，未经船舶领导批准，不准外人参观。若有外人参观或检修，应派员陪同配合。

(10) 值班驾驶员有责任以身作则，严格执行驾驶室规则，维持驾驶室秩序，保持驾驶室的清洁，合理地分配和使用驾驶室资源，保证船舶的航行安全。

二、驾驶、轮机联系制度

1. 开航前

(1) 船长应当提前 24 h 将预计开航时间通知轮机长，如停港不足 24 h，应当在抵港后立即将预计离港时间通知轮机长；轮机长应当向船长报告主要机电设备情况、燃油、润滑油和炉水存量；如开航时间变更，应当及时更正。

(2) 开航前 1 h，值班驾驶员应当会同值班轮机员核对船钟、车钟、试舵等，并分别将情况记入“航海日志”“轮机日志”及“车钟记录簿内”。

(3) 主机试车前，值班轮机员应当征得值班驾驶员同意。待主机备妥后，机舱应当通知驾驶台。

2. 航行中

1) 每班交班前，值班轮机员应当将主机平均转数和海水温度等参数告知值班驾驶员，值班驾驶员应当回告本班平均航速和风向风力，双方分别记入“航海日志”和“轮机日志”；每天中午，驾驶台和机舱校对时钟并互换正午报告。

(2) 船舶进出港口，通过狭水道、浅滩、危险水域或抛锚等情况下需备车航行时，驾驶台应当提前通知机舱准备。如遇雾或暴雨等突发情况，值班轮机员接到通知后应当尽快备妥主机。

判断将有恶劣天气来临时，船长应当及时通知轮机长做好各种准备。

(3) 因等引航员、候潮、等泊等原因须短时间抛锚时，值班驾驶员应当将情况及时通知值班轮机员。

(4) 因机械故障不能执行航行命令时，轮机长应当组织抢修，通知驾驶台报告船长，并将故障发生和排除时间及情况记入“航海日志”和“轮机日志”。

停车应当先征得船长同意。但情况危急，不立即停车会威胁人身安全或者主机安全时，轮机长可以立即停车并及时通知驾驶台。

(5) 因调换发电机、并车等需要暂时停电时，值班轮机员应当事先通知驾驶台。

(6) 船在应变情况下，值班轮机员应当立即执行驾驶台发出的信号，及时提供所要求的水、气、汽、电等。

(7) 值班驾驶员和值班轮机员应当执行船长和轮机长共同商定的主机各种车速，另有指示的除外。

(8) 船舶在到港前，应当对主机进行停、倒车试验，当无人值守的机舱因情况需要改为有人值守时，驾驶台应当及时通知轮机员。

(9) 抵港前，轮机长应当将本船存油情况告知船长。

3. 停泊中

(1) 抵港后，船长应当告知轮机长本船的预计动态，以便安排工作，动态如有变化应当及时更正；机舱若需检修影响动车的设备，轮机长应当事先将工作内容和所需时间报告船长，取得同意后方可进行。

(2) 值班驾驶员应当将装卸货情况随时通知值班轮机员，以保证安全供电。在装卸重大件、特种危险品或者使用重吊之前，大副应当通知轮机长派人检查起货机，必要时应当派人值守。

(3) 因装卸作业造成船舶过度倾斜，影响机舱正常工作的，轮机长应当通知大副或者值班驾驶员采取有效措施予以纠正。

(4) 驾驶和轮机部门应当对船舶压载的调整，以及可能涉及海洋污染的各种操作，建立起有效的联系制度，包括书面通知和相应的记录。

(5) 添装燃油前，轮机长应当将本船的存油情况和计划添装的油舱以及各舱添装数量告知大副，以便计算稳性、水尺和调整吃水差。

三、系、离泊作业规定

1. 作业前的准备与要求

(1) 船舶在靠离码头、系离浮筒之前，船长应将具体操作部署和安全措施向驾驶员及有关人员介绍，听取他们的意见，然后分别贯彻执行。若船长改变原部署，应及时通知大副、二副，以利安全操作。

(2) 船舶系泊前，由三副会同大副、二副试验对讲机以确保联系畅通。离泊前，值班驾驶员应结合看开航水尺，检查艏、艉系缆情况，必要时应采取相应措施，以保证能顺利解缆。

(3) 系、离泊操作时，大副在船首指挥，机匠协助；二副在船尾指挥，水手长一般在船尾协助。全体操作人员必须戴工作帽和防护手套，不准穿拖鞋、赤膊、赤脚操作，衣服须扣紧或扎牢，以防止被卷入绞缆筒。操作人员要提前到达现场，落实分工后，做好各项准备工作。禁止无关人员进入操作现场，以免影响工作或发生事故。

(4) 系泊所需的撇缆、引缆、制动索(链)、卸扣、碰垫、锚球等用品应提前备妥，系缆、拖缆均应置于随时可带之处，并由大副、机匠和二副、水手长分别检查落实；机匠和水手长应分别试转起锚机和绞缆机；大副、二副应将出缆顺序、各缆绳挽桩部位以及安全注意事项向全体操作人员布置清楚。

2. 作业中的安全要求

(1) 收带缆时动作要正确、迅速、注意安全，不可站在导缆孔、锚链筒口附近；绞缆时，缆绳在滚筒上应有足够圈数，操作人员应与滚筒有足够的安全距离，切勿站在缆圈中。前倒缆应派有经验的人员操作。系缆受力大时不可跨越，缆绳挽桩须绕 4 圈以上。

(2) 使用拖船协助靠离泊时，操作人员应站在拖缆绳桩的后面，禁止站在钢丝绳圈内，防止拖缆破断或滑出伤人。

(3) 撇缆时,应先招呼后撇出,防止撇缆头伤人。

(4) 不得在禁锚区内抛锚。抛锚前,大副在确保锚下方无任何妨碍时,方可抛锚;抛锚和松链前,应确认锚链舱内无人;抛起锚时,现场操作人员不可站在锚链前方或跨在锚链上。靠妥泊位后,外档如有开锚,应将锚链松至垂直状态,如未抛开锚,应将锚收起。如果使用锚链系带浮筒,必须及早做好充分准备,将锚与锚链脱开,挂妥锚,备妥锚链卸扣和在系带时所需的各种用具。

(5) 靠离时,大副应随时向驾驶室报告船首前距离及其安全情况和缆绳的收放情况;二副应将艉后距离及安全情况、缆绳收放情况及时报告驾驶室,只有在取得驾驶室同意后才可带、解缆,注意避免将缆绳缠入推进器,缆绳带好后,驾驶室需要动车时,应通知大副、二副注意。

(6) 带缆操作,艏、艉必须与驾驶室密切配合,及时调整系缆受力,使船舶均匀贴靠泊位,如船舶靠拢困难,应暂停绞缆,弄清原因再予处理,以防损伤绞缆机或发生断缆等危险。

(7) 根据船舶吨位、装载情况、风流等因素决定系缆数量,系缆应有足够的安全强度,要有一定数量的备用缆绳,系缆不得挽在绞缆机或锚机的非专用滚筒上代替挽桩。风大流急时,应停止使用自动张力绞缆机的自动张力装置。

3. 作业后的善后工作

(1) 船舶靠妥泊位后,应使各缆绳受力均匀,在缆绳和导缆孔接触处垫衬帆布或麻袋以防缆绳磨损。靠码头应在各缆绳上要装防鼠档;靠离泊妥后,将多余或不用的缆绳妥善放置,现场工具收回放妥。靠离完毕,经船长同意方可离开现场。

(2) 离泊后,锚机刹车要刹紧,上妥制链器,防止锚链在风浪中滑出。出海远航应将缆绳收进物料间保存。

(3) 台风季节,凡有可能受到台风威胁的船舶,船舶系浮筒时船首必须系带锚链,船尾加带保险缆。冬季,艏、艉系带缆现场如有冰冻,可在甲板和滚筒上洒黄砂或其他防滑物,以利安全操作。

四、"船长夜航命令簿"规则

在夜航期间航行值班时,船长和值班驾驶员安排瞭望时,应当特别考虑驾驶台设备和助航仪器及其局限性、当时航区的环境和情况以及所实施的程序和安全措施。

船长应当将航行指示和注意事项或者其他重要安排明确记入"船长夜航命令簿",值班驾驶员应当遵照执行。

1. 目的和要求

保证船舶在夜间航行或锚泊安全,正确执行航次计划,船长必须每夜就寝前填写夜航命令簿,值班驾驶员在接班前必须理解和签署此命令。

船长临时更改夜航命令内容,应告知当班驾驶员,并在更改处签字。

任何时候当班驾驶员唤请时,船长应尽快达到驾驶台。

船长应检查并督促值班驾驶员严格执行夜航命令。

对值班驾驶员的要求包括:①接班时,必须充分了解各项命令的内容和要求,阅后签字;②对某项命令的内容和要求有不明之处时,应立即请示船长;③在执行命令时,如遇情况变化,有必要临时更改内容时,应及时报告船长;④严格执行夜航命令。

2. 夜航命令通常记载的内容应包括(但不限于此)

(1) 遵守船长的常规命令。

(2) 保持计划航向并考虑风/流压差,执行航行计划。

(3) 若条件允许,每班应测量罗经误差。号灯正常显示的指示。

(4) 保持正规瞭望,早让、宽让来船。尽早采取有效行动以避免形成紧迫局面。

(5) 能见度不良时以及特殊气象情况及时采取措施的要求。

(6) 沿岸/浅水域航行时牢记船舶的吃水。

(7) 保持守听 VHF 16 频道。

(8) 来自船舶所有人、租船人和代理的重要电文应立即通知船长。

(9) 对货物保管的特殊指示。

(10) 有关船舶防止污染的指示。

(11) 有关夜间锚泊的要求。

(12) 有任何疑问随时叫船长。

(13) 最小距岸距离和其他船长认为必要的指示。

五、"航海日志"的记载与管理

"航海日志"是船舶的重要法定文件,是反映船舶运输生产工作的原始记录,也是分析和总结航海经验、判断和处理海事的重要依据。船长和驾驶员必须严肃、认真地记载。每航次结束后,船长必须进行审阅和签署。

1. 记载要求

(1) "航海日志"记载词句应准确、简练,字体应端正、清楚,内容应完整,并能于事后根据"航海日志"的记载,重新绘出当时的航迹及反映出当时的航行及生产的主要情况。在航行中,与海图作业有关的事与物,以及为了航行安全而进行的必要的观测、计算、措施等均应记载。

(2) "航海日志"应使用不退色的蓝色或黑色墨水记载。如果记错,应用不退色的红墨水将错误字句画一横线删去,删去字句仍应清楚可辨,改补字句写在错漏字句上面,改正人在其后括弧签字。"航海日志"不得随意涂改。

(3) 值班驾驶员应按页码顺序填写,每日终了,左右页同时换新页,不得中断记载或撕页、添页。记录和记事部分,国家有统一规定的缩写或代号、符号,应按规定记载。交班时,应在本班记载的后面签字。

(4) "航海日志"的记载应如实正确,不得捏造、歪曲、隐瞒和擦改,否则当事人应负行政和法律责任。如船舶遭遇恶劣海况或发生海事,应周密斟酌,实事求是地记入"航海日志",避免记载不当而造成海事处理时的被动。

2. 左页记载内容

"航海日志"左页分为 4 个部分:航行记录,气象、海况记录,淡水、压载水、污水舱测量记录及中午统计记录。

(1) 航行记录——除每班记录一次外,当航向、风流压差值、罗经改正量有变动时,也应记录。如航向、航速变动频繁时,可记"船长(或引航员)领航,航向、船速不定"。记录方法是:①罗经航向:记陀螺罗经和标准磁罗经度数,即罗经北和船首向之间的夹角。②罗经改正量:记陀螺罗经和标准磁罗经的改正量,偏东的符号为"+",偏西的符号为"—"。③真航向:真北向(子午线)与船首向之间的夹角,即真航向=罗经航向+罗经改正量。④风流压差:记风流压差值和符号,左舷来风或流,其符号为"+",右舷来风或流为"—"。⑤计划航迹向:真北向(子午线)与海图上画下的计划航线之间的夹角,即计划航迹向=真航向十风流压差值。⑥计程仪读数:要求计程仪读数精确到0.1 n mile。⑦实测航速:根据实测船位取得的每小时平均速度。⑧推进器转数:记推进器转速表每分钟平均转数,如转数变换频繁可记"不定"。可变螺距桨的船,每4 h(天气不良时为1 h)记录桨叶角一次。

(2) 气象、海况记录——正常情况下,航行及锚泊中每4 h记录1次,停泊时每日0800,1200和1600各记录1次。必要时,如遇恶劣天气或天气突变,应增加观测和记录次数。

(3) 淡水、压载水、污水舱测量记录——航行或锚泊时,在正常情况下,每日记录两次,时间为0800,1600。机匠负责测量,必要时可增加测量次数。大副负责安排并及时将测量情况记入"航海日志"。停泊码头时,每日测量一次,由值班驾驶员负责记录,大副有责任督促检查,保证记录完整。必要时,船长可指定增加测量次数,将测量数据记在右页记事栏内。

(4) 中午统计——航行中,每天中午由二副负责记载前一天中午至当天中午的统计。实际航程是指根据实测所得的航迹线上的实际里程。轮机长应提供主机的平均转数,燃料的消耗与存量(从离港开始计算)。

3. 右页记载内容

无论航行、停泊或修理,凡有关船舶的动态现象及动作,当班驾驶员均应按时间顺序逐行详细记载,交班时应在本班记载之后签字以示负责。

1) 记事栏记载内容

(1) 到、离港前:①主要航行设备的校验与检查结果;②装卸货完毕时间及船舶六面吃水;③载货数量、类别、燃油、淡水、压舱水存量、海水密度及船舶常数;④驾驶室备航情况;⑤进出口办理联检等手续的单位、人数、登船、离船时间及结果。

(2) 靠、离泊位:①系上第一根缆绳和靠上泊位的时间,开始解缆和解掉最后一根缆的时间;抛下第一只锚或开始起锚及最后一只锚离底的时间。②泊位名称、锚位(优先用陆标方位距离表示,否则用经、纬度)、锚别、链长以及水深、底质。③引航船船名及靠离时间,引航员姓名、上下船时间及地点,拖船船名、靠妥与系妥缆绳和解拖时间,主要动态等。④备车、完车或定速时间。

(3) 航行中:凡与海图作业有关的事与物,以及为了航行安全而进行的必要的观测、计算。措施均应记载。包括:①天测、推算、GPS和交接班船位用准确到分以下小数点一位的纬度和经度记载。陆测、测深、雷达和无线电助航仪器等船位,应记其观测数据,若出现位移差时,应记其数据,以及采取的措施。②初见陆标时间、方位和距离;或途经重要的岬角、灯塔或浮标的时间和正横距离。③进出通航分道的时间,船位报告点的时间,以及途经航标的时间。④转向航行或改变航向的时间、船位及计程仪读数。⑤使用的罗经改正量的测算时间、方法及数据。⑥使用计程仪的起止时间、船位及改正率。⑦起止或改变使用风流压差的时间、数据及船位。⑧发现构成紧迫局面的来船时间、方位及避让时采取的重要措施和时间。⑨气象海况突变的时间、船位及所采取的措施;日出、日没和关开航行灯、升降国旗及显示各种信号的时间;拨钟时间和数据,经过日界线时间。⑩货舱检查结果和货物保管措施;

每班安全巡回检查结果；航道及航标变异，发现漂浮物和其他异常情况；发生海事的重要情节，自救或救助他船(人)的经过、措施和结果等。

(4) 停泊中：①货物装卸开、停工时间、舱号及停工原因，各舱装卸情况，每天0800船舶水尺；②上下旅客开始和结束的时间，或停止上下旅客的原因；③他船靠离本船时间、来由；④补给淡水、燃料、物料的时间及数量；⑤清舱洗舱，注入或排出压舱水的时间、舱号及数量；⑥船舶检验，货舱或货物检验，熏舱消毒；⑦船舶主要部分及设备的预防检修措施，重要的临时性修理及明火作业时间和内容，船舶厂修时每天开工的主要项目；⑧日出日没、升降国旗时间，显示号灯号型的起讫时间及气象情况；⑨交接班锚位的陆标方位、距离或系泊情况，以及规定的安全巡回检查结果；⑩三副、三管轮以上船员调动登、离船时间。

2) 重大事项记录栏

重大事项记录栏由船长、大副填写，记载船上非经常性及较重大事件，如：①船舶交接、试航，船舶举行重大礼仪；②船长和主要船员调动及交接手续办理完毕的时间；③应变演习的时间、地点及经过情况；④到离港货物、燃料、淡水、压载总数及旅客人数、艏艉吃水；⑤上下客时间及安全措施；⑥重要结构，设备的检查、修理、更新，发生事故及影响适航问题，绕航或停航原因，共同海损；⑦船员、旅客伤亡，包括旅客中婴儿出生及处置，救助，包括援助他船(人)，对灾害性天气所要采取的措施；⑧异常发现及所要采取的措施；⑨船舶被扣，以及船舶、船员涉及法律和司法方面的问题；⑩“航海日志”中严重错、漏的更正及有关船舶安全生产的重大事项等。

4. “航海日志”的管理

(1) “航海日志”是船舶运输生产工作的原始记录和重要的法定文件，要求做好记载工作和妥善保管，船长对监督“航海日志”记载之正确和完整负全部责任。

(2) 大副是“航海日志”管理的具体负责人。“航海日志”簿向二副领取，启用新本前应查核是否为100页，有无印刷或装订错误；是否和轮机日志页数一致；将主要船舶资料经船长审查后填入新本。“航海日志”用完后，负责留船保管2年，然后送公司海监室保存。

(3) 大副应每天审阅“航海日志”的记载是否正确并签署。船长应及时审阅“航海日志”，并逐页幕署。船长应多常检查并指导驾驶人员正确记载“航海日志”，监督驾驶员的改错和补记。船长应亲自主持将严重错漏的更正记载于重大事项记录栏。如果发生记载和保管方面的异常事件，船长应亲自主持更换新本，重新记载和签署，并将情况报告公司。

(4) 发生海事时，船长必须将“航海日志”及有关海图妥善保存，弃船时应带下。

六、“车钟记录簿”记载和管理要求

“车钟记录簿”是船舶的重要法定文件之一。甲板部和机舱均应配备“车钟记录薄”，由值班驾驶员和值班轮机员负责记录。记录必须严肃、认真、准确。记录者应在每页下面签名。船长、轮机长在每航次结束后应审阅“车钟记录簿”，及时督促、指导。“车钟记录簿”用完后，立即送船公司处理。如发生海事，应与“航海日志”、轮机日志同时送交船公司。记载时应：

(1) 应用青莲色铅笔或钢笔记录；应逐页顺序记载，不得撕页、添页；必须保持记录的清楚、整洁，不得任意删改或涂抹；记录应用国家标准(GB)规定的符号。

(2) 备车前，驾驶室和机舱的车钟必须校准，并记录在“航海日志”中。值班驾驶员和值班轮机员必须准确记录每次用车的时间，要求精确到 1 / 4 min。

(3) 如有记录错误，不得用橡皮擦改，必须用横线划去，被删之字仍应清楚可见。改正的字应写在被删之字的上方，记录者须在删改之处签署并标以括号。

(4) 主机的每一个动作应用国家标准(GB)符号正确记录。

表 8-1　车钟记录符号

符号	意义	符号	意义
⊗	备车	×	停车
√√	微速前进		微速后退
√	慢速前进		慢速后退
	半速前进		半速后退
	快速前进		快速后退
	定速	○	完车
⊙	校对时钟、车钟		

七、自动舵使用规定

1. 权限

根据船长指示或航道、海面、气象等条件决定是否使用自动舵，以确保航行安全为前提。出港时使用自动舵时机由船长决定。值班舵工未经船长、值班驾驶员同意，不得擅自使用自动舵。

2. 禁用

当船舶进出港口，航经狭水道、分道通航区、交通管制区、通航密集区、锚地、冰区、危险航段、能见度小于 5 n mile 的区域时，恶劣海况下难以把定航向时，避让、改变航向、追越时，驶进渔船区或前方发现有较多小船时，以及在其他不宜使用自动舵的情况下，不得使用自动舵。

3. 机动操纵

加强瞭望，需要机动操纵时，应距他船 5 n mile 外改为手操舵。若手操舵时间较长时，必须有两名舵工轮换操舵。应监督舵工操舵的正确性。

4. 转换

值班驾驶员负责手操舵与自动舵的相互转换。转换时，亲自操作，或监督舵工的转换操作，保证操舵系统运转正常和所驶航向的正确、稳定。为了安全需要，船长或值班驾驶员可以随时下令改用手操舵，操舵水手必须坚决执行。

5. 核试

值班驾驶员应每小时检查自动舵的运转情况，核对陀螺罗经和磁罗经的航向是否正确并督促舵工经常查核。每班至少试验手操舵一次。水手或实习生如要练习手操舵，应先征得值班驾驶员的同意。

八、能见度不良航行制度

"能见度不良"是指任何由于雾、霾、下雪、暴风雨、沙暴或任何其他类似原因而使能见度受到限制的情况。该情况可导致船舶驾驶人员瞭望受到限制，并对周围环境和情况全面了解带来困难，这样的环境极易发生船舶碰撞等事故。

遇到或者预料能见度不良时，值班驾驶员应当做到：①鸣放雾号；②以安全航速行驶；③使主机处于立即可操纵的准备状态；④通知船长；⑤安排正规的瞭望；⑥显示航行灯；⑦操作和使用雷达。

1. 能见度不良前的准备

(1) 船舶应及时抄收天气预报、气象传真、航海警告和雾航警报。雾航前，船长和驾驶员应充分掌握雾情资料、航区特点、潮流情况、通航密度和选用合适的定位方法等。

(2) 雾航前，船长应督促驾驶人员对各种航行仪器、雾号和航行灯号进行检查，以确保雾航中正常使用，督促有关人员检查排水和水密设备，使之处于良好状态。

(3) 为确保船舶雾航安全，当视线恶劣、渔船密集、避让困难、航道复杂及其他特殊情况船长对航行安全无把握时，在条件许可的情况下，船长有权择地锚泊或滞航，切勿盲目航行。

(4) 一般认为能见度在 5 n mile 左右时，即认为能见度不良，应处于雾航的戒备状态，并做好一切雾航准备，驾驶员应立即报告船长并通知机舱，开启雷达，按规定施放雾号，注意守听 VHF CH 16/70 频道和加强瞭望等。

(5) 当能见度小于 3 n mile 时，即认为能见度严重不良，值班驾驶员即叫船长上驾驶台，不得以任何理由迟叫或不叫。通知机舱备车，将雷达调整到最佳工作状态，并正确使用，进行雷达标绘、系统观测。不论白天、夜间必须开启航行灯。

2. 能见度不良航行中的注意事项

(1) 利用一切有效的手段保持正规瞭望，及时判断碰撞危险，要做到知己知彼，对新的碰撞态势能及时做出识别和预测。坚持全方位瞭望和采用一切可利用的手段。不但用视觉、听觉、望远镜、雷达、VHF、船舶自动识别系统(AIS)获取周围船舶碰撞危险信息，还要利用一切可定位手段时刻掌握本船船位、船速，以便时刻掌握在当时的通航环境下，本船为避免碰撞危险所采取措施的回旋余地及核查本船是否保持安全航速。

(2) 雾中航行在有会遇船舶的海域(如沿海、峡水道、港区等)一定要派人员瞭望。配备 1 名专职的雷达观察员(通常由值班驾驶员担任)保持连续的不间断的系统观测，并尽可能缩短进入海图室作业时间。用避碰雷达(ARPA)认真观察最小会遇距离(DCPA)和最小会遇时间 (TCPA)，根据距离和时间概念，及时准确的把握时机采取避让行动。

(3) 正确地使用各种助航仪器。要了解掌握各种仪器的局限性，使用特点。用雷达和 ARPA，应正确变换量程，必须远近距离档交替使用，如阴影扇区或盲区较大应两部雷达交替使用，并调整增益，以便发现微弱目标及正确识别真假回波。雾中使用 VHF 联系和 AIS 发送避让信息一定要早，避免由于慌乱造成沟通失误或耽误避让时机(使用 AIS 时要注意有他船关闭或不在使用的情况)。保持与港口 VTS 的联系，必要时得到 VTS 的及时支持。

(4) 雾中航行必须连续守听 VHF CH 16/70 频道，并使用 VHF CH 16/70 频道在通话空隙中发布本船雾航警报。雾航警报用中、英文交替发出，力求简明。内容包括：船名、时间、船位、航向、航速和意向并提醒过往船舶注意，并充分利用 AIS 相关功能获取来船的行动要素，以便协调避让。

(5) 能见度严重不良时，船长应坚持在驾驶台值守。值班驾驶员应将船位、四周环境和已采取的措施及时报告船长。船长应研究核实雾航安全措施的实施情况。督促值班驾驶员认真瞭望，勤测船位。

(6) 雾中航行，严禁使用自动舵。雾航应备车航行，机舱接到备车航行通知时，值班轮机员应即报告轮机长，轮机长应下机舱检查核实机舱操纵的一切准备，并严格执行驾驶台的备车、用车命令。

(7) 每一船舶在任何时候均应使用安全航速行驶，以便能采取适当而有效的避碰行动，并能在适合当时环境和情况的距离内把船停住。雾中两船相遇，致有碰撞危险时，无直航船、让路船之分，两船均应及早采取避免碰撞行动。

(8) 正确断定碰撞危险。在能见度不良时，要求船舶仅凭雷达测到他船时应能断定是否正在形成紧迫局面和(或)存在着碰撞危险。驾驶人员要对雷达设备应正确予以使用，以便获得碰撞危险的早期警报，并要求应进行雷达标绘或与其相当的系统观察。不应当根据不充分的资料作出推断。

(9) 在能见度不良时，通常认为大海上紧迫局面开始适用时的两船间距离，在正横以前的任何方向上至少 2 n mile。因为 2 n mile 距离是大型船舶的号笛在宁静空气条件下典型性的可听距离。在断定是否正在形成紧迫局面时，有时建议最近距离为 3 n mile，因为在用雷达观测时还应当允许有误差存在，特别是在远距离档。

(10)《1972 年国际海上避碰规则》要求在任何能见度条件下，避让行动都应及早采取。在能见度不良时，通常需要在更早时间采取行动，以便避免形成紧迫局面。但船舶对局面还没有首先作充分估计之前，不应当盲目采取行动。采取避让行动，要遵循早、大、宽、清的原则，避免形成紧迫局面。同时要注意本船采取避让行动以后是否与它船形成另一紧迫局面，驾驶员应提前做出判断和预测。

(11) 坚持早、大、宽、清的避让原则，在环境条件允许的情况下，一定要做到不论当时船舶的态势如何，要尽可能的做到及早发现来船，为观察和分析局面、采取避让行动留有充分的时间和余地，以便从容处理各种不确定因素引起的突发情况。驾驶员要掌握船舶操纵特性，弄清船舶运动规律，船舶的冲程、旋回圈、变速时间、转向响应快慢等特性和规律的合理运用，应急处置时注意运用良好船艺。

(12) 在遵照《1972 年国际海上避碰规则》第十九条应及早地采取避让行动时，这种行动如包括转向，则应尽可能避免：一是除对被越船外，对正横前的船舶采取向左转向；二是对正横或正横后的船舶采取朝着它转向。除已断定不存在碰撞危险外，每一船舶当听到他船的雾号是在本船正横以前，或者与正横以前的他船不能避免紧迫局面时，应将航速减到能维持其航向的最小速度。必要时，应把船完全停住，而且，无论如何，应极其谨慎地驾驶，直到碰撞危险过去为止。

九、救生艇安全操作规定

救生艇按结构形式不同可分为开敞式救生艇、部分封闭式救生艇和全封闭式救生艇 3 种。其主要作用是：当船舶遇险时，帮助船员、旅客脱离难船，便于在海上进行求生活动，保障船员、旅客的生命安全。

1. 常规救生艇的安全操作规定

(1) 除演习操练及应急救助外，不得随意使用救生艇。放艇须经船长同意；港内放艇，事先还应得到海事部门批准。

（2）除救生演习外，操艇人员由船长决定，非机动艇不少于 7 人，机动艇不少于 5 人，其中必须有驾驶员 1 人，轮机员 1 人，水手 2 人，机匠 1 人。由驾驶员担任艇长，所有乘员必须身穿救生衣，听从艇长指挥。

（3）放艇前，应检查备齐艇内属具及备品，机动艇尤其应检查储油是否充足，并必须发动机器一次。艇机起动后，一定要低速动转 5～10 min ，对艇机机体加热，以减少机体各部件的热应力，以免发生机体内部的损坏。吊艇机械应进行空转试验，制动器应完好，每个导向滑车、吊艇滑车、钢丝绳及吊艇钩均应检查确认无损。艏、艉缆必须带好，并派专人照管。检查艇底塞封闭情况。每一排水孔应备有 2 个艇底塞或其他装置。

（4）按船舶应变部署同时放艇时，由各艇长分别负责检查和指挥。放一艘艇时，由大副、水手长负责检查和指挥；机械部分由轮机长派人检查。

（5）负责检查和指挥放艇的人，应向船长报告放艇前的准备工作情况，经认可后才能放艇，放艇前应确认下方无障碍物。

（6）航行中放艇，船长应掌握放艇时机，一定要在停车后余速不大时，才能下令放艇入水。一般情况下，应放船舶下风舷的艇。在风浪中放艇，应防止艇身与舶船碰撞。解脱吊艇钩时，尽可能做到前后同时脱钩，动作协调，防止先脱前钩。对吊索下滑车，事先应用绳索套住，脱钩后，及时拉紧，防止滑车晃动伤人。随艇下的人员应不多于 3 人，而且一定要握牢保险绳，其余人员由软梯上下艇。客船或货船载客时，旅客均由登乘甲板登艇。

（7）大副必须根据本船吊艇架及动力装置的具体情况，制定救生艇起落操作规程，由船长批准后公布并严格执行。

（8）救生艇在行驶时，必须遵守有关安全航行的规章制度。大船值班人员应加强瞭望，注意救生艇动态。救生艇返回船舶后，应立即吊起，把积水（冬季时包括引擎冷却水由三管轮）放尽，不准在水面过夜。

（9）使用救生艇，应将艇号、使用原因及时间详细记入“航海日志”。

2. 全封闭救生艇降落操作程序

全封闭救生艇放艇时原则上应让所有艇员登艇后，在艇内操纵吊艇架放艇。为了防止意外，登艇人员应坐在座位上，系好安全带。全封闭式救生艇的吊艇架一般都为重力式，放艇操作程序为：①打开吊艇架的销子；②全体人员登艇，只留 1 人在艇甲板；③留下的 1 人解开外面的系索后登艇；④全体人员登艇后关闭所有的水密舱口及其他开口；⑤人员坐好后，系好座席安全带，以防放艇时人艇碰撞；⑥拉动吊艇机闸的操作索，使吊艇机闸松动，放倒吊艇架降下救生艇；⑦救生艇降到水面后，马上松掉制动操作索，拉动联动脱钩装置的拉手，以便操作索从通孔自动脱落；⑧用插销堵住制动操作索的通孔；⑨拉动艇缆脱离装置的控制杆，解掉艇缆，操纵救生艇离开船舶。

任务实施

本任务的教学关键是安全操作编制技能的训练，通过对船舶安全操作的整体熟悉逐步展开任务，由学生独立完成作业。选用典型案例由教师讲解，学生进行模拟操作，让学生在执行的过程中熟悉作业的特点。当学生看到自己的作业熟练且准确时，会大大提高学生的学习兴趣。参见表 8-2。

表 8-2　任务 1 的实施

时间	60 (180)min	教学场地	
教学资料	实船资料		
活动程序	结合情景任务，分析船舶作业管理隐患、分析作业环节，编制适用的安全操作规程		
活动评价方式	分组(6 人一组)，组员之间评定 1∶2∶2∶1		
活动小贴士	链接：航运公司 SMS 文件		

任务评价

任务 1 中 9 项技能完成后，对其进行评价，并填入表 8-3。

表 8-3　任务 1 完成情况评价表

序号	技　　能	评判结果	
		是	否
1	能熟练编制驾驶台规则		
2	能熟练编制驾驶、轮机联系制度		
3	能熟练编制系、离泊作业规定		
4	能熟练编制船长夜航命令簿规则		
5	能熟练编制“航海日志”的记载与管理		
6	能熟练编制车钟记录簿记载和管理要求		
7	能熟练编制自动舵使用规定		
8	能熟练编制能见度不良航行制度		
9	能熟练编制救生艇安全操作规定		

任务拓展

熟悉船舶甲板部各类作业、活动的安全风险识别，编制安全操作规程。如：

- 高空、舷外作业
- 起卸船吊和开关舱作业
- 引水梯和舷梯的安全收放

任务 2　船舶航行风险评估及控制

任务描述

要求根据指定船舶（“CC”轮）在航风险（如：系、离泊作业、能见度不良航行等）评估及控制，确认船舶航行状态，达到安全航行的目的。

任务目标

能根据航行计划或方案，进行在航船舶的风险评估及控制，达到安全航行的目标。

知识准备

船舶航行风险评估及控制（课外）

表 8-4　风险评估表

Risk Assessment From

A 部分　危险识别和风险评估 Pat A Hazard Identification and Risk Assessment

部门/船舶 Department/ship					日期 Date			
行动或任务 Activity or task	能风度不良条件下航行							
编号 No.	步骤（细分工作过程） Description (Breakdown process, task or activity sequtialy)	危险 Hazard		现有控制措施 Existing controls	控制后风险 Existing risk			
		危险情形或危险事件 Hazard scenarios or hazard events	暴露在危险中的人员 Person exposed to the hazard		可能性 L	后果 C	风险 Risk R=LC	风险等级 Risk level
1	进入雾季之前或进入能见度不良水域之前	由于未组织船员进行技术业务学习，导致船舶落实安全措施不充分，产生航行危险	本船以及他船	认真组织全体船员进行技术业务学习，落实各项安全措施	1	2	2	1

续表

编号 No.	步骤(细分工作过程) Description (Breakdown process, task or activity sequtialy)	危险 Hazard		现有控制措施 Existing controls	控制后风险 Existing risk			
		危险情形或危险事件 Hazard scenarios or hazard events	暴露在危险中的人员 Person exposed to the hazard		可能性 L	后果 C	风险 Risk R=LC	风险等级 Risk level
2	进入雾季之前或进入能见度不良水域之前	由于未督促船员全面检查机、电、炉设备，通信导航设备以及救生消防等应急设备，导致船舶产生航行危险	本船以及他船	认真组织全体船员全面检查全船机、电、炉设备，通信导航设备以及应急设备，使之工况良好	1	2	2	1
3	进入能见度不良水域之前	未认真抄收气象预报，未能及时了解本船前方航区的气象情况，导致本船产生航行危险	本船以及他船	认真按规定抄收气象预报，按照航区的气泵情况提前做好各项安全措施	1	2	2	1
4	进入能见度不良水域航行	由于驾驶员未按规定采取能见度不良水域航行时备车减速的措施，导致本船与他船与他船发生碰撞的危险	本船以及他船	督促驾驶员切实遵守能见度不良水域航行时的安全操作措施	1	2	2	1
5	进入能见度不良水域航行	由于驾驶员未按照在能见度不良水域航行时叫船长的规定，导致本船与他船发生碰撞的危险	本船以及他船	督促驾驶员切实遵守能见度不良水域航行时的安全操作指南	1	2	2	1
6	进入能见度不良水域航行	由于未按规定鸣放声号，导致本船与他船发生碰撞的危险	本船以及他船	严格按照能见度不良水域航行时鸣放声号的规定执行	1	2	2	1
7	进入能见度不良水域航行	由于未按规定派人瞭望，导致本船与他船发生碰撞的危险	本船以及他船	严格按照能见度不良水域航行时派人瞭望的规定执行	1	2	2	1

1. 风险评估表
2. 风险控制程序

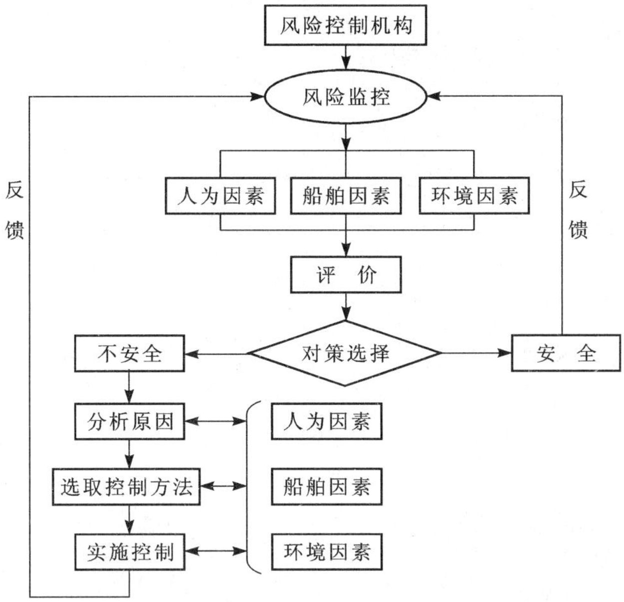

任务实施

本任务的教学关键是航行风险评估及控制的训练，通过对船舶航行风险评估及控制的整体熟悉逐步展开任务，由学生独立完成作业。选用典型案例由教师讲解，学生进行模拟操作，让学生在执行的过程中熟悉作业的特点。当学生看到自己的作业熟练且准确时，会大大提高学习的兴趣。参见表 8-5。

表 8-5　任务 2 的实施

时间	15 (45)min	教学场地	
教学资料	实船资料		
活动程序	大风浪航行，夜航，系，离泊作业，救生艇操作风险评估及控制		
活动评价方式	分组(6 人一组)，组员之间评定 1∶2∶2∶1		
活动小贴士	链接：航运公司 SMS 文件		

任务评价

任务 2 中的规定技能完成后，对其进行评价，并填入表 8-6。

表 8-6　任务 2 完成情况评价表

序号	技　　能	评判结果	
		是	否
	熟悉在航活动、作业风险识别		

项目九
安全与防污染管理

核心概念

最低安全配员；值班驾驶员；船舶标志；海事行政处罚；船舶登记条例

情景设置

一、指定船的任务描述

能接受船旗国检查，正确应对行政处罚。

二、指定船的具体内容

执行安全及防污染法律、法规，宣贯安全及防污染最新法律、法规。

学习目标

1. 能描述安全及防污染法律法规的内容与要求；

2. 结合情景任务会执行安全及防污染法律、法规，宣传贯彻安全及防污染最新法律、法规。

学习内容

任务1　执行安全及防污染法律法规；

任务2　宣贯安全及防污染最新法律法规。

任务1　执行安全及防污染法律法规

任务描述

要求根据国家海事局指定的船员应掌握的船舶安全及防污染法律、法规，能熟知法律、法规的各项规定，以达到船舶安全管理的目的。

任务目标

能熟知船舶安全及防污染法律法规，达到船舶安全管理的目标。

任务分解

1. 熟悉海上交通安全法；
2. 熟悉海船船员值班规则；
3. 熟悉船舶登记条例；
4. 熟悉船舶最低安全配员规则；
5. 熟悉海上海事行政处罚规定；
6. 熟悉海洋环境保护法；
7. 熟悉防治船舶污染海洋环境管理条例；
8. 熟悉船舶及其有关作业活动污染海洋环境防治管理规定。

知识准备

一、海上交通安全法

为加强海上交通管理，保障船舶、设施和人命财产的安全，维护国家权益，1983 年 9 月 2 日中华人民共和国第六届全国人民代表大会常务委员会第二次会议通过了《中华人民共和国海上交通安全法》。该法自 1984 年 1 月 1 日起开始施行，为现行的海上交通安全法。

1. 适用范围与主管机关

(1) 本法适用于在中华人民共和国沿海水域航行、停泊和作业的一切船舶、设施和人员以及船舶、设施的所有人、经营人。

(2) 中华人民共和国港务监督机构(海事管理机构)，是对沿海水域的交通安全实施统一监督管理的主管机关。

2. 对船舶和人员的要求

1) 船舶检验和登记

（1）船舶和船上有关航行安全的重要设备必须具有船舶检验部门签发的有效技术证书。

（2）船舶必须持有船舶国籍证书，或“船舶登记证书”，或船舶执照。

2）船舶、设施上的人员

（1）船舶应当按照标准定额配备足以保证船舶安全的合格船员。

（2）船长、轮机长、驾驶员、轮机员、无线电报务员、话务员以及水上飞机、潜水器的相应人员，必须持有合格的职务证书。

其他船员必须经过相应的专业技术训练。

（3）设施应当按照国家规定，配备掌握避碰、信号、通信、消防、救生等专业技能的人员。

（4）船舶、设施上的人员必须遵守有关海上交通安全的规章制度和操作规程，保障船舶、设施航行、停泊和作业的安全。

3. 航行、停泊和作业的规定

（1）船舶、设施航行、停泊和作业，必须遵守中华人民共和国的有关法律、行政法规和规章。

（2）外籍非军用船舶，未经主管机关批准，不得进入中华人民共和国的内水和港口。但是，因人员病急、机件故障、遇难、避风等意外情况，未及获得批准，可以在进入的同时向主管机关紧急报告，并听从指挥。

外籍军用船舶，未经中华人民共和国政府批准，不得进入中华人民共和国领海。

（3）国际航行船舶进出中华人民共和国港口，必须接受主管机关的检查。本国籍国内航行船舶进出港口，必须办理进出港签证。

（4）外籍船舶进出中华人民共和国港口或者在港内航行、移泊以及靠离港外系泊点、装卸站等，必须由主管机关指派引航员引航。

（5）船舶进出港口或者通过交通管制区、通航密集区和航行条件受到限制的区域时，必须遵守中华人民共和国政府或主管机关公布的特别规定。

（6）除经主管机关特别许可外，禁止船舶进入或穿越禁航区。

（7）大型设施和移动式平台的海上拖带，必须经船舶检验部门进行拖航检验，并报主管机关核准。

（8）主管机关发现船舶的实际状况同证书所载不相符合时，有权责成其申请重新检验或者通知其所有人、经营人采取有效的安全措施。

（9）主管机关认为船舶对港口安全具有威胁时，有权禁止其进港或令其离港。

（10）船舶、设施有下列情况之一的，主管机关有权禁止其离港，或令其停航、改航、停止作业：①违反中华人民共和国有关的法律、行政法规或规章；②处于不适航或不适拖状态；③发生交通事故，手续未清；④未向主管机关或有关部门交付应承担的费用，也未提供适当的担保；⑤主管机关认为有其他妨害或者可能妨害海上交通安全的情况。

4. 安全保障与危险货物运输

1）安全保障

（1）在沿海水域进行水上水下施工以及划定相应的安全作业区，必须报经主管机关核准公告；无关的船舶不得进入安全作业区，施工单位不得擅自扩大安全作业区的范围。

在港区内使用岸线或者进行水上水下施工包括架空施工，还必须附图报经主管机关审核同意。

(2) 在沿海水域划定禁航区，必须经国务院或主管机关批准。但是，为军事需要划定禁航区，可以由国家军事主管部门批准。

禁航区由主管机关公布。

(3) 未经主管机关批准，不得在港区、锚地、航道、通航密集区以及主管机关公布的航路内设置、构筑设施或者进行其他有碍航行安全的活动。

对在上述区域内擅自设置、构筑的设施，主管机关有权责令其所有人限期搬迁或拆除。

(4) 禁止损坏助航标志和导航设施。损坏助航标志或导航设施的，应当立即向主管机关报告，并承担赔偿责任。

(5) 船舶、设施发现下列情况，应当迅速报告主管机关：①助航标志或导航设施变异、失常；②有妨碍航行安全的障碍物、漂流物；③其他有碍航行安全的异常情况。

(6) 航标周围不得建造或设置影响其工作效能的障碍物。航标和航道附近有碍航行安全的灯光，应当妥善遮蔽。

(7) 设施的搬迁、拆除，沉船沉物的打捞清除，水下工程的善后处理，都不得遗留有碍航行和作业安全的隐患。在未妥善处理前，其所有人或经营人必须负责设置规定的标志，并将碍航物的名称、形状、尺寸、位置和深度准确地报告主管机关。

(8) 港口码头、港外系泊点、装卸站和船闸，应当加强安全管理，保持良好状态。

(9) 主管机关根据海上交通安全的需要，确定、调整交通管制区和港口锚地。港外锚地的划定，由主管机关报上级机关批准后公告。

(10) 主管机关按照国家规定，负责统一发布航行警告和航行通告。

(11) 为保障航行、停泊和作业的安全，有关部门应当保持通信联络畅通，保持助航标志、导航设施明显有效，及时提供海洋气象预报和必要的航海图书资料。

(12) 船舶、设施发生事故，对交通安全造成或者可能造成危害时，主管机关有权采取必要的强制性处置措施。

2) 危险货物运输

(1) 船舶、设施储存、装卸、运输危险货物，必须具备安全可靠的设备和条件，遵守国家关于危险货物管理和运输的规定。

(2) 船舶装运危险货物，必须向主管机关办理申报手续，经批准后，方可进出港口或装卸。

5. 海难救助与交通事故的调查处理

1) 海难救助

(1) 船舶、设施或飞机遇难时，除发出呼救信号外，还应当以最迅速的方式将出事时间、地点、受损情况、救助要求以及发生事故的原因，向主管机关报告。

(2) 遇难船舶、设施或飞机及其所有人、经营人应当采取一切有效措施组织自救。

(3) 事故现场附近的船舶、设施，收到求救信号或发现有人遭遇生命危险时，在不严重危及自身安全的情况下，应当尽力救助遇难人员，并迅速向主管机关报告现场情况和本船舶、设施的名称、呼号和位置。

(4) 发生碰撞事故的船舶、设施，应当互通名称、国籍和登记港，并尽一切可能救助遇难人员。在不严重危及自身安全的情况下，当事船舶不得擅自离开事故现场。

(5) 主管机关接到求救报告后，应当立即组织救助。有关单位和在事故现场附近的船舶、设施，必须听从主管机关的统一指挥。

(6) 外国派遣船舶或飞机进入中华人民共和国领海或领海上空搜寻救助遇难的船舶或人员，必须经主管机关批准。

2）交通事故的调查处理

(1) 船舶、设施发生交通事故，应当向主管机关递交事故报告书和有关资料，并接受调查处理。

事故的当事人和有关人员，在接受主管机关调查时，必须如实提供现场情况和与事故有关的情节。

(2) 船舶、设施发生的交通事故，由主管机关查明原因，判明责任。

链接：《中华人民共和国海上交通安全法》

二、海船船员值班规则

为了规范海船船员值班，保障海上人命与财产安全，保护海洋环境，加强船舶保安管理，根据《中华人民共和国海上交通安全法》《中华人民共和国海洋环境保护法》和《中华人民共和国船员条例》，以及我国缔结或加入的有关国际公约要求。2012 年 11 月 27 日，交通运输部第 9 次部务会议通过《中华人民共和国海船船员值班规则》，2012 年 12 月 17 日中华人民共和国交通运输部令 2012 年第 10 号公布。该规则分总则，航次计划及值班一般要求，驾驶值班，轮机部航行值班，无线电值班，港内值班，驾驶、轮机联系制度，值班保障，法律责任，附则，共 10 章 134 条，自 2013 年 2 月 1 日起施行。

1. 适用范围

100 总吨及以上中国籍海船的船员值班适用本规则，军用船舶、渔业船舶、游艇、构造简单的木质船除外。

2. 主管机关

国家海事管理机构是实施本规则的主管机关。

3. 港内值班

1）港内值班应当遵守的一般要求

(1) 船舶在港内停泊时，船长应当安排适当而有效的值班。对于具有特种形式的推进系统或者辅助设备，以及装载有危害、危险、有毒、易燃物品或者其他特殊货物的船舶，还应当按照有关规定的特殊要求值班。

(2) 船长应当根据停泊情况、船舶类型和值班特点，配备足够具有熟练操作能力的值班船员，并安排好必要的设备。

(3) 船舶在港内停泊期间的值班安排应当满足下列要求：①确保人命、船舶、货物、港口和环境的安全；②确保与货物作业相关机械的安全操作；③遵守有关国际公约、国家法规和当地规定；④保持船舶工作正常。

(4) 停泊时，甲板值班人员应当至少包括 1 名值班驾驶员和 1 名值班水手。

2）驾驶值班

(1) 在港内值班时，值班驾驶员应当做到下列内容：①掌握全船人员动态，经常巡查船的四周、装卸现场及工作场所，关注从事高空、舷外及封闭舱室内工作的人员安全，督促值班人员坚守岗位，保持部门间联系畅通。②督促值班水手按时升降国旗、开关灯，显示或者悬挂有关号灯号型。③经常检查舷梯、锚链、跳板及安全网，及时调整系泊缆绳，在有较大潮差的泊位上，应当加强巡查，必要时应当采取措施以确保系泊设备处于安全工作状态。④注意吃水、龙骨下的富余水深和船舶的总体状态。⑤根据船舶种类特点，按照积载计划的要求，负责船港联系和协作，监督装卸操作安全和质量，掌握装卸进度，解决装卸中发生的问题，制止违章作业，注意天气变化及海况，及时开关舱；装卸一级危险品、重大件、贵重货时到现场监督指导。⑥注意及时收听天气预报，当收到恶劣气象警报时，采取必要的措施以保护人员、船舶和货物的安全。⑦按照船长、大副的指示或者根据情况需要，通知机舱注入、排出或者调整压舱水，并注意船体平衡；注意检查污水井、压载舱及淡水舱的测量记录；监收加装淡水和物料，加油船来时通知机舱并且注意防火安全。⑧发生危及船舶安全的紧急情况时，鸣放警报，通知船长，采取措施以防止对船上人员、船舶和货物造成损害，必要时，请求附近船舶或者岸上给予援助。⑨掌握船舶稳性情况，能够在失火时向消防部门提供可喷洒在船上且不致危及本船的水的大致数量。⑩在船上进行明火作业及修理工作时，采取必要的预防措施。⑪不得在系泊区域内排放污油水、垃圾及杂物，并采取措施，防止本船对周围环境造成其他形式的污染。⑫注意过往船舶，有他船系靠本船或者前后泊位时应当在现场守望，并采取相应安全措施；发生事故时，应当立即记下该船船名、国籍、船籍港及事故经过，并向船长报告。⑬对遇难船舶和人员提供援助。⑭主机试车应当在确认推进器附近无障碍物，不致碍及他船，不损坏舷梯、跳板、缆绳、装卸属具及港口设施等情况后方可进行，并采取必要的预防措施。

3）驾驶值班的交接班

（1）交、接班的驾驶员应当在交接前巡视检查全船和周围，认真做好交接工作。

（2）交班驾驶员应当告知接班驾驶员下列事项：①“航海日志”和停泊值班记录簿所记载的有关内容、航运公司指示和船长命令，有关人员来船联系及对外联系事项；②气象、潮汐、泊位水深、船舶吃水、系缆情况、锚位和所出锚链的情况、转流时船舶回转，主机状态和其应急使用的可能性，以及与船舶安全停泊有关的其他情况；③船上拟进行的所有工作，包括积载计划、大副的要求、装卸进度、开工舱口及工班数、货物的分隔衬垫、装卸质量、装卸属具情况、危险品和重大件及应采取的预防及应急措施、贵重货、水手值班情况及与港方联系事项等；④舱底水、压舱水、淡水的水位情况及加装燃油、淡水情况；⑤消防设备的情况；⑥港口及本船悬挂的信号、显示的号灯号型和鸣放的声号，港口特殊规定，发生紧急情况或需要援助时船方与港方的联系方式；⑦要求在船船员的人数和全船人员的动态情况；⑧检修工作的项目、质量、进度和采取的安全措施；⑨旁靠船、驳情况，周围锚泊船的动态；⑩港口的特殊要求；⑪有关船员、船舶、货物的安全和防治水域污染的其他重要情况，以及由于船舶行为造成环境污染时向相关机关报告的程序。

（3）接班驾驶员在负责甲板值班之前应当核实下列内容：①系泊缆绳或者锚链是否恰当；②正在装卸的有害或者危险货物的性质，以及发生溢漏或者失火后应当采取的相应措施；③本船悬挂的信号、显示的号灯号型以及鸣放的声号是否正确；④各项安全措施和防火规定是否有效遵守；⑤是否存在危及本船的情况，以及本船是否危及其他船舶。

（4）交接班人员对交接事项产生疑问时，应当及时向大副或者船长报告。

4）货物作业值班

（1）航运公司应当制定保证货物作业安全的规定。负责计划和实施货物作业的高级船员应当通过对特定风险的控制，确保作业的安全实施。

（2）船舶载运危险货物、污染危害性货物时，船长应当作出保持货物安全的值班安排。

载运散装危险货物的船舶，安全值班应当由甲板部和轮机部各至少1名高级船员和普通船员组成。

载运非散装危险货物的船舶，船长在作出值班安排时应当考虑危险品的性质、数量、包装和积载以及船上、水上和岸上的所有特殊情况。

链接：《中华人民共和国海船船员值班规则》

三、船舶登记条例

为了加强国家对船舶的监督管理，保障船舶登记有关各方的合法权益，我国国务院颁布了《中华人民共和国船舶登记条例》，自1995年1月1日起施行。

1. 登记主管机关

中华人民共和国海事局是船舶登记主管机关。各港的海事管理机构是具体实施船舶登记的机关。

2. 适用范围

下列船舶应当依照本条例规定进行登记：

（1）在中华人民共和国境内有住所或者主要营业所的中国公民的船舶。

（2）依据中华人民共和国法律设立的主要营业所在中华人民共和国境内的企业法人的船舶。但是，在该法人的注册资本中有外商出资的，中方投资人的出资额不得低于50%。

（3）中华人民共和国政府公务船舶和事业法人的船舶。

（4）中华人民共和国港务监督机构认为应当登记的其他船舶。军事船舶、渔业船舶和体育运动船艇的登记依照有关法规的规定办理。

3. 船舶国籍

船舶经依法登记，取得中华人民共和国国籍，方可悬挂中华人民共和国国旗航行；未经登记的，不得悬挂中华人民共和国国旗航行。船舶不得具有双重国籍。凡在外国登记的船舶，未终止或者注销原登记国国籍的，不得取得中华人民共和国国籍。

4. 船舶标志

（1）船舶应当具有下列标志：①船首两舷和船尾标明船名；②船尾的船名下方标明船籍港；③船名、船籍港下方标明汉语拼音；④船首和船尾两舷标明吃水标尺；⑤船舶中部两舷标明载重线。

受船型或者尺寸限制不能在前款规定的位置标明标志的船舶，应当在船上显著位置标明船名和船籍港。

（2）船舶所有人设置船舶烟囱标志、公司旗，可以向船籍港船舶登记机关申请登记，并按照规定提供标准设计图纸。

（3）同一公司的船舶只准使用一个船舶烟囱标志、公司旗。

船舶烟囱标志、公司旗由船籍港船舶登记机关审核。

船舶烟囱标志、公司旗不得与登记在先的船舶烟囱标志、公司旗相同或者相似。

(4) 船籍港船舶登记机关对经核准予以登记的船舶烟囱标志、公司旗应当予以公告。业经登记的船舶烟囱标志、公司旗属登记申请人专用,其他船舶或者公司不得使用。

链接:《中华人民共和国海船船员值班规则》

四、船舶最低安全配员规则

中华人民共和国船舶最低安全配员规则是为确保船舶的船员配备,足以保证船舶安全航行、停泊和作业,防治船舶污染环境,依据《中华人民共和国海上交通安全法》《中华人民共和国内河交通安全管理条例》和中华人民共和国缔结或者参加的有关国际条约而制定的规则。于2004年6月18日经第15次交通运输部部务会议通过,自2004年8月1日起施行。

1. 适用范围

本规则适用于中国籍机动船舶的船员配备管理。本规则对于外国籍船舶作出规定的从其规定。军用船舶、渔船、体育运动船艇以及非营业的游船不适用本规则。

2. 主管机关

国家海事局是船舶安全配员管理的主管机关。各级海事管理机构负责本辖区内的船舶安全配员的监督管理工作。

3. 最低配员原则

(1) 确定船舶最低安全配员标准应综合考虑船舶的种类、吨位、技术状况、主推进动力装置功率、航区、航程、航行时间、通航环境和船员值班、休息制度等因素。

(2) 船舶在航行期间,应配备不低于按本规则附录1、附录2、附录3所确定的船员构成及数量。高速客船的船员最低安全配备应符合交通部颁布的《高速客船安全管理规则》(交通部令1996年第13号)的要求。

(3) 本规则附录1、附录2、附录3列明的减免规定是根据各类船舶在一般情况下制定的,海事管理机构在核定具体船舶的最低安全配员数额时,如认为配员减免后无法保证船舶安全时,可不予减免或者不予足额减免。

(4) 船舶所有人可以根据需要增配船员,但船上总人数不得超过经中华人民共和国海事局认可的船舶检验机构核定的救生设备定员标准。

4. 最低安全配员证书

中国籍船舶应当按照本规则的规定,持有海事管理机构颁发的《船舶最低安全配员证书》。

在中华人民共和国内水、领海及管辖海域的外国籍船舶,应当按照中华人民共和国缔结或者参加的有关国际条约的规定,持有其船旗国政府主管机关签发的《船舶最低安全配员证书》或者等效文件。

5. 配员责任

船舶所有人(或者其船舶经营人、船舶管理人,下同)应当按照本规则的要求,为所属船舶配备合格的船员,但是并不免除船舶所有人为保证船舶安全航行和作业增加必要船员的责任。

链接:《中华人民共和国海船船员值班规则》

五、海上海事行政处罚规定

1.《海上海事行政处罚规定》概况

为规范海上海事行政处罚行为,保护当事人的合法权益,保障和监督海上海事行政管理，维护海上交通秩序，防止船舶污染沿海水域，我国交通运输部制订了《海上海事行政处罚规定》。该规定自 2003 年 9 月 1 日施行。

2. 适用范围

（1）在中华人民共和国（简称中国）管辖沿海水域及相关陆域发生的违反海上海事行政管理秩序的行为，适用中国有关法律、行政法规和本规定实施海事行政处罚。

（2）在中国管辖沿海水域及相关陆域外但属于中国籍的海船内发生的违反海上海事行政管理秩序的行为，也适用中国有关法律、行政法规和本规定实施海事行政处罚。

（3）中国籍船员在中国管辖沿海水域及相关陆域外违反海上海事行政管理秩序，并且按照中国有关法律、行政法规应当处以行政处罚的行为，也适用中国有关法律、行政法规和本规定实施海事行政处罚。

3. 海事行政违法行为

本规定所称违反海上海事行政管理秩序的行为，简称海事行政违法行为，包括下列行为：①违反船舶所有人、经营人和船舶安全营运管理秩序；②违反船舶、海上设施检验管理秩序；③违反海上船舶登记管理秩序；④违反海上船员管理秩序；⑤违反海上航行、停泊和作业管理秩序；⑥违反海上通航安全保障管理秩序；⑦违反海上危险货物载运安全监督管理秩序；⑧违反海难救助管理秩序；⑨违反海上打捞管理秩序；⑩违反海上船舶污染沿海水域监督管理秩序；⑪违反海上交通事故调查处理秩序；⑫其他海事行政违法行为。

4. 海事行政处罚种类

海事行政处罚的种类如下：①警告；②罚款；③撤销船舶检验资格；④吊销船舶国籍证书或临时船舶国籍证书；⑤没收船舶登记证书；⑥扣留船员职务证书；⑦吊销船员职务证书；⑧吊销海员出境入境证件；⑨没收违法所得；⑩没收船舶；⑪法律、行政法规规定的其他海事行政处罚。

本条前款所称船员职务证书，包括“船员培训合格证”“船员服务簿”“船员适任证书”及其他适任证件。

本条第一款所称的船舶登记证书，包括“船舶国籍证书”“船舶所有权登记证书”“船舶抵押权登记证书”“光船租赁登记证书”。

5. 海上海事行政处罚的原则

实施海事行政处罚，应当遵循合法、公开、公正，处罚与教育相结合的原则。

6. 海上海事行政处罚的适用

海事管理机构实施海事行政处罚时，应当责令当事人改正或限期改正海事行政违法行为。

对有两个或两个以上海事行政违法行为的同一当事人，应当分别处以海事行政处罚，合并执行。

对有共同海事行政违法行为的当事人，应当分别处以海事行政处罚。

对当事人的同一个海事行政违法行为，不得处以两次以上罚款的海事行政处罚。

海事行政处罚的轻重，应当与海事行政违法行为和承担的海事行政法律责任相适应。

海事违法行为轻微并及时纠正，没有造成危害后果的，不予海事行政处罚。

海事行政违法行为的当事人有《行政处罚法》第二十七条所列情形之一的，应当依法从轻处以海事行政处罚或减轻海事行政处罚。

有海事行政违法行为的中国籍船舶和船员在境外已经受到海事行政处罚的，不得重复给予海事行政处罚。

海事行政违法行为的当事人有下列情形之一的，应当从重处以海事行政处罚：①造成较为严重后果或情节恶劣；②一年内因同一海事行政违法行为受过海事行政处罚；③胁迫、诱骗他人实施海事行政违法行为；④伪造、隐匿、销毁海事行政违法行为证据；⑤拒绝接受或阻挠海事管理机构实施监督管理；⑥法律、行政法规规定应当从重处以海事行政处罚的其他情形。

链接：《海上海事行政处罚规定》

六、海洋环境保护法

为了保护和改善海洋环境，保护海洋资源，防治污染损害，维护生态平衡，保障人体健康，促进经济和社会的可持续发展，中华人民共和国第九届全国人民代表大会常务委员会第十三次会议于 1999 年 12 月 25 日修订通过《中华人民共和国海洋环境保护法》，自 2000 年 4 月 1 日起施行。

1. 总则

(1) 为了保护和改善海洋环境，保护海洋资源，防治污染损害，维护生态平衡，保障人体健康，促进经济和社会的可持续发展，制定本法。

(2) 本法适用于中华人民共和国内水、领海、毗连区、专属经济区、大陆架以及中华人民共和国管辖的其他海域。

在中华人民共和国管辖海域内从事航行、勘探、开发、生产、旅游、科学研究及其他活动，或者在沿海陆域内从事影响海洋环境活动的任何单位和个人，都必须遵守本法。

在中华人民共和国管辖海域以外，造成中华人民共和国管辖海域污染的，也适用本法。

(3) 国家建立并实施重点海域排污总量控制制度，确定主要污染物排海总量控制指标，并对主要污染源分配排放控制数量。具体办法由国务院制定。

(4) 一切单位和个人都有保护海洋环境的义务，并有权对污染损害海洋环境的单位和个人，以及海洋环境监督管理人员的违法失职行为进行监督和检举。

(5) 国务院环境保护行政主管部门作为对全国环境保护工作统一监督管理的部门，对全国海洋环境保护工作实施指导、协调和监督，并负责全国防治陆源污染物和海岸工程建设项目对海洋污染损害的环境保护工作。

国家海洋行政主管部门负责海洋环境的监督管理，组织海洋环境的调查、监测、监视、评价和科学研究，负责全国防治海洋工程建设项目和海洋倾倒废弃物对海洋污染损害的环境保护工作。

国家海事行政主管部门负责所辖港区水域内非军事船舶和港区水域外非渔业、非军事船舶污染海洋环境的监督管理，并负责污染事故的调查处理；对在中华人民共和国管辖海域航行、停泊和作业的外国籍船舶造成的污染事故登轮检查处理。船舶污染事故给渔业造成损害的，应当吸收渔业行政主管部门参与调查处理。

国家渔业行政主管部门负责渔港水域内非军事船舶和渔港水域外渔业船舶污染海洋环境的监督管理，负责保护渔业水域生态环境工作，并调查处理前款规定的污染事故以外的渔业污染事故。

军队环境保护部门负责军事船舶污染海洋环境的监督管理及污染事故的调查处理。

沿海县级以上地方人民政府行使海洋环境监督管理权的部门的职责，由省、自治区、直辖市人民政府根据本法及国务院有关规定确定。

2. 防治船舶及有关作业活动对海洋环境的污染损害

（1）在中华人民共和国管辖海域，任何船舶及相关作业不得违反本法规定向海洋排放污染物、废弃物和压载水、船舶垃圾及其他有害物质。

从事船舶污染物、废弃物、船舶垃圾接收、船舶清舱、洗舱作业活动的，必须具备相应的接收处理能力。

（2）船舶必须按照有关规定持有防止海洋环境污染的证书与文书，在进行涉及污染物排放及操作时，应当如实记录。

（3）船舶必须配置相应的防污设备和器材。

载运具有污染危害性货物的船舶，其结构与设备应当能够防止或者减轻所载货物对海洋环境的污染。

（4）船舶应当遵守海上交通安全法律、法规的规定，防止因碰撞、触礁、搁浅、火灾或者爆炸等引起的海难事故，造成海洋环境的污染。

（5）国家完善并实施船舶油污损害民事赔偿责任制度；按照船舶油污损害赔偿责任由船舶所有人和货主共同承担风险的原则，建立船舶油污保险、油污损害赔偿基金制度。

实施船舶油污保险、油污损害赔偿基金制度的具体办法由国务院规定。

（6）载运具有污染危害性货物进出港口的船舶，其承运人、货物所有人或者代理人，必须事先向海事行政主管部门申报。经批准后，方可进出港口、过境停留或者装卸作业。

（7）交付船舶装运污染危害性货物的单证、包装、标志、数量限制等，必须符合对所装货物的有关规定。

需要船舶装运污染危害性不明的货物，应当按照有关规定事先进行评估。

装卸油类及有毒有害货物的作业，船岸双方必须遵守安全防污操作规程。

（8）港口、码头、装卸站和船舶修造厂必须按照有关规定备有足够的用于处理船舶污染物、废弃物的接收设施，并使该设施处于良好状态。

装卸油类的港口、码头、装卸站和船舶必须编制溢油污染应急计划，并配备相应的溢油污染应急设备和器材。

（9）进行下列活动，应当事先按照有关规定报经有关部门批准或者核准：①船舶在港区水域内使用焚烧炉；②船舶在港区水域内进行洗舱、清舱、驱气、排放压载水、残油、含油污水接收、舷外拷铲及油漆等作业；③船舶、码头、设施使用化学消油剂；④船舶冲洗沾有污染物、有毒有害物质的甲板；⑤船舶进行散装液体污染危害性货物的过驳作业；⑥从事船舶水上拆解、打捞、修造和其他水上、水下船舶施工作业。

（10）船舶发生海难事故，造成或者可能造成海洋环境重大污染损害的，国家海事行政主管部门有权强制采取避免或者减少污染损害的措施。

对在公海上因发生海难事故，造成中华人民共和国管辖海域重大污染损害后果或者具有污染威胁的船舶、海上设施，国家海事行政主管部门有权采取与实际的或者可能发生的损害相称的必要措施。

（11）所有船舶均有监视海上污染的义务，在发现海上污染事故或者违反本法规定的行为时，必须立即向就近的依照本法规定行使海洋环境监督管理权的部门报告。

民用航空器发现海上排污或者污染事件，必须及时向就近的民用航空空中交通管制单位报告。接到报告的单位，应当立即向依照本法规定行使海洋环境监督管理权的部门通报。

链接：《中华人民共和国海洋环境保护法》

七、防治船舶污染海洋环境管理条例

为了防治船舶及其有关作业活动污染海洋环境，2009 年 9 月 2 日，国务院第 79 次常务会议通过《防治船舶污染海洋环境管理条例》，自 2010 年 3 月 1 日起施行。

1. 一般规定

(1) 船舶的结构、设备、器材应当符合国家有关防治船舶污染海洋环境的技术规范以及中华人民共和国缔结或者参加的国际条约的要求。

船舶应当依照法律、行政法规、国务院交通运输主管部门的规定以及中华人民共和国缔结或者参加的国际条约的要求，取得并随船携带相应的防治船舶污染海洋环境的证书、文书。

(2) 中国籍船舶的所有人、经营人或者管理人应当按照国务院交通运输主管部门的规定，建立健全安全营运和防治船舶污染管理体系。

海事管理机构应当对安全营运和防治船舶污染管理体系进行审核，审核合格的，发给符合证明和相应的船舶安全管理证书。

(3) 港口、码头、装卸站以及从事船舶修造的单位应当配备与其装卸货物种类和吞吐能力或者修造船舶能力相适应的污染监视设施和污染物接收设施，并使其处于良好状态。

(4) 港口、码头、装卸站以及从事船舶修造、打捞、拆解等作业活动的单位应当制定有关安全营运和防治污染的管理制度，按照国家有关防治船舶及其有关作业活动污染海洋环境的规范和标准，配备相应的防治污染设备和器材，并通过海事管理机构的专项验收。

港口、码头、装卸站以及从事船舶修造、打捞、拆解等作业活动的单位，应当定期检查、维护配备的防治污染设备和器材，确保防治污染设备和器材符合防治船舶及其有关作业活动污染海洋环境的要求。

(5) 船舶所有人、经营人或者管理人以及有关作业单位应当制定防治船舶及其有关作业活动污染海洋环境的应急预案，并报海事管理机构批准。

港口、码头、装卸站的经营人应当制定防治船舶及其有关作业活动污染海洋环境的应急预案，并报海事管理机构备案。

船舶、港口、码头、装卸站以及其他有关作业单位应当按照应急预案，定期组织演练，并做好相应记录。

2. 船舶污染事故的应急处置

(1) 本条例所称船舶污染事故，是指船舶及其有关作业活动发生油类、油性混合物和其他有毒有害物质泄漏造成的海洋环境污染事故。

(2) 船舶污染事故分为以下等级：①特别重大船舶污染事故，是指船舶溢油 1 000 t 以上，或者造成直接经济损失 2 亿元以上的船舶污染事故；②重大船舶污染事故，是指船舶溢油 500 t 以上不足 1 000 t，或者造成直接经济损失 1 亿元以上不足 2 亿元的船舶污染事故；③较大船舶污染事故，是指船舶溢油 100 t 以上不足 500 t，或者造成直接经济损失 5 000 万元以上不足 1 亿元的船舶污染事故；④一般船舶污染事故，是指船舶溢油不足 100 t，或者造成直接经济损失不足 5 000 万元的船舶污染事故。

(3) 船舶在中华人民共和国管辖海域发生污染事故，或者在中华人民共和国管辖海域外发生污染事故造成或者可能造成中华人民共和国管辖海域污染的，应当立即启动相应的应急预案，采取措施控制和消除污染，并就近向有关海事管理机构报告。

发现船舶及其有关作业活动可能对海洋环境造成污染的，船舶、码头、装卸站应当立即采取相应的应急处置措施，并就近向有关海事管理机构报告。

接到报告的海事管理机构应当立即核实有关情况，并向上级海事管理机构或者国务院交通运输主管部门报告，同时报告有关沿海设区的市级以上地方人民政府。

(4) 船舶污染事故报告应当包括下列内容：①船舶的名称、国籍、呼号或者编号；②船舶所有人、经营人或者管理人的名称、地址；③发生事故的时间、地点以及相关气象和水文情况；④事故原因或者事故原因的初步判断；⑤船舶上污染物的种类、数量、装载位置等概况；⑥污染程度；⑦已经采取或者准备采取的污染控制、清除措施和污染控制情况以及救助要求；⑧国务院交通运输主管部门规定应当报告的其他事项。

作出船舶污染事故报告后出现新情况的，船舶、有关单位应当及时补报。

(5) 发生特别重大船舶污染事故，国务院或者国务院授权国务院交通运输主管部门成立事故应急指挥机构。

发生重大船舶污染事故，有关省、自治区、直辖市人民政府应当会同海事管理机构成立事故应急指挥机构。

发生较大船舶污染事故和一般船舶污染事故，有关设区的市级人民政府应当会同海事管理机构成立事故应急指挥机构。

有关部门、单位应当在事故应急指挥机构统一组织和指挥下，按照应急预案的分工，开展相应的应急处置工作。

(6) 船舶发生事故有沉没危险，船员离船前，应当尽可能关闭所有货舱(柜)、油舱(柜)管系的阀门，堵塞货舱(柜)、油舱(柜)通气孔。

船舶沉没的，船舶所有人、经营人或者管理人应当及时向海事管理机构报告船舶燃油、污染危害性货物以及其他污染物的性质、数量、种类、装载位置等情况，并及时采取措施予以清除。

(7) 发生船舶污染事故或者船舶沉没，可能造成中华人民共和国管辖海域污染的，有关沿海设区的市级以上地方人民政府、海事管理机构根据应急处置的需要，可以征用有关单位或者个人的船舶和防治污染设施、设备、器材以及其他物资，有关单位和个人应当予以配合。

被征用的船舶和防治污染设施、设备、器材以及其他物资使用完毕或者应急处置工作结束，应当及时返还。船舶和防治污染设施、设备、器材以及其他物资被征用或者征用后毁损、灭失的，应当给予补偿。

(8) 发生船舶污染事故，海事管理机构可以采取清除、打捞、拖航、引航、过驳等必要措施，减轻污染损害。相关费用由造成海洋环境污染的船舶、有关作业单位承担。

需要承担前款规定费用的船舶，应当在开航前缴清相关费用或者提供相应的财务担保。

(9) 处置船舶污染事故使用的消油剂，应当符合国家有关标准。

海事管理机构应当及时将符合国家有关标准的消油剂名录向社会公布。

船舶、有关单位使用消油剂处置船舶污染事故的，应当依照《中华人民共和国海洋环境保护法》有关规定执行。

链接:《防治船舶污染海洋环境管理条例》

八、船舶及其有关作业活动污染海洋环境防治管理规定

为了防治船舶及其有关作业活动污染海洋环境，根据《中华人民共和国海洋环境保护法》《中华人民共和国防治船舶污染海洋环境管理条例》和中华人民共和国缔结或者加入的国际条约，交通运输部于2010年公布了本规定，自2011年2月1日起施行。

1. 一般规定

(1) 船舶的结构、设备、器材应当符合国家有关防治船舶污染海洋环境的船舶检验规范以及中华人民共和国缔结或者加入的国际条约的要求，并按照国家规定取得相应的合格证书。

(2) 船舶应当依照法律、行政法规、国务院交通运输主管部门的规定以及中华人民共和国缔结或者加入的国际条约的要求，取得并随船携带相应的防治船舶污染海洋环境的证书、文书。

海事管理机构应当向社会公布本条第一款规定的证书、文书目录，并及时更新。

(3) 中国籍船舶持有的防治船舶污染海洋环境的证书、文书由国家海事管理机构或者其认可的机构签发;外国籍船舶持有的防治船舶污染海洋环境的证书、文书应当符合中华人民共和国缔结或者加入的国际条约的要求。

(4) 船员应当具有相应的防治船舶污染海洋环境的专业知识和技能，并按照有关法律、行政法规、规章的规定参加相应的培训、考试，持有有效的适任证书或者相应的培训合格证明。

从事有关作业活动的单位应当组织本单位作业人员进行操作技能、设备使用、作业程序、安全防护和应急反应等专业培训，确保作业人员具备相关安全和防治污染的专业知识和技能。

(5) 港口、码头、装卸站和从事船舶修造作业的单位应当按照国家有关标准配备相应的污染监视设施和污染物接收设施。

港口、码头、装卸站以及从事船舶修造、打捞、拆解等有关作业活动的其他单位应当按照国家有关标准配备相应的防治污染设备和器材。

(6) 船舶从事下列作业活动，应当按照《中华人民共和国海事行政许可条件规定》的规定，取得海事管理机构的许可，并遵守相关操作规程，落实安全和防治污染措施:①在沿海港口进行舷外拷铲、油漆作业或者使用焚烧炉的;②在港区水域内洗舱、清舱、驱气以及排放压载水的;③冲洗沾有污染物、有毒有害物质的甲板的;④进行船舶水上拆解、打捞、修造和其他水上、水下船舶施工作业的。

(7) 海事管理机构在依法审批3万载重吨以上油船的货舱清舱、1万吨以上散装液体污染危害性货物过驳以及沉船打捞、油船拆解等存在较大污染风险的作业活动时，可以要求申请人进行作业方案可行性研究。

(8) 任何单位和个人发现船舶及其有关作业活动造成或者可能造成海洋环境污染的，应当立即就近向海事管理机构报告。

2. 船舶污染物的排放和接收

（1）在中华人民共和国管辖海域航行、停泊、作业的船舶排放船舶垃圾、生活污水、含油污水、含有毒有害物质污水、废气等污染物以及压载水，应当符合法律、行政法规、有关标准以及中华人民共和国缔结或者加入的国际条约的规定。

（2）船舶不得向依法划定的海洋自然保护区、海洋特别保护区、海滨风景名胜区、重要渔业水域以及其他需要特别保护的海域排放污染物。

依法设立本条第一款规定的需要特别保护的海域的，应当在适当的区域配套设置船舶污染物接收设施和应急设备器材。

（3）船舶应当将不符合第十二条规定排放要求以及依法禁止向海域排放的污染物，排入具备相应接收能力的港口接收设施或者委托具备相应接收能力的船舶污染物接收单位接收。

船舶委托船舶污染物接收单位进行污染物接收作业的，其船舶经营人应当在作业前明确指定所委托的船舶污染物接收单位。

（4）船舶污染物接收单位进行船舶垃圾、残油、含油污水、含有毒有害物质污水接收作业，应当具有与其作业风险相适应的预防和清除污染的能力，并经海事管理机构批准。

（5）船舶污染物接收作业单位应当落实安全与防污染管理制度。进行污染物接收作业的，应当遵守国家有关标准、规程，并采取有效的防污染措施，防止污染物溢漏。

（6）船舶污染物接收单位应当在污染物接收作业完毕后，向船舶出具污染物接收单证，如实填写所接收的污染物种类和数量，并由船长签字确认。船舶污染物接收单证上应当注明作业单位名称，作业双方船名，作业开始和结束的时间、地点，以及污染物种类、数量等内容。

船舶应当携带相应的记录簿和船舶污染物接收单证到海事管理机构办理船舶污染物接收证明，并将船舶污染物接收证明保存在相应的记录簿中。

（7）国际航行船舶在驶离国内港口前应当将船上污染物清理干净，并在办理出口岸手续时向海事管理机构出示有效的污染物接收证明。

（8）船舶进行涉及污染物处置的作业，应当在相应的记录簿内规范填写、如实记录，真实反映船舶运行过程中产生的污染物数量、处置过程和去向。按照法律、行政法规、国务院交通运输主管部门的规定以及中华人民共和国缔结或者加入的国际条约的要求，不需要配备记录簿的，应当将有关情况在作业当日的“航海日志”或者轮机日志中如实记载。

船舶应当将使用完毕的船舶垃圾记录簿在船舶上保留 2 年；将使用完毕的含油污水、含有毒有害物质污水记录簿在船舶上保留 3 年。

（9）船舶污染物接收单位应当将接收的污染物交由具有国家规定资质的污染物处理单位进行处理，并每月将船舶污染物的接收和处理情况报海事管理机构备案。

（10）接收处理含有有毒有害物质或者其他危险成份的船舶污染物的，应当符合国家有关危险废物的管理规定。来自疫区船舶产生的污染物，应当经有关检疫部门检疫处理后方可进行接收和处理。

（11）船舶应当配备有盖、不渗漏、不外溢的垃圾储存容器，或者对垃圾实行袋装。

船舶应当对垃圾进行分类收集和存放，对含有有毒有害物质或者其他危险成分的垃圾应当单独存放。

船舶将含有有毒有害物质或者其他危险成分的垃圾排入港口接收设施或者委托船舶污染物接收单位接收的，应当向对方说明此类垃圾所含物质的名称、性质和数量等情况。

(12) 船舶应当按照国家有关规定以及中华人民共和国缔结或者加入的国际条约的要求，设置与生活污水产生量相适应的处理装置或者储存容器。

3. 船舶载运污染危害性货物及其有关作业

(1) 本规定所称污染危害性货物，是指直接或者间接进入水体，会损害水体质量和环境质量，从而产生损害生物资源、危害人体健康等有害影响的货物。

国家海事管理机构应当向社会公布污染危害性货物的名录，并根据需要及时更新。

(2) 船舶载运污染危害性货物进出港口，承运人或者代理人应当在进出港 24 h 前(航程不足 24 h 的，在驶离上一港口时)向海事管理机构办理船舶适载申报手续；货物所有人或者代理人应当在船舶适载申报之前向海事管理机构办理货物适运申报手续。

货物适运申报和船舶适载申报经海事管理机构审核同意后，船舶方可进出港口、过境停留或者进行装卸作业。

(3) 交付运输的污染危害性货物的特性、包装以及针对货物采取的风险防范和应急措施等应当符合国家有关标准、规定以及中华人民共和国缔结或者加入的国际条约的要求；需要经国家有关主管部门依法批准后方可载运的，还需要取得有关主管部门的批准。

船舶适载的条件按照《中华人民共和国海事行政许可条件规定》关于船舶载运危险货物的适载条件执行。

(4) 货物所有人或者代理人办理货物适运申报手续的，应当向海事管理机构提交下列材料：①货物适运申报单，包括货物所有人或者代理人有关情况以及货物名称、种类、特性等基本信息。②由代理人办理货物适运申报手续的，应当提供货物所有人出具的有效授权证明。③相应的污染危害性货物安全技术说明书，安全作业注意事项、防范和应急措施等有关材料。④需要经国家有关主管部门依法批准后方可载运的污染危害性货物，应当持有有效的批准文件。⑤交付运输下列污染危害性货物的，还应当提交下列材料：A. 载运包装污染危害性货物的，应当提供包装和中型散装容器检验合格证明或者压力容器检验合格证明；B. 使用可移动罐柜装载污染危害性货物的，应当提供罐柜检验合格证明；C. 载运放射性污染危害性货物的，应当提交放射性剂量证明；D. 货物中添加抑止剂或者稳定剂的，应当提交抑止剂或者稳定剂的名称、数量、温度、有效期以及超过有效期时应当采取的措施；E. 载运限量污染危害性货物的，应当提交限量危险货物证明；F. 载运污染危害性不明货物的，应当提交符合第三十一条规定的污染危害性评估报告。

(5) 承运人或者代理人办理船舶适载申报手续的，应当向海事管理机构提交下列材料：①船舶载运污染危害性货物申报单，包括承运人或者代理人有关情况以及货物名称、种类、特性等基本信息；②海事管理机构批准的货物适运证明；③由代理人办理船舶适载申报手续的，应当提供承运人出具的有效授权证明；④防止油污证书、船舶适载证书、船舶油污损害民事责任保险或者其他财务保证证书；⑤载运污染危害性货物的船舶在运输途中发生过意外情况的，还应当在船舶载运污染危害性货物申报单内扼要说明所发生意外情况的原因、已采取的控制措施和目前状况等有关情况，并于抵港后送交详细报告；⑥列明实际装载情况的清单、舱单或者积载图；⑦拟进行装卸作业的港口、码头、装卸站。

定船舶、定航线、定货种的船舶可以办理不超过 1 个月期限的船舶定期适载申报手续。

办理船舶定期适载申报手续的，除应当提交本条第一款规定的材料外，还应当提交能够证明固定船舶在固定航线上运输固定污染危害性货物的有关材料。

(6) 海事管理机构收到货物适运申报、船舶适载申报后，应当根据第二十六条规定的条件在 24 h 内作出批准或者不批准的决定；办理船舶定期适载申报的，应当在 7 日内作出批准或者不批准的决定。

(7) 货物所有人或者代理人交付船舶载运污染危害性货物，应当采取有效的防治污染措施，确保货物的包装与标志的规格、比例、色度、持久性等符合国家有关安全与防治污染的要求，并在运输单证上如实注明该货物的技术名称、数量、类别、性质、预防和应急措施等内容。

(8) 货物所有人或者代理人交付船舶载运污染危害性不明的货物，应当由国家海事管理机构认定的评估机构进行污染危害性评估，明确货物的污染危害性质和船舶载运技术条件，并经海事管理机构确认后方可交付船舶运输。

国家海事管理机构应当根据下列标准认定并定期公布本条第一款规定的评估机构名单：①有固定的办公场所，并配备必要的检测、鉴定等设施、设备；②具有与污染危害性货物评估相适应技术能力的专业人员；③有符合污染危害性货物评估要求的管理制度。

(9) 曾经载运污染危害性货物的空容器和运输组件，应当彻底清洗并消除危害，取得由具有国家规定资质的检测机构出具的清洁证明后，方可按照普通货物交付船舶运输。在未彻底清洗并消除危害之前，应当按照原所装货物的要求进行运输。

(10) 海事管理机构认为交付船舶载运的货物应当按照污染危害性货物申报而未申报的，或者申报的内容不符合实际情况的，经海事管理机构负责人批准，可以采取开箱等方式查验。

海事管理机构在实施开箱查验时，货物所有人或者代理人应当到场，并负责搬移货物，开拆和重封货物的包装。海事管理机构认为必要时，可以径行开验、复验或者提取货样。有关单位和个人应当配合。

(11) 船舶不符合污染危害性货物适载要求的，不得载运污染危害性货物，码头、装卸站不得为其进行装卸作业。

发现船舶及其有关作业活动可能对海洋环境造成污染危害的，码头、装卸站、船舶应当立即采取相应的应急措施，并向海事管理机构报告。

(12) 从事污染危害性货物装卸作业的码头、装卸站，应当符合安全装卸和污染物处理的相关标准，并向海事管理机构提交安全装卸和污染物处理能力情况的有关材料。海事管理机构应当将具有相应安全装卸和污染物处理能力的码头、装卸站向社会公布。

载运污染危害性货物的船舶应当在海事管理机构公布的具有相应安全装卸和污染物处理能力的码头、装卸站进行装卸作业。

(13) 船舶进行散装液体污染危害性货物过驳作业的，应当符合国家海上交通安全和防治船舶海洋污染环境的管理规定和技术规范，选择缓流、避风、水深、底质等条件较好的水域，远离人口密集区、船舶通航密集区、航道、重要的民用目标或者设施、军用水域，制定安全和防治污染的措施和应急计划并保证有效实施。

(14) 进行散装液体污染危害性货物过驳作业的船舶，其承运人、货物所有人或者代理人应当向海事管理机构提交下列申请材料：①船舶作业申请书，内容包括作业船舶资料、联系人、联系方式、作业时间、作业地点、过驳种类和数量等基本情况；②船舶作业方案、拟采取的监护和防治污染措施；③船舶作业应急预案；④对船舶作业水域通航安全和污染风险的分析报告；⑤与具有相应资质的污染清除作业单位签订的污染清除作业协议。

以过驳方式进行油料供受作业的，应当提交本条第一款第①②③⑤项规定的材料。

海事管理机构应当自受理申请之日起 2 日内根据第三十六条规定的条件作出批准或者不予批准的决定。2 日内无法作出决定的，经海事管理机构负责人批准，可以延长 5 日。

(15) 从事船舶油料供受作业的单位应当向海事管理机构备案，并提交下列备案材料：①工商营业执照；②安全与防治污染制度文件、应急预案、应急设备物资清单、输油软管耐压检测证明以及作业人员参加培训情况；③通过船舶进行油料供受作业的，还应当提交船舶相关证书、船上油污应急计划、作业船舶油污责任保险凭证以及船员适任证书；④燃油质量承诺书；从事成品油供受作业的单位应当同时提交有关部门依法批准的成品油批发或者零售经营的证书。

(16) 进行船舶油料供受作业的，作业双方应当采取满足安全和防治污染要求的供受油作业管理措施，同时应当遵守下列规定：①作业前，应当做到：A. 检查管路、阀门，做好准备工作，堵好甲板排水孔，关好有关通海阀；B. 检查油类作业的有关设备，使其处于良好状态；C. 对可能发生溢漏的地方，设置集油容器；D. 供受油双方以受方为主商定联系信号，双方均应切实执行。②作业中，要有足够人员值班，当班人员要坚守岗位，严格执行操作规程，掌握作业进度，防止跑油、漏油。③停止作业时，必须有效关闭有关阀门。④收解输油软管时，必须事先用盲板将软管有效封闭，或者采取其他有效措施，防止软管存油倒流入海。

海事管理机构应当对船舶油料供受作业进行监督检查，发现不符合安全和防治污染要求的，应当予以制止。

(17) 船舶燃油供给单位应当如实填写燃油供受单证，并向船舶提供燃油供受单证和燃油样品。燃油供受单证应当包括受油船船名，船舶识别号或国际海事组织编号，作业时间、地点，燃油供应商的名称、地址和联系方式以及燃油种类、数量、密度和含硫量等内容。船舶和燃油供给单位应当将燃油供受单证保存 3 年，将燃油样品妥善保存 1 年。

燃油供给单位应当确保所供燃油的质量符合相关标准要求，并将所供燃油送交取得国家规定资质的燃油检测单位检测。燃油质量的检测报告应当留存在作业船舶上备查。

(18) 船舶从事 300 t 及以上的油类或者比重小于 1 且不溶、微溶于水的散装有毒液体物质的装卸、过驳作业，应当布设围油栏。

布设围油栏方案应当在作业前报海事管理机构备案。因受自然条件或者其他原因限制，不适合布设围油栏的，可以采用其他防治污染替代措施，但应当将拟采取的替代措施和理由在作业前报海事管理机构同意。

(19) 载运污染危害性货物的船舶进出港口和通过桥区、交通管制区、通航密集区以及航行条件受限制的区域，或者载运剧毒、爆炸、放射性货物的船舶进出港口，应当遵守海事管理机构的特别规定，并采取必要的安全和防治污染保障措施。

(20) 船舶载运散发有毒有害气体或者粉尘物质等货物的，应当采取密闭或者其他防护措施。对有封闭作业要求的污染危害性货物，在运输和作业过程中应当采取措施回收有毒有害气体。

详细内容链接：《船舶及其有关作业活动污染海洋环境防治管理规定》

任务实施

本任务的教学关键是达到船舶安全管理和防治船舶污染技能的训练，通过对船舶安全管理和防治船舶污染的整体熟悉逐步展开任务，由学生独立完成作业。选用典型案例由教师讲解，学生进行模拟操作，让学生在执行的过程中熟悉作业的特点。当学生看到自己的作业熟练且准确时，会大大提高了学习的兴趣。见表 9-1。

表 9-1　任务 1 的实施

时间	60(180)min	地点	
教学资料	实船资料		
活动程序	设定多种活动情景		
活动评价方式	分组(6 人一组)，组员之间评定 1∶2∶2∶1		
活动小贴士	链接：国家海事局等网站		

任务评价

任务 1 中 8 项技能完成后，对其进行评价，并填入表 9-2。

表 9-2　任务 1 完成情况评价

序号	技　　能	评判结果	
		是	否
1	熟悉海上交通安全法		
2	熟悉海船船员值班规则		
3	熟悉船舶登记条例		
4	熟悉船舶最低安全配员规则		
5	熟悉海上海事行政处罚规定		
6	熟悉海洋环境保护法		
7	熟悉防治船舶污染海洋环境管理条例		
8	船舶及其有关作业活动污染海洋环境防治管理规定		

任务2　宣贯安全及防污染最新法律法规

任务描述

要求根据安全及防污染最新法律法规，能熟知法律法规的各项规定，以达到船舶安全管理的目的。

任务目标

能熟知最新船舶安全及防污染法律法规，以实现船舶安全和防污染管理的目标。

知识准备

一、获取最新安全及防污染法律法规的途径

航运安全生产公约法律法规识别和获取管理制度(参考)

第一条　为了及时获取国际组织、国家和政府颁布实施的有关航运安全生产国际公约、法律法规、部门规章和标准，遵守法律法规，部门规章和标准，熟悉和掌握国际公约、法律法规知识和规定，使航运安全生产公约、法律法规、部门规章和标准得到贯彻落实，特制定本制度。

第二条　本制度规定了航运安全生产国际公约、法律法规、部门规章和标准的识别方法和获取途径以及对获取的法律法规的管理、更新以及应用，适用于公司船舶和部门。

第三条　公司安环部、ISM办公室负责航运安全生产国际公约、法律法规、部门规章和标准的获取与识别以及组织相关部门进行宣传贯彻。

第四条　其他各部门负责与本部门职能有关的国际公约、法律法规、标准和其他要求的收集、保管、评估以及更新等工作，并列出本部门获取的法律法规清单。及时组织相关人员进行教育培训，切实保证本部门每一个员工能及时掌握最新的法律法规，为正确的、法制化的工作方向和思路提供保障。

第五条　ISM办公室负责对获取的法律法规、标准和其他要求的建档保存工作，对于更新的法律法规登记时进行更新。

第六条　国家有关安全生产法律法规、部门规章和标准的获取主要采取书籍购买、国家安全生产监督管理总局和交通运输部等常用网站上形式获取，并对获取的法律法规进行条款内容识别，适用的法律法规按程序上报总经理。

第七条　新购或者网上新获取的法律法规必须进行符合性评价，评价有个相关部门完

成，出具评价报告。

第八条　各部门对新购置或者网上新获取的法律法规必须进行分类登记建档，及时对法律法规清单进行更新和废止删除。

第九条　安环部主管对新获取的法律法规必须认真学习、熟练和掌握法律法规条款内容，结合公司实际，制订学习、宣传和贯彻法律、法规的计划，并下发文件落实法律法规的规定和要求。

第十条　公司安环部和ISM办公室负责对包括国际组织、国家和地方政府颁布实施的航运安全生产法律法规、部门规章和标准进行整理、登记和建档，对已经废止或者不使用的法律法规进行删除，并送交档案室存档。

常用网站：

国际海事组织(IMO)：www. imo. org

中国人大网：www. npc. gov. cn

中国政府网：www. gov. cn

国家安全生产监督管理总局：www. chinasafety. gov. cn

交通运输部：www. moc. gov. cn

国家海事局：www. msa. gov. cn

人民交通出版社：www. ccpress. com. cn

大连海事大学出版社：www. dmupress. com/lianxi. asp

上海浦江教育出版社：www. pujiangpress. cn

二、最新安全及防污染法律法规(课外)

任务实施

本任务的教学关键是船舶安全管理技能的训练，通过对船舶安全管理的最新熟悉逐步展开任务，由学生独立完成作业。选用典型案例由教师讲解，学生进行模拟操作，让学生在执行的过程中熟悉作业的特点。当学生看到自己的作业熟练且准确时，会大大提高学习的兴趣。参见表9-3。

表9-3　任务2的实施

时间	30 min以上	地点	课外
教学资料	校园网络		
活动程序	浏览常用网站、人民交通出版社、大连海事大学出版社		
活动评价方式	分组(6人一组)，组员之间评定1∶2∶2∶1		
活动小贴士	链接：网站资料		

任务评价

任务2中2项技能完成后，对其进行评价并填入表9-4。

表9-4　任务2完成情况评价表

序号	技　　能	评判结果	
		是	否
1	熟悉最新安全及防污染法律法规获取的途径		
2	熟悉最新安全及防污染法律法规		